你一定要读的50部投资学经典

50 Investment Classics You Must Read

护城河工◎编著

立信会计出版社
LIXIN ACCOUNTING PUBLISHING HOUSE

图书在版编目（CIP）数据

你一定要读的50部投资学经典 / 护城河工编著. -- 上海：立信会计出版社，2016.1

（去梯言）

ISBN 978-7-5429-4834-2

Ⅰ.①你… Ⅱ.①护… Ⅲ.①投资经济学 – 著作 – 介绍 – 世界 Ⅳ.①F830.59

中国版本图书馆CIP数据核字(2015)第273421号

策划编辑	蔡伟莉
责任编辑	蔡伟莉
封面设计	久品轩

你一定要读的50部投资学经典

出版发行	立信会计出版社			
地　　址	上海市中山西路2230号	邮政编码	200235	
电　　话	（021）64411389	传　　真	（021）64411325	
网　　址	www.lixinaph.com	电子邮箱	lxaph@sh163.net	
网上书店	www.shlx.net	电　　话	（021）64411071	
经　　销	各地新华书店			
印　　刷	固安县保利达印务有限公司			
开　　本	787毫米×1092毫米	1/16		
印　　张	25.5	插　页	1	
字　　数	444千字			
版　　次	2016年1月第1版			
印　　次	2018年2月第2次			
书　　号	ISBN 978-7-5429-4834-2/F			
定　　价	42.00元			

如有印订差错，请与本社联系调换

随着金融改革的深化,人们的投资意识日益增强,证券投资已成为很多人的重要理财选择。投资者都非常渴望能在自己拥有相关基础理论的前提下进行投资,掌控投资节奏。因此,如何全面及时地掌握最成功的投资理念和方法,从而在证券市场中规避风险和获取稳定的收益,就成了每一位投资者都非常关心的问题。

著名哲学家勒庞说过,人们很容易受到群体的影响而作出不明智的判断,在投资中当然也不例外。我们知道,投资的结果是由经济环境、投资方式、社会心理等多方面因素相互作用形成的,但真相往往会被假象所掩盖,因此投资者应该丰富自己的投资学知识,从不同的角度对事物的本源进行探索,用"第三只眼睛"来看待投资。

投资是经济生活的重要组成部分,聪明的投资人总是能够从投资大师所撰写的著作中汲取宝贵的投资智慧。在投资领域中,许多名家的著作已经被证明在理论上具有权威性、在实践中具有可操作性,这些名著对于广大的投资者来说是一笔宝贵的财富。可是对大多数人来说,一一读完这些名著并不现实,现实条件也不允许;我们也不希望所有的投资者皓首穷经,终日迷失在书堆里。这也正是本书的出版缘由,我们希望读者通过阅读本书能对重要的名著有一个大体的了解,帮助读者摆脱阅读上遭遇的困境,改善阅读生活,更重要的是能够从本书中汲取投资大师们的思想和艺术精华,从而达到启智怡情的阅读效果。

《你一定要读的50部投资学经典》从实际应用角度入手，选取了投资大师或当代证券市场传奇人物所撰写的投资名著，从中提取精华，汲取宝贵的投资智慧。这些经典著作不仅是学习投资的必读之书，也是提高投资理论水平和实践操作能力的重要著作。

本书以最快捷的方式去获取投资名著中的精髓，可以让读者在有限的时间内了解投资学领域中最具代表性的思想成果，在探索投资之道的过程中获得启迪。我们所选取的名著包括《聪明的投资者》《怎样选择成长股》《巴菲特：从100美元到160亿美元》《金融炼金术》《漫步华尔街》《克罗谈投资策略》《艾略特名著集》等经典名著，每一部名著都设置了"经典速读""内容解读""拓展阅读"栏目，从多个角度对所选取的经典作品进行了详尽的解读。"经典速读"对作者的生平、成就、主要著作等信息作简单介绍，使读者对所选取的著作有一个整体上的把握；"内容解读"部分精粹了名著的理论要点，让读者既不必纠缠于原著晦涩的文字，又能够把握名著的理论精髓；"拓展阅读"介绍了与名著或作者相关的一些逸闻趣事，增加了本书的可读性与趣味性，同时又可以开阔读者的视野。

我们没有对名著中的各种倾向、论点和材料进行批判，而是将每本名著的要点提取出来给读者，让读者自己作出鉴别。本书适合不同层次的投资者阅读，使读者能通过对优秀投资名著的学习迅速提升投资能力，尽快掌握投资的诀窍，同时也为那些感到迷惑的投资者提供理论方法上的镜鉴。

让我们牢记威廉·欧奈尔的话吧：不要懵懵懂懂地随意买股票，要在投资前扎实地做一些功课，才能成功！

目 录

1 《聪明的投资者》
/ 1

2 《金融炼金术》
/ 9

3 《漫步华尔街》
/ 16

4 《克罗谈投资策略》
/ 24

5 《艾略特名著集》
/ 31

6 《怎样选择成长股》
/ 44

7 《投资艺术》
/ 53

8 《江恩华尔街 45 年》
/ 60

9 《战胜华尔街》
/ 70

10 《巴菲特：从 100 美元到 160 亿美元》
/ 78

11 《股票作手回忆录》
/ 85

12 《风险投资家环球游记》
/ 92

13 《非理性繁荣》
/ 99

14 《乌合之众——大众心理研究》
/ 105

15 《大癫狂》
/ 116

16 《股市真规则》
/ 124

17 《彼得·林奇的成功投资》
/ 137

18 《摩根财团》
/ 146

19 《共同基金常识》
/ 154

20 《蒙代尔经济学文集》
/ 162

21 《客户的游艇在哪里》
/ 171

22 《1929年大崩盘》
/ 176

23 《风险规则》
/ 185

24 《以交易为生》
/ 192

25 《金融心理学》
/ 202

目录

26 《学以致富》
/ 208

27 《证券分析》
/ 213

28 《巴菲特与索罗斯的投资习惯》
/ 220

29 《沃尔特·瑞斯顿与花旗银行》
/ 226

30 《机构投资与基金管理的创新》
/ 233

31 《道氏理论》
/ 239

32 《亚当理论》
/ 252

33 《投资者的未来》
/ 259

34 《对冲基金风云录》
/ 267

35 《专业投机原理》
/ 274

36 《期货市场技术分析》
/ 282

37 《资本市场的混沌与秩序》
/ 294

38 《经济过热、经济恐慌及经济崩溃》
/ 299

39 《股市趋势技术分析》
/ 306

40 《泡沫的秘密》
/ 316

41 《与天为敌》
/ 324

42 《成事在天》
/ 330

43 《挑战风险》
/ 337

44 《开放社会》
/ 344

45 《时运变迁》
/ 352

46 《世纪大拍卖》
/ 360

47 《大交易》
/ 369

48 《高盛文化》
/ 376

49 《在不确定的世界》
/ 385

50 《黑天鹅：如何应对不可预知的未来》
/ 394

1 《聪明的投资者》

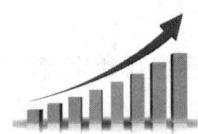

本杰明·格雷厄姆

经典速读

《聪明的投资者》是本杰明·格雷厄姆的代表作。《聪明的投资者》初版于1949年，以后不断修订，一版再版，可以说，美国的对冲基金的管理者几乎都认真研读过格雷厄姆的这一杰作，并将书中的名言、名句引为"圣旨"。

巴菲特就是本书最早的受益者之一。《聪明的投资者》这本书为巴菲特提供了一个最重要的经商理念，即"只有在不受感情因素影响的情况下进行的投资才是最明智的投资。"也就是说，投资不应受感情的影响，没有寄予盈利的厚望，也没有担心有所损失的忐忑不安，更不要随大流，看别人购买自己就盲目地跟着购买。此外，这本书还以适当的形式给外行提供投资策略的指导，格雷厄姆不鼓励投资者短期的投机行为，而更注重企业内在价值的发现，并强调"对于理性投资，精神态度比技巧更重要"。他强调，投资者应记住"安全投资的极限"这一原则，要肯定所购买的股票的价值远远大于在股票市场所做的投资，只有购买股票的价钱以及股票本身的价值才是真正重要的事。

早在1950年这本书首次出版后我就阅读了此书，当时我19岁。那时我就认为这是所有投资方面最好的书。现在我依然这样认为。

——沃伦·巴菲特

《聪明的投资者》一出版即成为投资界的金科玉律，至今仍对全球金融业产生着深远的影响，并为证券市场造就了一批亿万富翁。

——本杰明·格雷厄姆

内容解读

1. 格雷厄姆投资策略——践行个人投资原则

在《聪明的投资者》一书中，格雷厄姆在开篇便给了投资者两个投资谏言：

（1）如果总是做显而易见或大家都在做的事，你就赚不到钱。

（2）对于理性投资，精神态度比技巧更重要。

格雷厄姆首先提到人性问题，他认为，尽管时代变迁使得证券类型等出现巨大变化，但人性基本是相同的，有些类似于杰西·利弗摩尔所说的华尔街没有新鲜事一样。格雷厄姆另外精练地总结了3个不变的基本原则：①如果投机，最终你将（可能）失去钱。②当大多数人（包括专家）悲观时，买；而当他们相当乐观时，卖。③调查，然后投资。

作为一名坚定的价值投资者，格雷厄姆认为，价值投资者寻求的是在资产价格大大低于实际或者是内在价值时购买。为了让投资者更好地把握这一点，他提出了投资构成的3个要素。

（1）全面的分析。股票不仅仅是几张纸或者是电脑显示屏上的电子行情，而且是真实企业的部分所有权利益。因此你们需要全面地分析企业的业务及其发展前景，然后再买公司的股票。从无限的股票市场数据中辨别哪些是无用的信息与寻找有价值的信息是同等重要的。例如，一只股票50天的平均价格对所谓的图表分析师或者技术分析师来说也许很重要，但是这对公司的价值和安全性的影响又有多大呢？正如格雷厄姆所提到的，需要研究的是根据安全性和价值所建立的事实。

（2）安全性的理论。沃伦·巴菲特喜欢说的2个投资准则是：第一条是不要赔钱；第二条是永远不要忘掉第一条。毫无疑问，巴菲特从格雷厄姆那里继承了投资风格，厌恶持续的资金损失。要想在投资中获得成功，你所需要的不是找到下一个微软或戴尔这样的股票，而是避免巨大的损失。

（3）充足的回报。对格雷厄姆来说，充足的或者令人满意的投资回报意味着投资者愿意接受的回报率或者回报额，即使比较低，只要投资者愿意接受，而且是理性的投资、聪明的投资行为所得就可以了。许多投资者认为，最好的股票投资方式是投资成本低的共同基金或交换基金，比如标准普尔指数500。指数基金使投资者投入到整个美国经济的增长中，在过去的一个世纪，美国经济的发展是很令人满意的。此外，很少有基金经理的长期业绩超出标准普尔指数500。因此，如果你决定构建你自己的股票组合或者是动态管理的基金，你的投资回报必须要超过低成本指数基金的回报，才算是充足的回报，否则的话拥有指数基金要更合理明智。

2. 衡量公司绩效——把握6种基本因素

每只股票后面都有一间公司，作价值投资首先要能够把握公司绩效。在这方面格雷厄姆能够给我们很多帮助，在衡量公司绩效时他最注重分析6种基本因素：收益性、稳定性、增长性、财务状况、股利以及历史价格。

衡量一家公司收益性好坏的指标有很多种，如每股净收益可以直接体现公司获利程度的高低，投资报酬率可以考察公司的全部资产的获利能力。但格雷厄姆比较偏爱将销售利润率作为衡量公司收益性的指标，因为该指标不仅可以衡量公司产品销售收入的获利能力，而且可以衡量公司对销售过程成本和费用的控制能力。公司产品销售过程的成本和费用越低，公司销售收入的获利能力就越大。由于公司的大部分收入一般来源于主营业务收入，即产品收入，因此，通过销售利润率可以判断出一家公司的发展。

衡量一家公司的盈利是否稳定，格雷厄姆认为，可以以10年为一个周期，描绘出每股盈余的变动趋势，然后用该公司最近3年的每股盈余与其变动趋势作一比较，若每股盈余的水平是稳定上升的，则表示该公司的盈利水平保持了100%的稳定。否则，在大起大落的背后一定有某些隐含的市场原因、产品问题或者偶然因素，它们有可能对今后的盈利构成某种程度的威胁。这一指标对于发展中的小型企业尤其重要。

衡量每股盈余的成长性一般采用盈余增长率这一指标。盈余增长率是一家公司在最近3年中每股盈余的年平均增长率，它既能反映出公司的生存能力、管理水平、竞争实力和发展速度，又可以刻画出公司从小变大、由弱变强的历史足迹。这一指标对于衡量小型公司的成长性至关重要。

公司的财务状况决定其偿债能力，它可以衡量出公司财务的灵活性和风险性。如果公司适度负债且投资报酬率高于利息率时，无疑对公司股东是有利的。但如果举债过度，公司就可能发生财务困难，甚至破产，这将给投资者带来极大的风险。衡量公司是否具有足够的偿债能力，可以通过流动比率、速动比率、资产负债率等指标来考察，如流动比率为2，速动比率为1时通常被认为是合理的。

至于股利，格雷厄姆认为，公司的股利发放不要中止。当然发放的年限愈长愈好；假如股利发放是采用固定的盈余比率，就更好不过了，因为这显示了该公司生机勃勃，在不断地平稳成长。同时，股利的发放也更增添了股票的吸引力和凝聚力。投资者应尽量避免那些在以往3年中曾有2年停发或降低股息的股票。

股票的历史价格虽不是衡量企业效绩的关键因素，但它可以从一个侧面反映公司的经营状况和业绩好坏。股票价格就好比公司业绩的一个晴雨表。公司业绩表现比较好时，公司股票价格会在投资者的推崇下而走高；公司业绩表现不好时，公司股票的价格就会在投资者的抛弃下而走低。

3. 投资是一次成功的投机——投资与投机的区别

格雷厄姆说："投资是一次成功的投机，而投机是一次不成功的投资"。在《证券分析》中，格雷厄姆给出了教科书般的解释：投资是指根据详尽的分析，本金安全和满意回报有保证的操作。不符合这一标准的操作就是投机。

我们知道，在证券市场上既有投资，也有投机。而两者并不难区别。第一，投资者是风险回避者，他们购买证券一般希望获取稳定收益，本金又相对安全，而投机者恰恰相反；第二，从投资的时间长短来看，投资者着眼于长远利益，买入证券往往长期持有，按期收取稳定的股息和资本增值，而投机者热衷于在短期的股价变动中获取价差收益，因此买卖极其活跃；第三，从分析方法看，投资者注重证券内在价值的分析和评价，常用基本分析法，而投机者关心市场价格的变动，多用技术分析法。

格雷厄姆多次描述投资和投机的区别，他认为投资就是在全面分析的基础上，以保证本金安全为前提，去争取满意的回报。而投机则完全试图从市场价格波动中牟利。他分析，投机主要是由于人的本性使然："投资者潜意识和性格里，多半存在一种冲动，它常常在……欲望的驱使下，无意识地去投机，去迅速且刺激地暴富。"

格雷厄姆最后很通俗地描述了投机者的特征：①意识不到自己的投机行为；②缺乏足够的知识和技巧时，严重投机；③动用不能承受的更多资金。

4. 安全边际——制定投资决策的基础

《聪明的投资者》一书所有观点浓缩后形成的一个精华即安全边际理念。格雷厄姆指出，成功投资的秘密可以精练成4个字的座右铭："安全边际"，这贯穿于所有投资策略的讨论。

格雷厄姆坚定地认为："坚定地以安全边际原理为基础，能够产生可观的回报。"他总结了安全边际的原则，指出：安全边际函数本质上不必给出将来的精确估计的数值，但如果边际较大，由于其投资者充分感觉到对时间变迁的防备，那么就足以保证将来的收益不会远落在过去的收益之下。

这段话理解起来有点复杂：第一，安全边际本质上不是精确的科学；第二，安全边际应保持足够大；第三，安全边际最终会通过时间的验证；第四，安全边际只有在少数时期才能感觉到，大多数时期，安全边际并不实际存在。

投资者有必要认真琢磨以上要点，因为投资者易犯的错误，就是试图精确预测企业未来业绩，并计算出"精确"的内在价值。另外，安全边际的运用，包含较大的艺术性，这也是价值投资知易行难的关键。

格雷厄姆认为，投资普通股的收益率（即市盈率倒数）超出债券部分，就是投资者的安全边际。超出部分一部分将以红利形式返还投资者，另一部分则是企业资产未来增值带来的好处。前面格雷厄姆已经多次提及：当普通股收益率超过长期国债利率2倍的时候，就已经存在一定的安全边际了。这里面一个是市盈率足够低，一个是利率的高低。值得注意的是，格雷厄姆提及市盈率水平，大多数是以过去10年的平均收益计算的。

他又认为，投资者为高质量的股票支付太高价格的风险，并不是面临的主要风险。投资者的主要损失来自在有利的商业条件下购买了劣质股。他的意思是，投资者往往在整体经济或市场向好的时候，买入那些只是随着大势而经营优良的企业股票，这样的风险是最大的，因为一旦大势不好，这些企业马上就陷入经营困境。

格雷厄姆讥讽道：很多投资者总是披着投资的美名，但实际上和投机并没有太大不同。因此，他认为，区别投资和投机的重要标准，就是是否坚持了一个真正的安全边际，而且安全边际可以由数据、有说服力的推理和很多实际经验得到证明。

另外，值得注意的是，格雷厄姆始终认为，安全边际的区间就是30%的折让。但在实际操作中，巴菲特似乎倾向于40%~50%以上的折让。

5. 价值投资——投资标准及原则

在投资界，格雷厄姆首先提出了价值投资策略。这种策略的基本思想如下：首先，股票市场的价格波动带有很强的投机色彩，但是长期看来必将回归"基本价值"，谨慎的投资者不应该追随短期价格波动，而应该集中精力寻找价格低于基本价值的股票；其次，为了保证投资安全，最值得青睐的股票是那些被严重低估的股票，即市场价格明显低于基本价值的股票，投资者集中持有这些股票就能以较小的风险谋取较大的收益。

为了更好地理解格雷厄姆的价值投资策略，让我们来看看格雷厄姆1957年的投资选择标准。

（1）流动资本超过1 000万美元。

（2）价格是每股净流动资产的2/3。

（3）市盈率在当年不超过8倍。

（4）至少过往10年分过红利。

事实上，按照这个标准，格雷厄姆最后选出的股票仅有5只，但就是这5只股票，在2年后股价总体上涨了1倍。

再来看看格雷厄姆总结出的价值投资的基本原则。他指出，如果投资者想要获得长期成功的机会，必须按照以下基本的商业原则而行。

（1）知道你在做什么，知道你的商业。也就是说，投资者应该充分熟悉自己投资的商业，并且不应将收益预期建立在企业正常权益收入和红利之外。也即是投资者投资的出发点，应该是抱着商业运营伙伴的态度进行投资。

（2）获得收益的投资操作，不应基于信心，而是基于算术。

（3）利用你的知识、经验和勇气，如果你已经从事实中得出一个结论，并且知道你的判断是正确的，按照它行动，即使其他人可能怀疑或有不同意见。也就是说：由于你的数据和推理是正确的，因而你是正确的。

6. 进攻型投资者投资策略——获得超平均水平的业绩

一般来说进攻型投资者的活动特征可以被概括为以下4点。

（1）低价购买，高价出售。

（2）谨慎选择成长股。

（3）廉价购买各类衍生证券。

（4）购买"特别地位"。

格雷厄姆认为，投资者如果试图在长期获得超出平均水平的业绩，就需要以下的投资策略。

（1）它必须经过客观而又理性的公正分析。

（2）它必须不同于大多数投资者或投机者追随的目标。

格雷厄姆继续指出，投资者应重点关注那些不引人注目的大公司。他指出，选择大公司比选择小公司更有利，一方面，是它的资本和智力优势可以保证公司渡过不幸，恢复到正常的营运状态；另一方面，是市场对这些大公司的关注使得反应更加敏感。他进一步明确指出：这种投资策略，是可以证明的最保守，也是最有希望的投资途径。他统计了1939—1959年的全球200只最优秀企业股票，每5年变换一次选择。最终20种最低价格股票投资者收益是最高20种价格股票收益率的1~3倍。

格雷厄姆指出，寻找廉价证券，对于普通股而言，只有2个途径可以分析，一个是分析公司可辨认的资产价值与市场价格比较，一个是评估该公司未来可能产生的收益和资产增值。他进一步指出：普通股大比例处于廉价状态时，其现行的收益或近期的前景也许都很差，但对于未来平均情况的稳健评价却预示着其价值远超过现有价格。因此，有勇气的明智的人，在萧条的市场下，不仅用经验来证明自己，而且采用合理的价值分析方法，辨别真伪。

可以说，投资者最容易犯的错误，就是在牛市中随着股价的上涨而提高自己对投资公司前景的乐观程度，而在熊市中，随着股价下跌，又出现相反方向的悲观情绪。两者都是不客观的情绪影响。

格雷厄姆认为，寻找这样的低价股票，会有2个来源：第一，确切的、令人失望的结果（业绩和股价）；第二，长期受忽视、误解或被冷落。他解释说，之所以出现这样的原因，是因为市场总是将企业经营的普通起伏夸张成较大的兴衰。还记得2005年的中集集团，市场有时候仅仅因为缺乏兴趣或者热情，也会使得价格跌到荒谬的地步。

他又认识到，周期性企业是否是这样的选择标的？格雷厄姆认为是不妥的，他解释说，看起来寻找周期性企业的经营低谷买入到经营高峰卖出，似乎是个在市场上大赚的机会，但事实上操作难度非常大，他认为很多情况下，周期性公司股价下跌并不总是出现在利润的退步上。因此周期性企业的股票，并不适于进攻型投资者。

 拓展阅读

本杰明·格雷厄姆于1894年出生于一个在商业经营和金融投资上都完全

失败的英国商人家庭,家庭的贫困完全改变了格雷厄姆的一生。事实上,格雷厄姆更适合搞学术,因为他极其热衷于学习,擅长写作,而且对数学极为精通。格雷厄姆本人一直渴望在大学教书,但是由于家庭实在缺钱,他只能选择在喧嚣浮躁的华尔街找一份工作。结果,这个喜欢数学的年轻人彻底改变了华尔街,并在若干年之后被华尔街的新一代基金经理们敬畏地称为"华尔街教父"和"最伟大的投资者"。

一般来说,经济类专业的大学毕业生都会想到一夜暴富和聚光灯下的生活,但是在格雷厄姆心目中,最重要的恐怕不是争取变得富有,而是争取避免自己的家族过去一再蒙受的苦难——投资失败和破产。所以,格雷厄姆终其一生都是非常谨慎的防御型投资者,他所创造的"价值投资"理念与其说是为了争取投资收益,还不如说是为了尽可能地回避投资风险。比如,在美国股市每年涨幅超过10%的年代,格雷厄姆仍然建议投资者满足于3.5%的年收益率,在事后看来,这或许过于保守。事实上,华尔街教父本人对华尔街已经感到厌烦了,既然他已经拥有了金融家所能拥有的一切——金钱、名声、荣誉以及属于自己的学术理论,继续留在华尔街又有什么意义呢?

1956年,在华尔街混迹长达42年的格雷厄姆终于退出了金融界。从此,他完全专注于金融教学和研究,并不断发表他对市场的看法。同一年,他在哥伦比亚大学的一位学生开始了自己的投资生涯。这个学生从6年前开始聆听格雷厄姆的证券分析课程,曾经得到这门课程的历史最高分,此后又帮助格雷厄姆做了许多投资分析工作。后世称这个学生为"股神"和"奥马哈的圣人"——他的名字叫作沃伦·巴菲特。

2 《金融炼金术》

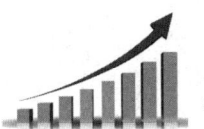

乔治·索罗斯

 经典速读

　　《金融炼金术》是乔治·索罗斯的投资日记，也是一本具有永恒价值的投资指南，阅读本书你将欣赏到索罗斯如何分析个股、如何把握市场转变的时机、如何面对不利的市场行情并及时调整对策，从而在风云变幻的金融市场中立于不败之地。

　　乔治·索罗斯是一位具有高知名度的富有传奇色彩的金融投资大师。他与"商品大王"吉姆·罗杰斯合伙成立了"量子基金"，曾获利20多亿美元，被称为"打垮英格兰银行的人"，索罗斯个人收入达6.8亿美元，在1992年的华尔街收入排行榜名列榜首。时至今日，索罗斯仍一如既往地在纽约中央公园旁的办公室里评判市场，不断发表令市场为之震颤的独家观点。

　　本书所呈现给读者的感觉，就像索罗斯的金融投机（投资）事例一样——战略构思宏大，分析深刻透彻，相信读者在阅读后一定会有所收获。

　　需要提醒读者的是，阅读本书不宜抱有太过功利的想法，不然你会很容易失望或者被误导。索罗斯自己在本书导论最后，也强调"本书并非股市致富实用指南"，其讨论目的指向对一般性历史过程的理解。

　　一部伟大的著作，你可以从中了解当代最成功的投资家是如何进行投资决策的。精彩绝伦！

——《华尔街日报》

令人激动不已,索罗斯是大师级的大师……披露了近年来金融市场的游戏规则……只有索罗斯才能对如此复杂的事态作出透彻的分析。

——Esquire

一部讲义形式的投资读物……应该逐句、逐段、逐页地细读,反复咀嚼其中的每一个概念……索罗斯是有史以来最出色的职业投资家……很可能还是当代最杰出的市场分析家。

——B·M·比格

内容解读

1. 反身性理论——从市场的情绪波动中获利

反身性理论是索罗斯在《金融炼金术》一书中首先提出来的,索罗斯吸收了物理学家海森堡的"测不准原理"、哲学家卡尔·波普尔的"试错法"和经济学家卢卡斯的"合理预期"理论的内容,并且对其加以糅合,从而形成独树一帜的证券市场理论。应用反身性理论,从市场先生的情绪波动中获利,这是投资大鳄索罗斯投资成功之谈。

索罗斯认为,自然科学和社会科学的研究对象存在着根本的区别。自然现象属于一个世界,科学家的陈述属于另一个世界;自然现象可以充当独立的客观标准,科学则赖此判断其陈述的真理性或有效性,但在社会科学中,不存在这样的客观标准。由此,索罗斯提出了自己的反身性理论:由于不完备理解的问题,事件的参与者会形成固有偏见,他们根据这个固有偏见作出的决策会影响事件本身的发展进程。事件的参与者与事件本身构成一种被索罗斯称为的反身性关系,在这里,不会有均衡的结果,只有一个永无止境的变化过程。

从上面的表述中我们可以知道,所谓反身性,是指我们不完全的认识是影响事件的一个因素,而被扭曲认识影响的事件又反过来影响着我们的认识。如果用反身性的语言描述股票市场的行为,那就是价格变化的本身也会影响人们的预期。

我们不妨解释得再简单一点,在金融市场中,市场的变化导致市价的变化,这是核心观点之一。当股价上涨,投资者们感到自己富裕了,于是会花更多的钱,结果企业的销售额和利润都上升了。而这时候,股评家们,或是分析家们会指出这些"经改善的基本面",鼓励投资者们买入。这会让股价进一步上涨,让投资者感到自己更富有,于是他们的支出又会增加。这个过程会持续进行下去。

这个过程就是索罗斯所说的"反身性过程"——一个反馈环:股价的变化带来企业基本面的变化,继而带动股价的进一步变化。反过来,股价下跌推进过程也是一样的。

那么,反身性理论与基本面分析有什么关系呢?

(1)股票价格一定会对基本因素产生影响,但多数情况是间接的。

(2)参与者对基本因素的认知必然存在某种缺陷,起初也许不明显,但以后会表现出来。

(3)任何情况下,反身性模型都不能取代基本分析,它的作用仅仅是提供基本分析中欠缺的成分。基本分析试图确立潜在价值如何反映在股价中,反身性理论则表明股价是如何影响潜在价值的。

反身性理论的最重要的实用价值就在于利用它来发掘过度反应的市场,跟踪市场在形成趋势后,由自我推进加强最后走向衰败的过程,而其转折点恰恰是可以获得最大利益的投资良机。

索罗斯的反身性理论一方面指出了市场本质上不均衡、不稳定,从而有别于传统经济学,指出它与传统经济学关于市场的区别是事实与幻想的区别,并根据趋利避害原理对现实加以运用;而另一方面,在理论上解释了价格趋势运动的过程和原因,从而解决了市场真正底和顶的意义。

2. 盛衰循环——股市周期荣枯现象

索罗斯的金融哲学的确有其独到之处,他对股市盛衰循环的理解尤其值得我们研究。索罗斯认为,市场中存有泡沫,而泡沫的本质就是一种先是自我增长,然后又自我毁灭的循环,即盛衰循环。那么这个循环是如何形成的呢?

身处循环中的人们往往以为自己在根据某个客观事实来趋利避害,但是实际上恰恰是他们自己选择的结果构成了该种"客观事实"。也就是说,参与者的主观判断和选择的结果反过来证实、凸现、强化了那个所谓的"客观"事实。在这种条件下,事态以加速方式演进,以致达到"远离均衡"的地步而不可持续,最终迅速崩溃。

读者或许会觉得索罗斯在《金融炼金术》中的表述晦涩难解,那么在这里我们不妨把盛衰循环理论用更浅显的文字来表述:

索罗斯认为,由于市场因素复杂,不确定因素越多,随波逐流于市场趋势的人也就越多，顺势操作的投机行为影响就越大，这种影响本身也成为影响市场走势的基本面因素之一。

而当市场被投资者夸大的偏见所左右时，两者相互作用就会令投资者陷入了盲目的狂躁情绪之中，趋势越强，偏见偏离真相越远，实际上也使得市场变得越来越接近脆弱。而过度反应的市场最终导致的结果就是盛衰现象的产生。

因此，我们看到市场的趋势在表象上就有两种极度的反应：一种是盛衰过程；另一种是衰盛过程。市场趋势就是在两种过程中不断地相互交错更替地进行着。

经分析，这种盛衰现象发生的主要顺序特征如下。

（1）市场发展的趋势尚未被认定。

（2）一旦趋势被认定，这种认定将加强趋势的发展并导致一个自我推进过程的开始。

随着现行趋势和现行偏斜观念的相互促进，偏见被日益夸大。当这一过程发展到一定阶段，极不平衡的条件即告成熟。

（3）市场的走向可以得到成功的测试：市场趋势和市场人士的偏见都可以通过各种外界的冲击而一遍又一遍地受到测试。

（4）确信度的增加：如果偏见和趋势都能在经受各种冲击之后依然如故，那么就是不可动摇的。这一阶段为加速过程。

（5）现实与观念的决裂：此阶段的出现标志着信念和现实之间的裂痕是如此之大，市场参与者的偏见已经显而易见了，此时高潮即将来临了。

（6）终于，一个镜面反射型的、能自我推进的过程向着相反方向发生了。此时人们对市场的看法不再起推动作用，原有趋势停滞不前，另一种声音开始影响着市场，原有市场信心开始丧失，这时市场开始向相反方向转换，这个转换点叫作交点，为崩盘加速阶段。

如果索罗斯的盛衰循环理论仅仅停留在哲学想象的层次上，是不会引起世人关注的。正是由于他把难以具体化的抽象思想，成功地运用于金融市场操作，才使其成为特立独行的投资大师。

20世纪90年代美国资本市场上开始盛行并购游戏，那时候，有些公司据信具有较好的成长性，所以资本市场乐于给予较高估值；而另一些公司虽然每年挣钱不少但被认为成长性欠佳，所以市场上股权交易价格的市盈率比较低。于是，有些成长性公司用定向发行新股的方式收购市盈率较低的公司。由于市场给两家公司估值比例的差异，并购者用较少的股权获得了较多的每股收益，合并报表之后新公司的每股收益相对于此前出现了增长。而这种数值的增长反过来证实了市场对公司成长性的预期，从而使得它的高估值看起来的确有道理。索罗斯很快察觉到了这里的泡沫特征，所以先是搭乘顺风车，做多那些并购股票，然后在这类游戏难以为继的时候反手做空。在并购泡沫的自我增长和破灭过程中，索罗斯利用它的盛衰循环理论挣到了钱。

3. 信贷周期——衡量货币信用张缩速度

在《金融炼金术》一书中，索罗斯对信贷周期非常推崇，在其看来，信贷周期是分析经济及金融，特别是找到其漏洞并发起金融狙击的关键点。

在《金融炼金术》中，索罗斯说："在讨论实际含义时，我将从最简单的事例开始，渐次述及较为复杂的，这个步骤巧合于我在实践中认识反身性过程的历史顺序：首先是股票市场，其次是货币市场和国际债务问题，最后是所谓的信贷周期。"

应当说，索罗斯敏锐地意识到了经典货币理论存在的问题，意识到信贷周期的重要性。但正如他在《金融炼金术》中说的，他还没有形成成熟的想法，以至于《金融炼金术》的理论内容流于重复和啰唆。作者自己显然也意识到这点："我可以向读者保证，本书的其余部分再也没有比导言更纷繁的内容了。"

索罗斯对信贷周期的认识可以用精练的文字表述如下：

从信贷扩张的流程来看，人们是首先通过信贷或者其他方式，获得货币性收入，然后购买生产和生活用品。在购买完成后，人们又各自得到货币性收入，并把收入用来对冲还贷，抵消债务，同时又进行下一轮的信贷扩张，由此往复循环，使得资金扩张与生产扩张同时进行。而在每一轮对冲还贷过程中，都抵消了相应的债务，但当轮的收入和产品购买却是没有被抵消的。因此，如果仅仅计算末期的新增贷款余额，则中间的收入和产品购买就被漏掉了。事实上，这是一个资金流量过程，所以要将资金流量累计起来计算。

央行货币扩张是否过量，其判断指标有2个。一个是货币总量，它体现了失业货币因素；另一个是基础货币总量中的非央行信贷独立货币比例。它们都同样因为存款利率低于贷款利率，且不需要抵押，所以使得货币更容易低成本迅速扩张。

这样，如果发现某个时候货币总量过大，其真正的经济含义应是下面4条中的几条：①在经济运行中的经济主体自有货币不足，使得信贷扩大；②新注入市场的独立货币过多，使得利率降低；③经济运行之外的失业货币过多，为弥补信贷危机，使得货币总量扩大；④当前经济体的投资或者消费总量过大。

4. 索罗斯投资理论的基石——市场总是错误的

索罗斯提出了关于市场的一个观点：市场总是错误的，市场的估值总是失真的，市场的价格并不是潜在价值的被动反应。

在分析索罗斯的市场错误论之前，我们需要了解一下与之相悖的均衡理论。均衡理论对于股市的解释，就是唯市场论："市场永远是正确的"。索罗斯认为，这个命题可以分析为下面两个命题：①市场总是表现出某种倾向；②市场能够影响它预期的事物。

这2个命题合起来，就是市场永远是正确的。基于这个观点的分析理论，就是基本分析的方法，例如随机漫步理论，这种理论认为市场把未来的一切都作了贴现，人们没有办法超出市场。

但是，索罗斯却不同意这个观点，他认为：凡是不能证伪的都是无效的。从某种意义上说，市场的有效性正是因为其和基本面的偏差或者说不正确。金融市场能有效地调配资金就是因为金融市场并不完全地反映实体经济的状况。我们很难想象，一只股票的价格如果能按照企业的基本情况给予精确计算确定，并且在一段时间内保持恒定，这样的股票市场是否会有资金过来投资。同样，我们也无法想象没有投机者的市场。如果没有投机者来吸纳市场风险，提供市场流动性，整个市场会不会变成一潭死水？

投资者必须认识到，索罗斯所谓的市场总是错误的思想，并不是指市场和其基本面完全脱离，而是指市场和基本面总是有偏差。偏差是无法消除的，这种偏差应该是市场运作的成本。就好比所有的手表走的时间长了都有偏差，即使是再好的表也一样，这是由于表本身的运动所造成的，是表运动所支付的成本。只要市场在运作，那么运作就需要支付成本，市场和其基本面就会产生偏差，所以，索罗斯才说市场总是错误的。

 拓展阅读

在20世纪90年代初期，东南亚国家的经济出现了奇迹般的增长，为了加快经济增长的步伐，各国纷纷放宽金融管制，推行金融自由化。但是繁荣之中也酝酿着危机，东南亚各国的经济增长主要依赖于外延投入的增加。在此基础上放宽金融管制，就等于将各自的货币无任何保护地暴露在国际游资面前，

极易受到来自四面八方的国际游资的冲击。

东南亚出现如此巨大的金融漏洞，自然逃不过"金融大鳄"索罗斯的眼睛。

在东南亚各国中，以泰国的问题最为严重。因为当时泰国在东南亚各国金融市场的自由化程度最高，泰铢紧盯美元，资本进出自由。同时，泰国经济的"泡沫"最多，泰国银行大多将外国流入的大量美元贷款移入了房地产业，从而导致银行业大量的呆账、坏账，资产质量严重恶化。

1997年3月，当泰国中央银行宣布国内一些财务公司存在流动资金不足的问题时，索罗斯发动了攻击：索罗斯及其他套利基金经理开始大量抛售泰铢，泰国外汇市场立刻动荡不安。泰铢一路下滑，5月份最低跌至1美元兑26.70泰铢。泰国中央银行在紧急关头采取各种应急措施，如动用120亿美元外汇买入泰铢，提高隔夜拆借利率，限制本国银行的拆借行为等。这些强有力的措施使得索罗斯交易成本骤增，一下子损失了3亿美元。但是索罗斯并没有平掉原来的头寸，甚至还增加了头寸。3亿美元的损失根本无法吓退索罗斯，对狙击泰铢他志在必得。

1997年6月下旬，索罗斯筹集了更加庞大的资金，再次向泰铢发起了猛烈进攻，各大交易所一片混乱，泰铢狂跌不止，交易商疯狂卖出泰铢。泰国政府动用了300亿美元的外汇储备和150亿美元的国际贷款企图力挽狂澜。但这区区450亿美元的资金相对于天量级的国际游资来说，犹如杯水车薪，无济于事。

7月2日，泰国政府由于再也无力与索罗斯抗衡，不得已改变了维系13年之久的货币联系汇率制，实行浮动汇率制。泰铢更是狂跌不止，7月24日，泰铢已跌至1美元兑32.63泰铢的历史最低水平。泰国政府被国际投机家一下子卷走了40亿美元，上自政要富豪，下至平民百姓，许多泰国人的腰包也被掏个精光。

3 《漫步华尔街》

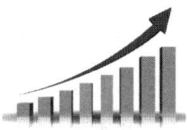

伯顿·马尔基尔

经典速读

《漫步华尔街》全书名为《漫步华尔街：股市历久弥新的成功投资策略》。它不仅是一部投资学经典著作，还是一部与时俱进的畅销书。该书作者伯顿·马尔基尔是华尔街专业投资人、经济学者，同时也是成功的个人投资者。

《漫步华尔街》首次出版于1973年，出版后引起巨大轰动，成为继格雷厄姆的经典之作《聪明的投资者》（The Intelligent Investor）之后最畅销的股票投资书籍，被视为30年来最经典的金融投资入门读物。该书至今已经过8次修订，热销30余年仍经久不衰。事实证明，自20世纪70年代以来，《漫步华尔街》是世界证券投资界最畅销的著述。

《漫步华尔街》将理论与实践融会贯通为一个无懈可击的整体，以生动诙谐、浅显易懂的语言娓娓道出投资的真谛和成功的秘诀。阅读本书，你不仅将学会分析股票、债券的潜在收益，而且将学会分析其他投资机会的潜在收益，包括货币市场、房地产、保险、黄金、收藏品等。作为一本实用性极强的投资指南，它向广大投资者讲述了琳琅满目的投资策略和五花八门的金融工具，并透过历史事件提出了存在的所有问题和现象，对包括技术分析和基本分析的诸多方法提出了根本性的质疑，详细介绍了现代投资组合分方法。不仅如此，作者马尔基尔还独辟蹊径地提出：只要普通投资者采取"购买并持有"的战略，投资于指数基金，就可以获得安全、稳定的长期回报，并轻而易举地击败大多数机构投资者。除了观点的独树一帜和内容的苦心孤诣之外，作者在一些细微

3 《漫步华尔街》

之处亦做到了尽善尽美。

如果你是一个个人投资者，企望在股市规避风险，赢取利润，那么马尔基尔的著作《漫步华尔街》很值得一读，它可以说是一本个人投资者的指导书。马尔基尔在这本书里审视了个人和家庭的金融投资策略，他的一个很新颖的观点是：一个人的风险承担能力很大程度上取决于他的年龄和收入能力。股市的经历表明，隐藏在股市投资中的风险峰度随着投资期的增长而递减。因此，合适的投资策略是与人的年龄相关的。该书专门开辟出一章"生命周期指导你投资"，它对各个年龄层次的个人投资者提出了相应的投资策略，阅读这些相当于你咨询了一位高明的私人投资顾问。

《漫步华尔街》被全球最大的网上书店亚马逊评为2001年度的最佳畅销书籍。作为"复习课程"，该书还被列为美国MBA学生的必读教学参考书籍。

在过去50年间，关于投资方面的好书至多也不过五六本，《漫步华尔街》无疑应列入此类经典之作。

——《福布斯》杂志

这是一本为成千上万投资者所青睐的传世之作……自从首次问世以来一直颇受好评……甚至在你把它作为复习课程来阅读时仍旧是如此的井然有序。本书创见频出、不落窠臼而又资料翔实，它将为投资者在险象环生的华尔街上引路导航，并教会你如何在职业投资者自己的舞台上将他们击倒，并进一步使我们明白：为什么随机选择的分散投资组合可以与专家们精挑细选的投资组合相匹敌！

——《芝加哥论坛报》

当我的同事到了退休的年龄和我的儿子到了21岁时，我就送一本马尔基尔的书给他们看。

——保罗·萨缪尔森 诺贝尔经济学奖获得者

内容解读

1. 投资指数基金——懒人投资法

在《漫步华尔街》一书中，马尔基尔坚信指数基金拥有最终优势，这也是马尔基尔投资策略的核心。对于中国那些每月只有几百元或数千元做基金定投的中小散户来说,这种投资观点既简单又实用,它将在保证收益的前提下将风险最小化。

为了获得高回报,现在很多投资者都建立了复杂的投资组合:股票、黄金、外汇……投资者的投资组合越复杂,资金越多,也就越容易产生问题。为了最大限度地降低投资风险,投资者又不得不大量阅读财经报刊,每天听股评,到处打听小道消息来获得对市场的认识。而读过《漫步华尔街》后投资者就会发现,有一种产品可以大大简化你的投资组合,减少你付出的汗水,同时又不损害你的收益。这种产品在全球股票和债券市场上仅占据10%左右的份额,但它深刻改变了金融界的状况,也改善了无数投资者的业绩——这种产品就是指数基金。

马尔基尔引用了许多市场研究结果证明:个人投资者市场盈利一般差于基金,因为他们总是在市场的底部卖出,在顶部买入。对于投资者来说,可以抽出部分资金来自己积极管理,但前提是将核心资金安全地投资于指数基金。

马尔基尔指出:"指数基金的优势何在?一般而言,指数基金带给投资人的收益率要高于职业经理人两个百分点。它之所以能有这样的过人表现,有两点至关重要:管理费用和交易成本。公开发行的指数基金,其管理费用一般为20个基点;而同为公开发行的共同基金,每年花去的管理费用竟高达150个基点(1.5个百分点)。而且,指数基金仅在必要时才进行买卖,相形之下,活跃的共同基金的换手率普遍维持在100%,更高的情况也屡见不鲜。

"指数基金分散化的特性排除了你巨亏的可能,但与此同时,也肯定使你失去了暴富的机会。许多华尔街的评论家就此认为投资指数基金实为庸人之举。然而,过去所发生的一切让我们不得不正视一个事实:较之于投资共同基金,指数基金带给了投资者更高的回报,而前者由于名目繁多的投资咨询费和高不可攀的换手率,只能甘居人后。"

对于中小散户投资者来说,指数基金是一种相对简单易懂的投资工具,它涨得明白,跌得清楚。然而,由于指数基金通常要求保持90%以上的高股票投资比例,投资管理人不能根据对市场时机的判断主动调整仓位。在市场持续上涨阶段,指数基金的整体表现就会较好,但在市场持续下跌期间,由于无法主动减仓,也会跌得更多。

基于这样的风险,选择一个好的方式来投资指数基金就显得尤为重要了,特别是对于普通的投资者而言,如果贸然进行波段操作,很容易将"低买高卖"

做成"高买低卖"。那么应该采取何种方式投资指数基金呢？基金定投应该是较好的选择之一。

基金定投是指投资者以固定的金额按固定的频率（如每月）投资指数基金的方式，这种方式相当于分批买入，等于是把钱分成几十、上百批入场，分散了投资时点的风险，使投资变得相当稳健。由于股市短期走势很难预测，定投虽不能保证每次买在低点，但长期平均下来成本较低，只要找一个相对好的时机卖出基金，获利的机会就很大。此外，由于基金定投投资起点低，手续简便，因此成为一种常见的指数基金投资方式。

2. 投资组合理论——风险最小化

马尔基尔说："把一只猴子蒙上双眼后让它向报纸的金融版掷飞镖而选中的投资组合，和那些专家小心谨慎选择的投资组合相比，盈利性可能一样好。"

投资组合理论建立的前提是：所有的投资者厌恶风险，他们想得到高收益和有保证的投资结果。而现代投资组合理论就是告诉投资者如何将股票纳入投资组合，以便与寻求的收益相对应的风险尽可能实现最小化。

马尔基尔指出："（现代投资组合理论认为）无论如何，多样化策略总是可以产生降低风险的好处，而并不在乎哪个市场表现得更好。只要市场之间的相关性不达到完全同步关系，投资者就可以从国际性多样化中确保自己的收益。"

但是多样化投资方面的难题在于，大多数企业的收益状况在相当大程度上具有同向变动性。因为企业的盈利状况并非总是完全独立变动，所以投资于多样化股票组合很可能不比只投资于一两只单个证券风险要小。

但是《漫步华尔街》告诉我们，选择理性的投资组合可以避免部分风险。作者列举了许多国家股市变动的例子，对投资风险进行了分析，并提出投资组合中可以包括外国的多只股票等。但拥有较多的股票，收益会被涨幅较小的股票拖后腿，也使得收益被削平，其所说的多少只股票、哪个国家的股票等似乎缺少依据。而对于中小散户投资者来说，目前国内股市不规范，股价波动大，还是应该集中精力选择业绩优良、公司质地好、管理规范的公司耐心长期持有，收益一定会大于组合风险的收益。

3. 生命周期投资指南——投资五原则

股市历史证明，无论是基本分析还是技术分析，要准确无误地预测股市的动态变化几乎是不可能的。马尔基尔认为，风险与收益总是相伴而生，股市竞争是公众的博弈行动，他的"生命周期投资"提出了投资五原则，普通投资者或许能从中获得启迪。

第一，历史证明，风险与收益总是相伴而生。这看似老生常谈，但2008年有相当多参与股市的投资者会有切肤之痛，而从另外一个角度考虑，危机中存在着希望。马尔基尔举例，对1926—2005年的美国基本资产类别年均收益率的研究表明，普通股具有高风险指数（收益率年波动率20.2%~32.9%），但仍然以10.4%~12.6%的年均收益率战胜了低风险指数（收益率年波动率3.1%~9.2%）的债券类产品。因此，投资者不要因为股市短期的下跌就丧失希望，惧怕投资股票或者股票基金。

第二，投资股票和债券的风险取决于持有资产的期限长短。投资收益率的波动是风险的表现，谁也不能保证自己始终低买高卖，而延长投资持有期则大大降低风险。马尔基尔谈到的"长期"是基于至少20年的表现来判定的。

第三，定期定额投资可以降低投资风险。已经有大量的文章对定投这种方式进行介绍，简而言之，用马尔基尔的话来鼓励一下定投的投资者，"最严重的市场恐慌与最病态的投机性暴涨一样都是没有事实根据的。无论过去前景看来如何黯淡，到头来情况通常都会更好。"

第四，调整资产类别权重可以降低风险，还可能提高投资收益。例如40岁选择了60%股票基金和40%债券基金，假定短期股市大涨使股票基金的权重增加到70%甚至更多，这个时候卖出股票基金，买入债券基金，使两者权重比例重新回到合适自己的情况（60%：40%），被实践证明是一种明智的投资策略；反之亦然。

第五，注意区分对风险所持有的态度和实际承担风险的能力。每个人对风险的偏好是不同的，但一定不要把自己对风险态度和自己能承受多大风险的能力混淆。马尔基尔认为，适合的投资品种（股票、债券、基金等等）很大程度上取决于投资者在投资之外的挣钱能力，而这个能力是和年龄密切相关的。所以在投资上，马尔基尔建议投资者，在自己不同的年龄段（即不同的挣钱能力）选择合适的投资品种。

4. 磐石理论——内在价值投资

磐石理论认为，无论是普通股股票还是不动产，每一种投资工具都具有一定的内在价值，这种内在价值可以通过对现状和未来前景的细致分析获得。为了让投资者更好地理解其理论内涵，我们不妨以普通股股票为例来说明：磐石理论强调股票的价值应该基于公司以股利形式所分配的未来盈余——目前的股利愈高、成长率愈大，股票就愈有价值。

人们发现，很难将创造磐石理论的功绩归于哪个个人。虽然我们现在经常把这项荣誉赋予S·爱略特·基尔特（S.Eliot Guild），但开发出该理论经典技术并计算出市场价格与真实价值间细微差别的，却是约翰·B·威廉（John B.Williams）。

在《投资价值理论》一书中，威廉以股息收入为基础，提出了一个计算股票内在价值的真实公式。为了避免方法过于简单，威廉巧妙地耍了次聪明，在计算过程中引入了"贴现"这一概念。威廉指出，股票的真实价值等于该股票未来所有股息的现值（贴现值）。因此，投资者得到的建议便是将以后收到的钱"贴现"。"贴现"这个术语很快流行开来。到了今天，它已成为投资者的通俗用语。

磐石理论认为，股票的价值等于投资者预期从股票中所获全部现金回报的现值。要牢记"现值"这一概念，它表明马上到手的现金与预期未来得到的现金是有区别的，后者必须要"贴现"。所有的未来收入都不如到手的钱有价值，原因在于如果你现在持有资金，它会为你赚取利息，投资者一定要理解这一点。

5. 有效市场假说——理性预期理论

马尔基尔认为："有效市场理论解释了为什么'随机游走'可能是合理的，它认为股票市场能够针对新的信息进行迅速、充分地调整，以至于没有人可以用一种更加高明的方式来预言未来市场的走势。因为每一个职业投资者的行动，每一只股票的价格都迅速地反映着市场上每一个可以得到的信息。因此，挑选到出类拔萃的股票或是把握到市场运行脉搏的机会是平等的，从预测能力上看，你的、类人猿的、经纪人的，甚至是我的从本质上说是没什么差别的。"

"有效市场假说"起源于20世纪初，这个假说的奠基人是一位名叫路易斯·巴舍利耶的法国数学家，他把统计分析的方法应用于股票收益率的分析，发现其波动的数学期望值总是为零。

"有效市场假说"包含以下几个要点。

第一，在市场上的每个人都是理性的经济人，金融市场上每只股票所代表的各家公司都处于这些理性人的严格监视之下，他们每天都在进行基本分析，以公司未来的获利性来评价公司的股票价格，把未来价值折算成今天的现值，并谨慎地在风险与收益之间进行权衡取舍。

第二，股票的价格反映了这些理性人的供求的平衡，想买的人正好等于想卖的人，即，认为股价被高估的人与认为股价被低估的人正好相等，假如有人发现这两者不等，即存在套利的可能性的话，他们立即会用买进或卖出股票的办法使股价迅速变动到能够使两者相等为止。

第三，股票的价格也能充分反映该资产的所有可获得的信息，即"信息有效"，当信息变动时，股票的价格就一定会随之变动。一个利好消息或利空消息刚刚传出时，股票的价格就开始异动，当它已经路人皆知时，股票的价格也已经涨或跌到适当的价位了。

当然，"有效市场假说"只是一种理论假说，实际上，并非每个人总是理性的，也并非在每一时点上的信息都是有效的。

6. 行为金融学——非理性交易教训

马尔基尔认为，市场价格极不精确，价格过度反应是普遍存在的现象，而不是例外。而且，人们的行为与理性在一些方面存在着系统性偏差；投资者的非理性交易往往是相互关联的。行为金融学进一步断言可以量化这些非理性行为，或对这些非理性行为进行分类。大致说来，有四种因素使非理性行为得以存在，这些因素是过度自信、判断偏差、羊群效应和风险厌恶。

（1）过度自信。认知心理学研究者已经证实，人们在不确定的情形下作判断时会有一些方面与理性产生系统性偏离。这些偏差中最普遍的一种是人们往往对自己的信念和能力过于自信，对未来的评估过于乐观。很多个人投资者错误地确信自己能够战胜市场。结果他们会过度投机，过度交易。

人们倾向于将好的结果归因于自己的能力，而辩解说不好的结果是由不寻常的外部事件造成的。两三次成功的趣闻逸事总是比一般的过去经历更能让我们心动。事后聪明会使过度自信更加膨胀，并让错觉潜滋暗长。

（2）判断偏差。每天都会遇到这样的投资者，他们确信有能力"控制"自己的投资结果。这一点对于图表师（技术派）更是事实，他们深信通过查看过去的股价就能预测未来。

（3）羊群效应。研究表明，一般说来，群体作出的决策往往比个体更好。如果更多的信息可以分享，并且各种不同的观点都被考虑周到，那么群体进行的有根有据的讨论会优化决策过程。

群体中的个体有时会相互影响，从而更加相信某个不正确的观点实际上是正确的。行为金融学告诉我们的最重要的教训之一便是，个人投资者千万要避免被群体行为冲昏头脑。

（4）风险厌恶。投资者中有一个明显的处理股票的倾向，卖掉赚钱的股票而抱牢赔钱的股票不卖。卖掉已经上涨的股票使投资者实现利润，也使他们建立自尊。如果抛售赔钱的股票，他们会招致损失，产生懊悔的痛苦情绪。

 拓展阅读

身为学院派人士，马尔基尔非常讨厌那些以预测市场为生的技术分析专家，尽管为了教授学生他不得不戴起有色眼镜来批判性地研究技术理论。

马尔基尔在评价技术分析派时，语言极其辛辣："股市历史表明，无论是基本分析还是技术分析，要准确无误地预测股市的变化动态是几乎不可能的。股市竞争是公众的博弈行动，欲挖空心思地猜度变化无常的公众反应是件非常危险的游戏。"

他还告诫迷信技术分析的投资者："市场上总有那么多自称精通技术指标、掌握了预测大势法宝的技术分析专家、专业股评家试图做股票市场的上帝，指导人们的买卖行为，喋喋不休地向社会公众发出买卖股票的建议或指令。但完全听从他们的人当中，又有几个在自始至终地赚钱？迄今为止的研究表明，尚没有一种技术方法能始终如一地经受住考验。"

马尔基尔生活中也在不断地嘲弄那些所谓的技术专家。一次他突发奇想，让学生们用投钱币的方式绘制一张股票走势图，用掷钱币的方法来决定股票的收盘价：如果抛掷结果是正面，就假定股票收盘价比前一日高0.5点；如果是反面，则假定价格下降0.5点。后来，他拿着这样制成的一张行情看涨的投掷图给一位技术分析专家看，这位专家简直欣喜若狂："这家公司是干什么的？我们必须立即买进，毫无疑问，这种股票下周将上升15点。"当马尔基尔告诉这位专家这张图是投钱币的结果时，专家既羞又怒，灰溜溜地走开了。

4 《克罗谈投资策略》

斯坦利·克罗

经典速读

《克罗谈投资策略》是著名的交易专家斯坦利·克罗集 30 年的交易经验而写出的精华。书的开篇便用了一个一面涂了果酱的面包片和新地毯的生动例子来解释了墨菲法则，给投资者的启示就是，导致我们亏损的交易往往就是那些未处理妥当的头寸问题，可以说单凭这一部分，已经值回了书价。

斯坦利·克罗先生可谓期货市场上的一位传奇式人物，1960 年斯坦利先生进入了全球金融中心华尔街。他在华尔街的 33 年之中，一直在期货市场上从事商品期货交易，积累了大量的经验。斯坦利先生潜心研究经济理论及金融、投资理论，并先后出版了 5 本专著，本书是作者的第 6 本专著。期货、股票行业目前在我国还处于刚刚起步的阶段，与具有上百年期货、股票市场历史的美国比起来，还有不小的差距，特别是期货、股票投资策略问题，对广大投资人员来讲还处于朦胧状态。在该书中，斯坦利先生总结了他几十年的投资经验，自成一套分析体系，对诸多情况下的投资策略都有其独到的见地，实为一本不可多得的投资工具书。

入市点：趋势反转时；盘整突破时；大势反弹或回吐 45%～55%处。

——斯坦利·克罗

钱是"坐"着赚回来的，不是靠操作赚来的，只有用客观的方法判断趋势反转时才平仓。

——斯坦利·克罗

 内容解读

1. 墨菲法则——期货投资的精髓

关于墨菲法则，投资者应该不会陌生。它源于1949年，一名叫墨菲的美国空军上尉工程师发现：假定你把一片干面包掉在地毯上，这片面包的两面均可能着地。但假定你把一片一面涂有一层果酱的面包掉在地毯上，常常是带有果酱的一面落在地毯上（麻烦）。它的极端表述是：如果坏事有可能发生，不管这种可能性有多小，它总会发生，并造成最大可能的破坏。如果某件事有可能变坏的话，这种可能性就会成为现实。

克罗巧妙地运用了这个法则，他通过墨菲法则告诉我们：你若想提前知道哪些交易有可能遭受损失，这类交易就包括：①那些你不曾建立保护性的止损委托的交易；②由于不谨慎而持有过多的头寸，超过了你应该持有的头寸。

为了避免这些所谓墨菲法则交易的负面影响，我们应当坚持：①无论何时都要为所持有的头寸建立保护性的止损委托；②为每一账户积累的合同数额定一个上限，而且无论在何种情形下都不要超过这个数。

2. 进入赢家圈子的基本策略——一种简单的投资策略

克罗认为，赢家和输家最大的区别是是否一贯地、有约束地运用一流的和可执行的策略；一致、可行的策略＋约束、约束、约束。那么投资者应该怎样使自己进入赢家圈子呢？

（1）只参与那些行情趋势强烈或者说行情主要走势正在形成的市场，认清每一个市场当前的主要走势并只持有符合这一主要走势方向的头寸，或者是不予参与。这就是说市场在大部分的情况下是没有明确的趋势的，在这个时候需要的是耐心，是不予参与，有了这个前提才能有能力和实力在主趋势形成的时候把握住机会。

（2）假定你做交易的方向与行情趋势一致，在以前或从属的趋势已产生

的较大价差的基础上建立你的头寸，或者把你的头寸建立在对当前行情主趋势的适度逆行位置上。克罗的看法完全符合道氏理论的描述，它表明投资者应该在次级调整波的适当位置建立头寸，而不是像目前流行的短线方法那样追逐所谓强势走势。

（3）追市头寸形成有利变动时坚持持有，不要试图从反趋势交易中迅速获利。赚能够把握的那部分钱，不要试图赚取市场波动的每一分钱，过于苛刻只会增加风险。

（4）在持有头寸的变动对你有利的时候可以适当地增加所持有的头寸。而正确的时候要扩大胜利果实，当然是要用金字塔的方式。

（5）除非趋势分析表明趋势已经反转，并且触及你的止损价位，否则一路持有。耐心持有，克罗曾经持有一个糖期货的头寸达5年之久，获得了巨大的回报。投资者不妨想想，生活中在股票市场中曾经买到黑马的人很多，但是能够从头赚到尾的人却很少，就会明白这一条的重要性。

（6）市场的走势与你预期的方向相反，则迅速逃避。毫不夸张地说，迅速逃避正是避免被套牢的法宝。

从这些赢家圈子策略我们可以发现一个问题，那就是真正的赢家考虑的不是如何去预测市场，而是如何去应对市场。而进入赢家圈子的策略也是如此的简单，并没有神秘的理论、概念和眼花缭乱的分析方式。

3. 涨势买入、跌势卖出——交易的基本原则

克罗认为，投资者应该重视保证金。在交易中催缴保证金是一个明显信号，表明账户运营不佳，至少一部分头寸运营不佳，没有道理要用新钱去保卫一个无利的头寸。他认为，恰当的策略是清理一部分头寸，来降低保证金要求和风险程度。对于股票交易，保证金应当就是对应市场资本金风险额（总资本的1%~3%，待定），如果资本损失到一定额度，不到清仓出局限额下，则缩减头寸。

克罗提出的交易原则是：缩减头寸，但维持地位，以便提高盈利潜力。这听起来尽管是一个有前提的目标，但仍然不失为一个有价值的策略。具体实现策略是：对那些按市场定价表现为最大账面损失的头寸进行清盘处理，尤其是在该头寸与当前趋势相反（主趋势）的时候。这无疑是通过结束有最大损失的地位而达到减小你风险程度的目的，而又可以维持与市场主流趋势相一致的最有利头寸（什么是最有利头寸，如何判定），甚至增加这些头寸，维持自己的盈利潜力。

克罗一再提醒投资者注意：我们是为赢得有限风险下的最大利润而交易。从这个意义上讲，我们应当更多考虑整体盈利的运作方式。另一个要注意的问题是，在任一既定市场或两个相关市场上，你应该在最强态势买入，最弱态势卖出。这是通过一种结构性方式对你所下的赌注进行保值。

4.交易心理建设——万全的准备是必胜的保证

投资具有巨大的风险，因此克罗强调，投资者一定要做好交易心理建设，这样在遇到问题时才能理智地面对，最大程度减少损失。

（1）分析你所在的市场，提前安排好你的策略和战术上的行动，并保守秘密。不要听任何别人的建议，同时也不要向任何人提出建议。你应当坚持你的客观分析以及建立在经证明适合于你的任何一种方法或技术上的市场预测；而且你也只应当在实际的以及客观技术证明的基础上修正自身的策略。

如果你在交易中成功了，你就能得到财务上的报偿。如果你在交易中失败了，你将单独承担责任损失。在市场交易中你必须有信心，因为所有"损失"中最严重的一种就是"丧失"对自己独立、成功的交易能力的信心。如果你对此失去信心，除了结清不利头寸以限制导致损失的暴露头寸外，你或许压根儿就不应该进行任何交易。

（2）告别怕输心理。克罗说自己所进行模拟交易总是比实际交易要好得多，答案就蕴涵在一个简单的事实中，即哪一种心理占了上风——是赢的欲望还是对输的恐惧？在模拟交易中，只有赢的欲望。而在实际交易中则主要是对输的恐惧心理起作用。

这是不是一个普遍的经历呢？我们每一个人都有这样一个深刻印象，即纸上谈兵的资产组合较实际的资产组合运作得要好得多。这同样适用于经纪公司和金融快讯竭力推荐的"资产组合模型"。

怕输心理过度占据主导地位的潜在原因之一是，无论从所持头寸规模角度，还是从其账户中资产置换频率角度看，投机者常常过度交易。交易者控制以及克服过度交易或过多持有头寸的冲动是相当重要的。比较好的做法是账户资金的1/3（用于期货和货币）或1/2（用于证券）实际用于保证金头寸，剩余的资金则以带息储备资产方式持有。

（3）人们运用客观技术分析得出结论与人们在所谓新闻和分析中所看到的结论经常存在差异，这似乎带给许多投机者一个近乎永久性的矛盾心理。当克罗发现自己被那些很明显的矛盾说法和人为的事后宣告和分析搞得迷乱、不安后，他的做法是把自己与这些所谓的消息隔离开来。他把注意力集中在一个详细而有实效的技术因素和指标的分析中去——试图从混乱中寻求到条理性。这段间歇最好在隔离状态执行，远离各种打扰和善意的建议。

5. 风险的控制与约束——最大程度减少风险

克罗先生对于风险控制很有看法："把损失放在心上，利润就会照看好自己"，由于投资者资金状况及其心理承受能力各不相同，资金管理过程中更要寻求一个系统的、客观的风险控制和制约的方法。

那么实际操作中，投资者应该把握哪几点呢？

第一，任何交易都应设置止损。期货市场中风险无处不在，即使是趋势中的反弹行情，也会给自身带来心理上的影响和巨大的保证金损失，因此并非顺势操作就不需要设置止损，任何一笔头寸的建立都必须设立止损。

第二，止损设置于入市之前。期货行情瞬息万变，如果做不到未雨绸缪，待到行情出现反向变化时，就会措手不及，此时头寸的处理往往不经过理性的考虑，就乱砍一气。大多数的巨额亏损都是由于入市前没有设置止损造成的。

第三，以人为本，设置止损。设置止损的方法有好多种，多半是根据技术图形而定，而在实际的操作中，仅通过技术图形设置止损位是不合理的。

第四，止损的执行是关键。入市前止损的设置是为了让客户面对市场变化时，尤其是亏损时知道如何去做，但更关键的是能否按照事先的计划执行。交易习惯是需要培养的，所以如何培养良好的止损习惯也就成为投资管理的重要工作。

6. 12条交易策略——克罗30年投资的经验总结

克罗是一位盈利头寸上的长线系统交易商，常常将盈利交易保留至少1周；不利头寸上的短线交易商，常常在不利交易中停留不到1周。

他运用一个机械交易系统，进行该系统同意的每一笔交易。他只能从他跟踪的4种货币中最多（为每位客户）选择2种。一般说来，除非在市场极度动荡时，他必须通过自行决定的方式拒绝某笔新的交易或从现行交易及早退出外，他不采用自行决定的方法。作为系统交易商的主要优势在于，如果系统工作正常，与市场步调一致的话，它能够在相当一段时期内提供一个稳定的风险回报率。

他是一位资产组合多样化的资金经理，跟踪并交易着26种不同的期货合约，遍布全美各主要市场，外加香港和新加坡商品交易所的市场。

他是一位技术交易商，使用的进入和退出信号以价格为基础。这些信号通过对每一市场所作的技术性分析产生，未经优化，且全部市场使用同样的信号。

他是一位相对保守的资金经理，在信用交易中使用的资金不到各账户资产的50%。这可以避免过度的杠杆作用和过度交易。余下的50%的资金投资于短期国库券以及作为持有储备。

他构建的资产组合包括了最大数量的多样化市场群——股票、利率、外汇、商品，衍生产品，海外交易所。在每一市场中，他挑选主要合约的最活跃月份进行交易。这样一个广泛分散的资产组合中，市场之间具有相对弱的相关关系。

他在持有多头头寸或空头头寸间绝无偏好。在建立资产组合时，他留意在多头和空头之间实现一个客观的、防御性的平衡。

他在每一市场上运用严格的风险控制限额。典型的是每份合约的初始风险，或资金盈利限额设置小于1 500美元。而支持长期交易的确切数据则由历史验证来决定。如果止损限额太宽，会产生无法承受的高额损失；如果止损限额太窄，会使交易频率上升，每笔交易的利润下降。因此，止损限额的确定要允许交易时间有个发展伸缩的余地。止损限额于每日开盘前输入，每笔头寸每天实行一个止损限额。他在每一市场头寸上冒的风险（依据头寸大小）平均为账户资产的1%~2%。

克罗有选择地运用交易止损额度。根据市场及其技术特征，他设置止损限额的依据可以是市场的变异性、交易的利润额和交易时间。有些市场历史走向稳定，他可以不用追踪（推进）止损限额。有些市场，他确信交易模型有充分的敏感性，能够对趋势变动做出适时反应。总而言之，他的止损限策略允许长期交易有时间和空间进行发展。

他不试图摘取天价和地价。他几乎一直在市场中交易他的多数合约，一旦建立一个趋势跟进头寸，他就假定每一笔头寸其结果都是跟随大势的，并尽可能长地跟随这一趋势移动。而止损限额会"告诉"他何时从市场逆转中抽身而退。

他如果被过早地截出市场，而第二天市场仍旧保持原有走向，他将运用他的客观进入策略，按同一定向重返市场。

他的新账户进入策略通常是等待新的信号。但如果他最近的一个进入信号表现为损失，他可能依据交易的天数和近期市场动态进入交易。

 **拓展阅读**

期货投资大师斯坦利·克罗有句名言叫作："钱是'坐'着赚回来的，

不是靠操作赚来的。"此外他还指出，投资者想在投资中获利，那么"操作时务必保持耐性，严守纪律，以及把眼光放远。"

1974年5月期间，美国小麦结束了跌势，在350美分左右见底，连续数日放量上升近40美分左右（20美分停板），转而下滑，一路持续，几乎将升幅全部收复，而成交量逐渐萎缩，斯坦利·克罗又重新翻看了近10年的小麦的图表，前面操作期糖的经验告诉他，决定性的时刻又到来了：在360美分左右开始大量买入，为自己也为客户。6~7月小麦开始大幅度地上升，在385美分和440美分的2次回调时克罗又再加码，从360~490美分，浮动利润已相当丰厚。电视台对他进行采访："苏联在购买小麦，你是否知道内幕消息呢？"斯坦利·克罗回答说："我一点都不知道苏联在购买，但是图表告诉我有人在买，虽然不知道是谁，但是我知道它正在极力购买。"

但是，此时手握巨仓已经令斯坦利·克罗感到心神不安，为了避免在价格回调时使自己惊慌平仓出场，他决定出国走走，以减轻市场对他的压力。于是8、9月间他和妻子飞到了瑞士，在郊区租了一间农屋，与世隔绝，不接听电话和阅读报纸上的商品信息。在瑞士期间，小麦的价格起伏跌宕，最高到了558美分，浮动利润又增加了几十万美元。回到纽约后2个星期，斯坦利·克罗又忍受不住诱惑想去感受市场的脉搏，心情又开始紧张起来，他于是决定坐船到布罗克岛和新港去游玩2个星期。再度返回纽约后，他感觉市场有些不对劲，1974年12月9日早上，传出的利多消息，本该令市场上升3~4美分，但开盘反而下挫2美分，价格不能随着利多消息而上涨，斯坦利·克罗觉得天下没有不散的宴席的时刻到了，他打电话给经纪人，要他谨慎从事，慢慢地平仓，几个小时内，250万手的小麦多单全部出场，总共获利130多万美元（当时是20世纪70年代，等于现在的数千万美元）。7周后，市价跌去了1美元，这历时数月行情是斯坦利·克罗连续多年获胜记录的高潮：他自己个人的账户由1.8万美元上升到100多万美元，陆续加入的合伙投资者的资金也由64.4万美元上升到250万美元。平完仓当天的中午，斯坦利·克罗送给他的妻子一个惊喜：一辆非常豪华的劳斯莱斯汽车，接着他们就关闭了在纽约的办公室，收拾行李，销声匿迹江湖5年之久。

5 《艾略特名著集》

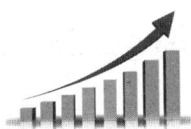 小罗伯特·R·普莱切特

 经典速读

拉尔夫·尼尔森·艾略特（1871—1948）过着冒险而多产的生活。在他67岁出版第一本关于股票市场的著作前，他享受着特别成功的会计生涯。作为对所有面对"下跌年景"的人的激励，艾略特的天资在他生命的最后10年盛开，当时他带给人类一份巨大的知识礼物。

艾略特属于那种最罕见的群体，一名金融实践领域中的真正学者。他的股票市场行为理论是革命性的。正如《银行信用分析家》的创始人A·汉密尔顿·博尔顿说的那样，"他将自己的理论发展到了一种前所未有股票市场分析的理性方法的程度"。

实际上，波浪理论远不止是一种有效的分析方法。它也使哲学家、数学家、心理学家、神学家和金融家这样的人为之着迷。现在，在脱印几十年之后，R·N·艾略特的原始著作终于可以在这本完整的书中得到。

小罗伯特·R·普莱切特，在1978年与人合著了《艾略特波浪理论》，并在1979年开始出版《艾略特波浪理论家》。普莱切特被《时机选择者文摘》称为"股票市场历史上首要的市场时机选择者之一"，被《财富》称为"冠军市场预测家"，被证券学院称为"艾略特波浪研判的世界领袖"，并被《纽约时报》称为"美国第一流的艾略特波浪预测法的倡导者"。

普莱切特毕业于耶鲁大学，并在1971年以心理学学位毕业。

现在，他是艾略特波浪国际公司（EWI）的总裁，这是世界上最大的市场

分析公司。EWI 为机构客户提供每天 24 小时的所有主要的全球股票市场、债券市场、利率与货币市场，以及金属与能源市场的分析。

这是一本从头至尾都令人印象深刻的书！历史上第一次有人在一本书中汇集了艾略特的所有著作。仅此就使这本书值得进入你的金融书库。额外的礼物是书中的"艾略特传"，它罕见地介绍了艾略特的生平。

——媒体书评

如果想彻底理解艾略特所说的东西，普莱切特精心制作的脚注、清晰的说明以及交叉参考绝对必要。

——媒体书评

对于那些对艾略特理论感兴趣，但又无法获得其稀有原始作品的市场学者来说，这本书很理想。

——媒体书评

 内容解读

1. 基础性知识——波浪理论的数浪规则

波浪理论总体来说就是牛市上升五浪下降三浪，熊市下降五浪上升三浪，如图 5-1 所示，以下是一些数浪的方法供大家参考。

原则一，第二浪运动不能跌破第一浪。

原则二，第三浪不能是推动浪中最短的一浪（记住不是最短的，可是不一定是最长的，一般来说，最长的推动浪大多在第三浪，可是这不是一定的）。

原则三，第四浪不能和第一浪终点重叠。

这 3 个原则是死律，只要违反这 3 个原则的数浪方法都是错的。通常第一浪、第三浪、第五浪之间都存在着黄金比率。

为了防止因规则不清，造成数浪结果不同，下面我们再细述一下数浪规则。

（1）第一浪必须自己作为一个驱动浪或者一个引导倾斜三角形的形态。

（2）第二浪可以是任何艾略特调整浪形态，除了三角形。但联合调整浪中的最后一浪可以是三角形。

（3）第二浪的任何部分不能回撤超过第一浪的 100%。

各等级波浪划分

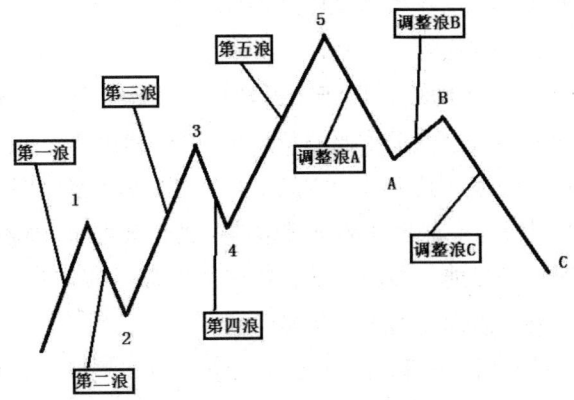

图 5-1　波浪理论波浪划分图解

（4）第三浪必须是驱动浪。

（5）在价格上第三浪必须长于第二浪。

（6）第四浪可以是任何的艾略特调整浪形态。

（7）第二浪和第四浪不能重叠（分享相同的价格空间），在三角形浪中除外，另外，在杠杆市场中也有例外。

（8）第五浪必须是一个驱动浪或者一个终结倾斜三角形的形态。

（9）第五浪在价格上必须至少是第四浪的 70%。即使失败也是如此。

（10）第三浪从来不是最短的（在用价格衡量第一浪到第五浪时）。

修正浪分为三浪，浪 A 分浪基本上为第五浪和浪 C 分浪基本上为第五浪存在着黄金比率，浪 C 通常比浪 A 幅度大，基本上为浪 A 的 1.618 倍。浪 B 分浪一定是第三浪。

2. 分辨市况——各级波浪的特性

波浪理论在具体运用中，常常会遇到较为难以分辨的市况，发现几个同时可以成立的数浪方式。所以投资者有必要了解各个波浪的特性。

第一浪在整个波浪循环开始后，一般市场上大多数投资者并不会马上就意识到上升波段已经开始。所以，在实际走势中，大约半数以上的第一浪属于修筑底部形态的一部分。由于第一浪的走出一般产生于空头市场的末期，所以，市场上的空头气氛以及习惯于空头市场操作的手法未变，因此，跟随着属于筑底一类的第一浪而出现的第二浪的下调幅度，通常都较大。

第二浪通常在实际走势中调整幅度较大，而且还具有较大的杀伤力，这主要是因为市场人士常常误以为熊市尚未结束。第二浪的特点是成交量逐渐萎缩，波动幅度渐渐变窄，反映出抛盘压力逐渐衰竭，出现传统图形中的转向形态，例如常见的头肩、双底等。

第三浪在绝大多数走势中，属于主升段的一大浪，因此，通常第三浪属于最具有爆炸性的一浪。它的最主要的特点是：第三浪的运行时间通常会是整个循环浪中的最长的一浪，其上升的空间和幅度亦常常最大；第三浪的运行轨迹，大多数都会发展成为一涨再涨的延升浪；在成交量方面，成交量急剧放大，体现出具有上升潜力的量能；在图形上，第三浪常常会以势不可挡的跳空缺口向上突破，给人一种突破向上的强烈信号。

第四浪从形态的结构来看，经常是以三角形的调整形态进行运行。第四浪的运行结束点，一般都较难预见。同时，投资者应记住，第四浪的浪底不允许低于第一浪的浪顶。

第五浪在股票市场中，是三大推动浪之一，但其涨幅在大多数情况下比第三浪小。第五浪的特点是市场人气较为高涨，往往乐观情绪充斥整个市场。从其完成的形态和幅度来看，经常会以失败的形态而告终。在第五上升浪的运行中，二三线股会表现突出，普遍上升，而常常会升幅极其可观。

在上升循环中，A浪的调整是紧随着第五浪而产生的，所以，市场上大多数人士会认为市势仍未逆转，毫无防备之心，只看作为一个短暂的调整。A浪的调整形态通常以两种形式出现，平坦型形态与之字形形态，它与B浪经常以交叉形式进行形态交换。

第五浪终结前一般会有这样一些技术现象出现："第三、第五"浪价量背离、"第三、第五"浪指标背离等。因此当"第五"浪一创新高就要开始严密注视其之运行了：一旦有上述技术现象存在，就要看有没有拉升乏力、K线走坏（比如出现"长阴""穿头破脚""岛形反转""跳空反转"之类的图况）、均线交织等具体特征；宁可利润缩水、也不可被套以后由于被套而人为地为市场找可能继续上升的依据——这样会被套得更深。

B浪的上升常常会作为多方的单相思，B浪也叫"多头陷阱"，基本属于庄家自救式的行情，所以随时都有可能终结。其或表现得极其凶悍，或运行得相当复杂，因此会诱惑一些人误以为是新一轮上升推动浪展开了而跟风追买以及对"暂时"的被套不以为意。在图表上常常出现牛市陷阱，从成交量上看，成交稀疏，出现明显的价量背离现象，上升量能已接济不上。

综上所述，在B浪展开时，首要的问题是要清醒地认识到这并不是"做新单"的好机会，而仅仅是纠正此前既已犯下目前尚未解决的错误的补救机会。B浪是"逃命"机会，不宜过度介入。

第一，B浪的产生具有偶然性，在判断A浪已经形成以后即应清仓离场，而不要指望在B浪展开时去解套。

第二，B浪经常来势突然，走法诡异，在操作上比较难把握。

第三，B浪往往是主力为了自救而发动的行情，随时或在任意一个高点都有可能结束。

紧随着B浪之后的是C浪，由于B浪的完成顿使许多市场人士醒悟，一轮多头行情已经结束，期望继续上涨的希望彻底破灭，所以，大盘开始全面下跌，从性质上看，其破坏力较强。

C浪最难把握的是"究竟是不是C浪"。一般来讲，尤其是中国的股票投资没有做空机制，人们在感情上很难接受"从此很长时间将不再有行情"的残酷事实。于是经常会从一些"蛛丝马迹"中寻找"反转"的信号：比如"跌这么多了，该反弹了吧""指标都严重超卖了，应该会反弹了吧""现在已经没有任何人赚钱了，哪来的沽售压力"等；这些在平时行情里经常起着"转势"作用的信号在C浪中就都显得是那么的"失效"或微弱。

3. 波浪的比率——斐波那契序列神奇数字组合比率的影响

在波浪理论的范畴内，多头市况（牛市）阶段可以由一个上升浪代表，亦可以划分为5个小浪，或者进一步划分为21个次级浪甚至还可以继续细分出长至89个细浪。对于空头市况（熊市）阶段，则可以由一个大的下跌浪代表，同样对一个大的下跌浪可以划分为3个次级波段，或者可以进一步地再划分出13个低一级的波浪，甚至最后可看到55个细浪。

综上所述，我们可以不难理解地得出这样的结论，一个完整的升跌循环，可划分为2、8、34或144个波浪。在此不难发现，上面出现的数目字，包括1、2、3、5、8、13、21、34、55、89及144，全部都属于斐波那契序列神奇数字系列。

浪与浪之间的比率关系，亦经常受到斐波那契序列神奇数字组合比率的影响，下面我们介绍神奇比率与度量浪与浪之间的比例关系的具体运用。

（1）对于推动浪来说，如果推动浪中的一个子浪成为延伸浪的话，则其他2个推动浪不管其运行的幅度还是运行的时间，都将会趋向于一致。也就是说，当推动浪中的第三浪在走势中成为延伸浪时，则其他2个推动浪，第一浪与第五浪的升幅和运行时间将会大致趋于相同。假如并非完全相等，则极有可能以 0.618 的关系相互维系。

（2）第五浪最终目标，可以根据第一浪浪底至第二浪浪顶距离来进行预估，他们之间的关系，通常亦包含有神奇数字组合比率的关系。

（3）对于 A-B-C 三波段调整浪来说，C 浪的最终目标值可能根据 A 浪的幅度来预估。C 浪的长度，在实际走势中，会经常是 A 浪的 1.618 倍。当然我们也可以用下列公式预测 C 浪的下跌目标 =A 浪浪底 −A 浪 ×0.618。

（4）对于对称三角形的整理形态的波浪走势来看，在对称三角形内，每个浪的升跌幅度与其他浪的比率，通常以 0.618 的神奇比例互相维系。

所以，波浪理论与神奇数字，关系亲密。为使读者能较好地运用神奇数字对波浪进行定量分析，下面列出神奇数字比率及其派生出来的数字比率的特性。

（1）0.382：第四浪常见的回吐比率及部分第二浪的回吐百分比，B 浪的回吐过程（ABC 浪以之字形运行）。

（2）0.618：大部分第二浪的调整深度。对于浪 ABC 以之字形出现时，浪 B 的调整比率。第五浪的预期目标与 0.618 有关。三角形内的浪浪比例由 0.618 来维系。

（3）0.5：0.5 是 0.382 与 0.618 之间的中间数，作为神奇数比率的补充。对于 ABC 之字形调整浪，B 浪的调整幅度经常会由 0.5 所维系。

（4）0.236：是由 0.382 与 0.618 两神奇数字比率相乘派生出来的比率值。有时会作为第三浪或第四浪的回吐比率，但一般较为少见，常常是在事后才如梦初醒，调整过程已经结束。

（5）1.236 与 1.382：对于 ABC 不规则的调整形态，我们可以利用 B 浪与 A 浪的关系，借助 1.236 与 1.382 两神奇比例数字来预估 B 浪的可能目标值。

（6）1.618：由于第三浪在 3 个推动浪中多数为最长一浪，以及大多数 C 浪极具破坏力。所以，我们可以利用 1.618 来维系第一浪与第三浪的比例关系和 C 浪与 A 浪的比例关系：对于斐波那契神奇系列数字，读者已经了解到其在波浪理论中，尤其在对波浪理论的定量分析中，起着极其重要的作用。其中 0.382 与 0.618 为常用的 2 个神奇数字比率。其使用频率较其他的比率要高得多。

在使用上述神奇数字比率时，投资者和分析者若与波浪形态配合，再加上动力系统指标的协助，能较好地预估股价见顶见底的信号。

如果回吐幅度超过 45%，则可以断言 0.382 的支撑或阻力作用已失去。

同样，当调整幅度超过 70% 时，亦表明 0.618 防线宣告失守。根据上述原则，投资者在具体操作时可以利用它来设置停损点。

4. 推动浪的买卖策略

第二浪的买卖策略。当第一浪上升以后，市场出现3个浪的调整时，走势出现5个小浪的上升，表明调整已经结束，随后逢低可进行买入。一般第二浪调整的买入点可放在0.5~0.618的范围内，如果第二浪的调整以之字形展开，则该范围比较可靠。买入后可将止损盘放在之字形调整的底部，而预期第三浪的目标将至少与第一浪等长。

第四浪底的买入。当市场以推动浪的形式走完上升的3个浪时，就可以考虑在四浪底买入。上升的3个浪是否属于推动浪的判断：第三浪出现大幅跳空缺口；第三浪比第一浪长。而第四浪的终点将有几种可能性：第三浪的0.382~0.5的范围；第一浪的浪顶上方；价格通道的下边线。假如几种可能性的目标价位相差不远，可靠性将比较高。止损盘可以放在第一浪的浪顶，第五浪的预期目标可以用价格通道和第一、第三浪的幅度来预测。

第三浪买卖策略。当第一浪以5个小浪形态上升，其后出现3个向下调整的2浪，且第二浪在预测处终结，接着第三浪的第一小浪和第二小浪先后运行完毕，并回升到第一小浪的浪顶附近收盘。当第二日出现跳空上涨时，证明第三浪的第三小浪应具有较强的爆发力，缺口和成交量越大，表明第三小浪的上升力度越强。第三小浪的买入时机相对比较好掌握，可以在跳空向上时积极参与。买入后将止损盘放在两个位置：第一小浪的顶点，因为既然是第三浪的第三小浪，市场就不会犹豫不决地下跌，与第一小浪发生重叠；放在缺口的下方，既然认为是主升段中的主升段，市场就应该义无反顾地上涨，回补缺口表明市场趋势比较弱，很可能不是第三浪。

第五浪顶的抛售。当第一至第四浪已经走完，而第五浪也开始运行，第五浪高于第三浪时就可认为上升五浪是完整的，此时，最理想的抛售是第五浪以消耗性缺口的方式走完最后一段，而缺口一旦回补就可认为第五浪已经运行完毕，此时可配合动力指数的顶背离来确认。如果市场走势与预期不符，如第五浪出现延长，回补的买盘应放在第五浪的顶部，也就是说，市场还将再创新高。

5. 推动模式——5浪的推动序列

推动浪由五浪构成。五浪向上或向下方向均可。

第一浪通常只是由一小部分交易者参与的微弱的波动。一旦第一浪结束，交易者们将在第二浪卖出。第二浪的卖出是十分凶恶的，最后第二浪在不创新低的情况下，市场开始转向启动下一浪波动。

第三浪波动的初始阶段是缓慢的，并且它将到达前一次波动的顶部（第一浪的顶部）。这时，在第一浪顶部的上方会有很多停损单。

交易者并不确信这是一次向上的趋势，并且利用这次波动增加空头（shorts）。如果他们的分析是正确的话，市场不能到达前一浪波动的顶部。

但是第三浪的波动获得了动力并且到达了第一浪的顶部。在第一浪顶部被突破的同时，那些停损单被触及了。根据停损量的大小，将在第三浪上产生一个跳空缺口。在第三浪上升的过程中，跳空缺口是一个好的现象，在停损单被触及之后，第三浪的波动将引起交易者的注意。

以下的序列将是这样：初始时在底部做多头的交易者可以观望。他们甚至可能决定增加头寸。处于停损出局状态的交易者（经过一段徘徊不安之后）断定行情是向上的，并决定买进参与波动，这种突增的兴趣给第三浪的波动提供了动力。

最后，这种买进的疯狂变弱了，第三浪进入了停滞，获利回吐这时开始蔓延。在低点做多的交易者决定将利润兑现。他们获得了良好的交易并开始保护他们的利润。这就引发一次价格的回落，从而形成第四浪。

第二浪是一次凶恶的卖出，第四浪是一次有序的获利回吐。在获利回吐进行的过程中，大多数交易者仍然确信行情是向上的。他们或者是迟了一步进入这一次波动，或是正处于犹豫不决。他们认为这次获利回吐是一次买进的好机会和平仓的好机会。因此在第四浪结束之时，更多的买单开始介入，价格开始再次波动上升。

第五浪的波动缺乏像第三浪波动时拥有的巨大的热情和力量。当价格在第三浪上方创出新高以后，第五浪内部的动量相对于第三浪运行过程是很小的。随后买进热情消失，股市进入下一个阶段。

6. 推动浪的变换形态——倾斜三角形与延伸浪

（1）终结型倾斜三角形：在推动浪中只出现在第五浪，通常在出现之前，市场变动幅度过速，形成第五浪会以消耗性形态去完成最后一段的走势，随后趋势将发生逆转。该形态的特点如下。

第一至第五小浪都包含在2条逐渐会合的直线内，形态最终向会合点发展。每个小浪全部只可以再划分为低一级的一个浪，此时脱离常规的第一、第三、第五小浪可以划分为低一级的5个波浪。由于每个小浪只可划分为3个浪，市场本身就蕴涵弱市的特征。此时第四小浪的底可以低于第一小浪的顶，是数浪规则的特例。

终结型倾斜三角形出现后表明原先的趋势向弱，其形态一旦完成，将会出现一段急速的调整，回到倾斜三角形开始形成的地方。该形态也会出现在调整浪的浪中。

（2）引导型的倾斜三角形：在推动浪中只出现在第一浪，与终结型的倾斜三角形不同，引导型的倾斜三角形出现后，市场未来发展趋势将与形态发展的趋势相同，如图5-2所示。

关于倾斜三角形形态，我们应该牢记艾略特波浪法则的原则：①倾斜形态在两条确定性的通道线内运行；②引导倾斜形态的第一浪是一个驱动浪或者是一个引导倾斜形态；③一个

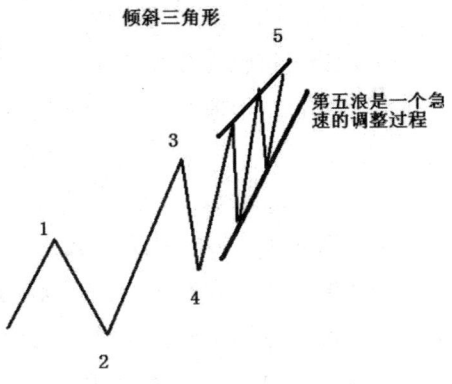

图5-2 倾斜三角形图解

终结倾斜形态的第一、三、五浪经常是一个锯齿家族的形态；④第二浪可以是任何形式调整形态（除了三角形）；⑤第二浪在价格上永远不会长于第一；⑥一个引导倾斜形态的第三浪是一个驱动浪；⑦第三浪在价格上经常大于第二浪；⑧第四浪可以是任何形式的调整浪；⑨第二浪和第四浪必须分享一些价格空间（必须重叠）；⑩引导倾斜形态的第五浪或者是一个驱动浪，或者是一个终结倾斜形态；⑪第五浪在价格上是第四浪的50%；⑫在价格上，第三浪在第一到第五浪中一定不是最短的。

（3）失败形态。在上升趋势中失败形态是指第五小浪的顶点低于第三小浪顶点，形态上成为双顶，在下跌趋势中则相反，形成双底。

失败形态的特征：低一级的小浪可以明显地再划分为5个波浪，上升时出现的失败形态反映出市场潜在的弱市，相反，下跌时出现的失败形态显示出潜在的强势。失败形态一旦出现对后市有重要的参考价值。

（4）延伸浪。所谓浪的延伸，是指浪的运动发生放大或拉长的现象。当波浪发生延伸时，将会使得此一波浪序列形成大小相似的九浪，而如果延伸浪中再出现延伸，则我们会见到13个大小相似的波浪，如图5-3所示。

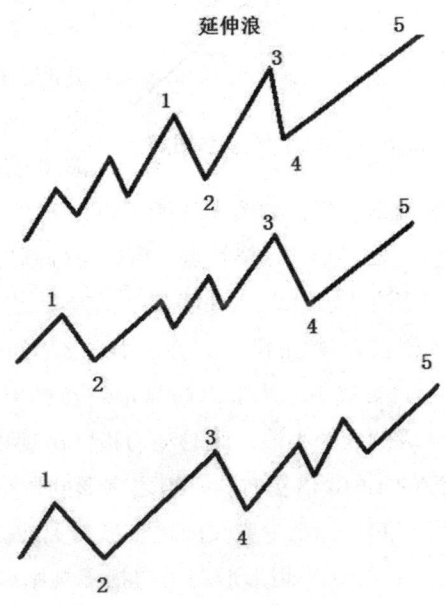

图5-3 延伸浪示意图

延伸浪出现的频率较倾斜三角形和失败形态高，在3个推动浪中，有一个浪的走势显得较为夸张悠长，这个延伸浪一般包含5个与其他4个上浪差不多长度的小浪，形成9个波浪的走势，注意以下内容。

通常，第一、第三、第五三个浪中，只有一个浪会出现延伸的情况：假如第一浪与第三浪长度相若，则第五浪将会成为延伸浪，此时，如果第五浪成交量比第三浪多，则可以进一步验证第五浪出现延伸。如果第三浪属于延伸浪，则第五浪形态将较为简单，其长度和运行时间将与第一浪相似。如果第五浪属于延伸浪，接着出现的调整将会以双重回吐的形态展开。其中，可以再分为下列2种不同的情况。

如果第五浪的高一级波浪属于第一浪或第三浪，第一个回吐将属于第二浪或第四浪，将价位带回到延伸浪开始的地方，其后，第三浪或第五浪将会推动价位至新高峰。

如果第五浪属于第五浪中的一个小浪，双重回吐，首先浪将价位带回到延伸浪开始的地方，接着浪将会把价位推至新高价，成为第二个回吐，最后浪将会出现，令价位以5个波浪的形态下跌。

7.调整浪的形态——之字形、平坦型与三角形

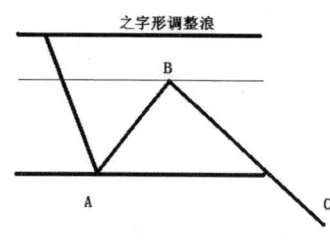

图5-4 之字形形态图解

（1）之字形形态（包括双重之字形）。一个"之字形调整"是一个三浪模式，其中B浪不能回调到A浪的75%之上。C浪将在A浪之下形成一个新低，之字形调整的A浪经常会有五浪。在另外2个调整（平坦型调整、三角形调整）中，A浪有三浪。这样，如果你能识别一个由五浪组成的A浪，你就能断定这个调整是"之字形调整"型，如图5-4所示。

之字形的主要特点：可以再分割为"5—3—5"的13个小浪，浪的顶点明显低于浪开始的地方，在熊市中，基本形态不变，不过以相反的方向出现。双重之字形，属于较为罕见的形态，在2个之字形的调整浪中间加着一个逆流反弹的3个小浪。

实战中，当浪以超越浪终点的方式运行，同时浪也可以清楚地划分为低一级的5个小浪，此时动力指标出现极度超卖的信号。浪通常与浪等长，或是浪的1.618倍左右。一组之字形的调整浪可能构成高一级的第二浪或第四浪，而利润目标至少应收回之字形的失地。

（2）平坦形形态（包括不规则调整和顺势调整）。在平坦形调整中，每一浪的长度是相同的。经历过一次五浪的推动模式之后，市场进入A浪。而后，

市场波动向上形成B浪，并到达前期高位。最后，市场下滑形成C浪，并到达前期A浪的低位，如图5-5所示。

平坦形的主要特点是：平坦形调整的低一级浪可以再分割为"3—3—5"的上一个小浪，有别于"5—3—5"形态；浪由于欠缺足够的力量下行，只包含3个小浪；浪经常可以升到浪开始的地方，或出现超过浪起点的情况；在熊市中，以上情况会以相反方向出现。

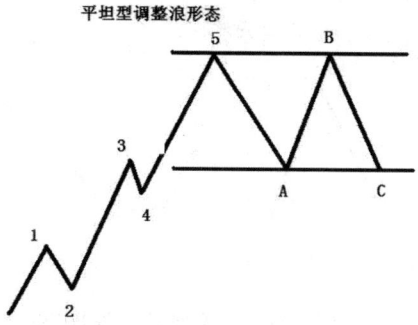

图5-5　平坦型调整浪图解

平坦形调整可分3种情况：普通平坦形，浪的顶点与浪开始的地方相近，而浪将在浪调整的终点附近结束；不规则调整，浪的顶点将高于浪开始的地方，而后期出现的浪将低于浪调整的终点；顺势调整，表明后市极为强劲，浪反弹的高点将远高于浪的起点，而浪调整的终点更高于上一个推动浪的顶点。

平坦形调整的买卖策略是：当浪最低限度低于浪，同时可以划分为低一级的5个小浪，就可认为是平坦形调整。这种调整多数构成第二浪或第四浪的调整，因此，在平坦形调整的底部买入，可以获得第三浪或第五浪上升的收益。如果平坦形的调整的浪与浪的起点相差不远，可以预期浪会与浪幅度基本接近；当浪超过浪的起点，则会构成不规则的调整，浪与浪将以黄金比率维系；在目标利润方面，最低限度会收回平坦形调整的失地。

（3）三角形形态。三角形是5浪结构，被分别标记为A、B、C、D、E。运行在由A浪和C浪的终点画出的线和B浪和D浪的终点画出的线构成的通道内。三角形一般是调整浪。三角形是一种比较特别的调整浪形态，大致上可以分为四大类：上升三角形、下降三角形、对称三角形以及扩张三角形。三角形只在第四浪、B浪中出现，有别于推动浪中第五浪出现的倾斜三角形。

三角形形态的主要特点包括：三角形以"3—3—3—3—3"五浪的方式运行，总共15个小浪；由于可以分割为低一级的5浪，有别于正常的3浪调整；三角形的走势基本上属于横行性质的巩固形态，等待市场形成突破；形态内的5个小浪通常会受到奇异数位组合的比率维系，如，同方向的波浪，固然受到黄金比率的影响，如0.618，而与浪之间也会出现类似的情况；第五浪通常会超越三角形的界限，形成假突破，然后恢复向原来的主流作最后的冲刺。这种情况在对称三角形和扩张三角形中较为常见。

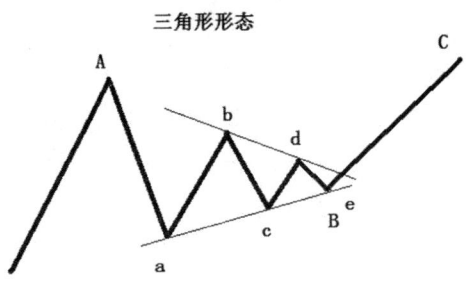

图 5-6　三角形调整浪图解

三角形的调整浪同时具有向好和向淡的意味，向好时，市场会在三角形完成后，恢复向上的趋势，但由于恢复向上运行的波浪将会属于最后的推动浪，因此，上升趋势持续时间不会太长；三角形形态完成后，最后的推动浪（第五浪或浪），将会以快速冲刺的方式完成。随着三角形形态后市场的升、跌幅度，大致上为三角形内最宽的距离，如图5-6所示。

三角形形态的买卖策略是：市场上下波动，5个浪的组合不知所终，而上下波动的幅度逐步减小，相隔的波浪以0.618的比例相互维系，当市场以3个浪又3个浪的方式运行，三角形形态将出现。至浪运行完毕后，可以在浪的底部买入，因为接下来的升势将较为凌厉，止损盘可以放在浪的下方。预期的目标将是突破后的快速上升，缺口是较为常见的现象，上升目标最少是三角形的最宽幅度。如果三角形为浪，则可根据浪的幅度预测浪；如果三角形为第四浪，第五浪的上升目标将可以用常见的比例计算。

拓展阅读

拉尔夫·尼尔森·艾略特（1871—1948），波浪理论的创始人，1871年7月28日生于美国堪萨斯州玛丽斯维利镇。之后，于1896年移居得克萨斯州的圣安东尼奥，并在一家经营美国中央区与墨西哥间的铁路公司从事会计的工作，也就从此展开其为期长达25年的会计工作生涯。这段期间，艾略特也因为在会计方面的专业而赢得美名。1920年，艾略特移居纽约，因为他的专长被美国政府所赏识，成为美国国际计划的一员，并于1924年被美国政府指派，至尼加拉瓜担任主会计长，负责重整尼加拉瓜的财务（当时的尼加拉瓜还在美国的控制之下）。

然而，到了次年，尼加拉瓜脱离美国独立，艾略特避居至危地马拉，并且在一家经营中美洲区域的铁路公司担任财务主管，并负责审计及查账的工作。此时（1926年），艾略特出版了2本书，其中一本与其本业有关，是《咖啡馆与自助餐馆之管理》，另一本则是《拉丁美洲之未来》，后者不但分析了中美洲的社会及经济等问题，还提供了一些能使中美洲经济稳定，进而富裕的方案，而这些新书也使得略艾特声名大噪。

1927年，艾略特由于患严重疾病回到家乡加利福尼亚，病情加速恶化，迫使他必须卧病在床，甚至不得不进入医院疗养。虽然艾略特已进入58岁的中高龄，但因为天生以来所具有的丰富的冒险精神及行动力，他一点也不想因为疾病而退休，艾略特心中充满了焦虑感与急迫感，需要找到一些事情可以占领他的心，使他不受病痛的干扰。就在这个时候，艾略特一头栽入了证券市场投资行为的研究之中。艾略特在疗养期间收集了75年美国证券市场指数的数据，除了年线、月线、日线外，甚至是半小时线都加以详细研究。

1934年11月28日，艾略特在给投资者顾问公司总裁柯林斯的信中说：他已经发现了市场行为的3种新特征，波浪终止的识别，浪级的分类以及时间的预测，这是"对道氏理论极为必要的补充"。为了感谢艾略特向他吐露发现的细节，美国股市从1933年高点跌到1934年低点之后，重新激活行情，但在1935年第1季度跌破了1934年的低点，此时，所有投资人及经济学家都惊慌失措，认为美国股市陷入前所未有的困境之中。就在跌势的最后一天，柯林斯接到来自艾略特的电报，语气坚定地告诉查尔斯，跌势不但已经结束了，而且还会走一大波的多头行情，而之后数个月行情只证明了一件事，就是艾略特是对的。艾略特不仅一举成名，柯林斯于1938年8月31日完成了《波浪理论》的出版，这部8.5×11英寸（1英寸=2.54厘米）的专著的版权属于艾略特。而艾略特则在1948年病逝，结束了其波澜的一生。

⑥ 《怎样选择成长股》

 菲利普·A·费舍

 经典速读

菲利普·A·费舍是长期持有成长股投资理念的倡导者，同样属于价值投资者，费舍更偏重于研究企业的成长性，号称所谓的"成长型价值投资之父"。另外，费舍的重要贡献，就是提出研究分析企业不能仅停留在财务数字上，而应该从对企业的访谈中观察企业的实际经营管理。

作为长期的投资大师，费舍在1928—1999年超过71年的投资生涯中，获得了巨大的成功。他在2004年去世，和纽伯格、邓普顿等大师一样，费舍也是一位极其长寿的投资者。因此，1958年首次出版的此书也是投资者必读的经典著作。

在此书中，费舍解释了自己是如何挑选成长型公司的，他罗列了15个要点——有关成长股的标准、如何寻找成长股以及怎样把握时机。这15个要点涵盖了市场营销和销售、公司管理、研发活动、收益状况、人事关系、会计控制、内部沟通以及财政预算等多个方面。

费舍对巴菲特的投资理念形成具有重大意义，巴菲特曾说："当我读过《怎样选择成长股》后，我找到费舍，这个人和他的理念给我留下了深刻印象。通过对公司业务深入了解，使用费舍的技巧，可以作出聪明的投资决策。"

多年来，《怎样选择成长股》一直是斯坦福大学商学院研究所投资课程使用的教材。

要了解经营者的意图，唯一的方法是观察他们如何与股东沟通，特别是对困境的反应。

 **内容解读**

1. 判别成长股——成长股的4个特点

费舍认为，投资人更应该集中精力选择能够使自己以最小的代价和风险来获得最大收益的公司，也就是选择真正的"成长股"。为此，他提出了选择成长股的15个要点，认为一家公司如果能够符合其中相当多的要点，则具有比较高的投资价值，也就可以称为"成长股"。简单说来，这15个要点大致围绕着以下的4个方面。

第一是公司面临的市场状态和它的竞争能力：这家公司的营业额在几年之内能否大幅增长？有没有优越的销售渠道？这2个问题的答案是判断一个公司是否值得研究的基本条件。

营业额的增长前景首先取决于需求增长的状况，公司的管理水平也必须保持在较高的水平上。另外，对于企业销售能力的分析往往被忽视，绝大多数分析人员只满足于依赖一些粗略的指标来分析企业的销售能力。费舍认为这些比率太过粗疏，根本不足以成为判断投资价值的依据，要了解一家企业真正的行销能力，必须要到其竞争对手和客户那里去作艰苦而细致的调查。

第二是公司的研发水平：该公司研发活动的效率如何？为了进一步提高总体销售水平，发现新的产品增长点，管理层推进研发活动的决心有多大？

费舍认为，一家公司财务稳健性的最根本的保证就在于能够不断开发新的、能够保证相当利润量的产品线，而这直接取决于研发活动的水平，观察研发活动有2个最重要的角度：一是研发活动的经济效益如何；二是公司高层对于研发活动的态度如何，是否能够认识到目前市场的增长极限并且未雨绸缪。

第三就是公司的成本与收益状况：公司的成本控制水平如何？利润处在什么水平上，有没有采取什么得力的措施来维持或者改善利润水平？有没有长期的盈利展望？

费舍极为看中企业长远的盈利能力，他也一直在追寻那些净利润率持续高于行业均值的公司；他明确指出："投资于利润率过低的公司，绝对无法获得最高的长期利润。"他的理由是，利润率低的公司财务体质过于虚弱，抗打击能力弱，在经济不景气中最可能首先倒下。

第四也是最重要的一点就是公司的管理水平：公司的人事关系、管理团队内部的关系如何？公司管理阶层的深度够吗？在可预见的将来，这家公司是否还会继续发行股票筹资，现有持股人的利益是否因预期中的成长而大幅受损？管理层的诚信态度是否不容置疑？

费舍认为，良好的人事关系（特别是管理团队内部的良好氛围）和足够深度的管理层是保证企业能够高效发展的基本保证之一；而对于公司的融资能力，他旗帜鲜明地指出：如果几年内公司将增发新股融资，而现有的每股盈余只会小幅增加，则我们只能有一个结论，也就是管理阶层的财务判断能力相当差，因此该公司不值得投资。

在所有判断公司是否值得投资的标准中，费舍把公司管理层的诚信状况作为最后一个，也是作为最重要的要点提了出来。早在1959年他就斩钉截铁地写道："不管其他所有事务上得到多高的评价，如果管理阶层对股东无强烈的责任感，投资人绝对不要认真考虑投资这样一家公司。"

2. 买进与卖出——成长股买卖时机

费舍并不主张投资者一定要在市场崩溃后寻找买入时机，他认为在1929年股市崩溃后的2年内有勇气买入并持有几只股票的投资者收益率固然可观，但在20世纪50年代以合理的价格买入成长股的投资者也获得了惊人的回报。

他坚决反对投资者去预测所谓经济景气的高点和低点，以作为买入或卖出的根据。费舍认为，对于买入时机而言，如果花精力在预测经济趋势，是得不偿失的。他辛辣地讽刺说，如果投资者有耐心查询一下每年在《商业周刊》上刊登的经济学家对未来的预测就会发现，他们成功的概率极低。经济学家们花费在经济预测上的时间，如果拿去思考如何提升生产力，可能对人类的贡献更大。

费舍主张，投资者应选择在非常能干的管理层领导下的公司，他们偶尔也会遭遇到始料不及的问题，之后才能否极泰来。投资者应该知晓这些问题都属于暂时性质，不会永远存在。如果这些问题引发股价重挫，但可望在几个月内解决问题，而不是拖上好几年，那么此时买入股票可能相当安全。

但这并不代表投资者完全不理会经济萧条带来的问题。但诸如1929年那样的投机极度炙热导致的股价崩盘和后续经济大萧条外，投资者并不应该对股价的大幅下跌感到惊慌失措。当确定某家公司值得投资，放手去投资就是，因为推测产生的恐惧或者希望不应该令投资者却步。

综合来看，一个好的公司（符合上面选股标准的公司）+好的管理团队（符合上面选股标准的团队）+企业的危机或失误，就是一个好的买入时机。

除了股票本身,我们还要考虑的要素有:经济景气情况、利率趋势、政府对投资和私人企业的整体态度、通货膨胀的长期趋势,最后也许是最重要的一点要素是,新发明和新技术对旧行业的影响。

关于卖出,费舍认为卖出的3个理由之一,就是当初买进行为犯下错误,某特定公司的实际状况明显不如原先设想那么美好。在某种程度上,要看投资者能否坦诚面对自己。另外,就是当成长股成长潜力消耗殆尽,股票与持有原则严重脱节时,就应该卖出。最后一个理由就是有更加前景远大的成长股可以选择。

费舍认为,投资者不应该因为空头市场的担忧而卖出股票(恐惧熊市的到来)。他认为这样做无异于要求投资者知道空头市场何时出现,以及何时结束(在空头市场底部买回股票)。但通常情况是,投资者卖出后,空头市场并未出现,市场继续上扬。等到空头市场真的来临时,却从来没有见过比卖出价格更低的位置买回相同股票的投资者。通常的情况是,股价并没有跌回卖出价,但投资者仍苦苦等待,或者股价真的一路下挫跌过卖出价,他们却又忧虑别的事情而不敢买回。

费舍提醒投资者,不应该因为手上的股票涨幅过大就卖出股票。因为,"涨幅过大""估值过高"都是非常模糊的概念,没有证据表明多高的估值或者涨幅才是最高。

他进而推论出这个观点:如果当初买进普通股时,事情做得很正确,则卖出时机是——几乎永远不会到来。

当然,阅读费舍的此书,由于本书的成书时间比较早,而20世纪50年代正是美国国力蒸蒸日上成为全球霸主的时期。美国股市经过长期的萎靡(1932—1947年)正好处于恢复上升周期,百业兴旺。而今的美国已经大不如昔了。如果你上市就买入花旗银行,并长期持有至今,收益率将会非常可怜,远远低于通货膨胀。另外,目前企业的管理方式和管理理念都会有一些变化,竞争也更加激烈。因此对于费舍的买卖观点还要辩证地使用。

3. 公司股票研判——选择优秀公司的要点

我们都知道,每一只股票背后都有一家公司,选股票实际上也就是在选公司。而对一般的投资者而言,如果是做长线投资的话,往往有2个选择:一个是大企业大公司,这类企业由于资源的优势,往往有较强的竞争力,同时由于它的规模大,相对比较规范;另一个是选择年轻的小公司,这类公司往往具有发展前景的新产品和一个有生气的管理层。投资者从"成长"角度挖掘具有抗周期性行业的投资机会,可以说是进可攻退可守。

不管选择什么样的公司，费舍认为在考察公司时，都应把握以下的要点。

（1）盈利能力有没有成长性，企业有没有新产品或新工艺。这里涉及两个方面，一个是实际上企业有没有新产品开发出来，一个是管理层对此是否重视。前者是事实，后者是态度。

（2）企业规模和研发投入的比例，这个投入不仅指资金量，关键在于效果，最好能了解报表数字后的真实计算口径。

（3）评估企业的销售网络。

（4）评估企业的利润率。这一般都是通过报表等数字来计算，但是要考虑到企业报表的局限性，有时，小道消息也是有意义的。

（5）企业为维持和改善利润率做过哪些努力？

（6）企业内部的劳资和人事关系是否良好？尤其是企业高级主管之间的关系是否良好？

（7）企业管理的方式和管理层次的深度，主要考虑到企业从小型企业发展到大企业时，不能只由一个人或几个人来决策，因为一个人能力再强，也有精力不济的现象。不过，在现代企业中，合理地利用信息化技术，可能会对管理层次深度的要求发生一些变化。这一要点的关键在于考虑企业在发展过程中，管理能力能否同步发展。

（8）公司的成本记录和会计分析做得怎么样？即公司的规范化做得如何？

（9）是不是在所处领域有独到之处？也就是说，企业在同行业中的竞争能力如何？关键是试图找到有一定竞争优势的企业。

（10）公司有没有短期和长期的盈利展望？企业是如何平衡短期利益和长期利益之间的矛盾的？

（11）企业未来有没有新的发股计划？这会不会影响目前股东的收益？

（12）管理层有没有"报喜不报忧"的现象？这个涉及一个诚信的问题，也涉及一个如何处理危机的方式问题。

4. 不要掉入陷阱——投资人一定要避免去做的9件事

在费舍眼里，投资过程中充满了各种各样的陷阱，而且他本人正是在不断犯错的过程中逐渐成长起来的，为此，他专门总结了一些投资人应该尽量避免的错误。

（1）不要分散投资。费舍认为：人的精力总是有限的，过于分散化迫使投资人买入很多并没有充分了解的公司股票，而这可能比投资过于集中还要危险。他根据自己的经验给出了一个最低限度分散投资的优先顺序：①审慎选出根基稳固的大型成长股,并且至少应该拥有5只以上,但其产品线最多只能略微重叠;②较少投资于那些介于上述股票和高风险的年轻成长型公司之间的股票;③最后才可以考虑风险较高的年轻的成长股。

(2)不可过分依赖数字。这里说的数字主要指一只股票前几年的价格列表、每股盈余的状况等一般投资人所津津乐道的数据。费舍的一个重要原则就是:"主宰股价走势的是未来,不是过去。"理由是价格的形成与当时的情况有关,而当时的情况已时过境迁,不会再来,所以这种价格是没有参考价值的。因此,在作出是否购买某只股票的决策时,它过去几年的价格变动或者是每股盈余等根本就无关紧要。

(3)不要随波逐流。也就是说,大多数情况下,人们对经济状态的反应是不正确的,而且过分悲观的情况更多一些。说明在投资界,恐惧的概率永远是大于乐观的。

(4)买进真正优秀的成长股时,不要忽视时机因素。有的时候,你会成功地找到一只真正有潜力的成长股,但是很有可能你面临的情况是:它的价格现在正处在一个不合理的高价位上。费舍推荐了一种方法,即:研究这家公司过去成功的经营计划,可以发现这些经营计划在发展阶段的某一点,必然会反映在股价上面,而在这个时间附近买进,就很有可能在接近最低价位的地方获得极有潜力的股票。

(5)不要锱铢必较。许多投资人都会为自己将要买卖的股票设定一个心理价位,费舍对此的批评可谓一针见血:作为一名希望凭借股票成长性在几年之内获得高额收益的投资人来说,为了一点小小的价格差异就放弃交易,绝对是得不偿失。

(6)不要忽视市盈率的分析。市盈率是一个非常重要的概念,但是许多人没有认识到市盈率只有跟公司经营的特性联系起来,才能够真实反映其价格的"含金量"。费舍认为,如果一个公司能够不断开发出新的获利来源,而且所在的行业亦可望有相近的成长动力,则其5~10年之后的市盈率肯定要远高于一般的股票,即使其现在的价格已经相当可观,其实还是非常值得投资的。

(7)不要担心在战争阴影笼罩下买进股票。费舍认为,20世纪发生了10次大的战争,每一次都是在战争正式爆发前股市下跌,但一旦战争爆发,则股市开始走稳,战争结束后即开始狂飙。究其原因,就是战争使得政府创下巨额开支,从而摊薄了货币的购买力,也就是导致通货膨胀。因此,在战争爆发后持有现金是最不明智的做法。正确的做法是在战争爆发前小心地逐步购买,战争爆发后马上加快购买速度。而如果战争导致本国失败，那本国的货币也将变得一文不值，而投资者不管是持有股票，还是持有现金，结果都一样。

（8）不要忘了你的吉尔伯托和沙利文。吉尔伯托和沙利文是讽刺喜剧作家，费舍的意思是不要被股票过去的数据记录所影响，特别是注意不要以为买入那些过往股价没有上涨的股票就是安全的方法。影响股价的主要因素是未来而不是过去。

（9）不买处于创业阶段的公司。费舍认为，创业阶段的公司，投资者只能看到它的运作蓝图，并猜测它可能出现什么问题或可能拥有什么优点，这事做起来困难得多，作出错误结论的几率也高出很多。投资者应该坚守原则，绝不买进创业阶段的公司，不管它看起来多有魅力。而老公司里面多的是绝佳投资机会。

5. 竞争壁垒——寻找有竞争优势的公司

与巴菲特的"护城河理论"相似，费舍提出了竞争壁垒观点。费舍指出，投资者应该寻找那些成本同比行业更低，但利润率却高于同行的企业。

这类公司往往并不只依靠技术开发和规模经济2个层面。很多时候，这类公司必须在其提供的产品（或服务）品质和可靠性上建立起声誉。其次，公司必须有某种产品（或服务），提供给许多小客户，而不只是卖给少数大客户，这样做的好处是使它的竞争对手，必须去争取众多的客户，才有可能取代这家公司的地位。

这样的企业，具有高于平均水平的利润率，或投资回报率，但不必——实际上不应该高出业界平均水平好几倍。实际上利润或回报率太高，反而可能成为危险之源，引来众多竞争对手一争长短。也就是说，公司具有特殊的性质，具有某些内在经济因素，使得高于平均水平的利润率并不是短期现象。

费舍的观点提炼出来就是：具有竞争壁垒的公司能以低于业界水平的价格供给（或服务）广大普通客户，广大客户信赖公司和公司产品服务，他们更换公司产品的代价更高，意愿更低。低成本和高效率运作保证了公司长时间能维持略高出业界水平的利润率。

为了方便投资者掌握，费舍对企业的竞争优势的论述可以归纳为以下几点。

（1）高利润率会引来竞争，竞争则会侵蚀获利机会。抑制竞争的最好方式，是以很高的效率营运，使得潜在竞争对手没有加入的诱因，知难而退。

（2）规模效率往往被官僚习气浓厚的中阶管理人员低落的效率抵消掉。但对经营良好的公司来说，业界领袖地位可以创造出很强的竞争优势，而对投资人构成吸引力。

（3）抢先踏进新产品市场，夺得第一。

（4）公司根基稳固，有强大的市场地位。

（5）要取得业界领导地位，科技只是其中一条管道。培养消费者的"忠诚"是另一条管道，卓越的服务也是。不管如何，一家公司必须有强大的能力，对抗新竞争对手，保卫既有的市场。理想的投资对象，这样的能力缺之不可。

比较费舍与巴菲特的投资习惯，我们会发现，巴菲特选择的企业，其产品和服务都是面向普通百姓的，与他们的生活息息相关；长期的品牌塑造和公众对其产品服务的信赖，使得更换概率极低；他们的产品并不是高高在上的，而是较低价格出售，满足普通公众日常的生活需要。例如食品饮料：箭牌口香糖、可口可乐饮料、宝洁的洗发水、吉列的剃须刀、盖克的汽车保险、富国银行的零售服务，甚至于中石油的加油业务。

拓展阅读

菲利普·费舍1907年生于旧金山，父母均是各自家中众多儿女排行最小的，父亲是个医生。他与祖母特别亲近。小时候费舍就知道股票市场的存在以及股价变动带来的机会。这缘于费舍上小学时，有一天下课后去看望祖母，恰好一位伯父正与祖母谈论未来工商业的景气，以及股票可能受到的影响。费舍说："一个全新的世界展开在我眼前。"两人虽然只讨论了10分钟，但是费舍却听得津津有味。不久，费舍就开始买卖股票。20世纪20年代是美股狂热的年代，费舍也幸运地赚到一点钱。

1928年，费舍从斯坦福大学商学院毕业后，正巧碰到旧金山国安益格国民银行到商学研究所招聘一名主修投资的研究生，费舍争取到这个机会，受聘于该银行当一名证券统计员（即是后来的证券分析师），开始了他的投资生涯。

1929年，美股仍然涨个不停，但费舍评估美国基本产业的前景时，见到许多产业出现供需问题，前景相当不稳。1929年8月，他向银行高级主管提交了一份"25年来最严重的大空头市场将展开"的报告，这可以说是费舍一生中最令人赞叹的股市预测，可惜费舍"看空做多"。他后来解释说："我免不了被股市的魅力所惑。于是我到处寻找一些还算便宜的股票，以及值得投资的对象，因为它们还没涨到位。"他投入几千美元到3只股票中。这3只股票均是低市盈率股，一家是火车头公司，一家是广告看板公司，另一家是出租汽车公司。美股终于崩溃！尽管费舍预测无线电股将暴跌，但是他持有的 3 只股票亦好不了多少，到 1932 年，他损失惨重。

1930 年 1 月，费舍当上部门主管。不久，一家经纪公司高薪挖走费舍。这家经纪公司给予他相当大的自由，他可以自由选取股票进行分析，然后将报告分发给公司的营业员参考，以帮助他们推广业务。股市崩溃后，费舍又干起了文书作业员——这是当时他唯一能找到的工作，但是这样的工作让他觉得"很没意思"，费雪所向往的事业是管理客户的投资事务，向客户收取费用——投资顾问。

1931 年 3 月 1 日，费舍终于开始了投资顾问的生涯，他创立费舍投资管理咨询公司。最初他的办公室很小，没有窗户，只能容下一张桌子和两张椅子。但是到 1935 年，费舍已经拥有一批非常忠诚的客户，其事业亦获利可观。其后费舍的事业进展顺利。

1954—1969 年是费舍辉煌的 15 年。他所投资的股票升幅远远超越指数。1955 年买进的德州仪器到 1962 年升了 14 倍，随后德州仪器暴跌 80%，但随后几年又再度创出新高，比 1962 年的高点高出 1 倍以上，换言之比 1955 年的价格高出 30 倍。

20 世纪 60 年代中后期，费舍开始投资摩托罗拉，持有 21 年，股价上升了 19 倍——即 21 年内股价由 1 美元上升至 20 美元。不计算股利，折合每年平均增长 15.5%。

1961 年至 1963 年，费舍受聘于斯坦福大学商学研究所教授高级投资课程。

1999 年，费舍接近 92 岁才退休。

2004 年 3 月，一代投资大师与世长辞，享年 96 岁。

7 《投资艺术》

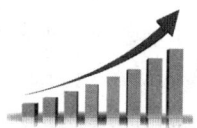

查尔斯·艾里斯

经典速读

查尔斯·艾里斯是美国格林威治投资公司总经理,出版有6本投资与财务专著,发表了70多篇文章,并在哈佛、耶鲁等名牌大学讲授投资课程,担任过国际投资管理业公会(AIMR)理事长,是哈佛大学商学院管理理事会理事、纽约大学史登商学院监事,耶鲁大学顾问及投资委员会委员。

在《投资艺术》一书中,查尔斯·艾里斯把精深的现代投资组合理论转化为人们能够从容掌握的操作常识。关于投资期限、投资时机、投资品种、投资费用、投资管理人以及投资者自身等各个方面出乎常理而又合情合理的精彩论述都为我们提供了证明。书中多次重复的一个观点就是,试图"击败市场"是一种输家的游戏,最好的对策就是不参加这种游戏。

艾里斯提醒投资者说:"散户不应该把收益机会建立在击败市场上,聪明的做法是运用市场力量,把强大的时间节奏和复利机会纳为己用,赢得长期的成功,这才是掌控自己投资命运的最好途径。"

查尔斯·艾里斯的思想对他和他创办的公司至关重要。

——约翰·鲍格尔 美国先锋集团创办人

查尔斯·艾里斯在投资与理财方面的专著与专栏文章有效地改变了美国人的证券操作理念。

——彼得·德鲁克 著名投资家

内容解读

1. 输家的游戏——不要与市场对敌

艾里斯认为,如今(1980年以后)美国股市已经演变为"输家的游戏"了,所谓输家游戏和赢家游戏的区别在于,前者是少犯错者赢得游戏,而后者则是由正确行为者赢得游戏。1970年—1980年,美国市场主要交易者已经变成机构,从最初的30%上升至80%,200家大型机构和1 000家中小型法人,他们拥有活跃的经理人,拥有专业知识和技能,每天都用最激烈的竞争方式,在市场上操作。所有机构法人都坚信或宣称自己能打败市场,超越其他竞争者。但是艾里斯清楚地看到,全美的专业投资经理并没有能够击败市场,反而是市场打败了他们,因为机构就是市场,他们作为一个整体不可能表现出超越自己的绩效,所以他们的投资管理并不是"赢家的游戏",而是确确实实的"输家的游戏"。30年前,市场中90%是散户买卖,专业人士过得很愉快,有很多机会可以把握。但现在正好相反,有经验的专业人士构成了交易的90%。最后的结果就是这些极其聪明的家伙大多都没有办法长期击败这个包括自己在内的市场。

历史记录也表明,整体而言,在由专家管理的基金中,有3/4的表现不如标准普尔500指数。这些试图击败市场的输家的游戏,往往注定要遭遇失败。这对于那些时至今日仍然迷信专业投资经理的人确实是一个极其沉重的打击。但是不用沮丧,如果选择指数基金却总是能够毫不费力地跟上市场的脚步,这是因为指数基金可以为我们提供更高的收益、更低的费用、税率以及交易成本,当然,还有更低的犯错误的风险。艾里斯认为,这才是投资者的"梦之队",是大多数投资者最明智的选择。

艾里斯举了一个有趣的例子:70年前人们开飞机是依赖勇气和胆略,但70年后开飞机,是希望尽可能不犯错。就是所谓的,有"胆大的"飞行员,也有"老"的飞行员,但绝不会有"胆大的老的"飞行员。

2. 慎重波段操作——降低波段操作的频率

艾里斯认为,要想提高投资报酬率,最大胆的方法就是依靠波段操作。一种方法就是在价格高位的时候将股票全部(部分)兑换为现金,然后期待在价格见底后将现金换为股票。另一种方法则是将落后于大盘的弱势股换成强势股。在1943—1977年的34年里面,假设总是100%投资,而且总是投在表现最好的一类股票中，投资1 000美元，买进和卖出28次，每次都能抓到顶部和底部的话，投资者的1 000美元会变成骇人听闻的43.57亿美元。当然，这要求投资者必须胆识过人，且能长期保持这样的状态。例如，在1971年1月将全部资金6.87亿美元投入餐厅类股，这样到年底会变成17亿美元，然后再马上抛出后换成黄金类股，第二年圣诞就会变成44亿美元。

看起来的确很美，但实际上没有人能做到，100家大型退休基金几乎都采用了波段操作来提升投资报酬率，但事实上这100家中有89家因为波段操作而亏损。以至于有研究指出，投资经理在对市场的预测上4次必须正确3次，才能保证投资盈亏持平。主要原因就是出错损失和交易成本。要知道，美国股市长期平均收益率大概为10%左右，即便投资经理15个月买卖各一次，投资者也必须指望投资经理获利年均复利在12.8%左右才能超出市场水平。这意味着比市场高出28%的期望。

所以，一位经验丰富的专业人士曾感叹，他说："我见过很多有意思的波段操作方法，而且在我40年的投资生涯中，试过其中大部分方法，这些方法在我之前可能很高明，但是，没有一种方法能够帮助到我，一个都没有。"

为什么会这样呢？1982—1990年，标普500指数复合收益率年均为18%，但扣除涨幅最大的10天后，收益率将会降到12%，扣掉涨幅最大的20天，收益率复利降至8%，如果扣除涨幅最大的30天，收益率复利将会降至5%。这意味着，如果这9年中间，你错过了标普500涨幅最大的30天，收益率将会下降72%。

再把时间延长的话，会更强烈。1928—1993年间，1美元最终会增值到332美元（道指），如果投资者错过1933年（空仓），收益将会是215美元，如果错过了1993年和1954年，收益会是141美元，如果错过了1993年、1954年和1935年，总体收益仅有96美元。60多年的漫长投资生涯中，仅仅因为空仓3年，你可能就会降低总体收益的71%。

波段操作就一定能够获得高收益吗？不能。波段操作并不会提高投资绩效，因为它不是有效的方法。其无效表现在，没有哪个人能够始终比其专业的竞争对手更聪明。并且，试图猜测市场或胜过众多专家，以便"卖高买低"，是一项极其艰巨的任务，通常都会招致失败。因此，艾里斯认为，波段操作是"邪恶"的观念，永远不要去尝试。有数据显示，在1926—1996年这漫长的70年里，股票所有的报酬率几乎都是在表现最好的60个月内缔造的，虽然这60个月只占全部862个月的7%而已。如果我们错过了这些表现绝佳，但不算太多的60个月，我们就会错失掉整整60年才能积累到，而且几乎等于所有的投资报酬率。因此在一段时间内退出市场的投资者将损失金钱。只有在行情艰难时仍然继续投资,才是唯一健全的投资方式,才能享受表现优异的大好时光。这也就是"闪电打下来时,你必须在场"的意思。

因此,除非特殊情况下,否则不要轻易尝试波段操作。投资者即便要这么做,也必须降低波段操作的频率,因为交易成本长期来看实在是投资的大忌,目前A股市场长期年均复合收益率是16.9%左右(时间还太短),1个月买卖各一次,都将使得你长期收益率变得越发艰难。长期而言,成功的概率没有证据表明很大。但艾里斯的观点也有不妥,的确有很多投资大师总能进行少数成功的波段操作。否则你无法解释为什么巴菲特总是在市场崩溃后拥有大量现金(尽管他仍长期持有一些股票)。因此应该尽可能不要进行波段操作,除非有非常确切的证据表明市场严重高估或低估。因此,即便目前A股市场(2009年4月)看起来下跌无可避免,仍无必要进行波段操作,因为从估值上看,你没有明确证据表明目前市场处于过度高估(超出或接近历史最高估值水平,或超出世界平均水平太多)。尽管感觉上A股市场很多股票已经是博傻,崩溃已是在所难免。

3. 投资组合策略——向指数收益率靠拢

艾里斯认为,机构都在建立自己的投资组合,一般利用预测经济和利率变化,预测行业或新类型股票的景气或盈利前景变化,不断变换手上持有的组合,以期望最终跑赢同类竞争者。但是要长时间保持比别人聪明,难度非常大。例如,1980年发现石油危机对经济的影响后大量投资石油股和科技股,会获得优异回报,但同样重要的是,1981年他们必须抢在别人出手前全部售出能源股,否则马上就会"全部吐出盈利"。1970年前投资经理们必须意识到市场对成长股的偏爱,大量投资成长股,特别是所谓的"漂亮50"。但几年后他们又必须在1973年之前将其全部出清,一个都不能留。然后又必须超前意识到小型科技股会受宠,将投资全部转移到这些公司,但必须在1984年业绩和股价同向狂飙后提前全部出清,否则后面5年将会流血不止。然而你又必须在8年后赶紧重新挑选这些受益于科技网络时代的股票,并在2000年前将其全部卖掉,否则后面3年,你会亏掉几乎全部本金(2001—2003年,美国在线、雅虎、思科股价跌了90%以上)。

实际上,不管如何变换投资组合,不管如何波段操作,也不管短期内收益率达到如何程度,绝大多数投资者长期投资收益率都将向指数收益率靠拢。实际上,有公开业绩记录的,超过30年盈利能达到2位数的已经屈指可数,超过40年年均复合收益率仍能超过20%的,仅有巴菲特一人。其次是雪拜·戴维斯,截至2000年的31年间复合收益率是15%。约翰·聂夫自1964年至1995

年的 31 年间，复合收益率达到过 13.7%，这已经是美国公认的殿堂级投资大师了。10 年投资生涯年均复利接近 20% 的，仅有彼得·林奇，他退休太早，1977—1990 年的 13 年年均复利为 29.3%，所以也能跻身美国最顶尖的投资基金经理一列。

这也意味着，如果短期（某年或某些年）收益率太高，后续很可能会有一个反向的业绩亏损来修复平衡。放大到国家也是如此，日本 1980—1990 年 10 年大牛市年均复合收益率达到 28% 的惊人纪录，随后的 19 年日本股市收益率低得可怕。这也是一个反向修正的实例。

4. 主动投资——不要过于计较短期因素策略

艾里斯认为，主动投资的基本形式都是一个：即唯一获利机会，是其他专业投资人的共识都错了。这种集体错误的确会出现，但我们必须自问，这种错误出现的频率如何，我们有几次能够避免别人犯的正常错误，又能拥有智慧和勇气，采取和共识相反的行动。

从短期来看，股市很迷人也很会骗人，从长期来看，市场很可靠，到了令人觉得无聊的地步。市场总是会在意想不到的时候，掏出一些事件来迷惑投资者，例如战争消息、突如其来的盈利增长、总统振奋人心的演讲、奇妙新科技的宣布、丑陋的破产或欺骗等。如同每天的天气和气候相当不同，天气是短期的现象，气候是长期的现象，差别尽在其中。选择在某种气候中盖自己的房屋时，我们不会因为上周天气而觉得困扰，同样，选择长期投资计划时，我们也不希望受到暂时市场状况的困扰。

投资经理在经过基本面研究后卖掉的股票，以及他们没有买的股票，与他们买进的股票相比，其表现通常一样好，这是因为他们彼此之间相互买进卖出，使得市场太"有效率"了。不是投资研究做得不好，而是许多人把研究做得实在太好了。分析师们通过全球信息网络，几乎是即时地与采取迅速应对行动的其他专业投资者共享相同的信息和评估，以至于不可能有哪一些投资者能够始终战胜其他投资者，一再取得有价值的优势。因此，就算你是最优秀的投资者，也只能进行不太满意的投资交易。有趣的是，作为机构投资者通常都过于努力，而作为个人投资者却是不够努力。过于努力——试图从其他投资者那里获得超额收益——常常是代价高昂，承担了过多的风险；不够努力则通常是对短期因素过于谨慎，导致成本过高。

5. 投资报酬率——长期投资稳定性高

艾里斯认为，股票的投资报酬率有三大特征：第一，股票投资收益率长期高于债券；第二，短期内普通股报酬率波动程度高于债券；第三，评估时期拉长,投资报酬率会显得较为平常。

对于投资价值而言,随着投资者投资持有时间拉长,反映因素的重要性会降低,股利分派的重要性会提高。如果投资者注重价值和非常长期的投资,获得的盈余和股利,就占有压倒性的相对重要性。就像天气一样,一般的长期投资经验绝不令人惊讶,但是短期经验总是令人惊异。

但是短期的回报率高就好吗?不是。大多数投资者通常都追求尽可能的短期的最大收益。但是,艾里斯认为,如果时间短,回报率最高的投资会不适宜,聪明的短期投资者会避免这种投资。当然,如果投资时间很长,那么就可以十分安心地坚持这种短期看来风险很高的投资。实际上,只要有足够的时间,比如20年,就可以把一项原本没有吸引力的投资变成最有吸引力的,反之亦然。投资持有的时间越长,其中就没有亏损的期间,全部都是获利,而且投资组合的实际回报率就会越接近预期的平均值。但是如果时间太短,比如1天、1个月或1年,就会造成额外的不确定性,没有足够大或足够确定的回报来平衡其中的风险。时间这么短显然不是投资,而是极端的投机。

6. 投资风险——通胀与过度谨慎

艾里斯认为,风险分为2种,其实就是系统性风险和非系统性风险。简单来说,就是市场风险和个股(类股)风险。后者可以通过适度分散而消除。前者需要承受风险,获得相应回报。艾里斯倾向于分散化投资,但必须考虑市场风险和投资报酬率之间的关系。如同《专业投机原理》中所表达的一样,风险—报酬比是应该得到强调的。而艾里斯指出,投资管理上,最重要的是如何管理市场风险。只要投资者不是在股市正好处于十分严重的"高峰",投资持有时间足够长,股票的市场风险也会逐步消失,长期报酬率会逐步向平均靠拢。投资的真正风险是通胀和过度谨慎。

 拓展阅读

马克·吐温曾在其短篇小说《傻头傻脑威尔逊的悲剧》中借主人公威尔逊之口说出了这样的名言:"10月,这是炒股最危险的月份;其他危险的月份有7月、1月、9月、4月、11月、5月、3月、6月、12月、8月和2月。"这幽默之语中其实饱含辛酸,当年,马克·吐温曾经迫于还债压力,进军股市希冀大捞一笔，但是结果屡战屡败。

牛顿也曾经是一个疯狂的股民。1711年，为攫取蕴藏在南美东部海岸的巨大财富，有着英国政府背景的英国南海公司成立，并发行了最早的一批股票。当时人人都看好南海公司，其股票价格从1720年1月的每股128英镑左右，很快增值，涨幅惊人。这时候牛顿恰巧获得了一笔款子，加上他个人的一些积蓄，看到如此利好消息，就在当年4月份投入约7 000英镑购买了南海公司股票。很快他的股票就涨起来了，仅仅2个月左右，比较谨慎的牛顿把这些股票卖掉后，竟然赚了7 000英镑！

但是刚刚卖掉股票，牛顿就后悔了，因为到了7月，股票价格达到了1 000英镑，几乎增值了8倍。经过"认真"的考虑，牛顿决定加大投入。没想到买入后，南海股票却一落千丈，到了12月份最终跌为约124英镑，南海公司总资产严重缩水。许多投资人血本无归，牛顿也未及脱身，亏了2万英镑！这笔钱对于牛顿无疑是一笔巨款，牛顿曾做过英格兰皇家造币厂厂长的高薪职位，年薪也不过2 000英镑。

有人欢喜有人愁，马克思便以600英镑本金赚了400多英镑。1864年5月，马克思的一个朋友去世，在遗嘱中特意请人把600英镑的遗产赠予马克思。对于经济拮据的马克思来说，朋友的这次遗赠不仅是雪中送炭，还给了他在股市小试牛刀的机会。

有了这笔资金，经济学造诣颇深的马克思便决定投资英国股市，一为休闲，二为体验一下股民生活，赚些生活费用。于是他参考伦敦"金融时报指数"回升的好时机，分批次购买了一些英国的股票证券，之后他耐心等待市场变化，在他认为政治形势和经济态势提供了良好的投资机会，股票价格开始上升一段时间后，就迅速地逐一清仓。通过这一番炒股操作，马克思以600英镑的本金赚取了约400英镑的净利润！

就连著名的政治人物丘吉尔也曾加入炒股大军，而且是认赔收场。1929年，刚刚卸去英国财政大臣之职的丘吉尔和几位同伴来到美国，受到了投机大师巴鲁克的盛情款待。巴鲁克悉心备至，特意陪他参观了纽约股票交易所。在交易所，紧张热烈的气氛深深吸引了丘吉尔。虽然当时他已经年过五旬，但好斗之心让他决心也炒股一试。

在丘吉尔看来，炒股应该就是小事一桩，然而不幸的是，1929年改变世界经济乃至世界政治格局的美国股灾爆发了，丘吉尔来到纽约的时间和华尔街股票市场崩溃的开始时间恰巧惊人的一致。结果仅仅在10月24日一天之内，他几乎损失了投入股市所有的10万美元（也有资料称约50万英镑）。

8 《江恩华尔街45年》

威廉·D·江恩

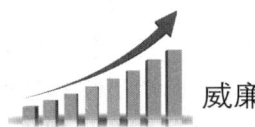

威廉·D·江恩出生于1878年，16岁开始在火车上工作。后来，他进入一家棉花交易行担任经纪人。在24岁的时候，江恩做了第一笔棉花期货合约的买卖，并从中获利。

1909年，他的交易技巧开始引人注目，在286次交易中，他只有22次受损，成功率高达92.3%。20世纪30年代后期，江恩的兴趣从股票转向商品。1955年6月14日江恩逝世，享年77岁。江恩一生著述颇丰，这些著作令无数人受益，其中最著名的是《江恩华尔街45年》。这位传奇式证券交易巨匠，用自己创造的独特理论，在45年的职业证券交易生涯中，总共赚取了5 000多万美元，这大约相当于现在的5亿多美元。在本书中，江恩详解了他关于股票市场的时间周期规则。江恩运用天文学、数学、几何学等方面的知识，创立了独特的技术分析理论、其中包括波动法则、周期理论、江恩角度线、江恩四方形、江恩六角形等。江恩坚信，股市期市存在着宇宙中的自然法则，股价运动方式不是杂乱无章的，而是可以预测的。

自各种证券交易规则通过以来，就不再有联合舰队式的资金或操纵股票的现象，这并不意味着今后不会再有大牛市以及大涨势……在华尔街，历史不断重演，以往发生的事会在未来再次出现。

——江恩

经验告诉我,只要时间周期指明上升趋势,那么什么也阻挡不了市场的趋势。而只要时间周期指明下降趋势,那么什么也阻挡不了市场的下跌。

——江恩

 内容解读

1. 止损单——必须用止损单保护你的投资

江恩在书中告诫投资者:如果你看错了趋势,那么就得使用古老而可靠的保护伞——止损单。你永远应当等到看出趋势发生变化时再抛售股票,但是,一旦你确实看出趋势已经改变,就应毫不迟疑地出货;交易者要学习的最大的,也是最重要的事是不要过度交易,他要学的下一件事是使用止损单。

江恩认为,大多数人在股市中输钱主要有3个原因:①交易过度或买卖过于频繁;②没有使用止损单;③对市场知之甚少。

过度交易和了解市场不难理解。要在股市中赢钱,那么每一次买卖不要总是全仓进出,而且不要频繁买卖,买卖过于频繁是导致失败的致命伤。你想一想,你在为自己争取盈利的同时,还要养证券公司,负担多重;而了解市场则是投资的必需,如果对市场知之甚少,那么你就不是在做投资而是在赌博。

这里要重点说明的是止损单问题。不下止损单也是投资人常犯的错误或是根本不知道有这回事。常常听到或看到投资者诉苦,说自己手中的股票市价已大大低于自己的买入价。如果他是准备长线投资一家公司的股票,他绝对不会因为股价大幅下跌而抱怨。若是投机者,他绝对应该设置一个价位,只要跌破这个价位,无论如何你都应该第一时间抛出股票。江恩在书中的建议是,止损单设在买入价之下3%~5%。不设止损单的后果就是眼睁睁看着股价被拦腰砍断。聪明人会下止损单,设定止损位,一旦形势发生逆转,就随时走人。

2. 数学绘图的应用——3天图与9点平均波动图

3天图的意思是,将市场的波动,以3天的活动为记录的基础。这3天包括周六及周日。3天图表的规则是,当3天的最低水平下破,则表示市场会向下,当3天的最高水平上破,则表示市场会出现新高。

绘图方法可按照以下步骤。

(1)当市场从低位上升,连续3天出现较高的底位及高位,图表上的线

应移至第 3 天的高点。若市场下跌 2 天后第 3 天再创新高，则图表上的线应垂直上移至当天的高点。

（2）当市场连续 3 天创新低时，图表的线便可下移至第 3 天低位的水平，若市场继续下跌，则可将图表上的线垂直下移至当天的低点。

（3）若市场连续 3 天创新高点，则"3 天图"表便可回升。

"9 点平均波动图"的规则是：若市场在下跌的市道中，市场反弹低于 9 点，表示反弹乏力。超过 9 点，则表示市场可能转势，在 10 点之上，则市势可能反弹至 20 点，超过 20 点的反弹出现，市场则可能进一步反弹至 30~31 点，市场很少反弹超过 30 点的。对于上升的市道中，规则亦一样。在制作图表时，若市况上升超过 9 点，图表线可作上升，图表线跟随每日高点上移，直至市场出现 9 点的下跌，图表线才跟随下移至当日低点。

"3 天图"及"9 点图"与目前我们所使用的"点数图"十分类似，都是以跟随市势的方式绘制。

不过，江恩上述图表有几个特点需要注意。

（1）江恩的"3 天图"是以时间决定市势的趋向，"9 点图"则以价位上落的幅度去决定市势的走向，双剑合璧，分析者对市场趋势掌握了如指掌。

（2）与点数相比，定义点数图的转向，是由分析者自行决定，成功与否在于分析者对市况的认识。

3. 时间因素——江恩理论的时间法则

在江恩的理论中，时间是交易的最重要的因素。江恩的时间法则用于揭示价格发生回调的规律。江恩认为：一定量的价格回调发生在特定的时间内，运用江恩时间法则，实际的价格回调是能够预测的。

江恩把时间定义为江恩交易年，它可以一分为二，即 6 个月或 26 周，也可以一分为三、一分为四乃至更多，如将江恩交易年分为 1/8 和 1/16。

在江恩交易年中还有一些重要的时间间隔。例如，因为一周有 7 天，而 7×7 是 49，因此他将 49 视为非常有意义的日子，一些重要的顶或底的间隔在 49 天至 52 天。中级趋势的转变时间间隔为 42~45 天，而 45 天恰恰是一年的 1/8。

江恩还指出一些重要的时间间隔，可以预测价格反转的发生。

（1）一般市场回调发生在第 10 天至第 14 天，如果超过了这一时间间隔，随后的回调将出现在第 28 天至第 30 天。

（2）主要顶或底的 7 个月后会发生小型级回调。

（3）主要顶或底的周年日。

另外，江恩的时间法则还考虑了季节、宗教、天文学等多种因素。

4. 周期性因素——江恩理论的波动法则

江恩理论认为，市场的波动率或内在周期性因素，来自市场时间与价位的倍数关系。当市场的内在波动频率与外来市场推动力量的频率产生倍数关系时，市场便会出现共振关系，令市场产生向上或向下的巨大作用。

回顾历史走势，可以发现：股票走势经常大起大伏，一旦从低位启动，产生向上突破，股价如脱缰的野马奔腾向上；而一旦从高位产生向下突破，股价又如决堤的江水一泻千里。这就是共振作用在股市之中的反映。

共振可以产生势，而这种势一旦产生，向上向下的威力都极大。它能引发人们的情绪和操作行为，产生一边倒的情况。向上时，人们情绪高昂，蜂拥入市；向下时，人人恐慌，股价狂泻，如同遇到世界末日，江恩称之为价格崩溃。

因此一个股票投资者，应对共振现象充分留意。如下情况将可能引发共振现象。

（1）当长期投资者、中期投资者、短期投资者在同一时间点，进行方向相同的买入或卖出操作时，将产生向上或向下的共振。

（2）当时间周期中的长周期、中周期、短周期交汇到同一个时间点且方向相同时，将产生向上或向下共振的时间点。

（3）当长期移动平均线、中期移动平均线、短期移动平均线交汇到同一价位点且方向相同时，将产生向上或向下共振的价位点。

（4）当K线系统、均线系统、成交量KDJ指标、MACD指标、布林线指标等多种技术指标均发出买入或卖出信号时，将产生技术分析指标的共振点。

（5）当金融政策、财政政策、经济政策等多种政策方面一致时，将产生政策面的共振点。

（6）当基本面和技术面方向一致时，将产生极大的共振点。

（7）当某一上市公司基本面情况、经营情况、管理情况、财务情况、周期情况方向一致时，将产生这一上市公司的共振点。

共振并不是随时都可以发生，而是有条件的，当这些条件满足时，可以产生共振；当条件不满足时，共振就不会发生；当部分条件满足时，也会产生共振，但作用就小；当共振的条件满足得越多时，共振的威力就越大。在许多时候，已经具备了许多条件，但是共振并没有发生，这可以理解为万事俱备，只欠东风。东风不刮，火就烧不起来，而东风是关键条件。如果没有关键条件，共振将无法产生,在这一点上江恩特别强调自然的力量。

总之,共振是使股价产生大幅波动的重要因素,投资者可以从短期频率、中期频率和长期频率以及其倍数的关系去考虑。江恩还认为:市场的外来因素是从大自然循环及地球季节变化的时间循环而来。共振是一种合力,是发生在同一时间多种力量向同一方面推动的力量。投资者一旦找到这个点,将可获得巨大利润和回避巨大风险。

5. 江恩循环理论——江恩思想的总结

江恩的循环理论是对整个江恩思想及其多年投资经验的总结。

江恩把他的理论用按一定规律展开的圆形、正方形、和六角形来进行推述。这些图形包括了江恩理论中的时间法则、价格法则、几何角、回调带等概念,图形化揭示了市场价格的运行规律。

江恩认为,较重要的循环周期如下。

短期循环:1小时、2小时、4小时……18小时、24小时、3周、7周、13周、15周、3个月、7个月。

中期循环:1年、2年、3年、5年、7年、10年、13年、15年。

长期循环:20年、30年、45年、49年、60年、82年或84年、90年、100年。

30年循环周期是江恩分析的重要基础,因为30年共有360个月,这恰好是360度圆周循环,按江恩的价格带理论对其进行1/8、2/8、3/8……7/8等,正好可以得到江恩长期、中期和短期循环。

其中,江恩对月循环还特别强调以下几点。

(1)在重要的市场底部开始计算,3个月后,可能是市场的另一个底部或顶部;再加4个月,可能是市场的另一个底部或顶部。

(2)在上升的趋势中,调整一般不会超过2个月,到第3个月,市场将见底回升。

(3)在极端的情况下,市场可能只调整2~3周。在这种情况下,市场可能连续上升12个月,每个月的底部均比上个月的底部高。

(4)在大牛市中,如出现下跌趋势,可能只运行3~4个月,随后市场将重转升势。

(5)在大熊市中,一波反弹只能维持3~4个月,然后再调头继续下跌。

10年循环周期也是江恩分析的重要基础,江恩认为,10年周期可以再现市场的循环。例如,一个新的历史低点将出现在一个历史高点的10年之后;反之,一个新的历史高点将出现在一个历史低点之后。同时,江恩指出,任何一个长期的升势或跌势都不可能不作调整地持续3年以上,其间必然有3~6个月的调整。因此,10年循环的升势过程实际上是前6年中,每3年出现一个顶部,最后4年出现最后的顶部。

上述长短不同的循环周期之间存在着某种数量上的联系,如倍数关系或平方关系。江恩将这些关系用圆形、正方形、六角形等显示出来,为正确预测股市走势提供了有力的工具。

6. 江恩回调法则——价格理论的重要组成

回调是指价格在主运动趋势中的暂时的反转运动。回调理论是江恩价格理论中重要的一部分。

根据价格水平线的概念,50%、75%、100%作为回调位置,对价格运动趋势构成强大的支持或阻力。

举个例子说,某只股票价格从40元最高点下降到20元最低点开始反转,价格带的空间是40元减去20元为20元。这一趋势的50%为10元,即上升到30元时将回调。而30元与20元的价格带的50%为5元,即回调到25元时再继续上升。升势一直到40元与20元的75%,即35元再进行50%的回调,最后上升到40元完成对前一个熊市的100%回调。

那么,如何判断峰顶与峰底呢?江恩认为,一年中只做几次出色的交易就可以了,为此,需要观察以年为单位的价格图,来决定一年中的顶部与底部,然后才是月线图、周线图和日线图。

江恩50%回调法则是基于江恩的50%回调或63%回调概念之上。

江恩认为:不论价格上升或下降,最重要的价位是在50%的位置,在这个位置经常会发生价格的回调,如果在这个价位没有发生回调,那么,在63%的价位上就会出现回调。

在江恩价位中,50%、63%、100%最为重要,他们分别与几何角度45度、63度和90度相对应,这些价位通常用来决定建立50%回调带。

投资者计算50%回调位的方法是:将最高价和最低价之差除以2,再将所得结果加上最低价或从最高价减去。当然,价格的走势是难以预测的,我们在预测走势上应该留有余地,实际价格也许高于或低于50%的预测。

江恩投资实战技法适合于各种时间尺度的图表,包括5分钟图、日线图、周线图、月线图和年线图。

经过观察大量的图表,可以看到以下江恩法则的存在。

(1)价格明显地在50%回调位反转。

（2）如果价格穿过 50% 回调价位，下一个回调将出现在 63% 价位。

（3）如果价格穿过 63% 回调价位，下一个回调将出现在 75% 价位。

（4）如果价格穿过 75% 回调价位，下一个回调将出现在 100% 价位。

（5）支持位和阻力位也可能出现在 50%、63%、75% 和 100% 回调重复出现的价位水准上。

（6）有时价格的上升或下降可能会突破 100% 回调价位。

7. 21 条操作法则——江恩理论的股票操作铁律

江恩的 21 条股票操作买卖守则如下。

（1）每次入市买、卖，损失不应超过资金的 1/10。

（2）永远都设立止损位，减少买卖出错时可能造成的损失。

（3）永不过量买卖。

（4）永不让所持仓位转盈为亏。

（5）永不逆市而为。市场趋势不明显时，宁可在场外观望。

（6）有怀疑，即平仓离场。入市时要坚决，犹豫不决时不要入市。

（7）只在活跃的市场买卖。买卖清淡时不宜操作。

（8）永不设定目标价位出入市，避免限价出入市，而只服从市场走势。

（9）如无适当理由，不将所持仓平盘，可用止赚位保障所得利润。

（10）在市场连战皆捷后，可将部分利润提取，以备急时之需。

（11）买股票切忌指望分红收息（赚市场差价第一）。

（12）买卖遭损失时，切忌赌徒式加码，以谋求摊低成本。

（13）不要因为不耐烦而入市，也不要因为不耐烦而平仓。

（14）肯输不肯赢，切戒。赔多赚少的买卖不要做。

（15）入市时设下的止损位，不宜胡乱取消。

（16）做多错多，入市要等候机会，不宜买卖太密。

（17）做多做空自如，不应只做单边。

（18）不要因为价位太低而吸纳，也不要因为价位太高而沽空。

（19）永不对冲。

（20）尽量避免在不适当时搞金字塔加码。

（21）如无适当理由，避免胡乱更改所持股票的买卖策略。

8. 江恩轮中轮——时间与价格循环的统一

江恩认为，既然在自然定律中，有四季交替、主次阴阳之分，那么在股票市场中，必定也有短期、中期、长期循环以及循环中的循环，正如圣经所述的"轮中之轮"。

江恩根据这一理论,设计了市场循环中的轮中之轮,将市场上的短期、中期和长期循环加以统一的描述并将价位与江恩几何角也统一起来,如图8-1所示。因此"轮中轮"是对江恩全部理论的概括总结。

轮中轮的制作如下。

轮中轮将圆进行24等分,以0为起点,逆时针旋转,每15度增加一个单位,经过24个单位完成第一个循环,依此类推,经过48个单位完成第二个循环……最后经过360个单位完成第十五个循环,即一个大循环,形成江恩"轮中轮"。

江恩轮中轮上的数字循环既是时间的循环也是价格的循环,例如,对时间循环而言,循环一周的单位可以是小时、天、周、月等,对价格循环而言,循环单位可以是元或汇率等。

江恩"轮中轮"的关键是角度线,市场的顶部、底部或转折点经常会出现在一些重要的角度线上,如0度、90度、180度等。通过"轮中轮",我们可以预知市场的价位,以便安全、有效地运用资金。

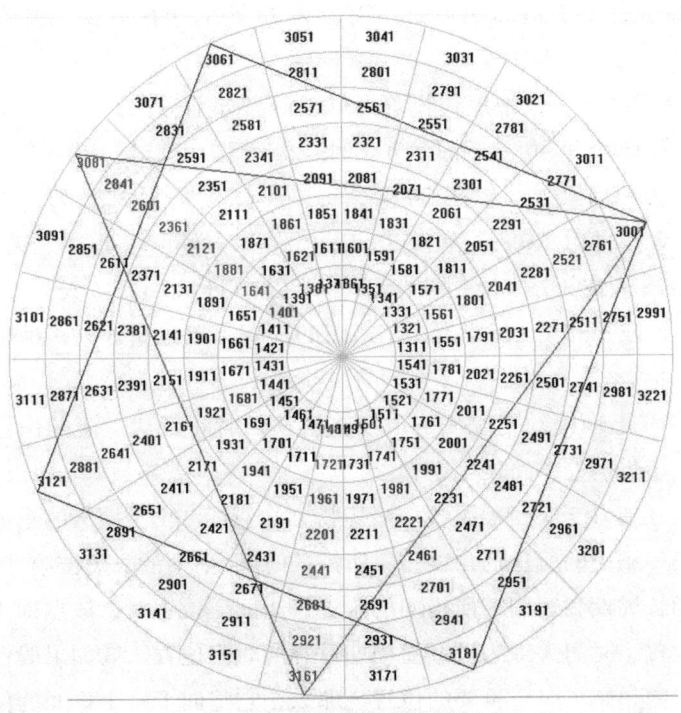

图8-1 江恩轮中轮图解

轮中轮的使用方法如下。

（1）对照轮中的数字，将游标一选定所要判断的，目标股或指数的最低点或最高点。①上涨时游标二逆时针旋转，价位或点数将在45度、90度、120度处遇初级阻力，在180度处遇强阻力，在225度、270度处遇超强阻力，在315度、360度处遇特强阻力；②下跌时游标二顺时针旋转，价位或点数将在45度、90度、120度处遇初级支撑，在180度处遇强支撑，在225度、270度处遇超强支撑，在315度、360度处遇特强支撑。

（2）江恩理论轮中之轮的要点如下：①当股价或指数突破或跌破一个阻力或支撑位时，将向下一个阻力或支撑位移动；②轮中之轮的0度、90度、180度、270度，及45度、135度、225度、315度所构成的两个正四方形处为阻力或支撑。另外，由0度、120度、240度所构成的正三角形处也为阻力或支撑；③一周分为24×15（度），暗含24节气。价位或指数由内向外找，大数取内优先。

注释：原江恩理论书籍介绍，轮中之轮用于长周期判断，一周天为360天（自然日），用于短周期判断一周天为24小时（没有说明是自然日还是交易日）。

而在中国股市中，中短线投资者可以参考如下方法：①一周天如按交易日，则大约为18个月，每交易日为4小时；②一周天可以是180天，每格（15度）为7.5天；③一周天也可以是90天，每格（15度）为3.75天；④一周天也可以是45天，每格（15度）为1.875天；⑤一周天也可以是22.5天，每格（15度）为0.9375天或3.75交易小时；⑥一周天也可以是11.25天，每格（15度）为0.46875天或1.875交易小时；⑦最短的一周天可以是6天，每格（15度）为1交易小时。

说明：江恩理论的精髓——市场在重要的时间到达重要的位置（股价或股指）时，市场的趋势将发生逆转。

此外，还有几个关键点是投资者应特别注意的：①一周天的重要时间为，到达上面第一条中的所述的角度位置所需的时间。周期的长短按第二条中选择。②当选用的长周期和短周期所指向的位置，为同一位置时，该点即为市场的最为重要的位置。时间大致为长、短周期重叠的时间位置。③如果股价或股指在重要的时间内超越了一个重要的位置，那么，它将向下一个重要的位置移动。④如果股价或股指在重要的时间内没有超越那个重要的位置，那么，它将回头寻找它前一个重要的位置。

江恩理论的优点，是阐述了时间与价位的关系。准确的时间和价位的预测，使其他任何理论难望其项背。江恩理论的弱点，是缺乏对另一市场的重要因素——成交量的描述。因此，江恩理论与道氏趋势理论、艾略特波浪理论，相互结合使用，可起到互为弥补的作用。

拓展阅读

江恩是个善于学习的人，他曾经说要将知识变为行动的推动力。如果你想将你的梦想和理想变成现实，就要将知识转化为行动，掌握未来。

江恩曾经连续9个月泡在纽约的图书馆和大英博物院，没日没夜地工作，大量地研究过往的股票、期货市场的交易记录和华尔街的大炒家的操作方法，并总结出一套以自然规则为核心的交易方法，在他的分析理论中着重分析了价格和时间的周期性关系。江恩引用《圣经》中的名言："已有的，还会有；已做的，复去做。阳光之下没有新的东西。即使我们会说，看呀，这是新的，它却早已存在于我们之前的年代。"许多人认为江恩的投资理论和交易方法高深莫测，如图表分析中的江恩历法、江恩几何角、江恩线、江恩回调比率等。江恩认为，只要跟随固定的规则买卖，任何人都可以在期货市场获利，而且得胜的机会比投资股市高。江恩相信股票、期货市场里也存在着宇宙中的自然规则。价格运动不是杂乱无章的，而是可以预测的。

20世纪30年代，江恩提前退休后，坐着自己的私人飞机周游美国，教授技术分析，许多人都从中获益匪浅。江恩的课程收费奇高，他曾在一门叫"精通时间与价格计算法"的讲座上收取5 000美元。他还出版了大量教程和书籍，由早期20世纪30年代的《棉花机械交易法》的相对简单的跟随趋势技巧到1954年临终前一年出版的深奥的《1到40年的每周时间和价格周期表》，都反映了江恩在50多年的交易生涯中逐渐成熟的技术分析交易体系。

江恩预测分析的范围除了股票和期货，1912年开始还预测每一次的美国总统选举并将结果发表在全美的报纸上。1918春，他预测到了第一次世界大战的结束。在1927年，江恩写了一部经过伪装名为《时空隧道》的引人入胜的爱情自传小说，小说的副标题却是："自1940年的回顾"，明确地预见了第二次世界大战的发生，以及发生在期货和股票市场中的事件。

 《战胜华尔街》

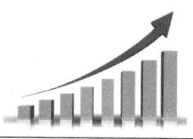
彼得·林奇

 经典速读

彼得·林奇是美国,乃至全球首屈一指的投资专家,他把投资变成了一种艺术,提升到一个新的境界。和大多数成熟市场的职业投资者一样,彼得·林奇奉行价值投资哲学,而《战胜华尔街》一书就是彼得·林奇投资哲学的具体体现,书中介绍了贯彻他哲学思维的具体实战方法。

彼得·林奇出生于1944年,15岁开始小试投资,赚取学费,1968年毕业于宾州大学沃顿商学院,取得MBA学位。

1969年,林奇进入富达公司。1977—1990年间,他一直担任富达公司旗下麦哲伦基金的经理人。在这13年间,他使麦哲伦基金的管理资产从1 800万美元增至140亿美元,年平均复利报酬率高达29%,几乎无人能出其右。麦哲伦基金也由此成为世界上最成功的基金,投资绩效名列第一。

1990年,彼得·林奇光荣退休,开始总结自己的投资经验,陆续写出《彼得·林奇的成功投资》《战胜华尔街》和《学以致富》,轰动华尔街。

而《战胜华尔街》是林奇专门为业余投资者写的一本股票投资策略实践指南,林奇用自己一生的选股经历,教投资者如何正确选股,如何避免选股陷阱,如何选出涨幅最大又最安全的大牛股,等等。

林奇是如何具体实践自己的投资方法,如何选股,如何管理投资组合,从而连续13年战胜市场的。

从0.18亿~1亿美元的初期，从1亿~10亿美元的中期，从10亿~140亿美元的晚期，阐明了林奇连续13年战胜市场的3个主要原因。

·林奇比别人更加吃苦。

·林奇比别人更加重视调研。

·林奇比别人更加灵活。

精选21个选股经典案例，涉及零售业、房地产业、服务业、萧条行业、金融业、周期性行业等。这不仅是林奇选股的具体操作，更是分行业选股的要点指南。

总结出25条投资黄金法则，这是林奇用一生成功的经验和失败的教训凝结出来的投资真谛，每一个投资者都应该牢记于心，从而在股市迷宫中找到正确的方法。

 内容解读

1. 彼得·林奇个人投资经验——成功总有原因

《战胜华尔街》一书中，彼得·林奇回顾了1977—1990年自己管理麦哲伦基金的传奇历程的3个阶段：从0.18亿~1亿美元的初期、从1亿~10亿美元的中期以及从10亿~140亿美元的晚期，揭示了林奇之所以能够连续13年战胜市场的3个主要原因。

（1）要比别人更勤奋，更能吃苦。毋庸置疑，选股是一件非常艰苦的工作，"寻找值得投资的好股票，就像在石头下面找金龟一样。翻开10块石头，可能只会找到一只，翻开20块石头可能找到两只。"而林奇每年要翻开几千块石头，以便找到足够的金龟，满足麦哲伦基金庞大的胃口。

林奇的勤奋是有数据可查的。他每天早晨6∶05就出门；一天要看的资料有3英尺（1英尺=30.48厘米）高；几乎每天晚上都要加班到很晚才回家；连周六也要待在办公室看资料，而不是在家陪妻子和女儿。

（2）要重视对上市公司的深入调研。林奇相信，必须对上市公司进行实地调‚研才能更好地作出投资选择。在林奇掌管麦哲伦基金期间，他对上市公司的访问量（包括对上市公司的电话访问、林奇到上市公司实地访问以及参加投资研讨会）逐年上升，1980年214家，1982年330家，1983年489家，

1984年411家，1985年463家，1986年高达570家。林奇发现，如果长此以往的话，即使用上所有的周末和假日，他平均每天也差不多要访问2家上市公司。林奇最强调的是对上市公司进行深入的调查研究："你自己不对上市公司进行调查研究，进行仔细的基本面分析，那么拥有再多的股票软件和信息服务系统也没有用。"

（3）要灵活调整自己的投资策略。林奇告诉我们："在选股上，灵活性是关键。因为股市上总是能找到一些价值被低估的公司股票。"纵观林奇的投资历程，从早期的重点选择小盘快速成长股，到后期重仓投资大盘蓝筹股，尤其是汽车公司这样的周期股，并进军海外市场，投资外国上市公司股票，林奇都是不断根据市场情况以及基金规模情况来灵活调整自己的选股策略；不仅如此，从早期的频繁买卖换股，到后期的长期持有，林奇还不断灵活调整自己的投资组合管理策略。

2.25条投资黄金法则——散户炒股的金科玉律

彼得·林奇在书中提出了25条投资黄金法则，这些法则大多是价值投资中一些普遍适用的规则。这里面没有均线和K线，更没有分时图和短线指标，有的只是对公司基本面的研究，这是林奇一生投资智慧的浓缩。

（1）投资很有趣，很刺激，如果你根本不作任何研究的话，那也很危险。

（2）作为一个投资者，你的优势不在于从华尔街专家那里获取一些所谓的投资建议。而是你已拥有的一些东西。当你投资你所熟悉的公司或行业的时候，利用你的优势，你可能表现得比专家更为出色。

（3）在过去的30多年，股票市场由一群职业炒家主宰着。和一般公众的理解相反，这反而使业余投资者更易于进行投资。你完全可以不理会这些专家，你也能战胜市场。

（4）通常，几个月甚至几年内一家公司经营的状况与股价之间没有任何必然的联系。长期而言，公司的经营状况与股价呈完全的相关性。这个差别是赚钱的关键，而这就需要耐心，而且要选好股票。

（5）每只股票背后都是一家公司，去看看它到底干些什么。

（6）你必须知道持有这只股票的到底是家什么公司，以及为什么持有它。"孩子一定会长大成人"这样的话不可信。

（7）远射总是脱离目标。

（8）持有股票就像养育小孩一样，除了你能做的和应该做的，你不要介入过多。业余投资者可能有时间去研究8~12家公司，在条件允许的情况下买卖各种股票。无论什么时候都不要在你的证券组合里面持有5只以上的股票。

（9）如果你找不出有投资价值的股票，就暂时把钱存到银行里，直到发现了这样的股票再说。

（10）永远不要投资于一个你不了解其财务状况的公司。投资股票最大的损失往往来自于投资财务状况不良的公司。在买股票之前，千万检查一下它的资产负债表，看看其财务是否稳健。

（11）不要投资热门行业里的热门公司。冷门的、增长停滞的行业往往出大牛股。

（12）对于小公司，最好等到它开始盈利的时候，你再去投资。

（13）假如你想要投资问题行业，就去买那些该行业中有能力维持营运的公司。买进后就等待行业出现转机。

（14）如果在一只股票上投入了1 000美元，你最多损失也只有1 000美元，如果你有足够的耐心，一直持有的话，也许就有机会赚得10 000美元甚至500 000美元。普通人可以长期盯住少数好股票，基金经理则不得不搞分散投资。股票太多就会失去集中投资的优势。只要找到几家大牛股，你的投资生涯就不算虚度。

（15）在每一个行业、每个地区，观察力敏锐的业余投资者可能在专家之前很早就发现了有高成长率的公司。

（16）股市的崩盘，犹如科罗拉多州1月暴风雪一样寻常。如果你有所准备，就不会对你造成多大影响。股市大跌其实是一个买入股票的大好机会，那时惊恐万分的投资者纷纷抛售股票，股价自然很低了，你就可以趁机挑选很多便宜的股票。

（17）每个人都有头脑在股市赚钱。但是并不是每个人都有这样的胆魄。如果你很容易在股市恐慌的时候抛售股票，你应该远离股市和股票共同基金。

（18）总是有些东西值得担心。不要理会周末的焦虑和新闻播音员最近恐慌的言论。出售股票只能因为这个公司的基本面发生了恶化，而不是担心天会塌下来。

（19）没有人能预测利率、未来的经济趋势和股票市场的走向。不要搞这样的预测，关注你所投资的公司的实际情况。

（20）如果你研究10家公司，你将会发现有一家公司比你预期的要好得多。如果你研究50家，你将会发现有5家。股市上总有令人惊奇的事情发生，华尔街经常忽视有良好业绩的公司。

（21）如果你没有研究过一家公司，你在股市成功的机会就像在扑克牌游戏时不看牌就能赌赢一样。

（22）如果你持有优质公司的股票，时间就站在你这边，你只要能有耐心——即使你在头5年错过了沃尔玛，但在下一个5年它依旧是值得持有的股票；当你犹豫观望时，时间就是你的对立面。

（23）如果你有胆量买股票，但没有时间也没有兴趣作研究，那么你就去买共同基金。它是资产多样化的好办法。你最好买上几家基金。每家基金经理有不同的投资风格：增长型、价值型、小盘股、大盘股，等等。投资于6家相同风格的基金不算是多样化。

资本利得税会惩罚那些在不同基金之间换来换去的投资者。如果你所投资的一家或几家表现不错，就不要轻易放弃，坚持持有它们。

（24）过去10年中，美国股市涨幅在全球主要股市中排名第八。你可以将部分资金投资于表现良好的海外基金，这样就可以分享那些经济体的高增长。

（25）从长期来看，一个精心选择的股票组合表现总是优于债券组合或货币市场账户。但如果投资一个糟糕的股票投资组合，还不如把钱放到床垫下面。

3. 从0.18亿~140亿美元——林奇辉煌的基金之旅

彼得·林奇在掌管麦哲伦基金期间大获成功，从1977—1990年，我们可将其分为早、中、晚期3个阶段。

早期，在麦哲伦转为封闭基金的4年里，没有新客户和高比例的赎回，这种情况迫使林奇不断找新股换旧股，并且他还要不断地卖股变现用以偿付投资者不断的投资赎回，这是一段艰难的岁月。但是，在这个阶段，林奇保持了很高的换手率，他因此熟悉了大量的公司和行业，为以后管理百亿基金做好了准备。他最重要的收获，是懂得了自己作研究的价值；而主要教训是："提早放弃好股票，正应了'拔苗助长'的格言"，由此他深刻认识到盯住那些越来越有吸引力的公司的重要性。这对于国内那些热衷于"波段操作"有吸引力公司的基金经理及投资者来说，应该具有一定的启示。

中期，随着基金重新开放，公司未来走势越来越理想，林奇也成了一个更有耐心的投资者，基金年换手率下降了2/3。我们相信，林奇在麦哲伦中期的操作对国内基金有很强的借鉴意义：首先是忠实公司独特的研究机制，它一改由基金经理挑选分析人员推荐的股票，将研究工作交给分析人员去完成的传统做法，让所有的基金经理各负其责，独立研究，并对其结果负责；其次是麦哲伦赋予林奇买卖决策的自由度，没有人老盯着林奇的一举一动，也没有每周排名的骚扰，他只需要面对每年一次的成绩评估，其余时间全部用来独立决策。

晚期，麦哲伦的规模一路飙升到百亿之巨。恰在此时，林奇遭遇1987年股灾，股灾使麦哲伦基金的总资产从1987年8月份的110亿美元变成了10月份的72亿美元，损失相当于哥斯达黎加的国民生产总值。对基金而言，主要教训是满仓的风险：股灾发生时要应付潮水般的恐慌赎回，本来应该买进的时候却被迫卖出。林奇由此总结出永远保持10%现金的基本原则。

林奇说："循环型股票的特点是，在这场游戏中待的时间太长了，最终会吃掉你全部的利润。""炒循环型股票的实质是玩预期游戏，却使得在这些股票身上赚钱越发困难。最大的危险就在于买得太早，然后又懒得去卖。"如果投资者能掌握《战胜华尔街》中的这个投资理论，那么在实战操作中也可以少交一点学费。

4. 关注基本面——彼得·林奇的选股秘诀

彼得·林奇的选股技巧一直为人们所称道，事实上，其选股方法就是对各类信息进行收集、加工和处理。到这里我们应该已经对作者价值投资的总体思路恍然大悟了：正是通过对公司重要财务数据的深入分析、规避接触不良公司、买入卖出的规则限定，以及长期投资中的资金管理和资产组合等要素一个系统性的规划和均衡，才是价值投资者趋利避害、长期跑赢华尔街的制胜之本。

每股净现金。林奇喜欢考察每股净现金水平，看其是否对股票价格有支撑作用，并以此考察公司的财务实力。每股净现金的计算方法：（现金和现金等价物－长期负债）/总股本。每股净现金反映了公司背后的资产，并且对那些处于困境的、即将转型或是资本运作的公司都是重要部分。

内部人员是否买这只股票。内部人员买入股票是个有利信号，尤其是这个信号在许多投资者间传播开来。然而内部人员买入股票可能有很多原因，他们一般在感觉到这是个吸引人的投资时买入。

公司回购股票吗？林奇尤其欣赏从那些期望进入其他领域而回购自己股票的公司。公司进入成熟期，资金流量超过需求时，就会考虑在市场上回购股票。这种回购行为为股票价格形成支撑点，而且通常发生在公司管理者感觉股票市场价格较低的时候。

分析应集中于以下影响股票价格的因素。

（1）研究公司的盈利模式，尤其是他们如何应对不景气时期

——盈利是否持续稳定？

（2）寻找负债较低的公司，尤其是银行负债

——资产负债表是否良好？

（3）每股净现金与股票价格高度相关

——现金运用恰当与否？

（4）密切关注盈利增长率高于50%的公司

——回避热点行业的热点公司

（5）小公司更值得关注，他们有更大的成长空间

——大公司成长缓慢，小公司有更高的成长速度

（6）寻找被机构投资者持有率低以及市场跟踪少的股票

——机构持有水平是多少？

（7）内部人购买股票是个有利信号

——有内部人购进股票吗？

——公司是否在市场上回购股票？

5. 买进股票——寻找买点的技巧

彼得·林奇认为，找到一个好的公司，我们的投资战略还只成功了一半，只有当你选到了一家好公司且以一个合理的价格买进公司股票，才能算是真正的成功。

我们注意到，林奇在评定股票价值时，对公司盈利水平和资产评估两方面都很关注。盈利评估集中于考察企业未来获取收益的能力。期望收益越高，公司价值越大，盈利能力的增强即意味着股票价格的上扬。资产评估在决定一个公司资产重组过程中非常有指导意义。

仔细分析市盈率。公司潜在的盈利能力是决定公司价值的基础。有时候市场预期会比较超前，以至于以过高的预期高估股票价值，而市盈率则能时刻帮你检查股价是否存在泡沫。该指针比较股票现价与新近公布的每股盈利。一般而言，成长性高的股票允许有较高的市盈率，成长性差的股票市盈率就低。

市盈率如何与其历史平均水平纵向比较？通过研究市盈率在很长时期中的表现，我们应该对该指针的正常水平有个基本的判断能力。这方面的知识帮我们回避那些价格被过高估计的股票，或是适时警告我们：是该抛出这些股票的时候了。假设一个公司各方面都让人满意，但如果价格太高，我们还是应该回避。我们下一步的筛选在于目前市盈率低于过去5年平均水平的公司。这个原则相对严格，除了考察公司目前的价值水平，还要求5年的业绩正增长。

市盈率如何与行业平均水平比较。这个比较能帮助我们认识到公司与整个行业相比股票价格是否被低估，或至少有助于我们发现这只股票的定价是否

与众不同，不同的原因是在于公司本身成长性差，还是股票价值被忽略。林奇认为，最理想的是能够发现那些被市场忽略的公司——在某个垄断性强且进入壁垒高的行业占有一定份额。然后再从这些筛选结果里找出市盈率低于整个行业平均水平的公司，这才是我们的最终目标。

拓展阅读

你能想象吗？《战胜华尔街》中，出现频率最高的名字既非来自林奇的工作伙伴，也非上市公司高层，而是"卡罗琳"——彼得·林奇的妻子。

1990年5月31日，在担任麦哲伦基金经理13周年之际，彼得·林奇正式提出退休请求。事后谈起他的离职，林奇的解释是，当时他困惑于一个哈姆雷特式的问题："你是想当财富的奴隶，耗尽余生使之增值呢，还是让你积累的财富为你服务？"

在担任基金经理期间，林奇成了一个工作狂，每天的工作时间长达12个小时，他投入了自己所有的心血和精力。他每天要阅读几英尺厚的文件，他每年要旅行16万公里去各地进行实地考察，此外，他还要与500多家公司的经理进行交谈，在不进行阅读和访问时，他则会几小时地打电话，从各个方面来了解公司的状况、投资领域的最新进展，王牌基金经理的工作使他忽略了家庭和休闲生活。

事实上，在他退休之前，他只度过2个长假，其中的一个假期去日本，用5天时间考察当地公司，之后与妻子在中国玩了3天，然后去曼谷考察及观光，最后去英国，用3天时间调查。

在离职演说中，彼得·林奇说："这是我希望能够避免的结局……尽管我乐于从事这份工作，但是我同时也失去了待在家里，看着孩子们成长的机会。孩子们长得真快，一周一个样。几乎每个周末都需要她们向我自我介绍，我才能认出她们来……我为孩子们做了成长记录本，结果积了一大堆有纪念意义的记录，却没时间剪贴。"

很多人遗憾彼得·林奇在事业的顶峰过早退休，但这也正是他的过人之处——彼得·林奇不是一个冷冰冰的只会和数字打交道的投资大师，他更懂得生活。

10 《巴菲特：从100美元到160亿美元》

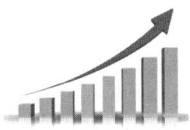

沃伦·巴菲特

 经典速读

《巴菲特：从100美元到160亿美元》收录了投资大师沃伦·巴菲特写给伯克希尔·哈撒韦公司股东的信，是由美国著名法学教授坎宁安协助巴菲特整理这些信件而写成的，书中不仅仅包括巴菲特从平民成长为巨富的传奇经历，更重要的还有其从100元到160亿成功的投资理念。我们可以看到，它探讨的主题涵盖管理、投资及评估等，其中核心的精神是由格雷厄姆和多德提出的，书中论述了公司治理、公司财务与投资、普通股、兼并与收购及会计与纳税等内容，是一本既精练又富于实用性和教育性的投资手册。

巴菲特是第一位靠证券投资成为拥有百亿美元资产的世界顶级富豪。巴菲特执掌的伯克希尔·哈撒韦公司的股票在1964年的账面价值仅为每股19.46美元，而到1999年年底，每股交易价格达到了51 000美元，1998年6月，其每股价格更达到创纪录的80 900美元，尤其难能可贵的是，伯克希尔已经是一家资产总额高达1 300多亿美元的巨型企业。读者看完这本书之后，想必会对巴菲特的投资理念有深入全面的了解，也就不难想象他为什么会取得如此惊人的业绩。

《纽约时报》将《巴菲特：从100美元到160亿美元》誉为历史上最成功的投资人的投资策略精华。

《巴菲特：从100美元到160亿美元》出版以后受到了美国读者及其他国家英语读者的广泛好评。

10 《巴菲特：从100美元到160亿美元》

 内容解读

1. 精选董事会——巴菲特公司治理的智慧

巴菲特说过："管理上小的愚蠢行为累积起来就会导致大的愚蠢行为。"他认为，一个公司必须要有思想与言论上独立的董事存在，负起监督的责任，当然他们同时也必须具有丰富的商业经验、积极的态度，并以股东利益为重，这是绝对必要的3项特质。

巴菲特认为，丰富的商业经验很重要，如果缺乏这一项，其他两项的作用就不大。一个董事如果缺乏丰富的商业经验，就可能没有足够的能力在董事会上评判某种方案的可行性，而这时候为了掩饰个人的无知，他就往往选择沉默。因此，只有具备全部的3项特质才谈得上真正的"独立"，真正的独立是指当公司发生严重的错误或是作出愚蠢的决定时，董事有勇气挑战强势的总裁。但是具有这种品性的人极罕见，除非这位董事品格高尚并且其利益与股东保持高度的一致。

巴菲特试着在伯克希尔公司内部寻找这类董事的人选，这是最方便的办法。巴菲特从现有股东名单中着手，挑选个人及家族长期持有伯克希尔大量股份的股东。达到标准的这些人很自然地已经符合后2项的条件，也就是他们关心伯克希尔公司，同时也以股东利益为重。至于第一项，巴菲特将挑选具有丰富商业经验的人士，当然这有点困难。2002年，巴菲特公开征求自认符合各项条件的股东毛遂自荐伯克希尔公司董事。尽管没有董事责任险或者高额的董事报酬，巴菲特还是接到超过20封以上的自荐信，大部分报名者的条件都相当不错，许多以股东利益为重的个人连同家族持股都超过百万美元。

伯克希尔公司目前拥有11位董事，他们每一位，包含其家族成员在内，加起来总共持股市值超过700万美元的伯克希尔公司股票，而且他们持股的时间都相当长，其中6位，其家族全部持股市值超过数千万美元，持有时间甚至长达30年以上。而为了避免董事报酬占其个人收入的比例太高，伯克希尔公司董事的年薪只有象征性的700美元。这样，伯克希尔公司全体董事的利益就与其他任何一位股东完全一致。而实际上，董事们的不利一面远高于股东，因为伯克希尔公司没有投保任何的董事主管责任险，也就是说如果有任何可能的

79

灾难发生在董事们身上，他们面临的损失将远高于股东，这种情况被巴菲特戏称为"所有者资本主义"。

当然，伯克希尔董事会的任何变动都不会影响巴菲特的经营方式，伯克希尔还是会像过去一样尽量避免董事会把时间浪费在各种形式主义之中。假如一旦巴菲特离去，其家族成员也将继续留在伯克希尔的董事会中，但他们不会接手经营伯克希尔，也不会领取其他额外的报酬。伯克希尔董事会监督的是一家以股东利益为重的企业，而其最终目的是保证公司以其所特有的经营原则持续运作。

当然，就中国的国情和企业现状来说，要完全复制伯克希尔的公司治理是有一定难度的，也是没有必要的，因为一家伟大的企业需要有自己成功的、独特的、有别于其他企业特征的公司治理。但是，成功的道路只有一条，而错误却有千万条，巴菲特的公司治理模式只能给企业家们提供一种方法、境界及思维。

2. 关注管理层——被投资公司要有良好的管理人才

在选择投资目标公司时，巴菲特十分注意考察该公司的管理层——被投资企业的管理层。在做投资时，由于巴菲特从不介入管理，并且认为那并不是他们的专长，因此，要将企业托付给谁，是非常关键的。

对于被投资企业的管理层，巴菲特有几个方面的基本要求，只要管理层能够达到自己的要求，巴菲特就会放心大胆地把公司交给其管理。巴菲特所要考察的一个核心要点就是以所有者为价值取向。考察管理层，不但要听其言，更要观其行。管理层的哪些行为是巴菲特看重的呢？

（1）关心企业并专注于管理。对于巴菲特来说，管理层不应当关心股价的高低。巴菲特要求管理层在假定被投资企业是管理层唯一的资产时尽可能给予关注来运作公司；管理层不应以竞争力为代价获得短期利益和业绩，他们应当关注企业的长期价值。

巴菲特发现，当原所有者关心企业卖给谁时，说明在这个企业中能发现重要的品质，如诚实做账、以产品为傲、尊重客户以及一群有强烈方向感的忠实伙伴等。如果原所有者不关心他的企业和员工，那么他们的所作所为常常会损害整个公司的心态和运作。

（2）善待股东。由于公司被管理层控制，公司利益和股东利益不是完全一致，管理层把股东看成是合伙人，除了希望股东抱着长期合作的态度持有公司股票外，还包含了对股东的尊重。公司不过是股东拥有企业的一个通道，企业最终所有者是股东而非管理层。

有2个方面可以反映这个问题。第一个是在向股东披露信息的时候，能够做到换位思考。就是说，假如管理层处于股东的地位而试图了解的信息，那么在作为管理层的时候应当主动披露。第二个是在经营决策上要优先考虑股东的价值是否受到不利影响，例如在收购兼并的定价、新股发行、期权制度创设、留存收益等方面。

（3）管理才能。一般情况下，巴菲特收购或者投资的企业的经理们，已经在各种迥异的商业环境的职业生涯中证明了自己的才华，他们在巴菲特投资以前就已经取得了管理上的成功。

在谈及富国银行的投资时，巴菲特描述了好的管理者的几个特征：①主要管理者之间相互尊重和信任；②对能者支付高薪；③憎恨机构臃肿；④在盈利与亏损时，同等重视并积极地降低成本；⑤固守于他们了解的业务，并根据他们自身的能力来决定他们要做的事情。

3. 价值投资——把握企业的内在价值

巴菲特曾经告诫投资者：把内在价值放在第一位。巴菲特之所以成功，是因为他很早就发现了价值投资这个真理，然后坚持用一生来实践。尽管巴菲特在股票和企业投资上的法则非常之多，但其核心仍在价值投资上。

在这里我们要解释一下，投资者常常认为账面价值表明了公司的"价值"，或者至少是公司价值的一个参考值。但事实上，这两种价值所表达的概念是完全不同的。账面价值衡量的是投入企业的资本加上留存下来的利润，而投资者真正应该关心的是将来能从企业里得到多少价值，这才是决定公司"价值"的真正要素——内在价值。

巴菲特在谈到内在价值时指出，任何股票、债券或公司的价值取决于在资产的整个留存期间能够期望产生的以适当的利率贴现的现金流入和流出。

我们以债券为例看一下。债券有非常明确的测算前提和数据，计算是比较容易的。但是在估算企业股票的价值时，由于变量太多，即使有一个公式，但输入的数据因为有太多的主观性估计，特别是对未来现金流的预测，因此变化非常大。也就是说，内在价值是一个估计值，而且在利率变化或者对未来现金流的预测修正时必须相应改变。

按照巴菲特的看法，评估内在价值通常应考虑以下因素。

（1）折现率。巴菲特举了大学教育投资的例子。在忽略教育的各种重要的非经济效益的情况下，首先，我们必须估计毕业生在他的整个一生中得到的收益，然后从这个数值中减去如果他缺少这种教育所获得的收益的估计值。我们会得到一个超额盈利数值，因此必须按一个适当的利率将其折现至毕业日，这样计算出的收益等于教育的内在经济价值。而毕业生付出的学费是账面价值。

（2）分红政策的影响。因为现金红利由投资者取得以后，将脱离被投资企业的轨道，不能累计计算。只有留存收益可以累计计算，也就考虑了复利的因素。

4. 兼并与收购——巴菲特的投资方式

并购只是巴菲特的一种投资方式，从其投资经历就可以看出，巴菲特选择并购目标的标准和投资的标准是完全一致的。

一般情况下，巴菲特优先考虑100%的收购。这首先是基于巴菲特的投资思想，就是从企业的发展和盈利中获益，而不是以倒卖企业为目的。如果能够全部享有一家优秀企业的收益，为什么不全买下来呢？其次，100%的收购有一个好处，巴菲特可以在企业存在某些问题的时候有足够的发言权和影响，能够推动企业作出改变。当然，就机会成本而言，最好是企业不要出现问题。

市场上的并购时有发生，但是巴菲特认为，很多并购都存在问题：比如市场上的大量并购行为的发生，是为并购而并购；比如并购的价格往往高估，完全不考虑经济上是否合理、划算。

对于并购，巴菲特有自己的想法和原则。1986年，巴菲特不惜斥巨资47 000美元在媒体上刊登了这样一则购买企业的广告，从中我们就可以看出巴菲特并购企业的价值取向：①具备良好的管理能力（我们不负责提供管理）；②企业性质简单（如果涉及过多的技术，我们难以理解）；③在股票上有良好的收益，同时没有或几乎没有债务；④大型企业（税前盈利最少为5 000万美元）；⑤显示始终如一的盈利能力（我们对将来的预期和"突然好转"的局势转变不感兴趣）。

5. 套利——成功的投机交易

"股神"巴菲特是价值投资的一面旗帜，发现价值被低估的品种，然后介入等待价值的回归。但你是否知道呢？巴菲特在股票投资方面的最成功之处其实是套利交易，套利并不是简单的投机交易，它对投资者的理性、判断能力、对各种市场现象的把握和归纳要求更高。

巴菲特认为，在预测投资对象时，要把是否具备套利交易机会的因素考虑在内。当然，并不是所有股票都具备这种套利交易机会的。

其他投资者也在做套利方式，巴菲特的可贵之处在于，他对这种投资方式采取行动的依据是自己掌握的一手信息，而不是道听途说。按照巴菲特自己的说法，他只做那些已经公开宣布的交易，而不做那些仅仅只是传言甚至猜测的交易。这也是巴菲特数十年来尽管套利无数，但是，一次都没有失手的重要原因。

巴菲特会在考虑已经公布交易出现的可能性、资金占用时间长短、同样的资金在不同投资项目中的机会成本、一旦交易失败会造成多大损失等方面，反复进行权衡比较。1962年，当时的美国股市正处于不断下跌过程中，巴菲特就是通过套利交易取得很大成功的。当年的道·琼斯工业指数下跌了7.6%，而他主要是通过套利交易让巴菲特有限公司的业绩回报上升到13.9%。

巴菲特套利的方式很简单，甚至简单到我们很多人都不屑一顾的程度。一般来说，在进行具体的套利操作之前，巴菲特总是首先弄清楚这两个问题。

第一，所公开宣布的交易是否真的会发生？其最终不成功的可能性有多大（而一般来说，这种公开宣布的交易，其最终不成功的概率往往是很低的）？

第二，进行套利需要多长时间？这是一个金钱的时间成本问题，时间越长，同样的获利情况下，其套利的价值越低。这是衡量一项套利交易值不值得做的重要影响因素。

如果上面这2个方面都能获得满意的答案，那套利成功的可能性就非常高，而参与其中进行套利也就非常值得。

巴菲特主要就是通过上面的方法，然后通过计算其成功与失败的可能性哪一个更大一些，决定是否进行套利交易。

6. 买入并持有——巴菲特的长期持股策略

巴菲特始终坚持投资而不是投机的原则，坚持长期投资，远离短线炒作。实际上，买入并长期持有的策略是巴菲特关于投资于企业股权、从企业的成长和盈利中获得收益的理念的逻辑推论。

巴菲特曾说："我从不打算在买入股票的次日就赚钱，我买入股票时，总是会先假设明天交易所就会关门，5年之后才又重新打开，恢复交易。"并且告诫投资人，任何一档股票，如果你没有把握能够持有10年的话，那就连10分钟都不必考虑持有。巴菲特曾在1972年以1 060万美元买入华盛顿邮报股票，到1999年时已经增值到9.3亿美元，在27年内华盛顿邮报股票成长了86倍，尽管在这27年中美国股市大盘几经沉浮，华盛顿邮报股票也曾大幅震荡，"跳水"和"飙升"无数次地出现，最后的事实证明，"长线和耐心"为巴菲特带来了可观的收获。

但是投资者常会产生这样的疑问，践行买入并长期持有的策略，当股价一路下跌并向超跌演化的时候，是不是应该卖出？很显然，如果还有现金（巴菲特似乎总有现金），如果企业符合巴菲特的投资标准，巴菲特会在超跌时买进。另一方面，当股价一路上扬并有可能远远超过内在价值的时候，是否应该卖出？就是说是否应当回避趋势的风险？这个问题，巴菲特似乎没有详细地说明。但是,巴菲特声称有几个公司的股票永远都不卖,那么换而言之,某些公司的股票是可以在高估的时候卖出的。假如某个公司预期长远看都是非常符合巴菲特的标准,为什么要卖出呢?除非股价已经透支了未来数十年的收益,从机会成本的角度看,为什么不卖出呢?

因此,我们并没有看到巴菲特拘泥于这一策略,换而言之,巴菲特从来没有说对任何股票都是采取买入并长期持有的策略。

 拓展阅读

"股神"沃伦·巴菲特虽贵为顶级富豪,却是出了名的"小气鬼"。《华盛顿邮报》前董事长葛兰姆女士曾经领教过巴菲特的吝啬。据说有一次她想问巴菲特借10美分打个电话,他竟拿着一枚25美分的硬币跑到很远去换钱,然后给了她10美分。被巴菲特从首富位置挤下来的盖茨,也曾打趣说,巴菲特再次取代他的方法就是"抠门"。

生活中,巴菲特确实是一个非常"小气"的人。巴菲特着装非常普通,没有光鲜的名牌手工西装,闪烁的限量金表做配饰,很容易被看成是职员、会计师,或是超市的普通员工。有人曾经说,"如果他和其他3个人一起走进来的话,我不会认出他来的,除非他头上有五彩的光环。"

吃的方面,巴菲特也没有美味珍馐的要求。他经常吃些爆米花、薯条和樱桃可乐作为午餐。他也尽量不去高档饭店吃饭,有时他去奥马哈市只供应牛排和土豆的格拉特牛排餐厅吃饭,而且就餐时也从不放弃使用几美元的优惠券。

巴菲特在小城奥马哈住的房子也是在近30年前买下的,他家里大部分家具都是从奥马哈市内布拉斯加家具城买来的,那是他在1983年买下的一个商场。

巴菲特的座驾更是寒酸,他从没费心买台名车彰显身份,而是开着1辆1991年产的林肯家用轿车,这么多年下来,它已是1辆不折不扣的老爷车了。

衣食住行方面都节俭地近乎"小气",巴菲特确实比盖茨省下不少钱,为他重返世界首富的宝座立下了汗马功劳——就连前几年巴菲特第二次结婚时的结婚戒指,都是他从自己旗下的一家珠宝店用折扣价买下来的,这也省了不少钱。

11 《股票作手回忆录》

 埃德温·勒费弗

 经典速读

一部有关有史以来最伟大的证券投机商之一——杰西·利维摩尔——的传记小说。作者埃德温·勒费弗在1922年以拉瑞·利文斯顿之名描写杰西·利维摩尔股市生涯的大起大落,连载于《周六晚间邮报》。埃德温·勒费弗主修矿业工程,19岁时却成为一名记者,在这部小说发表后,声名大噪,成为知名的财经作者。

如果你在任何投资项目中曾经花数个周末和夜晚绞尽脑汁揣测买、卖或者持仓,你会很高兴读到本书——一本对于今天和它在1923年出版时一样充满借鉴意义的书。

《股票作手回忆录》书中字里行间透出的见解堪称永恒,不仅激励了无数代投资人,并且也使其成为了有史以来一流的投资经典。

尽管大多数现代投资人和交易商熟悉此经典,但是很多人却不知,《股票作手回忆录》首先是在20世纪20年代以一系列带有插图的文章刊载在《周六晚间邮报》上的。尽管本书的中文版在20世纪末曾经出版过,但后来出版的译本,其最大的不同之处,在于原汁原味地全面展示了本书在美国《周六晚间邮报》上进行系列连载时的原貌,真实地复原了历史中的那一个时代。

数十年来,一代又一代证券投资人,均通过阅读本书,从中学习金融操作所应秉持的态度、反应和感受。

华尔街没有新事物。因为投机像山岳那样古老。股市今天发生的事情以

前发生过，以后会再度发生。

——杰西·利维摩尔

历经20年的岁月沧桑，《股票作手回忆录》仍是我一生最钟爱的图书之一。

——肯尼斯·L·费希尔

在对当代最杰出的30位证券交易员的采访中，我向他们提出了同样一个问题——哪一本书对其最有启发？迄今为止，独占这榜单首位的，仍然是70多年前出版的伟大著作——《股票作手回忆录》！

——杰克·施瓦格

内容解读

1. 逆向操作——杰西·利维摩尔的投资策略

我们知道，投资策略主要包括顺势投资策略和逆向投资策略。那么，究竟什么是逆向投资策略？它的内在逻辑是什么？

利维摩尔认为，逆向投资策略就是投资者通过衡量一般投资大众的意见，当发现大众的观点、认识、方法和思维趋向一致，达到极端不合理的状况时，所采取的反其道而行之的交易策略。它的基本逻辑是：如果群众持有某种看法，而且每个人都根据那个看法采取行动，那么市场上就没有新资金可以继续推动股价朝那个方向前进，那么此时利用极端意见，就很有把握从中短时间内获得巨大利润。

关于这个操作思路，杰西·利维摩尔已经成功地进行了验证："在杰西·利维摩尔加码空单的第二天，传来了旧金山大地震的消息。关于对消息的反应，权威人士趋向一致的观点为：不要管消息是好是坏，而是要看市场的反应。意外的是，面对一场可怕的大灾难，杰西·利维摩尔面临的股市并没有反映真实的状况，开盘时仅下跌了几点。这时杰西·利维摩尔坚信：'大盘并非总是立刻就说真话'，因此他继续保留着空单。让人敬佩的是，在隔天传来了完整的报道以后，在市场反应仍没有应有的那么强烈的情况下，杰西·利维摩尔仍坚信自己的信念并再次加码放空一倍。不久，市场终于反映了现实，这时杰西·利维摩尔全部回补，短短几天赚得了极大的利润。"

当然，现在的投资者大多推崇顺势操作，顺势操作交易理念也日渐成熟，然而在众多的假突破日益增多之际，作为一名合格、出色的交易者，只运用顺势交易策略参与交易显然有些不足。尤其是在期货市场里，如果你不能及时察觉顶部的异常，那么你不仅不能利用难得的机会获取暴利，反而会使整个趋势中辛苦赚来的利润在一天或几天内大幅消失。

因此，投资者应该学习一下杰西·利维摩尔的这种逆向操作思维，当然这并不是一件简单的事情。首先，逆向投资思维打破了以往大众循环式的思维模式，即牛市期间高度兴奋，熊市期间极度压抑。这个转变无疑对投资者是一个巨大的挑战，没有足够的经验和磨炼是无法达成的。其次，根据绝大多数投资者的分析习惯，在需要运用逆向投资策略的时候，无论是基本分析还是技术分析，它都保持完好发展势头，几乎没有任何征兆，而这时能够帮助投资者分析和决策的只能是大众心理分析和逆向思维。然而，心理分析和逆向思维恰恰又是众多投资者所欠缺和难以掌握的，因为心理分析和逆向思维的运用，不仅需要投资者保持视角的多样性和灵活性，还需要从人性角度和现实角度去观察问题。最后，逆向投资策略的实行也需要投资者合理的资金管理方法，需要严格的执行操作能力，更需要打破常规的莫大勇气！毕竟在市场大众意见趋向一致时，它在短期内推动的力量是极其快速和巨大的，一旦交易者无法承受这个压力，那么极有可能又会随大众趋势而行，以致放弃逆向投资策略。

2. 从投资中赚钱的诀窍——评估整个市场和它的趋势

从实际操作中，杰西·利维摩尔明白了一个道理：赚大钱不是靠股价起伏，而是靠主要波动，更确切地说也就是不靠解盘，而靠评估整个市场和市场趋势。能够同时判断正确又坚持不动的人很罕见，利维摩尔发现这是最难学习的一件事情。但是股票作手只有确实了解这一点之后，他才能够赚大钱。

杰西·利维摩尔发现，他的想法从来都没有为他赚过大钱，倒是当他持股观望的时候，却赚了大钱。杰西·利维摩尔因此明白，投资成功的重点在于评估整个市场和它的趋势。

对此，他说："我学到的差不多就是这些——研究总体情况，建立仓位，并且坚持不动。我能够没有半点不耐烦地等待，也能够毫不动摇地面对下跌，因为我知道这只是暂时现象。"

"没人能够抓住所有的波动。在多头市场里，投资人的游戏就是买进后捂着，直到你认为多头市场已近尾声。"

"（关于做波段）我知道如果我这样做，可能就会失掉我的仓位，从而肯定会失去赚大钱的机会。"

3. 个股趋势跟随大盘趋势——以研究大盘趋势为基础

杰西·利维摩尔在做交易时一定不会忘记一个原则，那就是以研究大盘趋势为基础。他一定要等到大盘上涨时，才开始买进，或者在大盘下跌时，才开始放空。利维摩尔说，世界上最强、最真实的朋友，就是大盘趋势。当市场犹疑不决或是上下震荡的时候，他总是待在场外。

事实上，在利维摩尔整个的投资生涯中，他一直不遗余力地一再重复这些原则：一厢情愿的想法必须彻底消除；假如你不放过每一个交易日，天天投机，你就不可能成功；每年仅有寥寥可数的几次机会，可能只有四五次，只有这些时机，才可以允许自己下场开立头寸；在上述时机之外的空当里，你应该让市场逐步酝酿下一场大幅运动。

利维摩尔认为，个股的大波动取决于整个市场的基本形势，确定我们做交易的市场性质比其他任何事情都有必要。我们需要等到大盘进入多头趋势再做多股票，大盘进入空头趋势再做空股票。他在这里强调了市场大趋势的重要性。

"显然，要做的事是在多头市场看多，在空头市场看空。"

"这是我第一次按照绝对有远见的计划进行操作，考虑整个市场，而不是一两种个股。"

"我预计整个大盘会下跌，不管背后有没有炒作集团，任何一只股票都不例外。"

"自从市场开始按照我的方向走的时候，我有生以来第一次感到我有了盟友——世界上最强大、最真实的盟友：（市场的）基本形势。他们竭尽全力帮助我，或许他们在调动预备队方面有时慢了一些，但是他们很可靠，只要我不是太没耐心的话。我不是拿报价纸带的分析技巧或第六感来赌运气，我在遵照实际情况行事。我对事情必然性的思维定式在替我赚钱。"

4. 追随领头羊——强势的股票带来最大的收益

利维摩尔喜欢买入那些最强势的股票，它们是行情的领头羊。他提示投资者，操作时一定要追随领头羊，特别是那些领头行业和强势行业中的领头股票。

一般来说，领头羊股票的一个重要特征是突破阻力区域、率先创造新的最高价格，或是在熊市末期率先突破盘整区域进入多头趋势、率先创出股价新高。随着时间的推移，一些高利润的行业将衰落，而另一些行业又将进入高速发展期，但是上一轮牛市的领头羊很少能继续成为今天的领头羊。

要抓住领头羊股票就要保持思想的灵活性，记住，今天的领头羊也许不是2年之后的领头羊。正如妇女的衣服、帽子、人造珠宝的时尚总是随着时间的推移而变化，股票市场也不断抛弃过去的领头羊，新领头羊取代了旧领头羊的位置。以前牛市中的领头羊股票很难成为新的牛市中的领头羊股票，这是很有道理的，因为经济和商业情况的变化将产生更大预期利润的新的交易机会。

那么怎样具体辨识领头羊股票呢？利维摩尔给出了我们答案：

"当我注意到那些行情的领头股票从最高点开始下跌——很多个月首次出现——并不再回头时，我早已预期的警告就来临了。这些股票的下跌势头明显很快，这一点清楚地说明我有必要调整我的交易策略。"

"那些股票已跟随趋势数月。如果这些股票停止跟随趋势——尽管牛市仍然强劲，就意味着对于这些特定的股票而言，其牛市行情已结束。对于其他的股票来说，其趋势仍是明显上升的。"

5. 完善资金管理——执行向上的金字塔买入原则

利维摩尔提醒投资者，一定要做好自己的资金管理，特别是在资金量并不大的情况下。

有一个事实是，股票的价格永远不会太高，高到让你不能开始买进，也不会低到不能开始卖出。但是在第一笔交易后，除非第一笔出现利润，否则别做第二笔。利维摩尔说，如果你的头笔交易已经处于亏损状态，就绝不要继续跟进，绝不要摊低亏损的头寸，一定要把这个想法深深地刻在你的脑子里。只有在股价不断上涨的情况下，才继续购买更多的股份。如果是向下放空，只有股价符合预计向下走时，才一路加码。这对国内那些动辄补仓摊平的投资者来说应该有一点启示。

而对于股票的买入，利维摩尔认为，投资者不应该一次把所有资金全部都投入进去，而要考虑到出错的可能。我们需要等待股价走势来证明我们对趋势判断的正确性。他建议，当股价像我们希望的那样上涨的时候，分批买入，仓位由小到大。

关于金字塔买入原则，利维摩尔给了投资者如下提示：

"在开始行动时，除非你确信情况完全正确，否则全部买进或卖出是很不明智的。"

"在第一笔交易之后，除非第一笔出现利润，否则不要做第二笔，要等待和观望。"

"这是一种简单的算术，用来证明赢的时候下大赌注、输的时候只输小钱的做法是明智的。当然，如果按我说的方法下赌注的话，他总是能够赢得大赌注。"

6. 投机行为不是赌博——投机是智慧与情商的综合游戏

利维摩尔的母亲在儿子赚足 1 万美元时，劝儿子用这笔钱做踏实的生意，而利维摩尔回答说：我并不是在赌博，投机是一场精确的计算。

利维摩尔认为，并非每个人都适合操作股票。愚蠢、懒惰、情绪有欠平衡，尤其是想一夜致富的人，不适合从事这一行。冷静的头脑是操作成功的关键素质，唯有如此才能维持健全的精神平衡状态——不被希望或恐惧牵着鼻子走。利维摩尔认为以下3种特质不可或缺。

（1）控制情绪，控制影响每一位交易人的心理层面。

（2）拥有经济学和景气状况基本面的知识，这是了解若干事件对市场和股价可能造成什么影响的必要智慧。

（3）保持耐心，愿意放手让利润愈滚愈大是杰出交易人不同于平庸交易人的特质。

另外，他认为以下4种关键技能和特质也是必备的：①观察——只看事实资料；②记忆——记住关键事件，以免重蹈覆辙；③数学——了解数字和基本面。这是利维摩尔天赋异禀的才能；④经验——从你的经验和错误中学习。

对此，利维摩尔解释说：

"价格像所有其他的事情一样，会沿着抵抗力最小的路线进行。如果上涨的阻力比下跌的阻力小，价格就会上涨；反之亦然……我只是去了解价格最可能移动的方向。我也用额外的测试，检讨我自己的交易，以便决定重要的心理时刻。在我开始操作之后，我是用观察价格行为的方式来做这一点。"

"观察、经验、记忆和数学——这些就是成功交易者必须依靠的事情。他不但必须观察精确，还要随时记住所观察到的一切。他不能赌不合理或不能预期的事情……他必须始终根据可能性来下赌注——也就是尝试预测可能性。"

此外，利维摩尔认为，频繁交易（每天或者每个星期操作）的投资者，是不会取得太大的成功的。操作股票获利的时机有许多，但有些时候，应该缩手不动，绝不操作。当市场缺乏大好机会，经常休息和度假是很明智的选择。因为在纷纭的市场中，有时退居场边当个旁观者，可以比日复一日不断观察小波动，更能看清重大的变化。

 拓展阅读

对于杰西·利维摩尔，很多投资者可能都不太熟悉，事实上他可能是美国历史上最伟大的投机家，曾被美国经济新闻媒体称为"少年赌客"。在20世纪初，利维摩尔通过投机股票和农产品市场赚了几千万美元；在1个月的交易中赚取过1 000万美元的利润；甚至在3个小时的市场搏杀中，赚进20万美元——这在当

时被人们视为一个天文数字,要知道那时美国人的年均收入,不过才1 000美元。

杰西·利维摩尔,美国历史上最伟大的投机家。他于1877年7月26日出生于马萨诸塞州。他出身贫寒,其父是一位一直在与新英格兰那富有挑战性的土地苦苦抗争的农夫,但利维摩尔却不甘于与父亲相同的命运。

1893年,16岁的杰西·利维摩尔初涉股市就取得成功,从此他走上职业交易者的道路。当赚到第一个1 000美元时,利维摩尔辞去了工作,将所有时间都用于投机商号进行股票投资。1 000美元实际上对于当时的投资商号也不算一笔多大的财产,但要命的是利维摩尔每次都能在资金的一进一出中收获巨大的利润——他的第一次交易利润高达63%!

1907年,美国的经济恐慌愈演愈烈,一发不可收拾。当此之际,大银行家摩根开始介入,力挽狂澜,他的举措之一就是以个人身份请利维摩尔停止做空,因为利维摩尔在恐慌期间一天卖空就赚了300万美元,这是国家无法承受的。利维摩尔答应摩根的第二天即反手做多,而在J·P·摩根出面向困难的银行提供资金支持后,市场也开始反弹,利维摩尔又大赚了一笔。

1909年,威尔逊总统邀请他到白宫,请他把自己的棉花期货平仓以救国急。不过后来利维摩尔因为听信所谓的专家意见而输得非常惨,超过9/10的本钱蒸发掉,以至于被迫卖掉2条游艇还债。此后一段时间他在股市上也连受挫折,以至于债台高筑,"那几年是很长的一段贫困岁月,1911年至1914年(1914年7月31日至12月中旬,纽约的证券交易所一度关闭),没有钱可赚,根本没有机会,所以我的情况比以前更糟糕"。他欠下的债务高达百万美元。在巨额债务的压力下,他在股市中的操作屡屡出错。不得已,他宣布破产。

1915年年初,"战争新娘"的景气带动市场开始好转,债务压力解除后的利维摩尔凭借别人给的购买500股的机会,在伯利恒钢铁上坚决做多,再次赚到14万美元。1916年,他通过做多和适时卖空,赚了大约300万美元。1917年时他再回纽约,还清了所有积欠的债务。为避免再度一文不名,他拨出一些钱给他妻子和儿子各自成立了信托基金。这是利维摩尔一生中最为辉煌的时刻。

但杰西·利维摩尔最著名的一次投资是当1929年美国股市大崩盘即将来临之际,利维摩尔通过"宏观经济分析",预判英美两国中央银行即将提高市场利率而大肆卖空股票。因此,当大多数投资者的巨额财富化为乌有时,利维摩尔却悠闲自在地喝着香槟酒。为此,一部分金融历史学家甚至将1929年的美国股灾归咎于他,因为当时的利维摩尔绝对有控制整个市场的实力。

就这样,利维摩尔经历过多次暴富和破产,在资本市场中多次"淬火"之后形成了一整套的操作理念,比如探测法和金字塔交易法,被广泛地效仿。

12 《风险投资家环球游记》

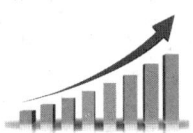

吉姆·罗杰斯

 经典速读

吉姆·罗杰斯是美国著名的投资家,曾与金融大鳄索罗斯共同创立了量子基金。但在1980年两人分道扬镳,因为罗杰斯要"以自己的方式投资",他的方式就是驾车做投资旅行。罗杰斯先后做过2次环球投资旅行,第一次旅行之后,他出版了《罗杰斯环球投资旅行》一书,取得了50万册销量的佳绩。而在第二次环球投资旅行后罗杰斯又撰写了本书。

罗杰斯,一个成功的投资者,以其丰富的亲身经历,为读者展现了巨大的投资前景。1999年1月至2002年1月,他和女友开车从冰岛出发,游历了116个国家,包括那些旅行者不太会去冒险旅行的国家和地区,如安哥拉、刚果、苏丹、东帝汶等。这次跨世纪的旅行也可能创下了历时最长的持续汽车旅行的吉尼斯世界纪录。当然,吸引我们的并不只是这次旅行所创造的吉尼斯纪录,更多的是因为罗杰斯这个不同寻常的旅行者,他不仅仅只是一个旅行者,他更是一个投资者。在旅途中,罗杰斯凭着自己对社会、政治和经济的独到见解,记录下了自己的所见所闻,纠正了人们头脑中的一些成见,并对各地的投资前景进行了预测。

《风险投资家环球游记》将吉姆·罗杰斯的投资理念融于他的浪漫旅行中,将学术化的投资知识用自己旅行中亲历的故事来阐释,读起来生动易解。对于普通投资者来说,这本书可以点燃你的投资激情,让你主动去把握生活中无处不在的投资机会。

12 《风险投资家环球游记》

> 学习历史和哲学吧,然后进行全球旅行,这样你才能挣大钱。
>
> ——吉姆·罗杰斯
>
> 罗杰斯是一个探索者,在所到之处,他总能发现当地的投资价值。
>
> ——西方书评界

 内容解读

1. 国家投资——国家才是最大的投资机会

罗杰斯认为,环球旅行让人很容易对世界范围的投资机会作出简单的判断,虽然这样的机会判断是非常宏观和直觉性的,也正是通过这种全球的实际走访,罗杰斯才更好地把握了一个国家的管理体系对这个国家的发展趋势所起的推动作用。

比如在非洲的博茨瓦纳,罗杰斯惊讶地发现这个城市中到处是高级轿车,当地的货币可以自由兑换,这个国家有 3 年的外汇储备,政府预算和外贸都是顺差,而股票市场只有 7 名职员和 7 只股票,股价很低还有现金红利。罗杰斯当即购买了全部股票,并委托经纪人买下以后上市的每一只股票。结果,2002 年,博茨瓦纳被《商业周刊》评为 10 年来增长最快的国家,罗杰斯也自然从博茨瓦纳的股市中大赚了一笔。

罗杰斯通过调查、旅行,依靠渊博的历史、政治、哲学及经济学知识对不同国家进行分析,判断出所要投资国家及股票行业的风险和机会。他的主要判断准则有 5 个方面。

（1）这个国家鼓励投资,并且比过去运转得好,市场开放,贸易繁荣。

（2）货币可以自由兑换,出入境很方便。这在他环球投资旅行过程中体会很深。

（3）罗杰斯认为,21 世纪的最显著特点是人口、货物、信息和资本的流动性将大得惊人。21 世纪经济学的主题将是通过货币兑换实现资本控制,只有当市场是自由的,脱开了任何束缚,本国货币具备合理的价值时,人们才会自然而然地开始动作:开采绿宝石,出口到法国,换取欧元,然后再把欧元卖给那些愿意进口葡萄酒或拖拉机的人。如果拥有欧元的人不愿把东西卖给他们,那么葡萄酒和拖拉机进口商就需提高价格,直到卖方无法拒绝。拉美人走在非

洲人前面的原因就是货币自由兑换。

（4）这个国家的经济、政治状况要比人们预想的好。

（5）股票价格便宜。

2. 把握行业变化——从变化中牟利

罗杰斯对国内股票的投资选择，和他对一个国家的投资判断一样，通常都是从行业的整体情况出发。他发展了一个广泛的投资概念，买下他认为有前途的某一个行业的所有能买到的股票。这和他通常买下一个国家的所有股票的方式一样。那么，他又是如何判断一个行业的呢？罗杰斯说："发现低买高卖的机会的办法，是寻找那些未被认识到的，或未被发现的概念或者变化。通过变化而且是长期变化，并不仅仅是商业周期的变化，寻找一些将有出色业绩的公司，哪怕当经济正在滑坡之时。"他所寻求的变化具体有4种表现如下。

（1）灾难性变化。通常情况是，当一个行业处在危机之中时，随着两三个主要公司的破产，或处在破产边缘，整个行业在准备着一次反弹，只要改变整个基础的情势存在。中国的纺织行业也许正符合这种变化。

（2）现在正红火的行业，也许已暗藏了变坏的因素。这就是所说的"树不会长到天上去"。对于这种行业的股票，罗杰斯的通常做法是做空。做空前，一般要经过仔细研究，因为有些价位很高的股票也还会继续走高。

（3）将政府扶持的行业作为重点投资对象。由于政府的干预，这些行业都将会有很大的变化。他在某一国家投资时，也往往会把政府支持行业的股票全部买下。

（4）紧跟时代发展，瞄准那些有潜力的新兴行业。20世纪70年代，当妇女们开始崇尚"自然美"，放弃甚至根本不化妆时，罗杰斯研究了雅芳实业的股票，并认定尽管当时雅芳的市盈率超过70倍，但发展趋势已定，公司最终还是不行。他以130美元的价格做空，1年后，以低于25美元的价格平了仓。

上述这4种变化，从实质上讲还是供求关系的变化在起作用。罗杰斯说："致富的关键就在于正确把握供求关系，共产主义者、华盛顿和其他任何人都不能排斥这条法则。"

罗杰斯用石油工业的例子来证明这一道理。20世纪70年代，石油价格上涨带来了一系列连带反应，一般人都感觉是石油输出国组织使之上涨的。但罗杰斯对此却另有看法：从1960年起，石油输出国组织每年都想抬升原油的价格，但是，从来没有成功过，价格总是再一次往下跌。真正的原因要追溯到20世纪50年代。当时最高法院判定美国政府可以管制天然气的价格，政府管制的结果使得价格低到生产天然气根本没有利润了,与此同时,消费者却越来越认识到天然气作为燃料具有很大的优越性,它比石油或煤炭更便宜和干净。这样,居民也渐渐地转向了天然气,但天然气的开采却正在急剧下降。鉴于此种情况,罗杰斯进行了一系列的钻井公司调查,罗杰斯认为,让这些石油公司破产,并且停止全国范围内的家庭天然气消费是不可想象的。于是他买了油井的股票和这一行业相关的所有其他东西。不久以后,石油和天然气果然开始疯涨。

3. 黄金投资——保值投资手段

罗杰斯对于黄金投资很感兴趣。1990年6月,罗杰斯旅行经过西伯利亚时,发现西伯利亚人疯狂抢购黄金饰品,这激起了罗杰斯的好奇心,他为了弄清黄金对苏联有多重要,去见了当地金矿开采组织的领导伊果·索斯宁,此人在当地矿业组织中极有威信。他和伊果·索斯宁谈论黄金和其他商品,以此来了解20世纪的苏联所赖以生存的是什么。

罗杰斯有一条投资原则是:不管赌什么,永远跟中央银行相反,永远跟现实世界一致。罗杰斯认为,每当中央银行在维护某种东西的低价值(黄金也不例外)时,聪明的投资者就应反其道而行之,在这个价位不断买入,这样做回报一定很丰厚。罗杰斯在20世纪70年代买入黄金,35年后,黄金的价格终于放开时,价格上涨幅度远超过了它的应有水平,因为它长时间地被限制在低价。罗杰斯的投资法则被验证了。

罗杰斯认为,供求双方角力的结果终将会体现在价格上,价格表述的是供应和需求相交并持续的那个点。所以黄金的投资者只需搞清楚供应和需求,而不用关心淘金或购金的狂潮,就会成为巨富。比如说第二次世界大战后,1盎司35美元的黄金价格保持了37年,但是随着时间的推移,这个价位变得偏低了,因此黄金的生产持续减退很多年。后来由于金子价位偏低,黄金开始被广泛用于日常生活,比如,用于牙齿修补和电子领域。用得多了以后就出现了供小于求的现象,于是黄金就开始涨价了。

罗杰斯始终认为,黄金的购买与其他的商品的买卖一样都受市场的运作规律支配着,沿着一个稳定的价格波动。由于供求平衡被打破了,黄金的价格开始上涨,其价格上涨有其合理和合法的原因。一般的公众看到某块地或某种股票上涨了就知道可以从中大捞一笔,于是就有更多的人跟进,同时还做着发财的美梦。买得早的聪明人会选择一个合适的高价位卖掉他手中的黄金(或股票、房地产)而因此美梦成真,而另一部分人则成全了别人的美事,而自己却被高位套牢。当有很多人高位买进时,此时的供求平衡又将被打破,新一轮的下跌又将开始,"买进—上涨—买进—卖出—下跌",市场就是这样在价值规律的支配下运行着,轮回着。黄金这一特殊商品也不例外。

从另一个角度来看,黄金几千年来一直是传统的保值手段。但是,它可能会在某个相当长的时期内落后于购买力。它在恶性通货膨胀的情况下本应该能够保值,但是,它今天不能保值的方式与20世纪70年代是不同的,因为在21世纪可能还存在着其他更好的保值手段,罗杰斯还不能确定它是什么。

4. 关于中国——新兴市场中的投资机会

《风险投资家环球游记》一书中,罗杰斯用了3章的篇幅介绍中国,罗杰斯认为,到21世纪早期的某个时候,中国的经济会跃居世界第一(不是指人均水平),之所以这样认为是和罗杰斯对中国的了解(通过4次旅行)有密切的关系。

罗杰斯认为,中国人有着相当悠久的经商传统,这可以追溯到罗马时代。香港已经成为了亚洲金融中心,它的影响正飞快地向北延伸。广东人的脑子里塞满了生意经,改革开放和市场经济让这些南方人先富了起来。中西部受其影响,也正在发生巨大的变化。

中国还有一笔宝贵财富——海外华人,很多海外华人有资金、有技术,这给中国的改革开放和经济发展注入了新鲜的血液。没有人知道华侨到底有多少,他们遍布全球(泰国、新加坡、澳大利亚、加拿大、美国),马来西亚有三成的人口是华人。中国对海外华侨的投资永远是欢迎的,即使是第三代华裔,从来都不知道怎样使用筷子,从来没听过一句广东话,但对中国人来说,你也是一个中国人,中国随时都欢迎你回来投资。

罗杰斯认为,一个谨慎的西方投资者应该这样开发中国的经济:如果你想在中国做生意,就应该找个中国公司为你在中国经营,比如说,假设某公司宣布打算直接大规模进入中国市场,那罗杰斯很可能想卖空它的股票;但是假如它同一个已经在中国做得很成功的海外华人的公司挂上钩,比如说是一个在泰国或新加坡的证券市场上的上市公司,那罗杰斯就可能很乐意购买这家公司或是那家海外华人公司的股票。

罗杰斯始终认为中国人是勤劳、聪明的,他环球旅行经过很多个国家,并且拿其中一部分同中国比较,指出有很多棘手的问题到中国人手里就会被巧妙地解决好。这也许才是很多海外华人之所以成功的根本,是中华民族的特色。

5. 人在旅途——读万卷书不如行万里路

罗杰斯1991年旅行途经阿根廷,仔细研究了阿根廷的股市,罗杰斯发现,经过几十年的失败，总结经验后这个国家已开始认识到国家在创造繁荣这方面的能力有限，当地的报纸也说新政府决心改变庇隆主义，因为庇隆主义把一切都国有化了。有一些经济和政治头脑的人就会知道这种中央集权管制下的经济政策只能阻碍经济的发展，并且使阿根廷处于长期的困顿局面中。为了更好地弄清楚他所要投资国家的前景，罗杰斯去问一些政府官员，对政府有何看法，得出的结论使他决定把钱投在政府已宣布将集中发展的3种行业——电信、旅游和采矿。促成罗杰斯买股票的一个原因是这里的股票非常便宜。经过研究，他买了19种股票，这些企业都是有发展前景并有很好的业绩支撑的。

途经厄瓜多尔，罗杰斯满眼都是繁荣景象，基础设施很好，出入境手续非常简单，并且货币可自由兑换，罗杰斯又一次选中当地最大的一家银行，做起了股票投资。有意思的是，当罗杰斯走进银行股票部时，发现其成员几乎是清一色的金发女性。在崇尚大男子主义的拉美国家，这种工作让女性承担，说明当地人对股票投资不够重视，意味着股市还处于发展初期，投资正是时候。几经周折，他买下当时萧条的股市上最不景气的7种股票。

1991年的南美洲在罗杰斯眼里是一块投资宝地，这里旧的独裁统治和外汇管制几乎全部消失。没有中欧和非洲那样潜在的边境问题，形势更趋稳定。每一个投资者都不希望自己的钱投在一个满是战火和硝烟的地方。南美人正在发展真正的股票交易所，他们的货币也越发稳定了。鉴于这些有利因素，罗杰斯在除智利外（智利正处牛市），另外几个国家（厄瓜多尔、秘鲁、玻利维亚、阿根廷、乌拉圭）都做了股票投资，想来收益也不会太差。

中美洲的旅行更接近家园，也受美国影响更多。到处都有美国人留下的痕迹，巴拿马城基本上就是美国的一个前哨，美元是巴拿马的正式货币，美国的干涉给巴拿马人带来的利益从一条巴拿马运河上即可看出，巴拿马运河是大西洋与太平洋的通道，一条运河也是一棵摇钱树。

途经哥斯达黎加时，虽然局势不太稳，但罗杰斯还是在那儿做了投资。因为这里的政府已决定发展股票市场，并且得知交易所的所长正准备加入国际股票交易所协会。哥斯达黎加拥有美丽的海滩、山脉，以及丛林。旅游业很有发展前途，曾在不同时期被美国人选作投资场所。哥斯达黎加的主要经济支柱产业是制糖、可可。除了咖啡及旅游业，其他行业一直处于熊市，罗杰斯相信这些农业市场会兴旺起来的，并且能带动整个国家经济的腾飞。牛市会来的。罗杰斯买了股票交易所最稳健的公司（最大的酿酒厂，最大的报纸，一家农业公司，一家银行等）的部分股票，并准备继续投资下去。

在萨尔瓦多，罗杰斯觉得那里当时的战争即将结束，预测咖啡和蔗糖价格以后肯定会上涨，并且战争结束后美国会投入很多美元，他认为最糟的事情已经发生，往后就会渐渐好起来，所以他也在这里做了投资。

拓展阅读

吉姆·罗杰斯在37岁那一年怀揣着在股市上赚取的1 400万美元宣布退休，但是退休并不等于告别投资。他强调说，自己"儿时就梦想着有朝一日能够骑着摩托车环游世界"。他相信，在耶鲁和牛津大学期间密集学习的地理学、经济学和历史学之间的相互关系能在环球旅行和投资中派上用场。就这样，罗杰斯找到了环游世界和投资之间的契合点，开始一步一步接近自己的梦想。

事实上，他曾经2次环游世界，第一次在1990年。罗杰斯与女友塔碧莎骑着摩托车，去50多个国家，花了近2年时间。在贝尔格莱德，他们感受到衰败；在中欧，遭遇车坠悬崖的危险；在西伯利亚，经历荒无人烟的糟糕路况；在非洲，又在战乱中一路逃亡；在南美洲，更是遭遇了杀人如麻的游击队，然而这一切无损浪漫。第二次是1999年，罗杰斯开着奔驰旅行车，历时3年，途经116个国家，从冰岛出发，经过欧洲、日本、中国、俄罗斯、非洲、南极、澳大利亚、南美洲然后回到美国，打破了吉尼斯世界纪录。

罗杰斯非常喜爱中国，他在中国旅游期间与人打台球、访问老年婚姻介绍所、到中医诊所尝试针灸、观摩中国的气功和武术，中国这个古老文化的一切让他感到新奇。

如果仅仅把罗杰斯的旅行看成是一种娱乐那就大错特错了，出于天性，罗杰斯仍旧关注着具有前景的投资机会：在土耳其，他发现在中央强烈干预经济的体制下，过高的价位不值得投资；在奥地利，他预见沉睡的股票市场会因为周边国家的经济复苏而蓬勃发展，于是大举投资奥地利股票并获利颇丰；在智利，他预见自由化改革的阵痛将给该国带来长久繁荣；在秘鲁利马，他预见废除不合理债券将恢复秘鲁的昔日繁荣；在中国，他看到了经济发展蕴藏的投资机会，因而投资B股获利丰厚……

旅行中的投资充满着神奇的色彩，罗杰斯不愧是一个具有冒险精神的投资家！

13 《非理性繁荣》

罗伯特·希勒

 经典速读

　　罗伯特·希勒的《非理性繁荣》一书出版于新千年美国互联网泡沫破灭之前。他用锐利的目光审视这个充满了非理性气息的股市，用犀利的语言写下这本广受好评也备受争议的书。

　　希勒在书中首先考察了历史上的股市价格水平，随后分析了十多个诱发价格水平高涨的结构性因素，以及一个放大机制——蓬齐过程，然后从文化和心理方面解释股市的繁荣，向我们展示了新闻和由此产生的普遍的乐观主义在推动股市上涨过程中所起的作用。

　　这是一本分析股市非理性投资行为的好书，它颠覆了一般的投资理论，指出20世纪末，证券市场中的教义派金融学者所不能解释的乱象的源头，是他们理论的假设前提有问题，当然，它也预告了美国股市投机泡沫的下场。

　　20世纪90年代末，推动世界经济兴旺发展的是股市泡沫，2000年股市泡沫破灭之后，阻止世界经济发生暴跌的是房地产泡沫。接下来世界经济将去向何方，在很大程度上将取决于下一个泡沫的性质和程度，以及它将如何破灭。

——罗伯特·希勒

　　油价的上涨使人们再次担心石油市场。如果潜在的石油供应商为了今后能提高油价而中断开发，目前的油价就会进一步上涨，导致类似于1974—1986年的持续性投机泡沫。这种泡沫可能给股市和房地产市场带来真正的麻烦。

——罗伯特·希勒

 ## 内容解读

1. 泡沫的产生——催生泡沫的若干因素

《非理性繁荣》研究的是投机性市场行为、人类的易犯错误性和资本主义体系的不稳定性。书中,希勒的研究数据都扣除了通货膨胀,是一个理智的策略,但是对于没有其他更好的投资标的的投资者来说,用途则要大打折扣。

希勒总结了促使市场泡沫产生的12个因素。

(1)市场经济的快速发展和业主社会,产权、股权、企业所有权。

(2)政治和文化的变迁促进了商业成功,社会更敬仰企业家,资本利得税降低。

(3)新的信息技术。

(4)货币政策和格林斯潘对策。

(5)生育高峰被公众注意到而不仅仅是这件事情本身的影响。

(6)媒体对于财经的关注。

(7)分析师和专家们职业性和利益性乐观预测。

(8)固定缴费养老金计划的推行。

(9)共同基金的增长。

(10)通胀回落和货币幻觉的影响。

(11)技术、热情、工具、衍生品等引起交易额的增加。

(12)赌博机会的增加。

比较重要并容易被漏掉的:业主社会、期权激励、股票更被喜欢、社会对于财富安全的保障、炫耀等文化变迁、资本利得税降低、生育高峰的观点而不是本身、媒体、交易技术与成本、分析师专业人士的推波助澜以及股票的供给与需求。

2. 投资者的非理性因素——导致过度投机的心理误判

首先,希勒认为,投资者的不理性的一个误判是,更注重短期记忆而忽略长期记忆,而不是理性地进行同样的分析,这和短期视觉暂留现象很类似,也是人类进化留下的产物。所以倾向于相信动量和趋势,而不是理性的分析。还有伴生的希望什么就相信什么、羊群效应、更相信亲身经历和专家所言等等。

心理误判:人类更倾向于相信经历和经验,而不是理性和逻辑。

13.《非理性繁荣》

心理误判：过激的情绪有极大的动机，悔恨、羡慕、嫉妒、高兴、悲伤等，和科技一样，情绪也是生产力。要避免在这种情况下作决策。

心理误判：守株待兔思维，人们对于偶然因素重要性的错误认识，把运气当成自己的能力或者商业趋势，过度自信。

其次，媒体技术的发展对于 20 世纪股票市场起到了远远超过我们想象的作用，这也在很大程度上影响了投资者的心理。很多时候，媒体的观点直接引起了后续反应，而不仅仅是具有发现功能。这样甚至可以解释，为什么一个事件发生之后很长时间才引起正式的暴涨暴跌，需要媒体被认识和认可的反馈环的非线性激励，这需要时间。反馈环是一只经济乘数，具有连锁和累积效应。

心理误判："新时代"的经济思想引起公众的过度反应。

心理误判：股票投资者的价格锚定效应十分明显。比如一些相关的数字，如昨天收的盘价、同类股价、最高最低价等，还有些是否不理性并可笑的无关数字也有明显的锚定效应。

心理误判：从众行为的最高表达，信息传播可能引起的思想传染。类似流行传染病模型中的传染率和退出率导致的各种结果，这可能也与整个系统的非线性的混沌理论的蝴蝶效应相关。

3. 理性繁荣的尝试——有效市场的解释是错误的

市场有效性理论是金融投资领域中的一个前提假设，指股价价格在任何时候反映了市场对于其内在价值的预期。罗伯特·希勒通过大量研究认为，不能说"市场有效性理论"成立，也不能说它不存在。

对于股价是否是未来价值的预期，希勒的看法很有意思，他认为要看是多长时间的未来价值，是 20 年的、30 年的，甚至更长时间的。从另一个角度看，市场股价更像一个随机漫步分布。"无人能准确预测第二天的市场走势，因为这蕴涵巨额的利润。"即使股价时时刻刻反映了公司的内在价值（即有效市场理论），但公司的变化消息却是随机产生的，股价服从随机分布。

希勒指出，有系统性证据表明，用传统衡量方法判定的"过高估价"的公司在此后的表现不尽如人意。而那些在前 5 年内价格大幅下跌的公司，在接下来的 5 年中价格连续上涨。1991 年的研究表明，公司股票的首次发行总是出现在行业投资热的高峰时期，然后在接下来的 3 年里表现为缓慢和持续的下跌。所以，股价有回归到长期历史平均值的趋势，这促成了一个市场策略——价值投资，也就是挑选那些被传统方法低估的股票和卖空高估股票。价值投资的战略特征是，从定价过高的个别股票中退出，但在整个市场出现定价过高时不退出市场。

我们认为，有非常有力的论据证明股市违反有效市场模型。如果将股价看作是股息现值的最佳预测者，那么当真实价值走平缓上升通道时，股价就不会波动得如此厉害了。

在美国，没有一个30年期的债券比股票运作得要好，这一"事实"被广泛引用。这个假定的事实实际上并不是真的。经济学家对39个国家的实际股市增值率（不包括股息）作了研究，发现这些国家在1926—1996年的70年中实际股市年均增值率仅仅为0.8%（美国年均为4.3%）。能证明在长时间内"股票总是优于债券"的证据并不存在。

4. 知识的局限性——投资者认识的误区

在希勒看来，投资者常被认为学会了股票在下跌之后总会有反弹的知识。许多证据证明大部分人是这么想的，但是他们想错了。股票可以下跌，而且可以下跌许多年。市场可以被高估很多年，同样可以低迷许多年。

投资者被认为了解了，从长期看股票总是优于其他投资，如债券，所以长期投资者投资股票会好一些，但他们又想错了，在数十年的时间里，股票并不比其他投资优越，也没有理由相信它将来也会这样。

投资者被认为学会了，股票投资聪明的做法在于选择共同基金，因为它们了解市场的变化，但他们又一次错了，选择业绩良好的共同基金所获得的收益比投资者想象的要少。

5. 心理依托——个体性心理分析

（1）数量依托：它给出股市应达到的水平。最可能的就是记忆中离现在最近的价格，还有指数在离现在最近的一个时期达到的顶峰和最近的整体水平。对单个股票来说，价格变化往往会以其他股票的价格变化为依托，市盈率也会以其他公司的市盈率为依托。

（2）道德依托：决定人们购买股票的原因。道德依托的根源在于心理学的原理，即导致人们行为的大部分想法并不是数量型的，而是以讲故事和找原因的形式出现的。

（3）信心过度：人们认为他们知道的总是比实际的要多，信心过度的一些基本趋势似乎是人类根深蒂固的特点。它与投机市场有关的另一个因素是异想天开。当谈及人们对投资情况的好坏和自己做投资决定的直觉时，往往是他们内心深处的想法——也就是无需向别人解释的想法。

信心过度的另一表现形式是，人们在不确定的情况下，假定将来的模式会与过去相似并寻找熟悉的模式来作出判断,并且不考虑这种模式的原因或者模式重复的概率。

当投资者看见股票价格向同一方向移动了一段时间后,他们就会逐渐认定,这一趋势就是从经济数据中发现的许多趋势中的代表。根据保守主义的心理学原则,人们改变意见总是很缓慢的。因此,投资者要过一段时间才能认为,这一趋势将会持续。

6. 感情意愿——投资文化开始形成

希勒认识到,心理依托的崩溃会导致股市发生急剧变化,虽然新闻事件会对人们的推理产生无法预期的作用,但在得知新闻以前是无法作出结论的。而心理依托的崩溃之所以难以预料,部分原因在于:人们只有在价格变化之后才能搞清楚他们自己的感情和意愿。

媒体对财经新闻大量报道:这些强化的财经报道导致了对股票需求的增长,正如消费品的广告诱使消费者一样。

分析师的乐观预测:1999 年,分析师对 6 000 家公司作出的评论中,仅仅有 1% 是建议卖出,70% 是买入。卖出建议使上市公司不高兴,越来越多的分析师受承销股票业务的影响。分析师容易偏高的倾向在预测将来时表现得最为明显,在发现同伴们都在显示长期的乐观态度,毕竟人多好壮胆,于是他们也从从容容。例行公事地对投资大众说出买入,而对准确性毫不关心。

共同基金的发展:1982 年每 10 个美国家庭有一个账户,而 1998 年每个家庭有 2 个账户。共同基金是新瓶装旧酒。共同基金引导人们相信管理基金专家会带着他们绕过陷阱,把公众的注意力集中到股市中来,其结果刺激了股市整体而不是个股的投机价格运动。

赌博机会的增加:从赌博到金融波动的转化促使人们夸张认为自己的好运气是无穷无尽的,助长了人们与他人攀比的强烈兴趣,并寻找一条从无聊单调的感觉中兴奋起来的新途径。

 拓展阅读

与那些语不惊人死不休而又往往测不准的经济学家不同,罗伯特·希勒虽然非常有名气但却始终谨言慎行。

罗伯特·希勒很少作预测，但所作的每一次预言都最终应验。例如，20世纪90年代后期，美国的股票市场在新经济神话的刺激下呈现出前所未有的繁荣状态，投资者的投资热情一路高涨，道·琼斯指数、标准普尔500指数以及纳斯达克指数不断创造历史新高。当人们普遍浸淫在这场"太平盛世"的欢愉中而有些得意忘形时，希勒却一刻不停地赶写着《非理性繁荣》。2000年3月，《非理性繁荣》终于出版，希勒把一路凯歌的股票市场称作"一场非理性的、自我驱动的、自我膨胀的泡沫"。1个月后，纳斯达克股票指数由最高峰的5078点跌至3227点……在此之前，尽管将互联网泡沫比作当年的荷兰郁金香、南海公司泡沫的警告不绝于耳，但只有希勒用清晰、完整的经济学理论解释了它。

当然，罗伯特·希勒较少作预测更加重要的原因应该是，希勒知道自己言语的威力而不敢妄言。1996年12月初，希勒在一个听证会上跟格林斯潘谈到"非理性繁荣"的问题。2天后，格林斯潘在一个私人晚餐会上提起了这个概念。接着日经指数下降了3.2%，德国的DXA指数下降4%，英国股指下降4%，在这天交易的前半段，美国道琼斯下降了2.3%。自那以后，希勒把"非理性繁荣"发展成为一门行为金融学的学问，2000年刚一推出就见证了"非理性繁荣"的结果——美国股市的崩盘。

在美国的网络上，说起希勒，很多人的第一反应是：这位预言家什么时候可以为楼市下跌叫停？可是，似乎故意要与民众天生的"非理性"做一次对冲，9月19日，就在美联储降息0.5个百分点、市场升起一片希望和欢腾的次日，罗伯特·希勒在美国国会山作出了一个预测：美国楼价的这一轮跌幅将会达到美国自大萧条以来最严重的程度，而这足以引起美国经济陷入萧条！希勒的理由是，大众心理和情绪依然在萧条中！

凭借着《非理性繁荣》一书，平时很少踏出学术圈子的希勒一下子成了公众面前的明星，《非理性繁荣》也登上《纽约时报》的畅销书榜，成为人人争读的畅销书，惹得曾担任克林顿政府财政部长的罗伯特·鲁宾说，希勒本人才是股市大跌的最大受惠者。

甚至有人曾将导致2000年纳斯达克股票市场暴跌的原因之一归咎为《非理性繁荣》一书的出版所产生的效应，希勒本人也被称为"灾难预言家"。为此希勒的夫人感到有些担心，她甚至将家里的电话号码从号码本上去掉了。作为一个学者，最重要的是希勒做到了众人皆醉我独醒，在对股票市场大家都说好的时候，他能够站起来说不，这正是希勒的可贵之处。

14 《乌合之众——大众心理研究》

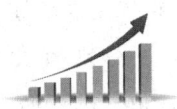 古斯塔夫·勒庞

 经典速读

　　古斯塔夫·勒庞，法国社会心理学家，著有《各民族进化的心理学规律》《法国大革命和革命心理学》《战争心理学》等，其中以《乌合之众——大众心理研究》最著名。

　　《乌合之众——大众心理研究》是一本当之无愧的名著，已被翻译成近20种语言。作者古斯塔夫·勒庞极为精致地描述了集体心态，在社会心理学领域已经写出的著作中极具影响力。勒庞以十分简约的方式，考察了个人聚集成群体时的心理变化，指出个人在群体中会丧失理性，没有推理能力，思想情感易受旁人的暗示及传染，变得极端、狂热，不能容忍对立意见，因人多势众产生的力量感会让他失去自控，甚至变得肆无忌惮。

　　作为一部经典之作，《乌合之众——大众心理研究》对于理解今天仍不失现实意义：日本普通民众为何曾变成战争机器，入市股民又为何会变得群情激昂？个人到群体的心理变化看似难以理解、难以置信，实则有迹可循。群体中累加在一起的只有愚蠢而不是天生的智慧。孤立的个人很清楚，在孤身一人时，他不能焚烧宫殿或洗劫商店，即使受到这样做的诱惑，他也很容易抵制这种诱惑。但是在成为群体的一员时，他就会意识到人数赋予他的力量，这足以让他生出杀人劫掠的念头，并且会立刻屈从于这种诱惑。

　　勒庞试图向我们传递这样的观点：观念只有采取简单明了的形式，才能被群体所接受，因此它必须经过一番彻底的改造，才能变得通俗易懂。当我们

面对的是有些高深莫测的哲学或科学观念时，我们尤其会看到，为了适应群体低劣的智力水平，需要对它们进行多么深刻的改造。这些改造取决于群体或群体所属的种族的性质，不过其一般趋势都是观念的低俗化和简单化。

心理学领域已经写出的著作中，最有影响者，非勒庞的《乌合之众》莫属。
——奥尔波特 美国社会心理学大师

勒庞的这本书具有持久的影响力，是群体行为的研究者不可不读的文献。
——默顿 美国社会学大师

勒庞的《乌合之众》是一本当之无愧的名著，他极为精致地描述了集体心态。
——弗洛伊德 精神分析学大师

内容解读

1. 群体认识——被强化的个人信念

勒庞的群体观点认为，在群集情况下，个体放弃独立批判的思考能力，而让群体的精神代替自己的精神，进而放弃了责任意识乃至各种约束，最有理性的人也会像动物一样行动。群集时还会产生一处思想的感染，使得骗者和群众的无意识思想通过一种神秘物作用要理互相渗透。勒庞总结说，当它成为集体时，任何一种虚弱的个人信念都有可能被强化。

（1）进入了群体的个人，在"集体潜意识"机制的作用下，在心理上会产生一种本质性的变化。就像"动物、痴呆、幼儿和原始人"一样，这样的个人会不由自主地失去自我意识，完全变成另一种智力水平十分低下的生物。

勒庞观察到的另一条群体心理学规律：约束个人的道德和社会机制在狂热的群体中失去了效力，"孤立的个人很清楚，在孤身一人时，他不能焚烧宫殿或洗劫商店，即使受到这样做的诱惑，他也很容易抵制这种诱惑。但是在成为群体的一员时，他就会意识到人数赋予他的力量，这足以让他生出杀人劫掠的念头，并且会立刻屈从于这种诱惑。出乎预料的障碍会被狂暴地摧毁。"当然，从以个人责任为基础的法制立场上说，这种在群体中消失了个人利益和目标的人会变成一个"无名氏"，而以个人责任为基础的法律，对这样的无名氏是不起作用的。所谓"法不责众"的经验使他意识到,他不必为自己的行为承担责任:"群体感情的狂暴,尤其是在异质性群体中间,又会因责任感的彻底消失而强化"。意识到肯定不会受到惩罚——而且人数越多,这一点就越是肯定——以及因为人多势众而一时产生的力量感。在群体中间,就像"傻瓜、低能儿和心怀妒忌的人"一样,在摆脱了自己卑微无能的感觉之后,会产生出一种残忍、短暂但又巨大的能量。

(2)是幻觉引起的激情和愚顽,激励着人类走上了文明之路,在这方面人类的理性没有多大用处。因此,在同人类的各种作为文明动力的感情——"譬如尊严、自我牺牲、宗教信仰、爱国主义以及对荣誉的爱"——的对抗中,理性在大多数时候都不是赢家。

勒庞没有认识到:群体中个人利益的暂时消失,以及相应的犯罪意识的泯灭,其中的一个主要原因,便是千差万别的个人目标被一个集体目标所取代。在这种情况下,勒庞称群体中的个人会失去责任意识,也许并不十分恰当。实际情况可能恰恰相反,群体中的人认为自己可以对残暴行为不负私人道德意义上的责任,群体是个"无名氏"的作用外,很可能还因为他更强烈地意识到自己要为一个"更崇高的事业负责"。在这种责任意识的激励下,他会不自觉地自我渺小化,把自己日常经营的目标与它对立起来,从而理所当然地认为,别人的个人目标同样也是没有价值的。

(3)当这些领袖们打算用各种社会学说影响群体的头脑时,他们需要借助"断言法、重复法和传染法"。他说,"群体因为夸大自己的感情,因此它只会被极端感情所打动。希望感动群体的演说家,必须出言不逊,信誓旦旦"。根据勒庞的观察,夸大其辞、言之凿凿、不断重复、绝对不以说理的方式证明任何事情,是说服群众的不二法门。因此,大凡能够成就大业的领袖人物,其最重要的品质不是博学多识,而是必须具备强大而持久的意志力,这是一种"极为罕见、极为强大的品质,它足以征服一切……没有任何事情能阻挡住它,无论自然、上帝还是人,都不能"。由于有这种强大持久的意志,其所坚持的观念或追求的目标,最初受到群众的赞成也许是因为其正确,但即使在已经铸成大错,思想的荒谬已经暴露无遗时,也未必能够动摇他的信念,因为理性思维对他已不起任何作用:"他们对别人的轻蔑和保留态度无动于衷,或者这只会让他更加兴奋,他们牺牲自己的利益和家庭——牺牲自己的一切。自我保护的本能在他们身上消失得无影无踪,在绝大多数情况下,他们孜孜以求的唯一回报就是以身殉职。"

2. 走向平庸——群体的一般特征

在勒庞看来，群体的智力总是低于独立的个体。举例来说，夫妇俩待在一起，会按照两人中更糟糕的一种方式生活：更懒惰、更不拘小节……群体总是会把智力更高的人带向平均水平，所谓的"走向平庸"。

从感情角度来看，群体的表现会和个体的行为不同，但是无法确定是更好还是更坏——这取决于群体在采取行动之前，接受的是怎样的暗示。"文革"显然就不是一个好的暗示，而相反，抗震救灾的志愿者行动，应该就是一个好的暗示。群体无意识行为其实在抹杀了智力的干扰之后，凸显了激情和冲动这种人类原始、本能的应激反应（不受大脑控制，受感情和脊椎控制），而激情和冲动因为较少受到理智（智力）的限制，所以无法确保它会走向好的一端。

所以对于群体无意识的状况，我们不能对其结果用二分法一概而论，而我们应该考虑的是，是否有可能通过理性的力量对群体的激情和冲动加以引导和组织？或者，在应用到现实的制度时，理性的力量和激情与冲动的力量，应该如何结合？作为一个社会心理学的问题，如果把独裁和民主放在其中，是不是能找到各自的发展逻辑和研究空间？

回到原文。改变历史或许有 2 种办法：理性的分析和建设；激情的破坏和冲击。

理性的分析和建设是自上而下的改革，并且只有当改革的发起者足够理性、睿智的时候，改革才会走上正途，比如维新；激情的破坏和冲击是自下而上的革命，并且只有当引发革命中群体无意识的"暗示"是善意的时候，革命才不会带来暴政和恶果。比如……嗯，我举不出比如。

客观地说，从制度的变革角度来看，历史的经验似乎在告诉我们，理性的分析和建设比激情的破坏和冲击靠谱得多。当然这并不是说激情的破坏和冲击没有价值——志愿者行动往往就是从激情开始的，对现有制度的颠覆往往也是从激情引发的。只是所有这些激情的破坏和冲击，都需要一个好的暗示，需要一定的理性的引导和组织。

从这个角度来分析 NGO 的作用，是不是更理论化一些？

从这个角度思考公民社会，是不是会比较绝望？

3. 矛盾激发——群体的感情与道德观

（1）群体的冲动、易变和急躁

所有刺激因素都对群体有控制作用，并且它的反应会不停地发生变化。

孤立的个人具有主宰自己的反应行为的能力，群体则缺乏这种能力。

刺激群体的因素多种多样，群体总是屈从于这些刺激，因此它也极为多变。这解释了我们为什么会看到，它可以在转眼之间就从最血腥的狂热变成最极端的宽宏大量和英雄主义。

群体根本不会作任何预先策划。他们可以先后被最矛盾的情感所激发，但是他们又总是受当前刺激因素的影响。

群体不仅冲动而多变。它不准备承认，在自己的愿望和这种愿望的实现之间会出现任何障碍，它没有能力理解这种中间障碍，因为数量上的强大使它感到自己势不可挡。出乎预料的障碍会被狂暴地摧毁。

（2）群体的易受暗示和轻信

群体通常总是处在一种期待注意的状态中，因此很容易受人暗示。最初的提示，通过相互传染的过程，会很快进入群体中所有人的头脑，群体感情的一致倾向会立刻变成一个既成事实。

它们失去了一切批判能力，除了极端轻信外再无别的可能。在群体中间，不可能的事不可能存在，要想对那种编造和传播子虚乌有的神话和故事的能力有所理解，必须牢牢地记住这一点。

一些可以轻易在群体中流传的神话之所以能够产生，不仅是因为他们极端轻信，也是事件在人群的想象中经过了奇妙曲解之后造成的后果。

群体是用形象来思维的，而形象本身又会立刻引起与它毫无逻辑关系的一系列形象。

群体很少对主观和客观加以区分。它把头脑中产生的景象也当作现实，尽管这个景象同观察到的事实几乎总是只有微乎其微的关系。

从他们成为群体一员之日始，博学之士便和白痴一起失去了观察能力。

暗示的起点一般都是某个人多少有些模糊的记忆所产生的幻觉，在这一最初的幻觉得到肯定之后，就会引起相互传染。

关于那些在人类历史上发挥过重大作用的伟大人物的生平，如赫拉克利特、释迦牟尼或穆罕默德，我们拥有一句真实的记录吗？我们极可能一句也没有。不过实事求是地说，他们的真实生平对我们无关紧要。我们想要知道的，是我们的伟人在大众神话中呈现出什么形象。打动群体心灵的是神话中的英雄，而不是一时的真实英雄。

英雄的神话因为群体的想象力而改变，使英雄离我们而去，也无须数百年的时间。

（3）群体情绪的夸张与单纯

群体表现出来的感情不管是好是坏，其突出的特点就是极为简单而夸张。

群体情绪的简单和夸张所造成的结果是，它全然不知怀疑和不确定性为何物。

群体因为夸大自己的感情，因此它只会被极端感情所打动。希望感动群体的演说家，必须出言不逊、信誓旦旦、夸大其辞。言之凿凿、不断重复、绝对不以说理的方式证明任何事情——这些都是公众集会上的演说家惯用的论说技巧。

英雄所表现出来的品质和美德，肯定总是被群体夸大。

（4）群体的偏执、专横和保守

群体只知道简单而极端的感情；提供给他们的各种意见、想法和信念，他们或者全盘接受，或者一概拒绝，将其视为绝对真理或绝对谬论。用暗示的办法加以诱导而不是作出合理解释的信念，历来都是如此。

对何为真理何为谬误不容怀疑，另一方面，又清楚地意识到自己的强大，群体便给自己的理想和偏执赋予了专横的性质。个人可以接受矛盾，进行讨论，群体是绝对不会这样做的。在公众集会上，演说者哪怕做出最轻微的反驳，立刻就会招来怒吼和粗野的叫骂。

专横和偏执是一切类型的群体的共性，但是其强度各有不同。

专横和偏执是群体有着明确认识的感情，他们很容易产生这种感情，而且只要有人在他们中间煽动起这种情绪，他们随时都会将其付诸实践。群体对强权俯首帖耳，却很少为仁慈心肠所动，他们认为那不过是软弱可欺的另一种形式。他们的同情心从不听命于作风温和的主子，而是只向严厉欺压他们的暴君低头。他们总是为这种人塑起最壮观的雕像。

群体喜欢的英雄，永远像个恺撒。他的权杖吸引着他们，他的权力威慑着他们，他的利剑让他们心怀敬畏。

（5）群体的道德

如果"道德"一词指的是持久地尊重一定的社会习俗，不断抑制私心的冲动，那么显然可以说，由于群体太好冲动、太多变，因此它不可能是道德的。相反，如果我们把某些一时表现出来的品质，如舍己为人、自我牺牲、不计名利、献身精神和对平等的渴望等，也算作"道德"的内容，则我们可以说，群体经常会表现出很高的道德境界。

以名誉、光荣和爱国主义作为号召，最有可能影响到组成群体的个人，而且经常可以达到使他慷慨赴死的地步。像十字军远征和1793年的志愿者那种事例，历史上比比皆是。只有集体能够表现出伟大的不计名利和献身的精神。群体为了自己只有一知半解的信仰、观念和只言片语，便英勇地面对死亡，这样的事例何止千万！

群体对个人的这种道德净化作用，肯定不是一种不变的常规，然而它却是一种经常可以看到的常态。

一次集会，即使其成员品质低劣，通常也会表现得一本正经。放荡不羁的人、拉皮条的人和粗人，在有些危险的场合或交谈中，经常会一下子变得细声细语，虽然与他们习惯了的谈话相比，这种场合不会造成更多的伤害。

4. 思想的力量——群体的观念与想象力

（1）群体的观念

每一种文明都是屈指可数的几个基本观念的产物，这些观念很少受到革新。

这些观念在群体心中是多么根深蒂固，影响这一过程是多么困难，以及这些观念一旦得到落实所具有的力量。

历史大动荡就是这些基本观念的变化所引发的结果。

这些观念可以分为两类。一类是那些因一时的环境影响来去匆匆的观念。另一类是基本观念，它们因为环境、遗传规律和公众意见而具有极大的稳定性。

观念只有采取简单明了的形式，才能被群体所接受，因此它必须经过一番彻底的改造，才能变得通俗易懂。

一种观念，不管它刚一出现时多么伟大或正确，它那些高深或伟大的成分，仅仅因为它进入了群体的智力范围并对它们产生影响，便会被剥夺殆尽。

甚至当一种观念经过了彻底的改造，使群体能够接受时，它也只有在进入无意识领域，变成一种情感——这需要很长的时间才会产生影响。

切莫以为，一种观念会仅仅因为它正确，便至少能在有教养者的头脑中产生作用。

十分明显的证据，也许会被有教养的人所接受，但是信徒很快就会被他的无意识的自我重新带回他原来的观点。人们将看到，过不了几天他便会故态复萌，用同样的语言重新提出他过去的证明。实际上他仍处在以往观念的影响之下，它们已经变成了一种情感；只有这种观念影响着我们的言行举止最隐秘的动机。

让观念在群众的头脑里扎根需要很长时间，而根除它们所需要的时间也短不了多少。因此就观念而言，群体总是落后于博学之士和哲学家好几代人。

今天所有的政客都十分清楚，这里提到的那些基本观念中混杂着错误，然而由于这些观念的影响力依然十分强大，他们也不得不根据自己已经不再相信的真理中的原则进行统治。

（2）群体的理性

不能绝对地说，群体没有理性或不受理性的影响。但是它所接受的论证，以及能够对它产生影响的论证，从逻辑上属于十分拙劣的一类，因此把它们称为推理。

群体低劣的推理能力也要借助于观念，不过，在群体所采用的各种观念之间，只存在着表面的相似性或连续性。

群体的推理方式类似于因纽特人的方式，他们从经验中得知，冰这种透明物质放在嘴里可以融化，于是认为同样属于透明物质的玻璃放在嘴里也会融化。

群体推理的特点，是把彼此不同、只在表面上相似的事物搅在一起，并且立刻把具体的事物普遍化。知道如何操纵群体的人，给他们提供的也正是这种论证。

（3）群体的想象力

群体形象化的想象力不但强大而活跃，并且非常敏感。

一个事件中不同寻常的、传奇式的一面会给群体留下特别深刻的印象，原因便在于此。实际上，分析一下一种文明就会发现，使它得以存在的真正基础，正是那些神奇的、传奇般的内容。在历史上，表象总是比真相起着更重要的作用，不现实的因素总是比现实的因素更重要。

只有形象能吸引或吓住群体，成为它们的行为动机。

最能活灵活现反映人物形象的戏剧表演，总是对群体有巨大的影响。

所有观众同时体验着同样的感情，不过是个幻觉的牺牲品，他的笑声与泪水，都是为了那个想象出来的离奇故事。然而有时因为形象的暗示而产生的感情却十分强烈，因此就像暗示通常所起的作用一样，它们倾向于变成行动。

大众剧场的经理仅仅因为上演了一出让人情绪低沉的戏，便不得不在扮演叛徒的演员离开剧院时为他提供保护，以免受到那些对叛徒的罪恶义愤填膺的观众的粗暴攻击，尽管那罪行不过是想象的产物。

在领导群体时，尤其要在这种想象力上狠下工夫。所有重大的历史事件，佛教、基督教和伊斯兰教的兴起，宗教改革，法国大革命，以及我们这个时代社会主义的崛起，都是因为对群体的想象力产生强烈影响所造成的直接或间接的后果。

所有时代和所有国家的伟大政客，包括最专横的暴君，也都把群众的想象力视为他们权力的基础，他们从来没有设想过通过与它作对而进行统治。拿破仑对国会说:"我通过改革天主教,终止了旺代战争,通过变成个穆斯林教徒,在埃及站住了脚,通过成为一名信奉教皇至上的人,赢得了意大利神甫的支持,如果我去统治一个犹太人的国家,我也会重修所罗门的神庙。"

影响民众想象力的,并不是事实本身,而是它们发生和引起注意的方式——必须对它们进行浓缩加工,它们才会形成一种令人瞠目结舌的惊人形象。掌握了影响群众想象力的艺术,也就掌握了统治他们的艺术。

5. 心理群体——不同群体的分类及特点

勒庞认为,从心理学的角度看,"群体"一词却有着完全不同的重要含义。在某些既定的条件下,并且只有在这些条件下,一群人会表现出一些新的特点,它非常不同于组成这一群体的个人所具有的特点。聚集成群的人,他们的感情和思想全都转到同一个方向,他们自觉的个性消失了,形成了一种集体心理。那么群体应该怎样进行分类呢?

(1) 异质性群体:①无名称的群体(如街头群体);②有名称的群体(如陪审团、议会等)。

(2) 同质性群体:①派别(政治派别、宗教派别等)——共同的信仰;②身份团体(军人、僧侣、劳工等)——相同的职业;③阶级(中产阶级、农民阶级等)——相同的利益、生活习惯及教育。

另外,种族的气质对群体性格有着重大影响。群体状态或支配群体的力量类似于野蛮状态。种族通过获得结构稳定的集体精神,在很大程度上摆脱了缺乏思考的群体力量,走出野蛮状态。

(3) 被称为犯罪群体的群体:群体的犯罪在法律上可以视为犯罪,在心理上也许不是。

在兴奋期过后,群体会进入一种纯粹自动的无意识状态,在这种状态下,它受着各种暗示的支配。

群体犯罪的动机通常是一种强烈的暗示:他们在履行责任。

(4) 刑事案件的陪审团。陪审团易受暗示,缺乏推理能力,受感情因素强烈影响。

无论组成陪审团的是什么人,他们的判决总是一样。

杰出的律师最主要就是打动陪审团。巧妙的暗示,争取左右着普遍观点的灵魂人物。

还需要陪审制度吗?陪审团的错误历来首先是地方官的错误。从前者那里还有找回清白的机会,让后者认错的机会却是微乎其微。

（5）选民群体。说服选民群体的办法：①享有名望，能够迫使选民不经讨论就接受自己。②毫不犹豫地向选民做出最令人异想天开的许诺。候选人写成文字的纲领不可过于绝对，不然他的对手将来会用它来对付自己。但是在口头纲领中，再夸夸其谈也不为过。可以毫无惧色地承诺最重要的改革。③对于竞争对手，必须利用断言法、重复法和传染法。

（6）关于选举：①选民集会上，言之凿凿、痛骂对手，有时甚至拳脚相加此起彼伏，但绝对听不到论证；②选民的意见和选票是操在选举委员会的手里的；③文明是少数智力超常的人的产物，群众投下的选票往往十分危险；④普选的教条今天就有着过去的宗教所具有的威力，只有时间能够对它发生影响，破坏这种教条的努力更是无用；⑤群众的选举权所表达的不过是一个种族无意识的向往和需要。在每个国家，当选者的一般意见都反映着种族的禀性。各种制度和政府对一个民族的生活只能产生很小的影响。民族主要是受其种族的禀性支配。

（7）议会：议会只是在某些时刻才会成为一个群体。在大多数情况下，组成议会的个人仍保持着自己的个性。

议会的2种危险：一是不可避免的财政浪费（增加开支的后果属于遥远的未来）；二是对个人自由不断增加的限制（法律越来越多）。

议会中可以看到群体的一般性特征：①意见的简单化——他们总是倾向于夸大自己原则的价值，非要把它贯彻到底不可；②易受暗示；③牢固无法改变——在贸易保护或酿酒业特权这类与有势力的选民的利益有关的问题上，即使有狄摩西尼的天赋，也难以改变一位众议员的投票。

处在主导地位的人依然是那些领袖。议会中的表决通常只代表极少数人的意见。享有足够名望的领袖几乎掌握着绝对权力。

议会若是兴奋和头脑发昏到一定程度，它会变成不稳定的群体，受制于一切刺激。

 拓展阅读

古斯塔夫·勒庞是群体心理学的创始人，有"群体社会的马基雅维里"之称。他出生于法国诺晋特-勒-卢特鲁，逝于法国马恩-拉-科盖特。

14 《乌合之众——大众心理研究》

最初勒庞在巴黎学习医学，1866年获得医学博士学位之后，他游历了欧洲、北非和亚洲，写了数本有关人类学和考古学的著作。1870年起，在巴黎行医。1884年开始研究群众心理学，阐发了强调民族特点与种族优越性的社会心理学理论。

勒庞最著名的著作《乌合之众——大众心理研究》出版于1895年。他认为人群集时的行为本质上不同于人的个体行为。群集时有一种思想上的互相统一，勒庞称之为"群体精神统一性的心理学定律"，这种统一可以表现为不可容忍、不可抵抗的力量或不负责任。群体行为可能是突然的和极端的；智力过程可能是初步的和机械的。这是当时盛行的几种"群体心理"理论之一。

他的研究涉及3个领域：人类学、自然科学和社会心理学。他最初研究的是为各个人种的身体特征创制测量方法。后来他发展了人种分类等级学说。晚年，他的兴趣转向社会心理学。按照他的意思，一群人如果被认为属于一个种族或亚种，他们一定具有同样的感情和思维方法。他确定的标准包括推理能力的水平、注意力和本能需求控制。例如，把盎格鲁撒克逊人的智力特征与拉丁人的智力特征相比后，他发现盎格鲁撒克逊人各方面都更加优越。勒庞还发展了另一种分类等级，他称之为性别分类等级。根据这种分类方法，动物、疯子、社会学家、儿童、智力衰退者和原始人被认为是下等人。

勒庞认为，"民族的精神"或"种族的灵魂"是整个社会生活的基础。一个民族、种族或一种文明都具有民族的精神，即共同的感情、利益和思维方式。国家精神是从人们心中无形的民族精神的非理性途径中产生的，并支配了一切社会制度的形式。历史就是民族或种族性格的产物，民族或种族性格是社会进步的主要力量。他认为欧洲社会日益增长的特征是群众的聚合物。个体的意识个性淹没在群众心理之中，群众心理诱发出情绪，意识形态通过情绪感染得到传播。一旦被广泛传播，意识形态就渗透到群众中个体的心理层次，使个体丧失批判能力，从而影响他们的行为；群众的行为是一致性、情绪性和非理智性的。勒庞认为他的这种观点可在现代群众和群众组织中得到证实。

15 《大癫狂》

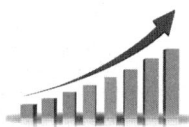

查理斯·麦基

 经典速读

本书以翔实的史料、生动的文笔,描述了发生在中世纪和近代欧洲的一些无比荒谬却又绝对真实的故事,其中也包括证券市场历史中有名的密西西比和南海泡沫事件。这一桩桩令人不敢相信又不得不信的事实,深刻地展示出了人类本性的另一个侧面:潜藏在人类心灵深处的原始冲动,总是会在不经意之间,挣脱理性的缰绳,冲开文明的堤坝,形成群众性的迷狂。在欧美诸国,即使经过了启蒙运动和科技革命数百年的洗礼,那种"大癫狂——非同寻常的大众幻想与全民疯狂",还是时时出现。证券市场中反复发生的股灾,就是再好不过的例子。本书在金融史上的地位不言自喻,在世界各地流传了近200年依然畅销不衰。它不单是一本金融投资领域的超级经典,也是一部有关人类愚行的编年史和总记录,除了对1636年荷兰的"郁金香疯狂"、1720年英国的"南海泡沫"和1720年法国的"密西西比阴谋"这3次金融投机狂潮的故事作出了生动翔实的记述外,还收集了大量从圣物崇拜、先知预言、炼金术、占卜术、催眠术士、"巫女"迫害、凶宅传言,直到十字军东征这类全民疯狂从幻想走向幻灭的历史故事。

人类有史以来最优秀的10部金融作品之一。

——《金融时报》

《大癫狂》所讲述的故事大约发生于300年以前,但是其中的情节仿佛就发生在昨天，亦或是今天刚刚发生……世事越是变迁，情况看上去越是恒久不变。

——彼得·伯恩斯坦

在那里，投机家们以奇特无比的方式斗智斗勇，在阴暗的角落进行着他们的交易，比如欺行霸市、争吵、挑衅、闲谈、用尽心机地捣乱、冲突、欺骗世人、出卖朋友，甚至上演更多的悲剧。

——约瑟夫·德·拉·维加

 内容解读

1. 初期的成功——密西西比计划的起源和初期成功

当约翰·劳在宫廷中出现时，他得到的是最衷心的欢迎。他向摄政王提供了2份备忘录，在这2份备忘录中，他指出了困扰法兰西并使之衰落的罪恶之源，认为正是由于通货不足，才导致了法国货币屡屡贬值。他断言，没有纸币作为辅助和支持，单一的金属通货完全不能满足一个商业国家的需要。他还特别引用了大不列颠和荷兰的例子来证明纸币的优越性。他用许多强有力的论据来论证信用的问题，并且提出了恢复法兰西信用的方法。当时的法国是如此之衰落，应当允许他开立一家银行，由这家银行来管理皇家每年的税收，并且在税收和不动产证券的基础上发行票据。他进一步提出，这家银行名义上应当直接由国王管理，但是要受到议会指定的专员们的控制。

这2份备忘录尚在考虑阶段之时，约翰·劳就将自己关于货币和贸易的论文翻译成了法文，并且使尽浑身解数，在全国上下竭力宣传自己作为一位金融家的声名，很快他就成为人们议论的焦点人物。

约翰·劳30多年的学习和研究被用来指导其对银行的经营管理。他的票据全是见票即付的，在发行的时候就可以与等额的金属货币兑换。最后这一招可谓神来之笔，立刻使他的票据身价倍增，价值甚至超过贵金属货币。

很快，国家的贸易也感受到了约翰·劳所带来的好处。日见衰弱的商业开始好转，有些复苏。税款的交纳也更加有章可循，并且百姓对纳税的抱怨与不满也大大减少了。在一定程度上，人们已经树立起了信心，相信这个体系不会崩溃，如果继续沿着这条道路走下去的话，只会更加有益。仅仅1年时间，

约翰·劳的票据就升值了15%。

2. 信用系统失衡——纸币脱离铸币之路

与此同时，约翰·劳开始着手策划那个让他遗臭万年的著名计划，他向摄政王提出建议，成立一家拥有与伟大的密西西比河及其西岸的路易斯安那州进行贸易的独占性特许权的公司。人们猜想，那个遥远的国度盛产贵重金属，富庶至极；而这家拥有排他性特权的公司，凭借其独有的商业机遇所带来的丰厚利润，必将成为唯一的税收包税人，成为唯一的金钱铸造者。

陶醉于成功的喜悦之中，约翰·劳和摄政王都忘掉了自古以来圣贤大声疾呼的真理——在发行银行债券时，一个银行家如果没有必需的资金作为准备，他就罪该万死。约翰·劳的银行刚刚从一家私人银行变成公共机构，摄政王就敦促它制造总额高达10亿里弗的纸币。这是第一次背叛稳健的原则，约翰·劳则为此受到了不公正的指责。事实上，当银行事务在他的控制之下时，他发行的钞票从未超过6 000万。

约翰·劳发现自己生存在一个以专制统治为特征的政府的屋檐之下，但是他尚未清醒地认识到这样一个政府可能会对复杂微妙的信用系统带来多么巨大的恶劣影响。后来他从自己的切肤之痛中体会到了这种致命的影响，但为时已晚，他只能身不由己地在摄政王的敦促下去做自己的原则绝不允许的事情。

在业务有了如此巨大的增长之后，密西西比公司认为将自己的名称更改为印度公司更为合适，并且增发5万股新股以扩充资本。现在，约翰·劳呈现在大众面前的前景再辉煌不过了，他承诺对价值500里弗的每股股票每年派发200里弗的股利。

3. 聪明的个体——逃出灾难深渊的投资人

孔蒂亲王向约翰·劳提出以纸币兑换铸币，很快，就有人由于不信任而效仿孔蒂亲王的做法。尽管孔蒂本来是要报复，却为别人树立了榜样。更加精明的股票投机人正确设想了这样一个前景——价格不可能永远上涨。

以交易资金量大而著称的伯尔登和拉·理查蒂尔神不知鬼不觉地将他们的纸币分成许多份兑换成铸币，每次兑换的金额较少，并且将铸币悄悄送到了国外，他们还尽可能多地购买便于携带运输的贵金属和贵重珠宝，并且将它们秘密地运往英国或荷兰。

一位投机商沃马立特察觉到风暴即将来临，他小心翼翼地弄到总额近100万里弗的金币和银币，将这些铸币装运到一户农夫的双轮车上，还在上面盖上厚厚的干草和牛粪，然后，他乔装打扮一番，穿上一身又脏又破的农民的大罩衫,带着自己的宝物安全地溜到了比利时。很快,他又设法将自己的宝贝从比利时运到阿姆斯特丹。

4. 走向末路——最后的暴政、混乱和崩溃

虽然政府千方百计地进行控制,贵金属仍然源源不断地被运往英国和荷兰,留在国内为数不多的铸币都被小心翼翼地保存或者窖藏起来,直到铸币的短缺变得如此严重,以至于贸易不能继续顺利地进行。在此危急关头,约翰·劳铤而走险,进行了一次大胆的尝试,禁止使用一切铸币。1720年2月又颁布了一项法令,这项法令试图重振人们对于纸币的信心,结果却事与愿违,无可挽回地破坏了纸币的信用,将整个国家推到了崩溃的边缘。这一著名的法令严禁任何人拥有超过500里弗(相当于20英镑)的铸币,违者不仅处以高额罚款,并且将所发现的全部铸币没收充公。除此以外,该法令还严禁人们购买珠宝、贵金属和珍稀的宝石,鼓励告密者检举揭发违反这一法令之人,并且保证以他们告发后所发现的总金额的一半作为奖励。这样的暴政闻所未闻,举国上下发出悲痛绝望的哀叫,令人深恶痛绝的迫害每天都在上演,家庭隐私被告密者及其代理人的入侵破坏。

那么约翰·劳的结局呢?事实上,即使在公众对密西西比股票的痴狂达到顶峰之时,他也没有以一个国家的牺牲为代价来为自己造福谋利,约翰·劳从未怀疑过他的计划最终将成功地使法兰西成为欧洲最富有、最强盛的国家,他将自己的全部收入都投资于购买法国的地产这一点也有力地证明了,他对自己计划的可靠性所具有的信心。他没有囤积任何的金银餐具或是珠宝,也不像那些不诚实的投机商一样将金钱偷偷运往国外。除了一颗价值5 000~6 000英镑的钻石以外,他所有的钱都投资在法兰西大地上;当他离开那个国家的时候,他几乎已经沦为乞丐。约翰·劳在1729年于威尼斯去世,死时的境况窘迫狼狈,下面的墓志铭就写于当时:

"一个著名的苏格兰人长眠于此,

他的计算能力举世无双,

这个人按照代数的规则,

把法国送进了医院。"

5. 炒作与操纵——南海公司的南柯一梦

麦基也向我们讲述了南海公司掀起的投机热潮。许多人在这次投机中成为富豪,也有无数人破产,时任皇家铸币局局长的牛顿,就在这次投机中失去了20 000英镑的巨额财产。

1713年的乌得勒支和约结束了西班牙王位继承之战,为英国打开了加勒比、中美洲和北部南美洲。战债由两部分组成:99年期的岁金和通常为5%年息的长期国债。长期国债的兑付进展顺利,最让人困扰的是岁金。因为岁金当时发行于困境中,他们承诺提供超常的高回报,而且附加条款规定,除非获得持有者的同意,否则不得提前赎回。

岁金的债务人渴望金蝉脱壳的办法。所以,在1711年,当有人提议把政府债券的6%转换成一家从事对加勒比、西属美洲和太平洋岛屿(统称"南海")的垄断性贸易公司的股票时,立即激起了广泛的热忱。

南海公司的董事会的主席——著名的约翰·布朗特博士——尽其所能地使股票价格一涨再涨。到处流传着关于英国和西班牙之间所订立的条约的极度夸张的言论,据说,根据条约,西班牙将赋予南海公司对西班牙的所有殖民地进行自由贸易的权利。波特西·拉·巴兹的丰富矿藏将被源源不断地运往英国,直到英国的银子变得几乎和铁矿一样充裕、丰富为止。而英国则可以用大量的棉花和羊毛制品与墨西哥的居民进行交换,墨西哥人将会为此耗尽他们全部的黄金宝藏。同南海公司进行贸易的这家商业公司将是世界上有史以来最为富有的公司,投资于这家公司的每100英镑每年都会为股东带来成百上千英镑的收益,这绝对是一笔一本万利的买卖。最后,通过这些方法,南海贸易公司的股票价格上涨到差不多每股400英镑。

南海公司的董事们尝到了甜头,他们的计谋带来了丰厚的利润,是不会不尽力提高股价而平心静气地让股票回归自己本来的实际价值的。他们忙碌的密使立刻投入到工作之中。每一个对南海公司计划的成功感兴趣的人都极力地将一大帮的听众吸引到自己的身边,向他们详细介绍南美洲海域所蕴藏的丰富宝藏。交易所里挤满了满腔热情的股民,任何一条凭着最坚定的信心编织出来的谣言都足以立刻对股价产生巨大的影响。

与此同时,数不清的合股公司如雨后春笋般在大不列颠的各个地区拔地而起,而这些公司很快就被戴上"泡沫"的桂冠。"泡沫"是百姓所能想到的最恰当、最相称的名字,老百姓津津乐道他们所起的这一绰号——没有比"泡沫"更合适的名称了。这些泡沫有的只持续了1~2个星期就销声匿迹了;有的则比这些泡沫还要短命,甚至1个星期的时间都不到,就寿终正寝了。每个夜晚,都会有新的计划被炮制出来;每个早晨,都有新的项目应运而生。

这些名目繁多的计划之中,有的项目似乎具有足够的可信度。如果是在一个人们不是那么激动而且大众的头脑没有被金钱和投机冲得晕头转向的时期,那么,这些项目可能会比其他的项目优先受到人们的追捧。但是，策划者之所以搞出这些名堂来，目的无非是要抬高股票的市场价格。策划者抓住股票上扬的机会，在第一时间将手中的股票卖出，到第二天清晨的时候，骗局已经告一段落。

在这一著名的泡沫事件发展的前前后后，英格兰各地出现了异常惊人的景象——公众的精神状态全部处于一种不健康的骚动之中，人们不再满足于按部就班、谨小慎微的行业所带来的缓慢但却势在必得的利润。这种期盼使得人们好高骛远，不再小心翼翼，而是开始大手大脚，寄希望于一夜暴富，拥有万贯家财。前所未有的奢靡之风，带来了道德的懈怠。由于股票赌博而一夜暴富的无知的人们嚣张跋扈，目中无人，让那些在精神与行为层面具有真正绅士风度的人们为之汗颜……每一张不可一世的傲慢面孔，每一次妄自尊大的无稽之谈，都被记录在案，并且得到百倍于此的贫困与侮辱的回报。

从那以后，在商业高度发达的时期，也曾数次出现过过度投机的倾向，一个成功的计划往往引发众多追随效仿之人。在一个贸易大国，从众心理总是抓住这样的成功典范，将其视为楷模，并将那些财迷心窍的人们引入难以摆脱的万丈深渊。

6. 郁金香狂潮——投机泡沫带来的灾难

起初，就像所有的赌博热潮一样，人们全都信心十足。每个人都从郁金香的交易中尝到了甜头，一个个的腰包都变得鼓鼓囊囊；投机者对郁金香"股票"价格的涨跌进行投机，并且通过在价格上涨时卖出和在价格下跌时买进而赚取了大量的利润。许多人在一夜之间成了富翁富婆。金灿灿的诱饵呈现在人们面前，以不可抗拒的美丽诱惑着芸芸众生。人们前赴后继，一个跟一个地冲进郁金香交易中心，就像一群群的苍蝇围绕着蜜糖罐子一样团团转。每个人都以为对郁金香的热情会持续下去，而财富也会从世界各地源源不断地涌入荷兰，无论对郁金香开出多高的天价，人们都会毫不迟疑地掏出钱包照单全付。

可是，到了后来，行事比较谨慎的人们开始认真思考了，他们认为这种风潮只是3分钟热度，不会持久。富裕的家庭不再将买来的郁金香种在自家花园里，而是转手以高价将之卖出，赚取差价。看来，注定有人是要接最后一根接力棒，并且要为此承担巨大的损失。越来越多的人开始接受这种判断，认为有道理并据此抛售手中的郁金香，郁金香的价格随之下跌，并且一跌不可收拾，永远也没有再涨起来。巨大的恐慌摧毁了人们的信心，使得每个交易者心乱如麻。

这些现象引起那些未卜先知者的警觉，四面八方传来悲痛与绝望的呼声，每个人都在指责自己的邻居。少数已经设法发财致富了的人悄悄地将自己的财富投资于英国或其他国家的基金中去,不让周围的人们发觉。很多人费了九牛二虎之力才通过郁金香投机得以发财致富,摆脱了以往苦难的生活,过上小康的日子,可是郁金香泡沫又迅速将他们送回到以往的生活轨道中去,恢复了昔日阴暗和愁苦的日子。相当多的富家子弟都为郁金香泡沫的破灭所累,几乎沦落为乞丐。许多贵族家庭眼睁睁看着自己家族的财产毁于一旦而无计可施。

拓展阅读

1671年,约翰·劳出生于苏格兰首府爱丁堡的一个银行世家,是家中长子。独特的家庭环境、长期的耳濡目染使得约翰·劳从小就培养起了经济头脑。从几年后伦敦报纸上刊登的一条通缉令中我们可以大致了解约翰·劳的形象:身高6英尺的瘦高个,皮肤黝黑,仪表堂堂,声若洪钟。1688年约翰·劳的父亲去世,他随后就卷铺盖离开家乡,带上遗产来到向往已久的大都会伦敦。

在伦敦,约翰·劳将大把的时间和金钱花费在赌场和情场上。直到1694年,他为了一位女子而与情敌威尔逊决斗,结果威尔逊先生当场毙命,当天他就被逮捕并被起诉。就在无休止的诉讼过程中,约翰·劳找机会成功越狱,并坐船逃往荷兰。

1704年,他一度流窜回苏格兰,于1705年在爱丁堡出版了一本小册子:《论货币和贸易——兼向国家供应货币的建议》。在这本书中,约翰·劳极力强调增加货币对于国家利益的重要性。在他看来,增加流通中的货币,对国民经济有百利而无一害。

后来约翰·劳受到法国摄政王的器重,在法国实行了他的经济主张。1717年8月,约翰·劳获得了密西西比河广阔流域的贸易特许权以及加拿大的皮货贸易垄断权,并以每股500里弗的价格开始发行股票。

1719年,约翰·劳宣布增发5万新股。他承诺,每份500里弗的股票每年派发红利200里弗。再加上股票本来就可以用公债来购买,所以一股票面价值500里弗的股票仅仅花100里弗就可以买到。这一消息一经发布,立即让整个法国陷入了投机狂潮,至少有30万人前来申请购买这5万份新股。

每天从早到晚,想要申请购买股票的人挤破了头,将约翰·劳的家围得里三层外三层。连那些高贵的爵士及夫人们也顾不得身份,天天候在约翰·劳家门口。没过多久，贵族们干脆就近租房驻扎下来，大街两边的房子的年租金从 1 000 里弗一下子涨到了 1 万多里弗。约翰·劳不得已搬了家，但是新家也立即被疯狂的人们包围了。最后，约翰·劳只好以极高的价格买下了加里格南亲王的大庄园当作交易所，亲王自己则留下了庄园的后花园，随后又通过在花园里出租帐篷狠赚了一笔。

公众如此疯狂，约翰·劳的股票价格当然是节节高升，一天之内上涨两三成是常有的事。与此同时，各种离奇夸张的小道消息不胫而走，让人分不清真假。有人说，约翰·劳家所在大街的一个鞋匠把摊位租了出去，同时向前来买股票的人提供纸笔，每天能赚 200 里弗。有 2 个德高望重的饱学之士，刚刚互相视贺没有卷入这场投机狂潮，不料隔天 2 人就在股票购买现场相见了。

但是，股票价格的上涨不可能是无限制的。当差不多所有人都拥有了约翰·劳的股票，再也没有新的傻瓜加入进来的时候，股票价格就开始暴跌了。

1720 年年初，公众对约翰·劳的信心动摇了。股价开始下跌，从最高点每股 20 000 里弗一路下降，政府宣布铸币贬值，但没什么效果。

到了 1720 年 5 月的一次国务会议上，据估算流通中的的纸币总额为 26 亿里弗，而铸币总值还不到纸币的一半。支撑不下去的约翰·劳只好同意股票和纸币一同贬值，新法令规定纸币将贬值一半，股价则从 9 000 里弗逐步降到 5 000 里弗。这一计划立即导致民众恐慌，争先恐后地抛售股票。七天后，摄政王不得不宣布此法令作废。

与此同时，约翰·劳被踢出内阁，成了一切过错的替罪羊。不久，他在家门口遭到一群暴徒的袭击，差点性命不保。这时约翰·劳已经成了人们讽刺挖苦的绝佳对象。有的歌谣让大家把纸币当卫生纸用。在一幅漫画中，约翰·劳坐在一口大锅里，四周狂热的人们把自己所有的金银竞相扔进大锅，兴奋不已地数着兑换来的钞票。

16 《股市真规则》

帕特·多尔西

经典速读

帕特·多尔西，晨星公司股票分析负责人，他是晨星股票分析师团队的领导，同时在建立晨星公司股票覆盖范围方面起到关键作用。多尔西的观点常常被广泛的媒体引用，这些媒体包括"今日美国""美国新闻与世界报道""NBC晚间新闻"以及 CNBC 和 CNN 等。

《股市真规则》是一本关于股票投资的经典书籍，主要讲述了公司价值研究、股票估值和投资策略等内容，它将帮助投资者挑选正确的股票、发现好的公司、理解不同行业后面的驱动力。它讲解了关于如何判断公司是否具备核心竞争力，如何检查公司的财务健康状况，如何给公司股票估值等一系列问题。总体上，读完这本书，你可以构建起一个完整的投资哲学。同时，该书还指出，成功的股票投资依赖于个人的训练，不依赖于别人是否赞同你，至关重要的是要有一个稳定的、有充分依据的投资哲学。

该书的股票分析方法是建立在格雷厄姆和巴菲特学派的基础上，系统阐述了公司基本分析方法和股票估值的投资方法和原则。书中给出的挑选好股票的方法和原则操作性极强，久经时间和市场考验，成就了晨星公司在美国证券市场上无可比拟的权威地位。更为可贵的是，它完全适合中国证券市场，适合中国的投资者。无论你是正准备进入股市，还是已经在股市中搏杀多年，如果你能够亲自动手按照书中的方法分析上市公司，而不仅仅是停留在浏览一下的层面，相信这本书将改变你的投资人生。

没有采用流行的花招来过分简化证券分析，没有使用学院派方式用行话把常识弄得模模糊糊，帕特·多尔西写了一本充实而实用的书。他的例子清晰，他所使用的方法是正确的、长期有效的。

——克里斯多弗·C·戴维斯 戴维斯咨询公司董事长基金经理

如果你独立思考并从被其他人遗弃的市场上寻找便宜货，你就会成为一个好的投资者，这远比按照财经出版物上短暂的吹捧而购买股票强得多。

——帕特·多尔西

 **内容解读**

1.5项原则——投资哲学建立的基础

多尔西指出，晨星公司的投资哲学建立在5个核心原则基础上。

（1）做好你的功课。在买股票之前，要花时间调查了解这家公司里里外外的情况，除非对它的情况了如指掌，否则不要买它的股票。这个原则和巴菲特的能力范围、不熟不做的原则一致。

（2）寻找具有强大竞争优势的公司。"竞争优势有助于公司把竞争者挡在外面。如果你识别出一家公司能阻挡竞争者，并且能找出持续产生高于平均水平利润的原因，你就已鉴别出了公司竞争优势的源头。"

（3）拥有安全边际。安全边际是股票的市价与我们对股票估值的差值。将"安全边际"置于投资的核心概念，来源于格雷厄姆。帕特·多尔西在本书中以可口可乐等公司为例，做了更深入的讨论。

（4）长期持有。"频繁交易的费用经过相当一段时间之后，会大大拖累投资组合的表现。对待买股票要像重大的采购，并且最好长期持有。"

（5）知道何时卖出。中国有句股谚"会买只是徒弟，会卖才是师傅。"帕特·多尔西则说，如果出现以下情况，应当卖出：你在第一次买入时犯了一个错误；公司基本面已经恶化；股价已经超出它的内在价值很多；你已发现更好的投资机会；这只股票在你的投资组合里占有太大的比例。

这里要特别指出的是，对于多尔西的卖出原则投资者不应盲目应用。因为按帕特·多尔西提出一般的标准，一项投资在投资组合中超过10%~15%，就该把它所占的投资比例降下来。对共同基金而言，受规则所限，这样操作可以理解。但对普通投资者而言，则多有不妥。

2. 7个错误——投资者应避免常见的错误

帕特·多尔西说："投资像打网球，致命的发球和大力的反手球都能赢得很多分，但这些技术带来的任何优势都可能被加倍的失误和自己的错误抵消掉。"因此，帕尔西根据自己的经验总结出了多数投资者常犯的7个错误：如虚幻的目标、相信这次与以往不同、陷入对公司产品的偏爱、在市场下跌时惊慌失措、试图选择市场时机、忽视估值，依赖盈利数据作分析。

（1）虚幻的目标。在一家公司刚刚起步的时候，要预言它是否就是下一个微软公司是相当困难的。你很可能和投资真实世界中一家多变的公司一样以失败告终，因为当一家公司刚起步时，就想洞悉它的未来是不太可能的。这也是国内投资者常犯的错误。很多投资者都试图发现下一个微软、下一个可口可乐、下一个汇丰银行而获得巨额收益，事实上正确的做法是应该关注发现股价已低于估值的可靠的公司。

（2）相信这次与以往不同。在华尔街，最昂贵的教训就是"这次与以往不同"。历史不断地重演，泡沫还是要破裂，不了解市场历史是一个重要的障碍。这个道理很简单：你必须成为市场历史的学生，才能清楚股市的未来。任何时候你听到某人说"这次与以往不同"，请你关掉电视散步去吧！

（3）陷入对公司产品的偏爱。这是最容易陷进去的投资陷阱中的一个。几年前，当人们经介绍买了掌上电脑以后，有谁不认为掌上电脑是一项伟大的投资呢？看起来似乎很合乎逻辑，但这个好产品不一定会转化成利润。掌上电脑是一种手持管理工具，界面友好，使用容易，而且买得起，但消费电子产品并不是一个有吸引力的生意，利润很薄，竞争激烈，很难产生持续的利润。

当你研究股票时，应该问一问自己："这是一个有吸引力的生意吗？如果我买得起的话，我会买下整个公司吗？"如果回答是否定的，放弃这只股票吧——不管你是多么喜欢这家公司的产品。

（4）在市场下跌时惊慌失措。股票更有吸引力的时候，通常是在没有人想买股票的时候，而不是在连理发师都能给股票开出最高价的时候。当你投资时往往有一种诱惑，就是要证实或求证其他人也在做同样的事情。但历史再三地告诉我们，当每一个人都在避开这些资产的时候，往往正是它们最便宜的时候。

违背自己的性格和意愿需要勇气，但这种勇气是有报酬的。如果你独立思考并从被其他人遗弃的市场上寻找便宜货，你就会成为一个好的投资者，这远比按照财经出版物上短暂的吹捧而购买要强得多。

（5）试图选择市场时机。帕特·多尔西认为："市场时机的选择是一个空前的神话，没有一种策略能够持续不断地告诉你，何时该入市，何时清仓离场，而且也没有人能够做到这一点，否则就会有市场选时服务机构向你招徕生意了。"晨星公司追踪数以千计基金的研究表明，没有任何一家基金在过去20年中能够持续不断地选准市场时机。虽然，一些基金也偶尔取得了很大的成功而名气大噪，但是"从来没有过基金利用一种计量模型频繁进出市场的超级成功纪录。"帕特·多尔西的研究，有力地证明了市场选时不是一个持续可行的策略。

（6）忽视估值。你买入股票的唯一理由是你认为这家公司现在的股价比卖出时的价格更具有投资价值，而不应该是你认为会有一个更大的傻瓜乐意在几个月后花更多的钱来接你的盘。

所以，减少你投资风险的途径就是注重估值，如果现在市场预期低，就可能有大量物超所值的好机会。买一只利好消息泛滥、势头正强的股票是自讨苦吃。

（7）依赖盈利数据作分析。至关重要的是现金流，而不是盈利。基于每股盈利的会计处理，可以做出公司管理层想要的利润，但是现金流却是很难胡来的。你可以通过现金流量表洞察一家公司真实的健康状况，并通过观察经营性现金流相对盈利的变化趋势，在一些会导致公司崩盘的问题爆发之前就发现它们。

要注意：如果公司在经营性现金流停滞或收缩的同时，盈利却在增长，很可能是某些事情正在变坏。

3.4个步骤——分析公司的竞争优势

多尔西是一位价值投资者，他认为投资一定要选择那些具有较强竞争优势的公司，因为竞争优势是一家公司保持优异业绩的特征。而分析一家公司的竞争优势，应遵循以下4个步骤。

（1）评估公司历史上的盈利能力。FCF：公司可以每年提取但不致损害核心业务的资金（强大的FCF是竞争优势的极好信号）；FCF/Revenue：告诉你每单位销售收入转换成超额利润的比例；净利润：算算销售净利率（净利润/销售收入），另一个角度考察公司的盈利能力；ROE：每1元投资产生的利润，好工具，注意它存在一些缺陷；ROA：度量资产转化成利润的效率。

考察上述4个指标时，注意考察多年的数据（连贯性），作为估值，至少5年，最好10年。

（2）建立竞争优势。当企业试图建立竞争优势时，企业战略比所处行业更重要。检验公司竞争优势的来源时，要不停地问"why"，从公司、竞争者和消费者的角度。一般而言，一家公司要建立足够的竞争优势有5条途径：①通过出众的技术或特色创造真实的产品差异化。多尔西认为应提防依靠独立创新保持竞争优势的公司。这类公司的竞争优势往往无法持久，因为面临的困难非常多：保持产品和技术始终领先一步，非常困难，大量研发费用……偶尔会取得巨额超额利润和股票收益，但是很难保持。②通过一个信任的品牌或剩余创造可感知的产品差异化：品牌的力量。③降低成本并以更低的价格提供相似的产品和服务。在产品和服务很难区分的情况下，低成本策略通常非常起作用。原因：工序优秀或者规模效益。④通过创造高的转换成本锁定消费者：竞争优势的精细类型，比如软件、医疗器械等。⑤通过建立高进入壁垒把竞争者阻挡在外面：专利权、特许权。

（3）能够持续多久：竞争优势的寿命。竞争优势从深度上讲是能赚多少钱，宽度上是能保持多长时间，比如说科技型公司常拥有很强但很窄的竞争优势。

（4）行业分析。对行业的基本情况、毛利率、发展阶段等具有一个初步的印象，可以寻找行业前几名的公司作大致分析。

4. 内在价值——公司价值的评估标准

多尔西认为用于估值的各种比率的最大缺陷是它们全部以价格为基础，它们比较的是投资者为一只股票支付的价格和为另一只股票支付的价格有什么不同。不管如何，比率不能告诉你一只股票实际上值多少钱。因此购买股票的标准应该是"股票以其内在价值的某一折扣价交易，不单单因为它们的价格比类似公司的价格高或低。"

（1）自由现金流。自由现金流是每年能从公司业务中拿出来而不会损害经营的资金。股票的价值等于它未来现金流的折现值，不多也不少。

（2）折现率。折现率等于政府债券利率加上风险溢价。一般来说，盈利稳定、可以预期的股票常常有高的估值，因为投资者往往以一个较低的折现率折现这些稳定公司的未来现金流，因为他们相信未来出现风险的可能性很低。

通常，使用10.5%作为一般水平公司的折现率。不要为精确性担心，只要思考你正在评估的公司比平均水平风险更高还是更低，以及风险高或低了多少，就做得很好了。作为经验值，对稳定性公司，折现率取9%，周期性公司取12%，风险性公司取15%。

（3）计算未来现金流的现值。如果用R表示折现率，第N年的未来现金

流现值就等于 $CF_n/(1+R)^n$。

（4）计算永续年金价值。如果用 R 表示折现率，g 表示现金流永续增长率，永续年金价值等于 $CF_n \times (1+g)/(R-g)$。

（5）使用折现现金流模型对公司估值。①预测公司下一个 10 年的自由现金流（FCF）；②估算折现率和永续增长率；③把这些未来自由现金流（FCF）折成现值折现 $FCF_n=$ 那一年的 $FCF_n/(1+R)^n$；④计算永续年金价值并把它折现成现值永续年金价值 $=FCF_{10} \times (1+g)/(R-g)$，折现永续年金价值 = 永续年金价值 $/(1+R)^{10}$；⑤10 年折现现金流之和加上折现永续年金价值来计算全部所有者权益价值，所有者权益价值合计 = 折现永续年金价值 +10 年折现现金流；⑥所有者权益价值合计数除以股份数计算每股价值，每股价值 = 所有者权益价值合计 / 股份数。

（6）安全边际。任何估值和分析都会发生错误，我们只有在相对我们估值有重大折扣的价位上买入，才能使这些错误的影响最小化，这个折扣叫作安全边际。

安全边际对有较强竞争优势的稳定的公司为 20%，对没有竞争优势的高风险公司为 60%，就在这样一个范围内变化。平均起来，对大多数公司来说，我们需要一个 30%~40% 的安全边际。

每一种股票投资的方法都有它的瑕疵。受过估值训练可能意味着你将失去一些极好的机会，因为一些公司长期令人振奋的表现可能超出几乎任何一家机构预测的业绩，但估值训练也会使你躲开很多像给下一个微软公司定价一样使投资者彻底失望的陷阱。

5.5 个方面——将分析公司标准化

投资者通常把分析公司看成是一项令人生畏的任务，但多尔西认为这个过程可以分解为 5 个方面。

（1）成长性。当评估一家公司的成长率时，不要被迷惑人的历史性的增长冲昏了头。确信你已经弄清楚了成长的来源，以及这种成长是否还具有可持续性。

通常，由于销售增长和进入一个新市场带来的增长是高质量的。销售增长有 4 个来源：①销售更多的产品或服务；②提高价格；③销售新的产品或服务；④购买其他公司。

如果一家公司的盈利增长在很长的阶段超过销售收入的增长，这也许是一个人造增长的信号。一定要钻研数据，看一看公司是怎样从停滞的销售增长中挤压出更多利润的。

通常,削减成本是不可持续的盈利增长来源。另外应当警惕,一次性损益会扭曲公司真实的成长性,如果一家公司的盈利在3~5年中的第一年是令人沮丧的,这家公司的成长性就可能被夸大,因为成长性是以一个降低了的基础为起点算起的。

(2)收益性。资产收益率(ROA)——销售净利率=净利润/销售收入,资产周转率=销售收入/资产,资产收益率=销售净利率×资产周转率。资产收益率显示了有两条使盈利能力更卓越的通道:提高产品的毛利率,或者加快资产周转。

净资产收益率(ROE)——财务杠杆比率=资产/所有者权益,净资产收益率=资产收益率×财务杠杆比率,净资产收益率=销售净利率×资产周转率×财务杠杆比率。一般来说,非金融类的公司在没有过多使用财务杠杆比率的前提下,能产生10%以上的净资产收益率就是值得投资的。

自由现金流(FCF)——自由现金流=经营性现金流-资本性支出。自由现金流表示一家公司的所有者可以提取而又不影响公司业务的现金数量。自由现金流与销售收入的比值超过5%,则说明公司在产生超额现金方面是坚实的。

投入资本收益率(ROIC)——税后净营业利润(NOPAT)=息前税前利润(EBIT)×(1-企业所得税率),投资资本=总资产-不附带利息的流动负债(通常是应付账款和其他流动资产)-超额现金(不是日常业务需要的现金),投入资本收益率=税后的营业利润/投资资本。投入资本收益率是衡量一家公司真实业绩最好的度量指标,它度量的是企业全部投资资本的收益率,不管资本的来源是什么。

(3)财务健康状况。权益负债率(Deb tto Equity)——即长期负债除以所有者权益的比率。

已获利息倍数(Times Interest Earned)——息税前利润(EBIT)除以利息费用,就知道公司可以为它的债务支付多少倍的利息费用。

流动比率和速动比率(Current and Quick Ratios)——流动比率(流动资产除以流动负债)简单地告诉了我们一家公司的流动性怎样,作为一般惯例,1.5或者更高一些的比率是安全的。对流动性的一个更保守的测试指标是速动比率,就是流动资产减去存货后除以流动负债,对制造业和零售公司特别有用,因为存货也许没有在资产负债表上的价值值钱。通常,速动比高于1.0意味着公司处于比较好的状态。

（4）风险情况。买股票之前，思考所有潜在的负面因素，这能帮助你在坏消息的苗头显露出来时作出更明智的决定。

（5）公司管理。①报酬——看一看公司高管现金报酬的原始水平是否合理，以及是否与公司的业绩表现挂钩。另外，相对于慷慨的股权激励计划，有严格限制的股权激励代表着更规范的公司治理，如与业绩和股价双重挂钩的万科股权激励计划。②绩效奖励——有好的治理标准的公司，在经营不好的时候会毫不客气地减少管理层的奖金，而在经营更好的时候也会毫不犹豫地增加管理层的奖金，这才是股东希望看到的。③管理层持股情况——公司主要所有者身份的管理层是最合适的。④管理层性格——管理团队对金钱的态度与他们是否会恶意对待股东的行为之间有很强的联系。要关注管理层是否诚实，在年度报告里有致股东的信，看看是否对过去一年管理层的成功和失败给出了公正的评价，或者仅是一篇无价值的东西。还有，如果一个CEO在媒体文章中，把自己标榜成公司的救世主，一定要保持警惕。⑤执行力——看过去的年报，找以前曾被讨论过的战略计划，看它们现在被执行的情况如何。⑥坦率——确信公司为了投资者能完全分析公司业务已披露了充分的信息。⑦自信——做事有别于同行或者传统观念的公司通常值得赞赏。在行业低迷时期维持研发费用支出是自信的表现。

6. 财务分析——把握财务报表中的危险信号

在浏览一家公司的财务报表时，要密切注意7个主要的危险信号。

（1）衰退中的现金流。随着时间的流逝，经营性现金流的增加应该粗略地预示着净利润的增长。如果发现经营性现金流减少而净利润还在大踏步地增长，或者经营性现金流的增长比净利润增长的速度缓慢，就要保持警觉。

（2）连续的非经常性费用。对公司频繁发生的一次性费用和记录要保持警惕。这可能是一个公开的会计诡计，它可能通过把未来的费用摊进现在的费用中提高了未来的业绩表现。

（3）连续的收购。公司做大量的收购是有问题的，因为公司无法花费很多时间核查它们的目标企业。

（4）首席财务官或审计师离开公司。也许他的调进调出是正常的，但是多数情况下，这是一个警告性信号。

（5）没有收到货款的账单。作为一般规则，绝对不应该出现长期的应收账款比销售收入增长快的情况。否则，有人为推高财务表现的可能。

（6）变更赊销付款条件和应收账款。检查对消费者变更赊销付款条件的文字，找管理层对为什么应收账款有跳跃的解释。

（7）密切注意以下7个其他缺陷。①投资收益——要与营业利润分开看；②养老金缺陷——要关注公司有多少退休人员；③养老金补充——要关注公司有多少退休人员；④化为乌有的现金流——与股票期权行权有关；⑤塞得满满的仓库——存货比销售收入上升快的时候，就要有麻烦了；⑥不好的变更——比如延长固定资产的折旧时限；⑦费用化还是非费用化——公司也可能通过把费用资本化（分到几年平摊）来隐藏费用。

拓展阅读

帕特·多尔西的行业投资清单是每一位投资者都不应错过的，这份清单有助于投资者迅速加深对行业投资的了解。

1. 医疗保健行业

（1）开发新药是费时、高成本、没有成功保证的。寻找那些有长期专利保护和有很多正在研发中的新药可以分散开发风险的公司。

（2）如果制药公司的产品目标市场有大量的患病人群或者需求明显未被满足，这就存在一个非常好的盈利机会。

（3）对一种畅销药品占销售收入很大比例的制药公司而言，要确信投资该股票时有大的安全边际。任何意想不到的研发都可能使现金流和股票价格萎缩。

（4）除非你深入了解这项技术，否则不要在生物技术公司起步阶段投资。这类公司的盈利可能是巨大的，但是迄今为止，其现金流还不可预测，在这种情况下，输得精光比赚大钱的可能性更大。

（5）不要忽视了医疗保健器材行业，这个行业里有很多公司具有竞争优势。

（6）对依赖于研发的公司（包括制药、生物技术和医疗器材）来说，现金为王。确信公司有足够的现金或者来自经营活动的现金，能够让它完成下一个研发周期。

（7）密切注意政府。任何医疗保险和医疗补助政策的调整和变化，都可能对整个行业的定价能力产生深远的影响。

2. 消费者服务业

（1）大多数消费者服务概念在长期经营中是失败的，所以，对处于商业生命周期中投机或者积极成长阶段的公司的任何投资，都需要比一般股票投资更严密地监控。

（2）小心股价已经到了高成长期的价位了。建立消费者对门店忠诚或者依赖的公司很有吸引力，蒂芙尼公司是一个很好的例子，它在珠宝零售市场上只面临有限的竞争。

（3）要比较存货和应付账款周转率，以确定哪一家零售商是超级高手。那些知道顾客的需求并知道如何使用强大的谈判能力的公司，是这个行业里值得下赌注的投资对象。

（4）密切注视那些表外债务。很多零售商在它们的账面上很少或没有债务，但是它们的全面财务健康状况也许并不那么好。

（5）当一家稳健的公司出了一份不好的月度或季度销售报表时，要注意寻找买入的机会。很多投资者对一份不好的门店销售收入结果反应过度，其原因也许仅仅是因为坏天气或者因为是与去年同期过高的数字相比。你要关注的是公司的基本面而不是股票的反应。

（6）当经济走势明朗时，公司也趋向于同步波动。当整个行业下滑时，寻找机会买入一家著名零售公司的股票，同时要对手边的名单保持警觉。

3. 商业服务业

（1）理解商业模式。了解基于技术、人力或公司的行业特点以及这些公司创造业绩的不同方式。

（2）寻找规模经济和经营杠杆作用。这些特性能够提供明显的进入壁垒并创造令人佩服的财务业绩。

（3）寻找应计收入。长期客户合同能够保证未来一些年份的一定水平的收入，它能够给财务状况提供一定的稳定性。

（4）关注现金流。投资者赚取回报最终要依靠这家公司产生现金的能力，要规避那些不能预期产生充沛现金流的投资。

（5）判断市场机会大小。有大的、尚未开发的市场机会，可以为高成长提供一个有吸引力的环境。而且，公司顺应市场发展趋势，可以预知大的、能容纳全行业增长的机会，因为对全行业参与者来说，不太可能只在价格方面进行竞争。

（6）检查增长预期。搞清楚哪种增长率是和股价联系在一起的。如果增长率是不现实的，就要规避这只股票。

4. 银行业

（1）银行的商业模式可以归纳为管理3种风险——信用风险、流动性风险和利率风险。

（2）关注经营良好的银行。投资者应当挑出那些相对于竞争对手持有巨额流动性基础资产、并为未来的坏账已适度计提了风险准备金的银行。

（3）银行损益表的不同组成揭示了财务表现的不稳定，这源于利率和信用环境等诸多因素。一般来说，经营好的银行应当在各种各样的环境下表现出稳定的净利润增长。投资者应当为能够挑选出过往记录好的银行多付出些努力。

（4）经营良好的银行会严格匹配资产和负债的时间期限。例如，银行应当用长期负债（比如长期债务或存款）做长期贷款，而不是用短期资金来做这件事。投资者应规避不这样做的贷款银行。

（5）银行业有巨大的竞争优势。它们能以甚至比联邦政府还要低的利率借钱，它们巨大的规模经济源于已经建立起来的巨大的销售分配网络。银行业资本敏感的天性阻止新的竞争者进入，而且客户转换成本高。

（6）投资者应当挑选那些有良好权益基础，有适度的、稳定的净资产收益率和资产收益率、盈利能力能稳步增长的银行。

（7）用市净率指标比较相类似的银行，可能是避免为银行股票付钱过多的一个好办法。

5. 资产管理和保险业

（1）寻找多样化的资产管理公司。那些管理着许多资产种类（比如股票、债券和对冲基金等）的公司，在经济回调期间更稳定。

（2）密切注意资产增长。确信一个资产管理人带来的资金流入比流出要多得多。

（3）寻找有吸引力的能瞄准机会的资产管理人，比如税收递延基金或者国际化投资基金的管理人。

（4）黏性资产增加稳定性。寻找高稳定性资产比例大的公司，比如国际货币投资基金或者专业化的退休储蓄基金的管理人。

（5）规模越大常常就越好。管理资产多、有长期良好记录和多种资产种类的公司，可以给客户提供更专业的服务。

（6）警惕那些比同行业平均水平增长快得多的公司（除非这种增长的原因是公司的收购）。

（7）在寿险业，一个保护投资免受风险的最好办法是考虑那些营业收入来源多样化的公司。某些产品，比如易变的养老金，显示出很强的周期性。

（8）挑出那些能够始终如一实现15%以上的净资产收益率的财产和灾害

保险公司，这是一个很好的承保约束和成本控制指标。

（9）回避再三追加储备金的公司。这种情况常常暗示，保单定价低于成本或者成本膨胀正在恶化。

6. 软件行业

（1）很少有行业的经营环境可与软件行业相比。成功的公司有极好的成长前景、逐渐扩大的利润率和财务健康状况。

（2）具有强大的竞争优势的软件公司有可能产生平均水平以上的收益率，而一流的技术在软件行业中只是最小的持续竞争优势之一。

（3）寻找那些跨越了多个商业周期还保持良好经营状况的软件公司。我们更喜欢那些已经存续了好几年的软件公司。

（4）许可收入是现在需求最好的指示器，因为它告诉我们在一个特定的时间段内有多少新的软件被售出。你要密切注意许可收入的趋势。

（5）上升的应收款天数预示着一家公司以扩大与客户的信用条件来完成交易，这是对未来几个季度收入的挤占，而且可能导致收入的亏空。

（6）如果递延收入增长减速或者递延收入余额开始下降，它可能是公司业务已经开始慢下来的信号。

（7）变换的脚步使得软件公司的未来很难预期。因为这个原因，买入之前最好是寻找以内在价值较大折扣交易的股票。

7. 媒体行业

（1）寻找能够始终如一地产生充沛现金流的公司。我们希望看到自由现金流与营业收入比率在10%左右的公司。

（2）挑选出那些在它们的主要市场有高市场份额的公司，垄断对利润来说是好的。许可证（尤其对广播行业）可以减少竞争，维持较高的利润率。

（3）寻找那些成功收购后能带来更高毛利率的公司。

（4）表现良好的资产负债表能够使媒体公司在不增加股东风险或不稀释股东股权的情况下，作出有选择性的收购。

（5）寻找那些有公正坦率的管理团队、明智的收购历史记录、使用股东资本再投资比较保守，或者通过派息和股票回购方式使用投资收益的公司。

（6）不要赶时髦。为一部风行一时的影片或者电视节目就买入一家媒体公司的股票，很少有赚钱的。

8. 电信业

（1）规则和新技术的变化使得电信业的竞争更加激烈。尽管电信业的某些领域比其他领域更稳定，但在投资之前，所有价值评估都要认真考虑资金安全问题。

（2）电信业是资本密集型行业，拥有维护和升级网络的资金对于成功来说是至关重要的。

（3）电信业是高固定成本行业，关注毛利率变化是非常重要的。

（4）无线通话时间的价格正在直线下降，运营商将继续在价格方面竞争。

9. 生活消费品行业

（1）寻找那些比竞争对手规模大且有成本优势的制造商，比如这家公司在它所属的行业里拥有占支配地位的市场份额。

（2）寻找那些能够不断成功地推出新产品的公司，如果这家公司能使这些创新产品的市场份额达到市场第一就更好了。

（3）核实一下这家公司是否在不断地做广告以支撑它的品牌。如果这家公司坚持不懈地以廉价促销产品，这可能会耗尽品牌的价值——仅仅是为了短期的收益而掏空品牌的价值。

（4）进入成熟期的公司能产生非常多的自由现金流，考察一下这些现金有多少是以给股东分红派息或者股票回购的形式回报给投资者的。

（5）当生活消费品行业的股票有20%~30%的安全边际交易时，可寻找买入的机会。

17 《彼得·林奇的成功投资》

彼得·林奇 / 约翰·罗瑟查尔德

经典速读

《彼得·林奇的成功投资》是最受普通投资者欢迎与推崇的投资经典之一。这本书的内容对普通散户极具吸引力,例如书中指出,普通投资者只要动用3%的智力,即使没有富裕的金钱、良好的专业教育,也一样可以获得良好的投资回报,甚至超过华尔街的专家,而普通投资者更有机会在生活中早于专业投资者发现上涨10倍的大牛股。

这本书由三部分构成。

第一部分,投资前的准备工作。讲述个人投资者如何评价自己作为选股者的能力,怎样估计竞争对手的情况,如何比较股票与债券的风险大小,怎样估计自己的资金需求以及如何形成一个普遍适用的成功选股策略。

第二部分,选择发展前景良好的公司的股票。主要讲述如何找到最佳的赚钱机会,如何才能更加有效地发挥经纪人的作用,如何使用年报进行分析,如何利用那些能带来最好收益的其他资源,以及如何对待那些经常在股票的技术分析中用到的各种数据。

第三部分,长期投资观点。主要讲述如何设计资产组合,如何跟踪分析你已经感兴趣公司的情况,何时是减仓和补仓的最佳时机,期权和期货的不利之处等。

《彼得·林奇的成功投资》自出版后的10年间，销量超过百万册，畅销全球。

这本书系统讲述了一套简单易学的股票投资策略，利用自身优势，在工作场所或消费时就能发现优秀的公司。

它将股票分为6大类型并逐一分析，总结出10倍股的13个特点，提醒避开6种危险股。

它还提到了如何构建投资组合，应持有的合理股票数量，买入、卖出股票的最佳时机。

内容解读

1. 必先利其器——投资前的准备工作

古语说：工欲善其事，必先利其器。彼得·林奇提醒投资者，要想获得股票投资的成功，投资者在入市前就一定要做好万全的准备，这样才能最大限度地规避风险。

做好心理准备是成功的必要保障，投资者在投资之前一定要明确以下9个问题。

（1）小投资者总是更易于在不恰当的时候产生悲观或乐观的情绪。如果他们打算在行情上涨的市场中投资，而逃离行情下跌的市场，往往会事与愿违。

（2）股票投资是一门艺术，而不是一门科学。不要赌博，用你所有的积蓄买一些好股票，并且等到它上涨，然后卖掉。如果它不上涨，就不要卖它。

（3）无论何时你都在与专家们竞争。

（4）内部人员购买公司的股票的情况通常表明该公司的经营状况不错。

（5）投资时最重要的是当你投资策略失败时，要让自己的损失尽可能少。炒股要有自信，没有自信就会失败。

（6）不适当的时候买了错误定价的绩优股也会让你损失惨重。

（7）通常在炒股的风险非常大时，人们更容易把它当成一种谨慎的投资。

（8）建议急躁而鲁莽的投资者离开股市。投资股票不是一种赌博。

（9）60%的股票走势被预测成功，就可以创造一个让人羡慕的纪录。随时间推移，如果投资方法正确，则可以减少股票市场的风险。进行股票投资最大的好处是，当投资决策正确时其回报是惊人的。只要你拥有股票，新的机会就会不断出现。

为了避免因投资失败而陷入窘境，投资者在投资之前，先要解决3个问题。

（1）买房子没有？买房子是一项最有可能做好的投资，也是一种很好的赚钱方法。因为人们在买房子的时候通常会花费相当多的精力和时间，来确保买的是好货色。而且房子和股票有些方面很像，比如长期持有会升值。但房子不像股票那样会轻易出售造成不能坚持持有以获得利润。

（2）是否急着用钱？你只能将你不急着用的，能够承受损失的钱投入股票。应该预留下需要的生活费用、孩子学费等。

（3）你有炒股赚钱的能力么？这是最重要的一个问题。所谓能力，是指耐心、独立精神、基本常识、忍耐力、坦率、超然、坚持不懈、灵活的脑袋、不受影响、主动承认错误的精神以及不受别人慌乱影响的心态。

不要轻视了这一点，要知道很多时候，投资失败就是由于无法克服人性的弱点造成的。比如说，粗心大意的投资者往往在上涨后洋洋自得买入股票，在下跌后慌张放弃手中的股票。而真正的反向投资者会等待事态冷却后再去购买那些不被人所关注的股票。投资的窍门不是要学着去相信别人，而是要约束自己不去理会别人都在说些什么。只要公司的经营情况没有什么根本变化，你就要一直持有你手中的股票。

彼得·林奇还给了投资者最后的忠告。

（1）事后的准备只是一种补救的方法，它只可以避免已经发生的情况再次发生。但下次的情况永远也不可能跟上一次完全一样。你不可能为下一次情况做任何的准备。

（2）预测市场的短期走势是没有意义的。寻找赚钱的大公司，这样的结果是即便在非常差的市场中也赚到了钱。股票的长期回报可以预测，并且比长期债券的回报要高；在股票市场上，选准一只股票就已经可以了。

（3）你应下工夫去选择一只好股票而不要去管整个市场情况。因为市场自己会运行得很好。

（4）所需要的唯一购买信号就是找一家自己喜欢的公司。在这种情况下，买股票的时机永远不会太早或太迟。

（5）投资是向公司投资，而不是向市场投资。

2. 作好财务分析——最大程度扩大赢面

林奇认为，投资者在作股票投资时应该从企业的基本素质、财务报表等多方面、多角度去了解企业，以动态的眼光去衡量公司股票定价的合理性，从而作出适当的投资决策。

那么在对目标企业进行财务分析时，投资者应该关注哪些方面呢？

（1）某产品在总销售额中占的比例——当我们由于一种特殊的产品对一家公司产生兴趣时，首先要弄清楚，这种产品对这家公司的重要性究竟有多大？这种产品的销售额占公司总销售额的百分比是多少？

（2）市盈率——一个精练有效的投资原则：任何一家公司股票如果定价合理的话，市盈率就会与收益增长率相等。如果公司股票市盈率低于收益增长率，那么你就可能为自己找到了一只被低估的好股票。

（3）现金头寸——现金数量多少本身并不能表明股票的投资价值有什么不同。大部分情况下，按照流通股本总数计算出的每股现金数量很少，根本不值得考虑。发放股息，回购股票，多元化并购。

（4）负债因素——公司有多少负债，负债与股东权益之比是多少？事实上，林奇非常重视公司是否有足够的现金流，在他看来，用流动资产中的现金账项去除以流通股本所得到的每股净现金值，非常重要。

（5）股息——不管在什么样的经济危机中，长期派息又不断增加股息的蓝筹股都是受欢迎的。对于想在工资薪水之外经常得到一笔额外收入的投资者来说，派发股息的股票当然比不派发股息的股票更受青睐，一家有着二三年定期提高股息历史记录的公司是你的最佳投资选择。投资者青睐派发股息的股票的另一个理由是：派发股息的股票更具有抗跌性，如果没有派发股息会导致股价更大幅度地下跌。除此之外，一些小公司由于不派发股息可能会增长更快，他们把本来应该用来派发股息的资金用来进一步扩张新业务。

（6）账面价值——搞清楚公司的账面价值是否被高估？比如纺织厂积压的布料，尽管它的账面价值是4美元但实际上没人买，对公司的增长是完全没有好处的。公司的财务报告上的账面价值往往与公司的实际价值没有什么关系，账面价值经常严重高估或者低估公司的真实价值。当你为了账面价值而购买一只股票时，你必须仔细考虑一下那些资产的真实价值是多少。

（7）隐蔽资产——林奇认为一些公司的账面价值也会经常低估公司资产的真实价值，而在这种公司的股票之中你可能会找到隐蔽资产型的大牛股。例如，公司拥有的自然资源，如土地、木材、石油或者贵金属的入账价值往往只有其真实价值的一小部分而已，再比如公司的商誉价值、特许经营权、产品专利，这些都是公司资产的组成部分，但也常常会被忽略或低估。在一家大型母公司全部或者部分控股的子公司里面也会隐藏着严重低估的隐蔽资产。一家公司拥有的另外一家独立公司的股份可能也是一项隐蔽资产。

3. 彼得·林奇选股方法——分门别类制定操作策略

在《彼得·林奇的成功投资》一书中，作者不着痕迹地从案例过渡到价值投资的主题探讨之中。林奇详尽而系统化地介绍了他选股的程序，以及不同类型公司的选股操作要点。

林奇在分析股票时，总是首先确定这个公司股票所属的不同类型，然后相应确定不同的投资预期目标，再进一步分析这家公司的具体情况，分别采取不同的投资策略。因此，林奇认为："将股票分类是进行股票投资分析的第一步。"

林奇分析公司业务的方法主要是根据公司销售或产量的增长率将其划分为6种类型公司的股票：缓慢增长型、大笨象型、快速增长型、周期型、资产富余型以及转型困境型。

（1）缓慢增长型公司：这类公司一般定期支付较高的股息。如果要购买这类股票，主要还是为了股息，那么应该考虑的是，这家公司是否一直都有增加股息，不管公司情况好坏，经济是否衰退。

（2）大笨象型公司：一般来说，这类公司都是规模巨大的巨型公司，很难倒闭。林奇等这类公司的股票上涨了30%~50%就会把它卖掉，然后购进还未上涨的同类型公司股票。总保持一部分的该类股票，以防经济不景气时资产组合的价值下降太多，因为该类公司股票价格相对稳定。

（3）快速增长型公司：一般规模较小，有活力，公司比较新。一般选择资产负债表良好又有巨额利润的公司，然后关键是要算出他们的增长期何时结束及其资金代价。购买这类公司主要应考虑公司如何才能保持快速的增长。

（4）周期型公司：比如航空、钢铁、汽车、化学等。了解它正处于何种周期是关键。购买的话，应该考虑目前的行业情况是否有了好转，以及这家公司新近的情况是否和市场一样在好转。

（5）资产富余型公司：不仅是账面上的资产，比如土地、现金、矿产、某开发权等等，还包括一些无形资产，比如用户数量等一些难以用数字准确估量的资产。购买的话，应了解它的资产究竟是什么以及它的价值是多少。

（6）转型困境型公司：是已经受到沉重打击而衰退的企业。这类公司一旦成功转型，它将会赚一大笔钱，这一点比较好理解，就如同国内的ST板块股票，重组是永远的话题。投资这类公司的话，应该考虑公司的补救计划是否已经奏效，资产和收益是否已经增加。

林奇提醒投资者，一家公司的增长率不可能永远保持不变。一家公司并不总是固定地属于某一种类型。在不同时期，在公司发展的不同阶段，公司的增长率在不断变化，公司也往往从最初的类型后来转变为另一种类型。

请记住林奇的忠告："绝对不可能找到一个各种类型的股票普遍适用的公式。""不管股市某一天下跌50点还是108点，最终优秀公司的股票将上涨，而一般公司的股票将下跌，投资于这2种不同类型公司的投资者也将得到各自不同的投资回报。"

4. 寻找10倍股——林奇选择投资目标的标准

彼得·林奇在书中提出了一个诱人的目标：寻找10倍股。他凭自己几十年的从业经历告诉我们："开始寻找涨10倍的最佳地方就是在自己住处的附近：不是在院子里就是在大型购物中心，特别是你曾工作过的每一个地方。普通人一年中可能会碰到两三次有希望的赚钱机会，有时可能还会更多。"

一般来说，10倍股公司有以下13个特征。

（1）名字听起来很傻，或者说的好听一点，听起来很可笑。

（2）公司的业务属于"乏味型"。

（3）公司的业务属于"令人厌烦型"。

（4）通过抽资摆脱做法独立出来。

（5）机构投资者不会购买它的股票，分析家也不会关注其股票的走势。

（6）关于公司的谣言很多的股票。

（7）经营的业务让人感到郁闷。

（8）增长率为0的行业（缺乏竞争，容易做大）。

（9）它有一个"壁橱"，有保护的公司（比如专利、地区优势）。

（10）人们要不断购买它的产品（药品、饮料等）。

（11）它是高技术产品的用户，生产中运用高技术（可以节省成本）。

（12）本公司的职员购买它（代表对公司的发展有信心）。

（13）它在回购自己的股票（林奇认为，如果公司对将来的发展有信心，也可以像投资者一样投资自己公司的股票，回购和增发相反，会增加股东的权益）。

此外，林奇还给出了他避而不买的股票公司类型，如下所示。

（1）高增长和热门行业中无法利用专利或"壁橱"来保护的公司。热门股票涨得很快，跌得也很快。

（2）小心那些被吹捧成某某公司第二的股票。

（3）多样化恶化的公司（就是那些尝试多样化经营但不成功的公司，不能产生协同作用的收购，林奇喜欢主营业务简单的公司）。

（4）被小声议论的股票（风险很大，为什么不等它的前景被确定是光明的再投资呢）。

（5）小心供应商公司（产品有25%以上供应一家公司，会造成再定价方面没有发言权，影响公司收益，失去一个客户会造成很大的影响）。

（6）小心名字花哨的公司（名字花哨的公司会从一开始就吸引大批机构投资者，使得投资也许不那么成功）。

5. 确定投资组合与买卖时机——彼得·林奇的投资观点

林奇认为，每个人应该根据自己的情况来设计自己的投资组合，不仅如此，组合还应该随年龄增长而改变。

对于投资者来说，寻找一种固定的模式不是投资的关键，投资的关键在于根据实际情况分析某只股票的优势在哪里，并且尽可能多地持有下列公司的股票：①你对该公司有一定的了解；②你通过研究发现这家公司拥有良好的发展前景（对小投资者来说，愚蠢的多元化投资如同恶魔一般可怕）。

与巴菲特的投资理念不同，林奇认为，投资于一只股票是不安全的，扣除成本和佣金之后，一般投资股票将获得12%~15%的回报，一般小的资产组合中应该含有3~10只股票为宜。但是拥有的股票越多，资产组合调整的弹性就越大，其中出现TENBAGGER的概率也越大。通常，林奇的基金资产中30%~40%是增长型公司，余下的中间有10%~20%是大笨象型公司，10%~20%是周期型公司，剩下的是转型困境型公司。一句话，分散投资是使投资风险最小化的一种办法。

除了分析投资组合外，彼得·林奇还详细阐述了自己在股票买卖方面的心得。

林奇认为，购买一只价格高估的股票是一件不幸的事，因此投资者都应掌握抓住买卖时机的技巧。

买入股票的最佳时机总是当你自己确信发现了价位合适的股票的时候。林奇的方法简单。他认为合适的买入时机有2个：年底和市场崩盘、回落、微跌、直落时期。前者是因为年底有低税拍卖并且机构会在年底调整仓位清理股票组合。后者关键是要能顶住心理压力，如果真的能做到便将把握住不常见的购入良机。

在卖出的时机上，林奇坚决反对设立止损点。在他看来，一旦因为股价下跌10%就抛出，那就真的成为损失，而且在抛出之后你将看到股价反弹。这点和另一位投资大师威廉·江恩完全不同，江恩认为很多人不能从股市赚钱的重要原因之一就是没有设立止损点，从而在股价持续下跌之后导致积重难返。而在林奇看来，如果你清楚地知道自己购买某只股票的原因，那也就清楚地知道了抛出的合理时机。他说过："这些日子如果我被股票市场的一些现象所迷惑，我就会回想一下自己最初购买某只股票的理由。"

6. 对投资的误解——清除你头脑中的错误认知

林奇认为，有12种对股价的认识是非常危险的，带着这些错误的观点去操作股票，只会增加投资的风险：

（1）如果股价已经下跌了这么多，它不可能再下跌了。

（2）你总能知道什么时候股市到了底部。

（3）如果股价如此之高了，怎么可能再进一步上升呢？

（4）买低价的股票，我能失去什么？糟糕的便宜股跟糟糕的高价股在下跌过程中同样危险。

（5）最终股价会回来的。

（6）黎明前的时候总是最黑暗的。但有时黑暗之后，还有更黑暗的时候。

（7）当股价反弹回来就将其卖出。

（8）我有什么可担心的，保守的股票不会波动太大。

（9）可能要花长一点时间，有些事情才可能发生。待你放弃后，一些重大利好消息就会发生。

（10）我已经赔了这么多钱，我不再买股票了。

（11）我已经错过了一只好股，我一定要抓住下一只。

（12）股市上涨，所以我一定是对的；股票下跌，所以我一定是错的。短期炒作与长期投资相比是两码事。当你购买一只股票后，其股价上下波动只能说明有人愿意付更多或更少的钱去购买同一商品而已。

拓展阅读

你是否听过彼得·林奇有趣的"鸡尾酒会"理论？这是多年来林奇在家里举办鸡尾酒会，听离他最近的10个人谈论股票时总结出来的奇特的股市周期理论。

"在市场经过一段时间下跌之后，没有人期盼它能再次上涨时，人们都不谈论股市了。如果这时有人过来问我将怎样谋生，我会回答'试试买点基金'。他们听完后会很有礼貌地点点头就走了。即使不走，他们也会很快把话题转到即将进行的大选，或者天气情况之类，很快他们就会同旁边的一位牙医谈起有关治疗牙斑的问题。"

当10个人宁愿与牙医谈论有关治疗牙斑的问题，而不愿意与一位基金经理谈论股市的时候，在林奇看来，股市极有可能出现转机了。

当股市已经开始反弹上涨15%的时候，几乎没有人注意。林奇依然会告诉大家去买点基金，但新到的客人只会在去和牙医谈话之前，在林奇的身边多逗留一点时间，只是为了和他谈论一下股市有多大风险。这时人们谈得更多的依然是治疗牙斑而不是股市。

"到了第三个阶段，股市已经上升了30%，一大群兴致勃勃的人整晚都围在我身边，而忽视了牙医的存在。许多热情的客人把我叫到一边，问我该买哪只股票，甚至牙医也这样问我。酒会上的每个人都把钱投在了某一只股票上，并且他们都在谈论股市的走势。

"第四个阶段，所有客人都簇拥在我周围，但这一次是他们都来告诉我应该买哪只股票，甚至是牙医也会给我推荐三五只股票。当然这些股票仍在上涨。但当邻居们都来告诉我应该买哪只股票并希望我听从他们意见的时候，征兆已经很明确——股市已经达到高点并且是到了该下跌的时候了。"林奇说。

18 《摩根财团》

罗恩·彻诺

经典速读

《摩根财团》以广泛的采访和新开放的家族和商业档案为基础,展现了史诗小说般的宏大场面和磅礴气势,追溯了J·P·摩根帝国从维多利亚时代在伦敦默默创业开始,一直到1987年股市崩溃时期的历史。

本书是一卷丰富的历史全景图,描述了摩根四代人和他们所创造的威力巨大而又秘不外露的公司——J·P·摩根公司(摩根担保公司)、摩根士丹利和摩根建富。本书还表明了在第二次世界大战结束以后,摩根的诸公司如何从绅士风度的典范演变为一个充满着敌意兼并、垃圾债券和杠杆收购的咄咄逼人的新世界中的先锋。最后一部分循着摩根进入日本、法国、沙特阿拉伯和巴西的足迹,描绘了摩根各公司与许多著名人士的交往,其中包括亨利·福特、鲁珀特·默多克、阿德南·卡舒吉和保罗·沃尔克。

《摩根财团》引人入胜地叙述了一个不寻常的机构及其管理者,鞭辟入里地审视了隐藏在历史事件、著名政治家和在一个半世纪以来改变了世界的众多工业帝国背后的真正的威力——金钱。

《摩根财团》一书叙述银行和金融社会150年中的历史,囊括了华尔街和伦敦金融区的历次景气和恐慌,对现代金融世界的兴起所作的铺陈深入透彻,令人手不释卷。

《摩根财团》荣获1990年美国国家图书奖,也许是迄今为止有关美国银行王朝历史的第一部鸿篇巨制。

 **内容解读**

1. 借势借力——善用政府力量来扩张

权力和财富的关系从来就密不可分,摩根财团的政治冲动也和有利可图的机会完美地结合在一起了。

摩根财团的创始人老摩根出生于一个金融世家,祖父和父亲都一直从事银行和保险业。150 年来,老摩根和他的后代都极善于利用政治和权术来达到经济上的目的,从而使得摩根财团的规模得以迅速膨胀,成为主宰华尔街乃至全球的金融霸主:在两次世界大战中,摩根成为超脱交战双方的通吃赢家;在两次毁灭全球的经济危机中,摩根两度使美国经济起死回生;直至今日,在 2008 年全球金融风暴中,摩根扩张了自己的势力范围……

摩根让全球众多的总统和亿万富豪成为他们的棋子与工具;摩根开创了由家族成员之外的人担任 CEO 的先河,成为家族企业基业长青的范本;作为世界上第一个用电灯照明的家庭,装灯泡的电工是爱迪生本人;而老字号摩根总部,则一直无比低调地坐落在华尔街拐角处,至今连招牌也没有。

1861 年,美国爆发南北战争,老摩根乘机向政府大肆推销各种枪支弹药,大捞了一笔钱,这些积累成为摩根财团日后四处扩张的资本。在第一次世界大战中,摩根公司利用其在国会中的关系,独家包办了美国对西欧的金融业务。摩根公司先后为英法政府筹措战债 30 亿美元,仅此一项的佣金就获利 3 000 万美元。在第二次世界大战中,摩根财团是政府最大的军火承包商。

正是由于以摩根财团为首的军火商在国会的游说,才最后促成了美国政府通过对盟国的"租借法案"。第二次世界大战中,美国依据租借法案向盟国提供了本息总计近万亿美元的武器和资源,谁又能知道,摩根财团在其中的进项有多少?二战后,摩根财团也从来没有停止过军火生意。美国政府战后在世界各地发动的大小战争中,到处都有摩根财团经手买来的武器,在越南战争爆发后,摩根财团下属的通用电气公司仅 1967 年 1 年就接受了 14 亿美元的订单。做金融垄断生意也好,做军火承包商也好,这些一本万利的生意,如果没有政府做后台,怎么可能都落到摩根财团的手中!摩根财团很早就参与政治高层圈子的活动。老摩根是克利夫兰总统的主要财政顾问,直接干预白宫经济决策。

20世纪初，老摩根又把西奥多·罗斯福捧上总统宝座。为了报恩，这一届罗斯福政府处处遵从摩根财团的指示。伍德罗·威尔逊总统也是得到摩根财团的支持才得以压倒对手上台的。摩根财团后来促使这届美国政府参加了第一次世界大战。赫伯特·胡佛是摩根财团用钱推上政治舞台的，最终也成为摩根财团的代言人兼美国总统。20世纪50年代，在杜鲁门政府中，先后3个国务卿都与摩根财团有瓜葛。艾森豪威尔政府的3个国防部长都与摩根财团有密切关系。由于摩根财团在20世纪上半叶牢牢地控制了政府，才得以使它受到种种经济保护，并拿到源源不断的政府订单，从而牟取暴利。

摩根财团的主要势力集中在西欧和加拿大，但在19世纪及20世纪上半叶的殖民主义时代，摩根财团也将扩张的步伐迈进了那些落后的亚非拉国家。比如在我国清政府时期，它曾经取得广州至汉口的铁路建筑权，后因为我国群众发起声势浩大的抗议运动而作罢。但摩根财团还是乘机向清政府索取了600多万美元的赔偿。它下属的公司在旧上海设立的爱迪生灯泡厂、慎昌洋行、钢车公司，都是当时上海滩赫赫有名的企业。当然，摩根财团在中国的经济利益和种种特权，随着1949年新中国的成立而烟消云散。

摩根财团利用1893年的经济危机，取得通往美国西部铁路的修筑专营权，从而控制了美国铁路总长度的30%。1901年，它又收购了13个钢铁企业，组成了世界上最大的钢铁工业垄断组织，当时世界上最大的一些钢铁公司（如美国钢铁公司）都在摩根财团的控制之下。到第二次世界大战前，它已经统治了美国的金融业和钢铁、电气、运输、电信等部门，总资产达300亿美元之多，占当时美国最大八家财团总资产的一半，堪称巨无霸财阀，其势力发展到顶峰。

2. 完成垄断——整合无序竞争产业的金融手段

南北战争结束后，美国钢铁业发展迅速，其后的美西战争和布尔战争令钢铁价格一路上涨，利润猛增，兼并事件比比皆是，但无序的价格战也由此出现。摩根认为，要想在钢铁工业中建立正当的秩序，必须进行更大规模的兼并与改组。

为此，他首先选择了约翰·沃恩·盖茨拥有的美国钢铁—铁丝公司。摩根用拉拢盖茨律师等多种方法威逼利诱达成了一个协议：在美国钢铁—铁丝公司之上，成立一个联邦钢铁企业，其中包括全美265家钢铁企业。

接下来，摩根以此为资本，开始了那场和安德鲁·卡内基家喻户晓的谈判，最终以4亿美元收购了后者的钢铁公司。1901年，摩根自己的美国钢铁公司终于正式成立。

为了使公司加速运转，摩根一方面制定高额产品价格，以挤压中小钢铁公司的方式抬升了行业门槛；另一方面趁这些中小公司财务吃紧时，继续收购——美国钢铁公司一举吞并了700多家相关钢铁企业。

此后，摩根的美国钢铁公司马上开始降价，这种策略相当奏效，公司鼎盛时期，董事会控制了全美3/5的钢铁生产，可以决定近17万钢铁工人的命运。而美国钢铁公司也成为美国有史以来第一家资产超过10亿美元的工业公司。

如今，垄断时代终结，世界商业权力也已分散到不同机构。正如《摩根财团》中所言：今后再也不会有哪家银行能像摩根财团那样强大、神秘和富裕。

3. 组织结构——摩根家族体系管控

第一次世界大战结束后，伴随着美国成为大债权国，企业合并的浪潮又高涨起来。到1923年，这种浪潮更迅猛推进，在世界大恐慌开始的第一年（1929年），摩根体系金融资本又是怎么分配的呢？摩根家族体系包括银行家信托公司、保证信托公司、第一国家银行，总资本达34亿美元。

摩根同盟总资本超过48亿美元，由国家城市银行、契约国家银行构成，摩根同盟与摩根家族系被总称为摩根联盟。

摩根联盟中，以摩根公司为轴，进行董事连锁领导，5大金融资本以下，超过20万的主力金融机构互相联结，这样就构成结构庞大、组织严密的"摩根体系"。这一金融集团占有全美金融资本的33%，总值竟达200亿美元！还有125亿美元保险资本，占全美保险业的65%。

摩根财团在金融业方面拥有雄厚的基础。其主要支柱是J·P·摩根公司。摩根公司是世界最大跨国银行之一，在国内有10个子公司和许多支行，还有1 000多个通信银行。在国外约20个大城市设有支行或代表处，在近40个国家的金融机构中拥有股权。其经营特点是大量买卖股票和经营巨额信托资产。它控制着外国37个商业银行、开发银行、投资公司和其他企业的股权。此外，还有制造商汉诺威公司、纽约银行家信托公司（也称美国信孚银行，1998年德国最大的商业银行——德意志银行经美国联邦储备委员会批准，出资102亿美元兼并美国信孚银行）、西北银行公司（1998年与富国银行合并）、谨慎人寿保险公司以及纽约人寿保险公司等。在工矿企业方面主要有国际商用机器公司、通用电气公司、美国钢铁公司以及通用汽车公司等；在公用事业方面则有美国电话电报公司（AT&T）和南方公司。

生产事业方面，全美35家主力企业中有摩根公司的47名董事。这些企业包括US钢铁、GM（通用汽车公司）、肯尼格特制铜公司、得州海湾硫黄公司、大陆石油公司、GE（通用电气）等。

摩根公司在铁路上的渗入已是人尽皆知了，同时，服务业方面它还拥有联合公司、ITT（国际电话电信公司）、全美电缆、邮政电缆、AT&T（美国电话电报公司）等。

摩根同盟的两大银行——国家城市银行和契约银行有510亿美元总资产，它们下属的亚那科达铜山、美国香芋、古巴及美国的砂糖、西屋电气、联合金属碳化物等主要托拉斯企业也属于摩根联盟。

一项统计显示，大恐慌前的摩根体系拥有740亿美元总资本，相当于全美所有企业资本的1/4。167名董事，从摩根公司走出来，控制着整个摩根体系，贯彻着"华尔街指令"，确立着可以掀翻白宫的霸业。

4. 摩根士丹利公司——摩根财团的耀眼"明珠"

摩根士丹利公司是一家成立于美国纽约的国际金融服务公司，提供包括证券、资产管理、企业合并重组和信用卡等多种金融服务，目前在全球28个国家的600多个城市设有代表处，雇员总数达58 000多人。摩根士丹利在全球金融界享有盛誉。它提供金融及市场执行方面的专业优质服务，构建起一个高效的金融网络，并凭借摩根的理念和雄厚资金为实现客户的金融目标而努力奋斗。

摩根士丹利是摩根银行受到《格拉斯—斯蒂格尔法案》的压力催生出的产物，70多年前的1935年春天，在缅因州岸边的小岛农场里，摩根财团作出了不可变更的决定：将摩根银行拆分成两部分：一部分为J·P·摩根，继续从事传统的商业银行业务；另一部分被分离出成立一家完全独立的投资银行，名叫摩根士丹利。

当时有20人走出摩根银行组建了摩根士丹利，高级职员几乎完全掌握了50万美元的普通股，真正的启动股本金是700万美元没有投票权的优先股。在公司开业的头天晚上，一个看门人准备了一张桌子来接受客人的鲜花。第二天他来上班时发现，摩根士丹利公司门前的街道已经摆满了200多个花篮。摩根士丹利的竞争者和华尔街的同僚用这种方式表达了他们的敬意。

第一个星期内来谈业务的公司太多了，以至于当一个大公司的董事长来谈融资一事的时候，哈罗德·士丹利说："让他下星期再来吧"。在开业的第一年里，摩根士丹利令人咋舌地接手了10亿美元的发行业务，席卷了1/4的市场份额。当时公司只有20名员工。

从1935年至1970年，大摩一统天下的威力令人侧目。今后再也不会有哪个投资银行能与之相提并论。它的客户囊括了全球十大石油巨头中的6个，美国10大公司的7个。当时唯一的广告词就是"如果上帝要融资，他也要找摩根士丹利。"因此，有人说"摩根士丹利继承了美国历史上最强大的金融集团——摩根财团的大部分贵族血统，代表了美国金融巨头主导现代全球金融市场的光荣历史。"因此，《摩根财团》一书认为，"摩根的战略就是使得客户感觉到自己获准加入了一家私人俱乐部，而其账户就相当于贵族社会的成员卡一样。"

1974年，摩根士丹利进行了第一次敌意大兼并，就由此主宰了敌意收购这个蛮横的世界。其后的20多年里，大摩一直是美国头号兼并顾问。在2000年之前，它的股本收益率超过30%，一直被列为上市证券公司中效益最好的。

直到2008年9月，摩根士丹利受次贷危机影响经美联储同意转变为传统银行控股公司。

5. 精于计算——从经济危机中牟利

在摩根财团的发展史上，曾经遇到数次经济危机，但是摩根财团不断恐慌中寻找"机遇"，结果不但安然度过危机，甚至还从中找到了谋利机会。

美国在1837年、1857年、1873年和1893年连续发生"经济恐慌"，就是由于"银行家们有规律地放松银根，等待经济过热产生严重泡沫后又收缩银根"制造的结果。金融寡头们在精确计算这次金融危机的时间和预计成果："首先是必须能够震撼美国社会，让事实说明，没有这样的中央银行，美国社会是多么地脆弱；其次能够挤垮和兼并中小竞争对手，特别是信托投资公司，再一次就是得到垂涎已久的企业或行业。"

1907年危机爆发前的几个月，纽约的"摩根系"一直在伦敦与巴黎之间度假，会晤各大国际银行家。等他们回到纽约，即1907年10月，有关"几个重要投资公司破产"的流言迅速像病毒一样蔓延，出现"挤兑风潮"，现金严重短缺，银行也要求投资公司立即还贷，危机开始爆发，到10月24日，纽约交易所几乎停盘。

这时摩根以救世主的身份出现。纽约证交会主席来到摩根的办公室，祈求出手帮助解决资金困难，否则关闭股票市场别无他路。经过开会，16分钟筹集2 500万美元，以"高息发放借款，解决资金短缺"，挽救了"纽约证券交易所"。但是有8家银行和信托投资公司倒闭。摩根又到纽约清算银行，以"发放票据"作为临时货币应对严重的现金短缺。

随后的11月2日，以同样的手法，"摩根"为拯救风雨飘摇中的濒临倒闭"摩尔斯莱"公司（是田纳西矿业和钢铁公司的主要债权人，拥有田纳西、佐治亚、亚拉巴马州的铁矿和煤炭资源），提出"一揽子方案"，这将大大加强摩根控制下的"美国钢铁公司"的垄断地位。但这个方案必须得到总统的批准，逃脱垄断法案的制约。于是 11 月 3 日（星期日）晚上，摩根派人到华盛顿，劝说"对反垄断一点都不含糊"的总统西奥多·罗斯福："务必在 11 月 4 日纽约股票市场开盘之前，批准'拯救摩尔斯莱公司一揽子方案'生效"。摩根的态度很明确，也就是必须按时批准。

结果，在巨大金融和政治危机面前，总统顾及其产生的巨大影响，离周一开盘前 5 分钟被迫签署城下之盟。当天股市闻讯大振。

每一次金融危机都是蓄谋已久的精确定向爆破，光彩夺目的崭新金融大厦总是建筑在成千上万的破产者的废墟之上。当时摩根以 4 500 万美元超低价吃下"田纳西公司"，其实际市值在 10 亿美元以上。

拓展阅读

摩根财团著名的人物约翰·皮尔庞特·摩根从年轻时就敢想敢干，很富有商业冒险和投机精神。两次投机奠定了摩根发达的基础。摩根大学毕业后，父亲介绍他到纽约一位朋友开的邓肯商行实习生意。

有一次，摩根为邓肯商行到古巴采购货物。当轮船停在新奥尔良时，他信步走在充满了巴黎浪漫气息的法国街。正当他感到无聊难耐时，突然有一位陌生人从后面拍了拍他的肩膀，问道："先生，想买咖啡吗？"

那人自报家门说是往来于巴西和美国之间的咖啡货船船长，受委托到巴西运回了一船咖啡，谁知美国的买主破了产，只好自己推销。为尽快出手，他愿意半价出售。这位船长大概看出摩根穿戴考究，一副有钱人的派头，于是找他谈生意。

两个人在酒馆小酌后，摩根看了货，又经过深思熟虑后，决定买下咖啡。当他带着咖啡样品到其他城市推销时，朋友们都劝他要谨慎行事：价钱虽然让人心动，但舱内咖啡是否与样品一样则很难说。然而摩根凭借自己的判断力，认为这位船长是个可信的人。

于是，他毅然地买下了所有咖啡，并且电告邓肯商行。但是邓肯商行在回电中却指责他擅作主张，命令他停止交易。但是，木已成舟。摩根只好向父亲求援，老摩根毫不犹豫地支持儿子的行动，用他在伦敦的户头偿还了摩根挪用邓肯公司的款项。得到父亲支持的摩根不仅买下了那位船长的咖啡，还在他的介绍下收购了其他咖啡船上的咖啡。

摩根赢了，事实证明他的判断没错，舱内全是好咖啡。就在他买下这批货不久，巴西咖啡因受寒减产，价格一下猛涨了2~3倍，摩根大赚了一笔！

这一年摩根年仅22岁，他的第一次冒险成功了，此时的摩根正沉浸在爱妻刚刚去世的悲痛之中，一方面为了安慰儿子，一方面出于对儿子能力的信任，老摩根为儿子在华尔街开了一间摩根商行，在这里，摩根开始了他的发迹生涯。

1862年，美国的南北战争已经爆发。一次在和朋友闲聊中，摩根得知，北军伤亡惨重，他顿时联想到，战事不好定会引起金价上涨，于是他和朋友设了个圈套。他们先秘密买下了500万美元的黄金，把一半汇给当时的金融中心——伦敦时，故意泄露出北军战败的消息，由此引起金价上涨，然后再把手里的一半抛出，这样，他们大赚了一笔。

尝到甜头的摩根愈发意识到，抓住机会，冒险就是财富。

19 《共同基金常识》

约翰·鲍格尔

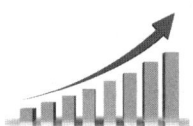

经典速读

约翰·鲍格尔是先锋集团——全球最大的交易中免付发行费的共同基金组织——的缔造者和老会长，拥有1 000多万股东和40亿美元资产。从1949年起，他就开始深入研究共同基金。1997年，他因在这一领域的杰出贡献，被斯坦福·戴维斯的《金融服务领导者》杂志评为20世纪全球7位"创新型领导者"之一。1998年，他荣获投资管理与研究协会卓著服务奖。1999年，他的母校，普林斯顿大学授予他沃顿·威尔森奖。同时，他还是位畅销书作家，出版了一系列如《共同基金常识》等投资类专著。

鲍格尔在本书中批判性地审视了共同基金这一产业，明示我们如何投资，如何改变投资策略，化繁为简规避基金风险。鲍格尔认为，在长期内，要想获得最大可能的市场收益率，就必须降低买入和持有基金的成本。而投资者要做的，就是购买运行成本低、没有或很少有佣金的基金，尤其是低成本的指数基金，然后持有尽可能长的一段时间。

对投资者来说，本书最大的启示就是，投资者财富的变化与管理其财富的共同基金的治理结构是分不开的，共同基金的治理结构对个人投资者财富的影响的深刻见解是本书的最大卖点。

基金行业作为一个整体，它的庞大规模其实成为一种束缚。敏捷的猎豹变成了笨重的犀牛。

——约翰·鲍格尔

《共同基金常识》一书代表了华尔街上一个极需灵感的职业的顶级水平。它不仅提高了投资者的收益，更是提升了基金界的整体水准。

——唐·菲利普 基金评级专业杂志《晨星》的总裁

巴菲特不可能告诉你如何成为沃伦·巴菲特。而鲍格尔对他的投资原则的详尽描述，使我和上百万的投资者在 20 年后将令我们的邻居羡慕不已——而与此同时，我们在这充满着变数的 20 年中又能高枕无忧。

——保罗·萨缪尔森

内容解读

1. 回归简单——指数化投资法

"面对复杂，请回归简单"投资大师约翰·鲍格尔这样说。鲍格尔深信，战胜市场的最简单、同时也是最有效的方法，就是以最低成本买进并持有一个国家的全部上市公司的股票，而持有这种市场组合的最佳方法，就是指数化投资法。鲍格尔曾断言，世上并不存在能够战胜市场指数的基金。作为这种指数化投资理念的实践者，先锋集团成立第二年即推出了第一只指数基金——先锋标普 500 指数基金。

一般来说，被动型投资基金在发展初期不可避免地受到冷落，热衷于短线炒作且幻想高额回报的投资者，大多青睐于能给他们带来无限畅想的高佣金共同基金产品，然而抱有这种想法的投资者实际上是陷入了投资误区，正如鲍格尔所言，"过分主动往往是回报率的敌人"，先锋指数基金"无限接近市场，投资于低成本行业并接近市场指数运作"的"被动"投资策略，被时间证明了其简单而有效的价值。而由于低至 0.25% 的管理费用（一般股票型基金平均水平约为 2.8%），也使得其低成本的优势被时间逐步放大。

鲍格尔遵行的以指数和低成本为基点的被动运作理念，日益得到了市场的认可。跟踪标准普尔指数的先锋标普 500 指数基金，2000 年一度成为世界上最大的基金，规模曾达到 700 多亿美元，先锋集团由区区 1 000 多万美元资金规模的小公司，一跃成为高达 8 840 亿美元资产规模的世界著名基金管理公司，先锋指数基金也成为赫赫有名的指数型共同基金产品。著名的股票交易人吉姆·克莱默曾公开表示对约翰·鲍格尔投资风格的赞同，他说，"自从开始我的选股生涯，我不得不承认，约翰·鲍格尔对共同基金的观点使我产生了想加入他的想法，而不是试图与他对抗"。

那么如何更好地在指数基金上获取显著的财富效应？那就是定期投资，长期持有。套用约翰·鲍格尔大师的话："定投指数基金，不怕它跌，就怕它涨。"因为证券市场始终是螺旋式波段向上的，投资者的最佳投资点位当然是相对低点越低越好。可是低点不是轻易能够把握得到的，那只有通过定期买入，也就是分批持续买入。这样虽然你每次没有买到最低点，但是同样你也不会买到最高点，而且长期持续的买入，会摊低你的平均买入成本，尤其是市场指数出现大幅快速下行的时候，实施分批买入。比如熊市时，每个月都坚持买入指数基金，不仅可以买到更便宜的基金，充分降低平均持有成本，而且可以买到更多的基金份额，加大你的持有仓位，日后等指数出现恢复性上涨，投资账户中立刻可以见到显著的投资收益。

2. 控制成本——选择低成本基金

约翰·鲍格尔的忠告是：关于基金的种种信息，往往被那些看上去无所不知的人宣讲，但无论获得了什么信息，我们都必须牢记，自己处于一个不确定的金融环境中，我们应该依靠的是常识性的原则：选择低成本基金。

在投资时，约翰·鲍格尔总是把投资成本放到了第一位。鲍格尔慨叹说，基金的成本是个饿鬼，它的贪心很难满足。基金收取的管理费用一般在1.5%左右，假如同时还会发生0.5%的交易费用，那么总成本就要超过2%。年毛利为10%的基金，将使投资者损失足足20%的收益！我们可以简单假设基金获得了10%的绝对收益，目前基金市场平均费用水平约为4%（包括申购、赎回费、管理费等），可见我们本应获得的收益早已经被各种费用吞噬了近一半。

对于控制基金投资成本，约翰·鲍格尔建议从以下2方面考虑。

（1）被动型基金（指数基金）优于主动型基金。指数基金采用的是跟踪某个标的指数的被动投资方式，研发费用低（只投资标的指数成分股，不必花费过多的资金去进行上市公司调研），交易费用少（跟踪指数走势，不像主动投资型基金那样频繁进出）。

（2）主动型基金中，低换手率的优于高换手率的。基金买卖过程的交易成本，实际上被掩盖了，但这些成本同样吞噬着投资者的收益。约翰·鲍格尔建议说，应该选择换手率较低的基金。"成本只有40个基点的基金，好比帆船比赛中对付每小时 20 海里的微风；有着 150 个基点费用的高成本基金，则无异于与时速 130 海里的台风抗衡。"

约翰·鲍格尔还提出了附加成本问题。很多投资者接触并决定购买基金，是通过媒体的介绍，或者是代销机构的推荐，这其中隐藏的附加成本，就是约翰·鲍格尔提醒投资者注意的问题。

美国市场目前约有 3 000 只没有销售佣金、无发行费用的基金，约翰·鲍格尔认为，对于那些具备一定分析能力的投资者，选择这种基金是个可行的方案。在基金品种选择正确的前提下，购买无发行费用的基金，就等于把成本占未来收益的比例下降到了最小。

对于那些不具备独立决策能力，需要提供投资建议的普通投资者，约翰·鲍格尔建议关注那些优秀咨询机构的研究报告。目前国内银河证券基金评价中心、中信证券基金研究中心、华夏证券研究所等都提供独立第三方的基金分析，投资者可作为参考，但正如约翰·鲍格尔所说，"我并不认为有人能够预先得知谁将是业绩最优异的基金管理者。"

至于基金换手率问题，投资者可以对比不同报告期的报表，通过观察整体仓位和主要持仓品种的变动，大体判断手中基金的风格是持仓相对稳定还是频繁买卖。

3. 可疑的名气效应——不要过高评价明星基金

在国内投资者的眼中，明星基金是投资的重点，但约翰·鲍格尔对此并不十分在意，他说："或许业绩记录在评价纯种马速度时有用——当然有时也会失效——但在估计资金管理者会如何运营时，却往往容易出现误导。"因为，即使有人能够预见市场未来的绝对收益，也不可能预测出个别基金相对于市场的收益，至多是预测出指数型基金的收益。

约翰·鲍格尔认为，很有可能预测准确的只有 2 种情况：一是高成本基金的业绩，通常劣于相应的市场指数；二是历史业绩显著优于市场指数收益的明星基金，会向市场平均值回归，甚至低于后者。我们从美国市场看，20 世纪 70—80 年代，以及 1987—1997 年这 2 个时间段内，业绩处于市场前 25% 的基金，回归到均值和均值以下的分别为 97% 和 100%。

约翰·鲍格尔说："基金行业非常清楚，几乎所有的绩优者，终有一天会失去他们的优势。基金发起人坚持花费巨资对过去的业绩广为传播，目的只有一个，就是吸引投资者的大量新资金。"

对于历史业绩的真正参考意义，约翰·鲍格尔认为这些数据可以帮助投资者分析基金业绩是否具有可持续性，比如在经历上涨和下跌的完整过程中，基金是否始终能保持良好业绩；在相同的经济和政策环境下，目标基金是否显著优于其他同类型基金。

鲍格尔还向投资者指出，大的未必是好的。

约翰·鲍格尔曾提到这样一个例子：美国市场上某只成长型中市值基金，由于业绩出色吸引了大量的申购份额，但其业绩却随着基金份额的膨胀而不断恶化。1991—1995年，该基金在5年时间内有4年的业绩排名列行业第一梯队，基金规模也从1200万美元增加到20亿美元。从1996年开始的连续3年中，该基金规模最高达到了60亿美元，但业绩排名却跌到了行业末尾。

约翰·鲍格尔提醒投资者注意，一只低换手率、申购资金流入稳定的基金，要比采用积极操作、基金份额变动幅度大的基金更容易管理，因为后者需要更加频繁地交易。

约翰·鲍格尔说，"太多的钱会损害投资效果。"原因一是规模提高了交易成本，而且规模越大，对所持有股票的价格影响也越大，这会在时间紧迫的交易中进一步加剧股票价格波动；原因二是为了保持基金的流动性和分散投资原则，大市值基金不得不以更小的集中度，持有更多数量的股票，而每一只持仓品种所能提供的收益也更小；原因三是相对于小市值的基金，大市值基金对于流动性要求更高，因此可以选择的股票品种更加有限。

4. 分散持有是一种风险——不要持有太多基金

我们知道，在股票投资中，持有超过5只股票将会产生巨大风险，国际著名基金评级机构的一项调查也显示，随机选取4~30只股票基金建立组合，并不能达到降低风险的效果。

在这一点上，约翰·鲍格尔更明确地说，没有必要持有超4~5只的股票基金，因为过度分散投资的效果类似一只指数型基金，但由于股票基金的高成本，最终的收益很可能低于指数。

分散持有不同风格的股票基金，也未必是个明智选择。约翰·鲍格尔认为，假设建立由大市值混合型和小市值成长型基金构成的基金组合，这个组合将具有比市场更显著的波动性，这种比市场指数更具风险的组合没有意义。单一持有大市值混合型基金的风险，比任何基金组合都更低。

5. 领导者的品格——领导者自身因素会影响企业发展

《共同基金常识》中，鲍格尔特别指出一点：无论是企业的或是基金的领导者，都应该具备4种品格，而领导者的品格也是投资者应考察的问题之一。

第一种品格是洞察力。主要指把握机会的能力。在鲍格尔看来，这是领导者最先应该具备的品行。鲍格尔进入共同基金业有一定的偶然性，他在为自己在普林斯顿大学的毕业论文寻找主题时，无意中发现《财富》杂志中一篇题为《波士顿的巨大财富》的文章。该文介绍说，"共同基金现在看起来尽管微不足道"，但是它却建立起了一个"迅速扩张的行业，有可能对美国经济产生巨大的影响力"。这些话深深吸引了他，他当即意识到随着家庭收入和财富的不断增长、人们对金融的理解越来越深入、投资教育的日益普遍，共同基金高速发展的时代必将来临。于是，鲍格尔以共同基金为题完成了他的论文，并在毕业后投身到这个方兴未艾的行业。

第二种品格是远见。早在先锋集团成立之初，鲍格尔就确定了通过降低操作成本和节省销售佣金来为投资者提供高投资回报的目标。这一今天看来完全正确的观点，在20世纪70年代中期却不为同行所认同，并受到他们的嘲讽。指数基金最初也不是一帆风顺的，发售时鲍格尔曾预测能卖1.5亿美元，而实际上只销售了1 100万美元。更糟糕的是，1977—1982年标准普尔指数破天荒地以较大差距输给了大多数基金经理人。直到6年后，鲍格尔的指数基金资产规模才达到1.5亿美元。可以断言，如果鲍格尔没有过人的远见卓识和坚忍果敢，是很难成功的。今天人们欢呼指数基金的胜利时，又有多少人还能想到他初创时的艰辛呢？

鲍格尔认为第三种品格是使命感。既然基金持有人把他们未来的财富托付给先锋集团看管，那么鲍格尔的使命和唯一目标就是如何能更好地为基金的持有人服务。对于他而言，完成这一使命的手段就是削减成本，对此鲍格尔可谓不遗余力。为了使投资者能了解先锋集团的使命和做法，20余年来鲍格尔更是始终坚持亲自撰写公司的年报，并且经常在公共场合发表演讲，宣传他的基金投资的理念，多方帮助开导和教育公众。

领导者的第四个品格则是热忱。鲍格尔称世界上任何伟业都要依靠热忱来完成，热忱能把人们的潜能转化为动力。鲍格尔对共同基金的热忱起源于50年前。在毕业论文中，他这样写道，共同基金的宗旨应该是服务于机构和个人投资者，而不是为基金公司的所有者创造价值，共同基金必须由最诚实的人以最有效、最经济的方式进行管理。惠灵顿基金的创始人沃特·摩根看到他的论文后，被鲍格尔的热忱和真知灼见所打动，决定将其招至麾下。顺便提一句，鲍格尔的毕业论文在50年后的今天得以正式发表，使读者有缘一睹其真实面目。50年来，鲍格尔对共同基金的热情有增无减，年轻时的理想至今仍是他孜孜以求的目标。

 ## 拓展阅读

有这样一个传说：古代的一个阿拉伯头目，为了找到他梦寐以求的钻石矿，寻遍天涯海角，几乎耗尽所有家产，最终绝望而死。多年之后，后人在他遗留下的一块牧场里遛马，不经意间发现了一块黝黑的石头，仔细查看竟是一块钻石，并由此找到了数英亩的钻石矿。

"所有这些钻石，其实就在这个阿拉伯头目自己家后院。"先锋集团的创始人、前首席执行官约翰·鲍格尔固执地认为，基金管理人辛苦找寻的股市"钻石"，恰恰就是人所共知的市场指数。

鲍格尔20世纪50年代初跻身共同基金业，当时就萌发了类似指数基金的想法，但是到20世纪70年代，他才形成了明确的指数基金的经营理念，并有机会自己创业，来实践这一理念。其后，更是经历了10年的冷落，到20世纪80年代指数基金才逐渐被人认可，走上良性循环的轨道。

"先锋"集团成立伊始仅负责基金的行政管理，基金的投资与销售却委托惠灵顿基金公司，身处绝境迫使鲍格尔采取了一个史无前例的步骤，拿出了采用指数投资技术的绝招。1975年年末，先锋创立了第一个指数共同基金，这个基金以标准普尔500家公司股价指数为模型。从此，"先锋"走上了指数基金的华山一条路。

但是一切并没有想象中那么容易。先锋指数基金1976年首次发行时确定的目标是1.5亿美元资产，可是实际却只有1 100万美元。与此同时，1977—1982年间，指数基金的标的物标准普尔指数，其收益也破天荒地大比分输给了大多数的基金经理人。此后共同基金业走向繁荣，指数基金的资产却增长有限，直到1990年，公司成立后第15年才超过10亿美元。

平心而论，鲍格尔本着他的远大理想走了一步险棋。既没有基金经理打败华尔街的传奇故事，又没有其他基金公司拿手的广告攻关，指数基金靠低成本低风险为持有人谋福利，却落得个门前冷落车马稀的下场。

幸好时间最终证明了指数基金的可靠性。然而对于先锋基金来说，这意味着15年、20年的等待。难怪指数基金被称为"鲍格尔的荒唐事"。鲍格尔却无怨无悔，正所谓"为伊消得人憔悴，衣带渐宽终不悔"。

从 1974 年经历大萧条以来最大的熊市，到进入 20 世纪 90 年代的大牛市，是百家争鸣的年代，那些此后纷纷赢得诺贝尔桂冠的金融经济学与投资学大师们，推出了资本资产定价理论、投资组合理论、期权定价理论与有效市场理论，资本市场求贤若渴，指数基金应运而生。

　　同时这也是大浪淘沙的年代，共同基金迅速崛起，许多喧嚣一时的明星却纷纷陨落。时间终于证明，大多数试图战胜大势的积极管理型基金最终成了指数、指数基金的手下败将。

　　20 世纪 90 年代，鲍格尔的坚忍不拔终于得到回报："看着她（先锋基金）开始超过其他基金，看着她逐步获得额外的边际利润，我们对此的信心得到了维护。"接着，指数化投资开始迅速成长。先锋集团拥有 1 500 亿美元的指数基金资产，其中包括了 28 个针对各种不同市场指数的基金，当仁不让地成为业界的领袖。

20 《蒙代尔经济学文集》

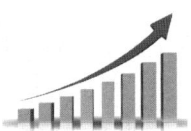

罗伯特·蒙代尔

经典速读

对于渴望理解国际金融市场的读者来说，《蒙代尔经济学文集》是不可不读的好书。《蒙代尔经济学文集》是一套6本的丛书，读者未必要读完全套文集，主要要关注蒙代尔有关国际货币的过去、现在和将来的论述。由于蒙代尔对长时段的货币历史的反思，使他比自由市场的宣传家弗里德曼更为实际。例如，蒙代尔认为，世界货币史上的两大阵营在希腊时代已经产生，柏拉图的理想是国内使用法定不可兑换货币，将黄金和白银严格控制于国际贸易和国际旅行。然而，亚里士多德对国家制造通货膨胀引起的收入不公和资源错误配置洞若观火，所以极力主张国内国外一律使用黄金和白银那样的可兑换货币。

作为"欧元之父"，蒙代尔是以下面的规律支持他的预见的：世界货币史总是处于循环往复的周期运动之中。从硬通货到软通货、从通货膨胀到货币稳定、从浮动汇率体系到最优货币区或者与某种稳定货币挂钩的固定汇率体系等。对很多主张浮动汇率的经济学家来说，蒙代尔是反潮流的。

> 无论我们怎样粗略地衡量古希腊和塞拉库斯的通货膨胀、戴克里先时代罗马帝国的货币混乱以及14世纪黑死病之后的通货膨胀，与我们时代的货币动荡相比，那些简直是小巫见大巫。
>
> ——蒙代尔

唯一的封闭经济是整个地球。

——蒙代尔

 内容解读

1. 最优货币区理论——最优货币区理论的实践

最优货币区域的定义是：一般的支付手段或是一种单一的共同货币，或是几种货币，这几种货币之间具有无限可兑换性，其汇率在进行交易时互相盯住，保持不变。但是区域内国家与区域以外的国家间的汇率保持浮动。

1961 年，蒙代尔第一次提出了"最优货币区"的概念和组成货币区的一个经济标准，即要素的充分流动性标准。他认为，当要素在某几个地区内能够自由流动，而与其他地区之间不能流动时，具有要素流动性的几个地区就可以构成一个"最佳货币区"。

因为前人的努力多集中在最优货币区的形成条件上，最大的问题就在于突出该理论的正面效用同时忽略了成本的产生。该理论在 20 世纪 70 年代的进一步发展，开始转向对货币联盟的成本—收益分析。

加入货币区的好处有：①降低交易成本；②不变的固定汇率减少了不确定性，并能排除伙伴国之间的投机性的资本流动；③节省成员国的外汇储备，降低储备成本；④货币一体化能促进经济政策的一体化。

而加入货币区的成本则包括：①单个国家失去了货币和汇率政策的自主权；②国家财政政策的决策权受共同货币政策的影响和限制；③有可能加剧失业；④有可能恶化本已存在的地区失衡。

进入 20 世纪 80 年代，经济学家通过大量运用历史经济数据对最优货币区的相关问题进行了翔实的实证分析，得出了许多有意义的结论。

其中最值得一提的是对联盟内政策的协调以及其有效性的分析。格鲁夫认为，在理性预期及政府政策随意性存在的前提下，一国货币政策的有效性可以借助同另一个货币政策声誉比本国更好的国家结成货币联盟部分或全部实现。格鲁夫的这一分析既为近年来拉美趋势加强的美元化提供了有力的理论支持，也为东南亚和东亚国家危机后重建其汇率机制提供了一种参考依据。

当然，现在人们对最优货币区理论的批判很多，但不能顺应时代发展和理论发展变化是一个主要的批判点，而另一个方面则集中于批判建立最优货币区的标准。具体来说有以下几方面。

第一，世界经济运行环境的新变化和货币主义、理性预期学派的兴起，重新界定了被 OCA 理论强调的货币同盟的宏观成本。致使成本—收益分析得出的结论值得进一步商榷。

第二，无论是早期的最优货币区理论还是后来新的理论，都只强调了实际经济因素对组成和加入货币区的影响却忽视了金融市场的作用。

第三，OCA 理论某些标准自身有理论弱点，且标准间存在常被人们忽视的替代、交叉、因果和矛盾等种种关系。OCA 标准有内生性，一定程度上削弱了其政策的适用性。

总的说来，仍然有许多声音认为该理论的体系和框架依然不够成熟，线索过于庞杂，难于梳理。

但不管怎么说，欧元区最优货币区理论的实践确实通过欧洲货币一体化得到了实现。

欧元区的建立，是为了实现一个没有内部边界的统一市场，实现人员、商品、服务和资本的自由流动；同时，有效地协调各成员国之间的财政及货币政策。

欧元的流通促进着欧洲统一金融市场的形成。其成功运作更对世界区域货币合作具有重要的启示，即建立在区域经济合作基础上的货币合作是必要的也是可行的。

2. 不可能三角理论

20 世纪 60 年代，蒙代尔曾在国际经济学研究方面作出过天才般的贡献。其中最重要的有 2 项：一项是关于最优货币区的理论；而另一项就是关于国内经济政策和汇率关系的理论——勾勒出了后来被克鲁格曼等经济学家总结为"蒙代尔不可能三角定理"的思想雏形。可以说，蒙代尔在 20 世纪 60 年代所作的这 2 项贡献已经成为现代国际经济学的理论基石。

蒙代尔不可能三角是讲一个国家不可能同时实现资本流动自由，货币政策的独立性和汇率的稳定性。也就是说，一个国家只能拥有其中 2 项，而不能同时拥有 3 项。如果一个国家想允许资本流动，又要求拥有独立的货币政策，那么就难以保持汇率稳定。如果要求汇率稳定和资本流动，就必须放弃独立的货币政策。

在这 3 个目标之间，究竟哪一个更为重要？如果放弃资本流动，将退回到闭关锁国的封闭经济体系，不利于经济增长。如果放弃汇率稳定性，对于任何国家来说都是一场灾难。"两害相较取其轻"，只有放弃独立的货币政策比较可行。放弃独立的货币政策也就是向单一的区域货币或世界货币过渡。于是，人们在贸易全球化的同时开始越来越多地考虑金融全球化，如果货币统一了，就不存在固定汇率、浮动汇率和资本管制的各种弊病了。

我们以欧元为例分析。因为欧元区实行的统一货币，相当于各成员国实行的是一比一的、永恒的、固定的货币兑换关系（即各成员国共同使用欧元，等于是固定汇率的极致形式）；由于是同一种货币，所以资本在各成员国之间流动几乎没有任何障碍，相当于资本的完全自由流动；欧洲央行的存在，使得各成员国完全丧失了独立的货币政策。欧元区的这个三角组合，就是固定汇率、资本完全自由流动、完全丧失独立的货币政策的结合，实际上各成员国是以完全丧失独立的货币政策的代价，来实行固定汇率。

作为任何一个经济体来说，或者是作为有一定规模的经济体来说，国内的经济政策总是主要的，货币政策就是非常重要的国内政策，对于该经济体影响必然是极端重要的。而资本的流动，也会带动经济体实体经济的变化。汇率，说起来只不过是两个货币之间的一个数量对比和兑换关系而已。因此在这3个因素中，按照重要性从大到小排列，应该是：货币政策、资本流动、汇率政策。所以，一个经济体首先应该完全坚守独立的货币政策，其次是决定资本流动的自由程度，最后才考虑货币的兑换关系。但是，欧元区却恰恰反其道而行之，居然把固定汇率当作最重要的东西，其次是重视资本自由流动，而把独立的货币政策不当回事，以至于完全不要货币政策。所以，欧元区爆发根本危机，就不值得奇怪了。

斯蒂格里茨曾经作过一个比喻："小型开放经济就如同在狂风大浪中的小船一样，不论驾驶船的技术怎么样，虽然我们不知道船在什么时候被倾覆，但是，毫无疑问，船最终会被大浪打翻。"在货币市场上可以非常明显地观察到经济规模对稳定性的重要影响。经济规模越大，投机炒作的风险就越小。统一货币的最大的好处，就是让渡部分货币主权，换取金融体制的稳定，能够防范和化解金融危机。

某个经济地区实现了单一货币，还可以提高货币体系的透明性。由于统一货币区内各国都放弃了独立的货币政策，不存在某个国家突然增发货币的可能性，从而大大提高了民众对货币政策的信任度。统一货币能够进一步发挥市场机制的作用，节约信息成本和交易成本，促进商品、资本、人员的流动，使得资源配置更加合理化。统一货币可以减少内部摩擦，促进投资，提高国际竞争力。

3. 有效市场分类——政策目标与政策工具的匹配

蒙代尔对于政策调控的研究基于这样的出发点：在许多情况下，不同的政策工具实际上掌握在不同的决策者手中，例如，货币政策隶属于中央银行的权限，财政政策则由财政部门掌管；如果决策者不能紧密协调这些政策，而是独立地进行决策的话，就不能实现最佳的政策目标。蒙代尔得出的结论是：如果每一工具被合理地指派给一个目标，并且在该目标偏离其最佳水平时按规则进行调控，那么在分散决策的情况下仍有可能实现最佳调控目标。

关于每一工具应如何指派给相应目标，蒙代尔提出了"有效市场分类原则"。这一原则的含义是：每一目标应当指派给对这一目标有着相对最大的影响力，因而在影响政策目标上有相对优势的工具。根据这一原则，蒙代尔区分了财政政策、货币政策在影响内外均衡上的不同效果，提出了以货币政策实现外部均衡目标、财政政策实现内部均衡目标的指派方案。

在政策工具与政策目标的匹配问题中，"丁伯根原理"是被广为认同的，同时"丁伯根原理"也是传统理论分析和政策运用的基本原则之一。按照"丁伯根原理"，政府在进行经济调控时应当保证政策工具的数量不少于其计划目标的个数。从形式上看，"丁伯根原理"具有直观、简洁和易于掌握的特点，类似于多元方程组有一个确定解的必要条件是方程的个数不能少于未知变量的数目。从经济分析的角度来看，就是为了实现经济的内外均衡，政府所拥有的政策工具至少应有两类。我们知道，政府的基本调控工具恰恰有两类；财政政策和货币政策，完全符合"丁伯根原理"，这是否意味着经济内、外均衡的实现就获得了完全的保证呢？情况显然并非如此。我们即使就最为简明的形式稍加分析，也可从中看出这种理论分析离实际运用的需要还存在差距。

我们定义经济的内部均衡为充分就业下的实际经济均衡，外部均衡是国际收支平衡，政府拥有财政政策和货币政策两类调控工具。当经济发生失衡时，在内部失衡与外部失衡的组合中，典型的有这样几种状态："不充分就业与国际收支顺差""超额需求（相对于充分就业的产出）与国际收支逆差""不充分就业与国际收支逆差"以及"超额需求与国际收支顺差"。当出现前两种失衡状态时，政府可以相应的采用扩张性或紧缩性的调节政策，使失衡状态得到纠正，但是，当后两种失衡状态出现时，政府的调控就会遇到困难。以"不充分就业与国际收支逆差"的情形为例，内部均衡的实现要求政府实施扩张性的调控政策，而外部均衡的实现要求政府施以紧缩性的调控措施。此时，政府虽然仍然拥有两类调控工具，政策目标也同样是两个，符合"丁伯根原理"的要求，但是，政府在运用政策工具调控经济以实现内、外均衡，显然遇到了逻辑和指导思想上的困难，显示理论的研究与实际运用的需要还存在很大差距。

蒙代尔认为，造成这种困难的原因是，以"丁伯根原理"为代表的传统理论将财政政策与货币政策工具的调节效率等同对待，而实际上不同政策工具的作用与效果是不同的。在前面的例子中，货币政策的运用除了可以对经济运行产生扩张或紧缩效应外，还对国际资本流动具有很强的调节能力，但财政政策在调节国际资本流动中的作用却小得多，因此如果用货币政策纠正外部失衡，用财政政策对付内部失衡，经济就有可能重新恢复内外均衡。

也就是说，不同的政策工具与恰当的政策目标的匹配是最为重要的，匹配的原则就是蒙代尔提出的所谓"有效市场分类原则"——各个政策工具应与最受其影响的目标相匹配，显然，有效市场分类原则是以对政策传导和影响机制的细致分析为基础的，但是值得说明的是，这一点并不构成蒙代尔关于政策工具与政策目标相匹配的理论与"丁伯根原理"的本质区别。关于两者的基本差异，正如蒙代尔曾指出的，"政策工具与目标匹配的问题源于不完全信息和对经济运行所进行的动力系统分析"。

4.蒙代尔——财政政策与货币政策的搭配

1962年，蒙代尔在向IMF提交的研究报告中，正式提出了著名的"政策配合说"。其特色在于，强调以货币政策促进外部均衡，以财政政策促进内部均衡。

（1）经济的对内与对外均衡。所谓实现经济的对内均衡，主要是指国内的总供给等于总需求，既实现资源的充分配置、物价稳定，同时可以获得有保证的经济增长。所谓实现经济的对外均衡，主要是指一国与外部经济体之间的经济流入量和流出量相等，国际收支处于平衡状态。但一国同时实现内外均衡是较为困难的。当一国经济失衡时就需要调整，以恢复经济的对内和对外的均衡，以求经济的平稳增长。

（2）经济均衡的调整。为了达到经济的对内和对外的均衡，一个国家可以采取诸如支出调整政策、支出转换政策和经济管制的方法。具体包括：①财政手段。通过扩大、紧缩各种财政支出，增、减各种税收，加强或削弱国家采购等做法可以调节就业量的变化和经济增长速度，也会影响一个国家的进出口。②货币手段。通过调整利率、存款准备金率和公开市场业务等方法，可以直接控制货币供给量，进而间接调控国内市场的需求、进出口等，促进一国经济恢复均衡。③支出转换手段。如通过货币对外汇率的变化，例如本币对外升值或贬值，影响进出口，调整国际收支失衡。④经济管制手段。采用各种法律、法令、行政和管理等手段，直接控制经济的运行，以使经济向预定的方向发展。

通过这些政策手段，宏观经济一般可以从失衡状态得到调整，逐步恢复到均衡，达到较为理想的增长或发展状态。

（3）"斯旺图"与蒙代尔的政策搭配。一国在经济发展时，总是在追求经济对内与对外的同时均衡，即平稳的经济增长、物价的稳定、充分就业和国际收支均衡。但在实践中，大抵会出现4类情况：一是宏观经济对内、对外同时处于均衡状态，这是最理想的状态；二是宏观经济对内均衡，但对外不均衡，体现为充分就业，物价稳定，但国际收支失衡（顺差或逆差）；三是宏观经济对内不均衡，但对外均衡，表现为国际收支平衡，但就业不足或过度，物价上涨较大或出现通货膨胀；四是宏观经济对内、对外同时处于不均衡状态，这时经济必须得到调整，以恢复平稳的增长。按照蒙代尔的政策搭配主张：①采用财政手段来调节国内的均衡，即当经济出现衰退时，采用扩张的财政政策治理，当经济出现通货膨胀时，采用紧缩的财政政策来治理；②采用金融手段来调控对外均衡，即当国际收支出现顺差时，采用扩张的货币政策来调整，当国际收支出现逆差时，采用紧缩的货币政策来调整，这样比较容易达到对内、对外的同时均衡，如果政策搭配不适宜，就有可能出现事与愿违的情况。

蒙代尔的结论是：只有以财政政策促进内部平衡，以货币政策促进外部平衡，才是最为合理的政策搭配方案。因为，财政政策（无论是政府预算或支出的变化还是税率的调整）对国内经济活动产生的作用更大，而对国际收支的作用较小；而货币政策（主要是利率的变动）虽然也会对内部经济的活动产生影响，但国际间利率差距的扩大，在资本项目没有限制的情况下，就会引起大规模的资本流动，从而对国际收支的作用更为明显。当一个国家同时出现经济衰退和国际收支逆差时，用财政政策解决经济衰退问题，用紧缩性的货币政策解决国际收支问题。

拓展阅读

蒙代尔1932年出生于加拿大安大略省，在英属哥伦比亚大学和华盛顿大学接受大学教育，后赴伦敦经济学院做研究。1956年，蒙代尔在24岁时就以题为《论国际资金流向》的博士论文一举成名，荣获麻省理工学院经济学博士学位。在1961—1963年间，蒙代尔在国际货币基金组织的研究部门工作。

1966—1971年他开始担任芝加哥大学经济学教授和《政治经济学学报》杂志编委。其后在1970年加入欧共体（欧盟前身）的货币委员会。然后在1972—1973年间，他参加了旨在成立欧洲经济及货币联盟的研究小组的工作。1974年至今他一直任教于哥伦比亚大学。此外，他还一直担任联合国、国际货币基金组织、世界银行等国际机构的顾问。

蒙代尔对经济学的贡献主要来自2个领域：一是经济稳定政策，二是最优货币区域理论。蒙代尔的经典代表著作包括《国际经济学》和论文《最优货币区域理论》等。1965年、1974年、1998年和2000年，他先后在普林斯顿大学、剑桥大学等著名学府讲学。1997年获美国经济学会颁发的杰出人士奖。1998年被选为美国艺术与科学院院士。1999年获诺贝尔经济学奖。

其实早在20世纪60年代，蒙代尔就富有远见地预言，在一个更加开放的经济体系中，汇率变动和资本高度流动对经济政策会产生极大影响。他以一篇论及"最优货币区"的文章奠定了欧元理论，最终促使欧元顺利出台，因此被尊称为"欧元之父"。1999年10月13日，瑞典皇家科学院将该年度的诺贝尔经济学奖授予了蒙代尔，以表彰他"对不同汇率体制下的货币和财政政策以及最优货币区域的分析"所作出的伟大贡献。瑞典皇家科学院长达7页的颁奖词，更肯定了他"欧元之父"的地位。虽然外界评论这一奖项来得实在是太晚了点，蒙代尔却丝毫不以为意，倒是近100万美元的奖金令这位经济大师头疼了一阵日子。结果还是制定了一个颇具蒙氏风格的花钱计划，首先修缮自己在意大利的豪宅，然后再花钱为自己的儿子买一匹矮马，最后以欧元形式存入账户。

一头漂亮的银发，一双亮亮的蓝眼睛，一张生动的面庞，69岁的蒙代尔是一个魅力十足的老头儿。论及学问，蒙代尔在同行眼里地位甚高。曾经在麻省理工学院教过他的保罗·萨缪尔森就称赞："他将人们对货币的注意力重新引到国际贸易中来。"但蒙代尔的懒散也同样名声在外。他经常杯不离手，别人常弄不清他是清醒还是微醉。他又是电视迷，与经济学家对电视及报章时事评论员的言论嗤之以鼻不同，他心目中的"美国最聪明的人"，竟是电视台的2位主播。他经常数天足不出户，待在家里看电视，除了偶然上超级市场购物和回校讲课。有一段时间，他的一头银发长至肩头，令他的崇拜者颇为不安和失望。他们希望蒙代尔多多走出他30多年前低价购买的乡间别墅，与公众更多地接触沟通。

而他平时的为人处世简直就是一个"马大哈"，有3个经典故事令朋友和媒体津津乐道：一则是他曾当选美国计量经济学院士，但因为他根本没拆信，对此荣誉全然不知；二则是当选为美国经济学会主席后，忘记出席就职典礼，让等待听他就职演说的崇拜者空欢喜一场；最后一则是他担任《政治经济学学报》主编期间，经常懒得看稿复信，以至于这份学术刊物最终惨遭倒闭。蒙代尔也为自己的"我行我素"付出了代价，按他在经济学界的贡献，1999年的诺贝尔奖算是姗姗来迟。其实，早在20世纪80年代初他已被列入候选人名单，但因"举止怪异、行为不检"而遭除名。所有人都为蒙代尔遗憾，仅仅是个人性格原因，竟让诺贝尔奖晚到了近20年。

21 《客户的游艇在哪里》

小弗雷德·施维德

经典速读

《客户的游艇在哪里》讲的是 1929 年美国股市崩盘前后的故事，书中描绘了金融中介机构的盈利之道及随时可能出现的忽视客户利益的腐败。令人惊叹不已的是，这本书并不仅仅是华尔街闹剧集，不同于其他描写投资市场的著作，其显著特点是作者从不同的视角对这个市场中的同一事物进行深入浅出的分析。既让普通的投资者可以迅速了解这个行业的特点和规则，又可以让对这个市场有深刻了解的投资人在轻松的语言氛围中悟到市场中的另外一套规则——它们泾渭分明：显性的规则是为了说服客户不断地参与进这个市场，而隐性的规则是他们不断依靠客户赚取稳定的钱，去购买自己的"游艇"。

本书的作者小弗雷德·施维德是一位职业交易商，在 1929 年的大崩溃中损失惨重，但是他又凭借自己的经营头脑摆脱了困境。

小弗雷德·施维德生动地介绍了股市崩盘前后包括他本人在内的银行家、经纪人、交易商、投资者、分析家和可怜的客户们的表现。听一听他对保守的银行家的评价吧：保守的银行家是一个令人难忘的怪人。在困难时期，每个人都需要钱，他却极力避免贷款，通常又把美国政府视为例外。与此类似，在繁荣时期他又成了一个极其自由的贷款者，以至于多年以后，当满怀敌意的调查委员会问起他当时的想法时，他都记不起来了。或者听一听他对技术分析员的调侃：在华尔街普遍有一种感觉，即报表分析者是一些很神秘的专业人士，却不知道为什么他们多数人都一无所有。"如果你的品位很低，竟真当面问他为什么会如此,他将非常老实地告诉你,他只不过犯了一个人们常犯的错误——没有相信自己的报表。"我们不难理解,为什么在首次问世半个多世纪之后,精彩的描写使得《客户的游艇在哪里》仍然受到市场内部人士的赞扬,被称为关于华尔街的最有趣、最深刻的讽刺性著作。

这是以投资为主题的书中最好的一本,它睿智地阐释了关于投资主题的许多真知灼见。

——巴菲特

当每个人在股票市场繁荣期间争相购买普通股票时,你拿出所有的普通股票并卖掉它们,把所得收益用于购买保守的债券。当然你卖出的股票还会继续上涨。不用管它——只管等待迟早会到来的萧条。当萧条或恐慌成为一种全国性的灾难时,你把债券全部卖掉,可能会有损失,并把股票再买回来。当然,股票肯定还会下跌。同样不用理睬。等待下一次繁荣。在你有生之年不断重复这种行为,那么你在临死之前就能体会到有钱的乐趣。

——小弗雷德·施维德

内容解读

1.代理问题——代理制度合理与否

施维德告诉我们这么一个事实,投资银行或者交易员与经纪人的利益与投资者的利益是有区别的,对我们有益的事有时并不有利于他们,而对他们有利的事也往往不利于我们。最经常提到的就是频繁交易的问题。

一般来说,长期持有是有利于投资者的,因为可以节省交易费用,但前提是购买的是有价值的企业的证券,然而这样却是对经纪人不利的,因为长期持有的话他们就得不到佣金收入,没有钱支付他们的生活费、账单和贷款。所以他们会进行频繁地交易,当然是避免在委托人不亏损的情况下,然而当他们自己与委托人的利益有冲突的时候,他们往往会选择偏向自己利益的决策。这是显而易见的。一些比较合理的代理投资人的做法是,和委托人签订协议,只有投资回报率超过6%的情况下才收取佣金,而且分享超过6%的那部分增长的25%,这样就把代理人和委托人的利益完全绑定在了一起。

2. 执迷不悟的投资者——偏执于自己的投资理念

施维德指出，不同类型的投资者对自己的投资理念往往抱有偏执，有时候投资或许是个信仰，有些人尽管可能终其一生会被他的投资理念所累害，然而他所抱怨的绝对不会是毁灭他的自己的思想，相反他会责怪现实的社会环境或者其他的投资者的操作，就像书中所说的那样，一个破产的经纪人可能会比一个尚未破产的经纪人更执著于自己的投资理念。

一些投资者谈论期货交易优于股票交易的原因——升高可以赚钱，下跌也可以赚钱——但是这种观点并不全面，事实是：升高的时候也可以亏损，下跌的时候也会亏损，如果你操作错误的话。但是一些交易员会一直坚持自己的投资观点。还有一个最大的声音就是关于价值投资的可行性问题，即使现在巴菲特使用价值投资获得如此巨大的成功的时候，美国那边也有许多人还在质疑价值投资在美国市场还可不可行。

3. 投资与投机——差别在于心态

施维德有一个很有趣的观点：投机就是努力把小钱变成大钱的行为，或许是不成功的；投资是努力防止大钱变成小钱的行为，应该是成功的。这就是投资的心态上的区别。

投资就是避免亏损，这是出于安全的考虑，也是首要的法则。巴菲特有一个著名的说法，也就是一号法则——投资的一号法则是不要赔钱，二号法则是牢记一号法则。这是所有价值投资购买证券的出发点，安全边际就是出于这样的投资思想的前提下提出的一个最行之有效的方法。然而，投机者却多是希望自己能够把小钱很快地变成大钱，采用许多方法，比如杠杆豪赌，或许他们可能会有1~2次幸运的中奖，但结果却往往都是悲惨的，杰西·利维摩尔投资的生涯中，数次成功，也数次破产，在最后一次破产后忍不住饮弹自杀了。投资首要的想法不是要获利，而是要规避通胀的亏损，获利只是你拥有了正确的思想后并采用正确的行动自然而然的事情。

4. 预测的谎言——过多的预测中掺杂着不确定性

本书的重点是研究谎言——一个像奔流不息的密西西比河流一样经久不衰的东西。华尔街的股票经纪人们能很熟练地完成他们工作中的报价——小花招部分，有时甚至是极其出色地完成。随后，当他们心情好时，他们会加入自己的"思想"，他们总感觉自己在做着很重要的工作。我们同样也不能忽视客户、立法者、媒体和公众自然而然地说出的谎言。

华尔街的起源是一棵法国梧桐，买方和卖方以前在那里碰头。那棵树完美地起到了一个市场的作用，成了想做金融生意的人的必去之地，在那里，交易的步骤也逐渐固定并被大家熟知。但很快经纪人转向附近的咖啡馆碰头，并开始在金融交易中加入预测，接下来发生的事是这种预测几乎毁了这个行业。

施维德说："从经济角度讲，交易员的预测越多，业务量越大，从而佣金越高，但我们都知道根本不是这么运作的。不妨猜想一下，是否有华尔街人会坐下来对自己冷静地说：'今天我将编造一个怎样的公鸡和牛的故事给他们讲呢？'当你在揣测别人的思想和内心时，不可能很精确，但以我多年的个人观察，一般的思维过程要简单得多。股票经纪人通过他对未来的预测来影响顾客，但他首先得说服自己。对他来说最不幸的是他十分想说服自己，并且最后他勉强成功了——这通常更糟糕。"

5. 恐惧持有现金——不允许资金闲置的误区

大部分投资者都认为自己的终极目的就是赚钱，而这是他们做这一行的主要目的，但通常他们都在自欺欺人。还有其他许多更具吸引力的事情，比如：生产出好的产品、提供好的服务、增加就业、革新工艺、使自己出名或至少给自己提供足够的谈资。

但是很多投资者都被这样的心理问题折磨着：憎恶金钱，或恐惧持有现金。

憎恶金钱者总是尽可能多地买证券，当他们一旦卖出股票获利后马上迫不及待地购入其他股票。奇怪的是，他们经常有着节俭的精神，即不把钱浪费在吃喝和及时行乐上。假如他们打一晚上桥牌（每局 0.25 美分）输了 17 美元，就会垂头丧气地回家。但可能在同一天，股市的轻微下跌使他们损失 500 美元，他们却并不在意，因为他们心爱的股票还在。虽然不言自明的是，每当股市崩盘他们也随之崩溃。

他们绝不能容忍账户上有钱，不论其时间多么短暂。万一股价上涨呢？除了一些用旧的脏钱，他们将一无所有。

如果一个人手里有点钱，无论是 25 000 美元还是 25 万美元，他都希望利用这笔资本再加上他的头脑和努力赚到更多。他很乐意去"工作"，实际上他坚持这样做。只有通过"工作"他才能获得尊严。只有这样，他才能在俱乐部中说话有分量，才能在傍晚回到家后对妻子有所交代。这没什么好被嘲笑的，这些价值和日常用品一样是必需的。

 拓展阅读

《客户的游艇在哪里》的书名来自于一个华尔街的小段子，这个段子说：

很久以前，一个乡下来的观光客去参观纽约金融区的奇观。当他们一行人到达巴特利时，向导指着停泊在海港的豪华游艇说："看，那就是银行家和证券经纪人的游艇。"这时，天真的观光客问道："那客户的游艇在哪里呢？"施维德的回答是：一定不在我这里！

施维德的早期经历很有趣，20世纪20年代初期，当时的施维德还是一个大四本科生。有一次，不知是何缘故，他竟然违反校规晚上6点以后还容留女生在寝室。于是，他因"严重违纪，情节严重"被校方劝退、开除学籍。无奈之下，他去了华尔街，在那里打工赚钱，一待就是几年。后来，他把这几年的经历写成了一本小书，也就是《客户的游艇在哪里》。施维德用它记录了对当时华尔街金融生态的所见、所闻、所思、所想，而主题只有一个：能嘲讽的就大加嘲讽，能批判的就横加批判，绝不手软！

出此对策可能跟施维德的投资失败有关。作为一名职业交易员，他在1929年的崩盘中难逃一劫，不幸破产。更糟糕的是，他的父亲也未逃过这一劫。施维德的父亲是一位卖空交易商，在20世纪20年代的一次牛市中破产。正是因为有了这样的人生遭遇，施维德对华尔街的看法自然也就抱有敌意和警惕。在他眼里，投资行业是疯狂非理性的：人们普遍认为有可能快速致富、以小博大的方法，但真实情况是，就连很多投资顾问也都不知道下一次涨在何时，跌又在何时？他们只是说一些模棱两可的话，跟押宝一样，猜对猜错机会各半，全凭一张嘴和一些忽悠人的话。正如施维德写道："很长一段时间来，我能从交易台这个有利角度观察这条街每天的运作。从这张台子上，我们可以见识到除目光以外任何一种交流方式。通过错综复杂的网络，我们每天交换着报价单、订单、骗局、小花招、欺骗和谎言。前四者是经纪人日常业务所必需的，而谎言是另外一回事，并且从长期来看，谎言也被证明是无利可图的。"

施维德对记录的人和事只是讽刺而没有大治其罪的意思。他知道行行有规矩，行行有门道，区别的只是显性多一点，还是隐性多一点。所以，从这个意义上说，施维德虽然生性风趣幽默，但骨子里隐约有种悲观主义论调。正如在华尔街流行多年的"客户的游艇在哪里"的笑话，人们只是拿来作为谈资、调侃一下而已，但在施维德这里，他却看到了更丰富、更深远的含义。

22 《1929年大崩盘》

约翰·加尔布雷斯

  经典速读

1919 年，在第一次世界大战结束之后的美国，宽松的信贷和大规模生产奠定了轰鸣的 20 世纪从未有过的消费时代基调。可是危机也暗藏其间。引发美国股市大崩盘的 1929 年 9—10 月，被后来者形容为"屠杀百万富翁的日子"，并且"把未来都吃掉了"。在危机发生后的 4 年内，美国国内生产总值下降了 30%，投资减少了 80%，1 500 万人失业……

通过美国著名经济学家加尔布雷斯初版于 1954 年的《1929 年大崩盘》，读者可以了解到这次股市大崩盘的前因后果和代表性，他全面、系统、准确地评述了这一段令人窒息的日子，旨在"揭出病根，引起疗救的注意"。该书在 1955 年、1961 年、1972 年、1979 年、1988 年、1997 年不断再版，受到世人的广泛赞誉，并成为学术界和证券投资界大量引用的极具代表性的作品。在时隔 40 年后为本书最新版所做的序言中，加尔布雷斯又从全新的视角审视了历史的教训及金融界盲目乐观和操纵权力的后果。

美国《财富》杂志将《1929 年大崩盘》列为其推荐的 75 本必读商业类图书之首选。

《1929 年大崩盘》是卓尔不群的传奇经济学家对人类经济史上最令人难忘的岁月的精湛分析。

——《圣路易斯邮报》

经济文章很少以其娱乐价值而著称,但这本书却做到了。加尔布雷斯的文章雍容而机智,并且幽默地鞭挞了这个国家某些金融领域的智者和政策所犯的错误。

——《大西洋月刊评论》

内容解读

1. 暴风雨前夜——盲目的乐观与悲哀的反思

加尔布雷斯认为:无论股票还是房地产、艺术品的价格都有一个循环往复的过程:当乐观情绪及其市场效应成为常规,价格会涨得很高,然后因为种种原因跌到谷底。价格的下跌总比上涨更加迅猛。

20世纪20年代对美国来说是值得回味的美好岁月,但是很少有人能预见到暴风骤雨的悄悄逼近。

(1)人人都认为形势一片大好,盲目乐观。包括美国总统先生。

(2)房地产市场的过度投机导致房地产市场的炙手可热与虚假繁荣。

(3)美国联邦储备系统的放松银根导致大量资金流入股市,从而推动股票价格的上涨。

(4)大人物们对股市的推波助澜。

(5)胡佛总统的当选进一步使股市大热。

(6)保证金交易制度使越来越多的资金流向华尔街。

那么当时有没有人精确地预感到这场风暴的来临呢?答案是有。

普尔出版社出版的《商业投资周刊》,在1928年秋天就曾提及股票大骗局,而《商业金融时报》也一改往日作风,开始大幅报道坏消息。《纽约时报》也刊登股价已涨得太高,股市必会崩盘的报道,并多次宣布股市其实已经崩盘。美国股市分别在1928年6月、12月及1929年2月休市过几次。但不幸的是,对股市走势存疑的投资人,仍无法从中嗅出任何蛛丝马迹,因为股价仍持续走高。

在股市上涨的荣景中,投资人整天都将股票经纪人的办公室挤得满满的,大家宁可留在屋里注意股价的变动,也不去关心外界都发生了什么。1929年9月初,股市开始下挫。当时大家并不特别担心。技术分析师巴布森预测在9月

5日时："……工厂会关闭……大家都会失业、经济加速恶性循环，结果将导致严重的经济大萧条。"此言一出，旋即遭到股票经纪人和媒体的同声谴责。

结果灾难到来了，纸上富贵付诸东流。

现在我们回过头来对过去进行反思，在1929年年初，股市大热时，最现实的选择就是有意识地策划股市下跌，一旦听之任之，日后将会发生严重灾难。

（1）当时的美联储采取了2种收效甚微的传统的控制手段：①在公开市场上出售政府证券，收进现金。但是收效甚微。主要原因：各商业银行不在此列，可以照旧为股市提供现金；无法长期坚持抛售等。②提高再贴现率（各商业银行向所在辖区的联邦储备银行借款利率），由于各方反对，一直拖到1929年夏天，错过最佳时期。

（2）联邦储备系统本身不作为。出于谨慎的目的，它未要求提高保证金比例；对火爆行情，它关心的不是限制投资，而是推卸责任。

（3）由于联邦储备委员会的沉默，市场恐慌情绪蔓延。1929年3月26日，股市大跌。米切尔的国民城市银行的出尔反尔，招来一片批判声。从而让美国政府与联邦储备当局全选择了不干预政策。

2. 不够明晰的崩盘迹象

事实上，大众所意识到的大崩盘是1929年，美国的经济已经开始进入困境，工业生产、货物运输和房舍建筑的效益均逐渐下降。但是，这种萧条的情况并不算太严重，若在股市崩盘前说经济会有所好转，这倒是合理的假定。加尔布雷斯指出，股市崩盘时，大家都未预测到经济大萧条即将来临。

1929年9月20日，大家发现英国企业家哈崔原来就是一流的大骗子，他伪造股票、发行未经授权的股票。有些人认为这项丑闻危及了投资大众对纽约股市的信心，同时也是股票大崩盘的导火线。另一解释则是，公用实业麻州分部，在10月初驳回波士顿爱迪生公司股票分割的申请，并对外宣称股价已飙得太高，引发投资大众的恐慌。

加尔布雷斯认为这种种迹象和时间都未能充分解释股市大崩盘的起因。事实上，股市大崩盘如何开始并不重要，因为任何事情都有可能让投资荣景破灭，这正是投资荣景的本质。

尽管股市"回档"，但在9月和10月间，并未出现任何崩盘的明显迹象。在9月间，经纪人融资给顾客的金额暴增了6.7亿美元，创下单月增加金额的新高。隐遁的金融专家克鲁杰，接受《周六晚报》的访谈，令投资大众相当振奋，但后来大家才知道原来这一切都是大骗局。同年10月15日，费雪教授发表著名演说,指出"股市已上涨到相当平稳的状态,我预期股市在几个月内,还会创下新高、成交量会比现在更好。"

尽管如此,几天以后股市又传出另一项坏消息。像《纽约时报》这类对股市现状持悲观看法的媒体,不断小心地提醒投资大众股市即将崩盘。同年10月21日,星期一股市交易量略微超过600万美元,是历年来美国股市单日成交量的第三大。连续几天的庞大成交量后,股市行情板无法显示即时的价位,在中午时仅能报出1个小时前的股价,到当天收盘时前,差异已拉大到仅能报出1小时40分钟前的股价。在股价大涨的多头市场,这种时间差异倒还不打紧,但在股价开始下跌时可就不一样了。这种无法显示即时行情的缺失,不但让投资人更为紧张,也促使投资人加速抛售股票。

3. 投资信托——双向的杠杆作用

在20世纪20年代的美国股市大热中,出现了新的疯狂的投资品种,就是购买投资信托或投资公司股票,以满足公众对普通股的狂热需求。

投资信托最让人着迷的魔法并不是管理者的知识面、操纵技能或者理财天赋,而是杠杆原理。在投资信托中,杠杆是这样发挥作用的:通过发行债券、优先股和普通股来购买不同的普通股组合。当投资信托公司购买的普通股价格上涨,信托中债券和优先股的价格是固定的,那投资信托所持有的证券组合因增值而产生的利润将全部或大部分分配给投资信托发行的普通股。导致投资信托公司股票的价格奇迹般地疯狂上涨。

以上还不是杠杆效应的全部魔力。要是某投资信托公司上涨的普通股被另一个相同杠杆倍率的投资信托持有,那么这些普通股的价格将会呈几何级数疯狂上涨。

在这种巨大的诱惑面前,投资信托公司如雨后春笋般得到了迅猛发展,将人性的贪婪暴露无遗。但是贪婪的人们在巨大的利益面前可能没想到杠杆效应是双向的,它可以让股票上涨得让人瞠目结舌,也会让它一文不值。

加尔布雷斯举了一个最具代表性的案例:高盛公司。

高盛公司直到1928年12月4日才涉足投资信托,成立了第一家投资信托公司——高盛贸易公司。

运用杠杆原理,短短的几个月,高盛贸易公司像滚雪球般疯狂发展,公司最初只投入了1 000万美元,占全部发行股票的10%,而其余的90%股票以104美元每股的惊人高价卖给了公众,几年后股价为悲惨的1.75美元。真是让人扼腕叹息。

4. 股市崩盘——幻想的破灭的过程

1929年夏天，股票市场持续火热，普通股价格一路上扬，经纪人贷款规模也在惊人扩大，短期贷款的年利率不停上升，一度达到了令人吃惊的15%。经济学家与金融界人士盲目乐观，来自忧患集团的声音是那么微不足道。技术分析师巴布森针对9月5日股市下跌提出了忠告，却遭到了华尔街的猛烈抨击。

许多不同阶层和社会地位的人都纷纷进入股市。股市投机成为了美国文化的核心内容。与市场失去联系，使热衷于炒股的人难以忍受，变得失魂落魄。

在1929年发生了若干影响股市的事件，秋季股市崩盘后华尔街把泡沫破灭归因于以下3个事件。

（1）经济指标的下降。1929年秋，美国经济陷入萧条。

（2）英格兰的哈特利公司因违规而倒闭，打击了市场信心。

（3）波士顿·爱迪生公司事件。马萨诸塞州公用事业局不允许该公司拆分股票。

接下来，股市从9~10月一直呈震荡下跌趋势。

10月19日，股市下跌。10月21日下跌。10月22日震荡略升。费雪教授与米切尔依旧认为市场基本面是健康的，只有巴布森唱空。10月23日继续下跌。

10月24日（史称黑色星期四），大崩盘的第一天。股市陷入了疯狂的竞相抛售，恐慌一直持续到中午。各大商业银行决定联手救市。下午股市止跌回暖。

10月25日与10月26日股价平稳。市场焦虑情绪开始平息。大人物们纷纷认为市场基本面良好。极少数唱空的不"和谐"声音被淹没在唱多的七嘴八舌中了。

10月28日（星期一），股市放量一路下跌，跌幅大于上周整个星期。

10月29日，成交量远远大于黑色星期四，跌幅与前一天几乎持平，最糟糕的是投资信托股票，由于杠杆效应的反作用，跌幅之大令人瞠目结舌。有行无市，无买家接盘。

这一天，银行家们无可奈何地放弃了救市。

在崩盘的第一个星期，遭"屠戮"的是无知的新手。而在第二个星期里，经验老到、财力雄厚的老将也受制于这个灾难。各证券交易所从不久前的门庭若市变得门可罗雀。

这一天，有人建议股市休市一段时间。但纽约证券交易所管委会未同意休市，只是妥协为缩短开市时间为半天3小时。

10月30日，股价奇迹般止跌回升。大人物又纷纷发表谨慎乐观的言论。

10月31日，开市3小时。在一些刺激市场的宽松政策的影响下，股市又回升了一些。

11月1日—11月3日，股市休市3天。这一个周末，各种利好与不利消息纷至沓来。人人在忐忑不安中度过这个周末。

11月4日，股市一开盘就出现骇人听闻的暴跌。投资信托股票成了股市疲软的根源。由于杠杆效应的反作用，一些投资信托普通股票开始变得一文不值。有些财力雄厚的投资信托公司开始回购自家股票，在当时情形下无异于慢性自杀。

11月5日，州长选举日，休市1天。

11月6日，开市半天。股市再次出现了令人发疯的滑坡。市场外传来基本面恶化的消息。

在这些不堪回首的日子里，大多数美国人心情郁闷、沮丧，甚至有人绝望到自杀。悲观气氛笼罩在美国上空。

5. 贪婪的恶果——股市崩盘对国家的影响

（1）自杀谣言的大肆传播

有些传闻完全是凭空捏造，事实上，自杀率并没有随股市崩盘而提高，只不过是媒体的恶意炒作。

（2）股市崩盘大大提高了贪污盗用公款罪的发现率

股市暴跌，导致犯罪分子无法清仓变现。当时最引人瞩目的盗用公款案发生在密歇根州弗林特市的联合实业银行。

（3）"安抚行动"悄然出现

首先是纽约证券交易所宣布对卖空交易展开调查。不过，调查毫无结果。

然后是胡佛总统宣布削减税收。

最令人感到好笑的是，为了表明政府的努力，胡佛总统经常召开一系列收效甚微的务虚会议，这几乎成了总统先生摆脱当时尴尬处境的"绝好"办法。

（4）股市温和上涨

在这些所谓的安抚行动下，股市在1929年11月中旬停止了下跌。在11月下旬与12月，股市温和上涨。

1930年1月—3月，股市大幅反弹。4月开始，反弹结束。6月，再次大幅下跌。直至1932年6月止。股票价格已经低到其浮动没有什么意义的地步了。尤其让人叹息的是，投资信托的股票几乎变得"一文不值"。

5）经济基本面的恶化

基本面恶化的现状有目共睹，没有人再会说基本面是健康的言论了。

股市崩盘对美国经济产生了严重的影响，经济水平大幅倒退。

（1）股市崩盘不仅断送了几十万美国人的发财梦想，也严重败坏了一些知名人士的良好名声。

（2）纽约最大的两家商业银行——蔡斯国民银行与国民城市银行饱受股市崩盘之苦。

蔡斯国民银行的总裁威金先生在股票市场上进行了名目繁多的内部交易，买空卖空，中饱私囊。退休后，他的行动受到调查，终身薪水被取消。

至于国民城市银行，问题严重得多。总裁米切尔先生因违规操作、逃税漏税被指控。

（3）爆发了那一时期华尔街最大丑闻——惠特尼事件。

对惠特尼的指控是长期大肆非法侵占他人证券财产。惠特尼对指控未做任何辩解，披露了自己所从事的全部交易。

惠特尼事件的发生导致政府在规范证券市场方面出台了一系列新政策。

颁布了《1933年证券法》以及涉及面更广的《1934年证券交易法》，规范了股市的以下几方面行为。

发行新股被要求充分披露公司信息。

内部交易与卖空被宣布为不合法。

联邦储备委员会受权制定保证金比例规定。必要时提高到100%，完全杜绝保证金交易。

联手坐庄，虚假交易，散布虚假信息，以及其他控制和操纵市场的手法全部受到禁止。

商业银行与证券公司分业经营。

最重要的是，政府设立了证券交易委员会，专门负责实施政府对交易所的管制。

6. 崩盘原因——沉静后的反思

导致1929年股市崩盘的原因是什么呢？加尔布雷斯给出了他的答案。

（1）金本位放松了银根，刺激了投机。从股市的角度看，1927年是具有历史意义的一年。根据一种长期被接受的观点，就是在这一年播下了末日性灾难的种子。责任在于一次慷慨但又愚蠢的国际主义行动。英国恢复实行以前或者说第一次世界大战以前维系黄金、美元和英镑之间关系的金本位制。接着，黄金便从英国和欧洲源源不断地流入美国。政府大量买进发行在外的证券，其必然的结果就是使抛售政府证券的银行和个人持有了备用现金。因联邦储备系统放松银根而变得可利用的资金不是投资于普通股，就是帮助别人融资购买普通股（而这点更加重要）。这样，人们就有了资金，并匆匆投入股市。

关于联邦储备当局在 1927 年采取的行动是随后投机与股市崩盘的罪魁祸首的观点从来也没有被真正动摇过。这种观点具有吸引力的原因就在于它简单易懂，并且为美国人民和美国经济开脱了一切重大罪责。但是，这种解释显然假设，只要能够筹集到资金，人们总会进行投机。这种解释仅仅证明了人们在经济问题上重新偏信那些不可思议的胡话。

（2）投资信托放大了投机热。20 世纪 20 年代末，最著名的投机品种就是投资信托或投资公司股票，它们的发行方案更能满足公众对普通股的需求。投资信托不是创办新的企业或扩大已有企业，而只是一种旨在通过成立新公司来让股民持有已有公司股票的安排。

在投资信托中，杠杆是这样发挥作用的：通过发行债券、优先股和普通股来购买品种不同的普通股组合。当采用这种方法购进的普通股价格上涨（总是这样假设股价走势）时，信托中债券和优先股的价格基本不变。因为债券和优先股的价格是固定的，派生于一个特别规定的回报率。投资信托所持有的证券组合因增值而产生的利润，全部或大部分分配给投资信托的普通股。结果，投资信托普通股的价格奇迹般地上涨了。

 **拓展阅读**

1929 年 10 月 29 日，星期二，对于美国的经济以及股民来说，都是最黑暗的一天。上午 10 点，纽约证券交易所刚一开市，猛烈的抛单就席卷而来，"抛！抛！抛！"所有股票成了烫手的山芋，不计价格、不计成本，只要抛掉就好，经纪人被"抛"得发晕、交易大厅一片混乱，随之而来的就是道·琼斯指数一泻千里，股指从最高点 386 点跌至 298 点，跌幅达 22%。这是纽约交易所 112 年历史上"最糟糕的一天"，以这个被称作"黑色星期二"的日子为发端，美国乃至全球进入了长达 10 年的经济大萧条时期。

1929 年大恐慌的第一天，也给人们烫上了关于股市崩盘的最深刻的烙印。

那一天，换手的股票达到 128.946 万股，而且其中的许多股票售价之低，足以导致其持有人的希望和美梦破灭。

但回头来看时，这场灾难的发生甚至是毫无征兆的。开盘时，并没有出现什么值得注意的迹象，而且有一段时间股指还非常坚挺，而且交易量非常大。

突然，股价开始下跌。到了上午 11 点，股市陷入了疯狂，人们竞相抛盘。

到了 11:30，股市已经完全听凭盲目无情的恐慌摆布，狂跌不止。自杀风从那时起开始蔓延，一个小时内，就有 11 个知名的投机者自杀身亡。

对于这个黑色的梦魇，所有人都陷入恐慌和怨天尤人之中，但他们没有想到，这个日子的降临恰恰是他们自己催生的。这一切都要从美国经济大发展说起。

对于美国来说，第一次世界大战是个千载难逢的黄金机会，美国利用战争大发横财，战争结束后，美国由债务国一跃成为世界最大的债权国，纽约也取代伦敦成为世界金融中心。美国经济的突飞猛进，带来的是股市一派牛气，对于股民来说，一个黄金时代来到了。

为了吸引更多的游资，美国的券商雇佣大批股票推销员，在城市的街道，在乡镇的小路，在千家万户的门前，一遍遍向民众讲述炒股的好处，但他们却从不提及炒股的风险。民众的热情被激发起来，入市炒股成为全民的投机行为。

到 1928 年，股市几近疯狂。在地铁中，人们纷纷指责地铁公司没有在车厢里装上电传打字电报机，以致人们在乘车途中无法炒股。在波士顿的一家工厂，所有的车间都安放有大黑板，并有专人每隔一小时就用粉笔写上交易所的最新行情。在得克萨斯州的大牧场上，牛仔们通过高音喇叭收听电台的消息，实时了解行情。当乘客乘坐出租车时，司机会和乘客热情地讨论股票行情，就连宾馆门口擦皮鞋的小童也会向顾客介绍当天的热门股。

到 10 月 29 日，股市彻底崩溃。当天美国钢铁公司的 65 万股股票以每股 179 美元出售，却找不到一个买主，于是其股价开始下跌，就像传染病一样，紧接着一个接一个公司的股票都开始下跌，大崩盘终于来临。股票成为废纸，数字全无意义，一个煤炭公司的老板看着正在下跌的指示板，倒地死在了他经纪人的办公室里。无数昔日的"百万富翁"一觉醒来便一贫如洗。一些开船出海游玩的富人们回来后发现，他们已变成了身无分文的贫民。当时跳楼的绝不仅仅是股价。

23 《风险规则》

罗恩·顿波 / 安德鲁·弗里曼

 经典速读

投资活动风险巨大,成功还是失败,取决于在风险游戏中的表现,这种游戏的竞争规则却一直处于变化之中。以前行之有效的策略到今天未必还是胜利的保障,要想取胜,老经验已不足为据,应该做的是探索未来,掌握变化的趋势。

《风险规则》的两位作者都是风险分析方面的专家。罗恩·顿波是算法公司的总裁兼首席执行官,该公司在提供新型金融风险管理软件方面居于领导地位。他于1989年创建算法公司以前,曾在高盛公司负责一个风险分析小组,并执教于多家大学,其中包括耶鲁大学。而安德鲁·弗里曼管理《经济学家》信息部的金融服务业分部,在1994—1997年间曾任《经济学家》美国金融栏目的编辑。

《风险规则》一书提出了一种全新的研究风险的思路,它提供的动态框架可以增强我们制定重要决策的能力,还能进一步改变我们管理投资的方式。这个创造性的思路不仅纳入了投资者所处的具体环境和个人的承受能力,还考虑到他们在制定决策过程中的推理方式,它在更大的程度上反映了人们研究风险的实际方法。

有些投资者可能以为所有方差或标准差较大的投资都会有更大的风险。

然而，现实生活总是比想象的要复杂。

——罗恩·顿波

风险管理所需的下一个构件是风险指标：采用什么计量单位来测算将要做的事情的风险程度。这看起来只是基本要求而已，但令人惊讶的是，测算风险是金融学面临的最大挑战之一。

——安德鲁·弗里曼

内容解读

1. 风险调整评估法——前瞻性风险管理

《风险规则》指出，关于风险以及如何管理风险的几个简单想法就足以解开许多用别的方法无法破解的谜团。比如，从最根本的意义上来说，为什么要去定义并管理风险？答案是，人们对以后会发生什么事心怀疑虑。我们知道，未来将带给人们种种经历：愉快的，痛苦的，甚至暗藏杀机的。至少人们有足够的动机来规避或尽量减少对后者的暴露。对于投资者，这意味着既要避免高额损失也要避免轻微损失。

但现有的风险管理几乎没能纳入这种基本思想。风险从定义上应该是前瞻性的，通过研究过去发生的事情来评估风险是一种强大的心理定式。本来，如果小心谨慎地使用它，用过去的经历预测未来的做法并不那么愚蠢。令人遗憾的是，大型机构和个人往往都把这种有缺陷的方法（或其变种）作为管理风险的主要基础。而这种方法不论是从经理的角度来看——他们的职业生涯需要成功，还是从股东的角度来看，他们的钱成了赌注，都是极度危险的。

几个核心要素就足以产生一个稳健而灵活的风险管理构架，我们把以下的风险定义作为出发点：

在今天和未来某个时刻的环境之间存在着差异，这种差异具有改变一个组合的价值的潜力，风险就是测算这一潜在变化的指标。

这个定义显然涵盖了金融风险——我们拥有的某种股票在明年贬值的可能性。通过对投资组合概念的理解，我们认为它还能涵盖一些形式更为广泛的风险。读者以后会看到，不论怎么想，每个人都拥有一个投资组合。因此，我们所说的风险除了包括像共同基金这样和金融资产的价格变动紧密相连的东西之外，还能包括汽车是否会出车祸和彩票能否中奖之类的事情。

带着这个定义，我们将逐个分析前瞻性的风险管理所必需的4个基本要素。

（1）时间区间：在哪个时期内考察对风险的暴露？

（2）场景：哪些事件会在未来展开，它们对投资的价值有何影响？

（3）风险指标：用什么计量单位来测定对风险的暴露？

（4）基准点：和哪些点进行比较以测算我们的工作成绩？

2. 决策风险——测算金融风险方法

一般来说，测算金融风险的方法很多，这些方法使用了许多基于概率的指标，常见的表达方式是："你有80%的机会获得7%的收益，但有20%的机会损失10%的投资。"不过大多数决策只能管一次用，面临这些决策的场合往往也只会出现一次。而概率测算的是同一赌局在一个较长时间内的平均表现，从根本意义上来说，它对一次性决策并不适用。买彩票时，人们自然希望了解中奖概率，但不应该在这个基础上分析彩票。谁也没有这么多钱不断地买进一种彩票，直到所得结果接近于概率指标。

所以我们需要的是分析一次性场合的方法。彼得·伯恩斯坦曾经讨论过这个问题。在1997年的一次演讲中，他问道："我们如何决策？"他注意到在根据测算指标得到的概率和根据直观得到的概率之间一直存在着冲突："如果一个结果的概率大于另一个结果的概率，而概率较小的结果造成的后果要严重得多，该怎么办？"应该说，这些后果的严重性会压倒概率值。

长期以来，经济学家们都清楚，人们更多地面对一次性决策，但正统的经济学却采用了与之相反的假设。这种自相矛盾的状况引发了一些引人注目的猛烈攻击。比如，乔治·夏克尔在1958年就举过几个有力的例子：

大多数企业只有1次或2次最多若干次机会，来决定一座厂房的生产目的、类型、规模和厂址。大多数职业人士只选择一次职业，等等。这些决策活动发生在很长的一段时期之内，相互间隔也很不均匀，把它们当作一组系列化试验绑到一起于理不通……把100个错误情形和一次正确情形分别乘上毫不相干的数字，然后全部加起来得到的所谓平均值到底意义何在呢？

这段话大概表达了对基于概率的决策方法的最强烈的反对意见。

对所面临的选择的看法通常都能用风险加以表达。采用方案A而不是B或C会带来什么风险呢？显然答案是相对的。对于选择一种方案而舍弃另一种，尤其是在后来发现这是一个错误决定时，决策者会有何感受？决策者对各种备选方案的绝对风险、自己的具体条件以及由此产生的对相对风险的忍耐程度都有一定了解，问题是怎样把三者联系起来呢？

想得到这些问题的答案并非易事，部分原因是，我们在理智上对风险的理解远远落后于对它的直观认识。风险从本质上来说是复杂的，因此很难为它建立一个能在实际生活中发挥作用的模型。可以说，把对风险的数学描述（许多人靠它获得了诺贝尔奖）大大咧咧地用在实际生活中的做法会带来危险。

3. 测算规则——资产价值整体评估

作者认为，测算风险有一个基本前提，那就是我们对今天的资产价值进行测算的能力。如果我们不能对我们今天的资产价值进行测算，那么我们就不能在既定场景下测算今天价值在未来的变化。进而，我们就不能测算我们所面临的风险。这种对现在价值的确定被称为"找准我们在市场中的位置"。

规则1：明确你现有资产的价值。

我们所测算风险的大小，取决于我们对未来多长时间的风险进行展望，选择风险所赖以计量的起点是我们计算风险价值的基础。不同的情况会有不同的时间区段。例如，与一个交易员不同，一个养老金计划的经理必须能控制较长期的风险。当我们考虑我们自己的财务目标时，我们可能有一系列的既定目标，这些目标将决定我们在某个时点能看多远。例如，当我们在为十年后的退休而攒钱时，我们可能需要在明天就买一辆新汽车。

规则2：选择一个合适的未来时间区段。

风险取决于我们对明天可能事件的判断。它们应该包括许多种预测——以历史为基础的估计、主观判断以及以模型为基础的判断。描述风险的最一般方法是利用不同的场景。每一个场景都会有一个对被考察资产组合未来价值的判断。适当地搜集不同的场景，就可以捕捉到各种特点的可能变化，这些特点可能就出现在我们所选取的现在和未来某个时间段内。正如我们所见，场景的性质非常一般。如果对它们的选择得当，它们就可能包容我们所需要的一切东西。

任何对可能的重要事件的遗漏，都会使风险测算失效。对极端事件的过度强调也会导致错误的决定。这就是为什么说，选择合适的场景就等于是风险管理艺术一样。有许多技术性问题影响着场景的选择。这些方法通常适用于评估更典型的事件。在极端和非典型事件之间有一个界限，这些事件在今天的决策中很有价值。对极端事件的适当选择是我们区分艺术家和技术员的标志。这便是风险测算的第 3 条规则。

规则 3：尽量选择更广泛的场景来描述可能的未来事件，包括极端的和与流行看法相矛盾的场景，那些可能导致负面效果的场景，并对每个场景发生的可能性进行分析。

至少，在我们选取了各种场景和起点之后，我们需要在每一种场景下对我们所持的资产价值进行评估。这将有助于我们得到资产组合的未来可能价值。

大多数情况下，风险不是一个绝对化的指标，它是一个行动与其他一些行动相对而言的风险，或者说是一种资产组合与其他资产组合相对而言的风险。例如，购买一只股票与保持资产组合不变的风险。此时，所要测算的风险不仅仅是持有股票的风险，而且是持有这只股票的风险加上原来资产组合的风险之后，再与持有原来资产组合相比较而言的风险。在这种情况下，原来的资产组合就是基准点。这一点很重要，因为原来的资产组合和单一股票的未来取决于所选择的场景。除了持有原来资产组合以外，再持有这只股票所增加的风险与单独持有这只股票的风险是不同的。

你总是可以通过设定基准点无效（即设它为零）来计算一个资产组合的绝对风险。这便是下面的第 4 条规则。

规则 4：选择一个基准点。

现在我们可以对风险进行定量分析了。这里是我们对风险的计算方法：一旦我们确定了场景和基准点，余下的事情就是技术性的计算了。我们已经尽人力所能来降低不确定性了。

规则 5：在每个未来场景，从起点处评估你的资产组合和基准点价值。

我们称之为未来定位。为市场定位可以得到一个独一无二的数字，因为这里没有不确定性，这个数字就是今天的价值。为未来定位则得到一系列的可能数字，每一个数字都是未来的每一个不确定性。

我们可以选择我们喜欢的任何风险测算方法。我们对风险的一个中心观点是：它对不同的人和不同的机构之意义各不相同。不同的方法适用于不同的关心金融风险信息的消费者。一个基金经理可能完全不被对一名银行监管员来说很有意义的一组统计数字所触动。然而风险管理有一个显著的特点：那些用于衡量这些不同风险的原始数据总是相同的。它们经常来源于：所有场景下对资产组合和基准点的评价。这些方法以不同的伪装表现出来，但最终，它们都得益于规则 5 被直接或间接使用之后。

我们的风险测算框架可以与许多不同的风险指标一起应用，但是最合适的那一个一定是与具体环境最密切相关的一个。这便引出下面的第6条规则。

规则6：根据应用规则5后所获得的价值，计算适当的风险指标。

在这个框架中，所有的风险指标都来源于同样的信息：在所有可能的场景下，资产组合和基准点的初始价值。这个风险指标本身成为不同的统计数据，这些统计数据是根据计算资料得出的。风险中的价值就是这种统计指标之一。另一个指标是标准差，有时也叫作流动性。最好和最坏指标一般都忽略了各种微小可能性，但是它们仍然是极端情况下关于后果分配的简单统计数据。无疑，今后还会出现其他一些与具体投资者或机构相关的新指标。

 拓展阅读

当安德鲁·弗里曼还是个天真的大学生的时候，一天下午，他和一些朋友喝咖啡，遇到了一件很有意思的事情。他的一个朋友夸耀说自己刚刚做了一件聪明事：在收到了一大堆信之后，这位仁兄向信中名单上的4个名字累计寄出了75美元。根据信上的说法，作为收益，他的名字将被登记在信中的收款名单上，这个游戏继续往下进行，随着这封信转过数圈，他的名字终究将跃升到名单前列。那时，他将一下子收到几倍于75美元的金钱。对于这个故事，一半的人大笑起来。我的朋友怎么会这么愚蠢？因为这种游戏的偶然性很大，很少能让几个人受益，难道他不知道将分文无获吗？唉！那寄出去的75美元还不如买几扎大学校园里的啤酒喝呢。

但是，另一半的人却非常不解，随之而来的就是一场热烈的讨论。如果这封信果真非常有煽动力，我们每一个人都真给人家送钱，那么这一大堆信的链条中不是自有"黄金屋"吗？难道我们不可以自己也炮制一封类似的信，以便在这个游戏做完之前我们就可获得丰厚的收益吗？唉，后来我们发现事情并非这么简单。我们中没有一个人——包括开始让我们对此游戏感兴趣的那个朋友——能从这个想法中得到一分钱，但是在我们知道有关蓬齐（Ponzi）方案的真相之前，我们几周的努力和希望都已经付之东流了。

为什么这个方案欺骗了这么多人？为什么这些人如此坚持不懈？这个问题很重要，因为金字塔式的投资方案已经困扰了许多国家。在阿尔巴尼亚，

1997年的内乱使其欺骗性的投资方案彻底破产。因此，由于许多人都来投资于这样的方案，所以当这些方案破产时，其所带来的社会阵痛是不可忍受的。即使知道这些投资方案的风险很大，人们仍然愿意继续向其投入巨额资金，都希望在最后的机会中赚一把就跑。

蓬齐方案之所以得逞，是因为它们成功地勾起了我们对上线的预期。这种方案通过夸大上线的效应，贬低下线的负效应，设计了一个具有正的风险调整收益的虚假观点。可怜的大学生和阿尔巴尼亚人民都一厢情愿地希望，如果他们抓住了一次获得正收益率的机会，则他们的生活就可因之大大改善。损失75美元，虽然很痛心，但不会对学生们有太大的影响。但当阿尔巴尼亚的成千上万的人民一下子一无所有时，他们别无选择，只能选择上街游行这条路了。据不完全统计，阿尔巴尼亚人民在金字塔投资方案中损失了20亿美元，相当于这个国家一半的经济总产出。

24 《以交易为生》

亚历山大·埃尔德

  经典速读

埃尔德最初不过只是个普通的小散户,凭着对投资的执著追求、不懈努力,再加上一点点悟性和严格的自我约束,最终成为了一名成功的交易员。

与波浪理论、江恩理论等经典技术分析理论不同,本书并不是介绍某一种独特的技术分析方法,而是对之前所有的技术分析方法和指标进行系统的梳理。书中将技术指标分成了趋势跟随指标、震荡指标和复合指标三大类,并详细分析了每种指标的优缺点和应用场合。与一般的技术分析书籍相比,本书内容显得更实用。

在接触股票、期货、期权等投资工具之前,作者是一名职业精神病医生。凭着敏锐的直觉,作者感悟到了交易的真谛,并且从心理学的角度对交易行为、大师崇拜现象、各种技术指标、技术形态和技术分析理论进行了全新的剖析,因此,本书的视角独特而有趣。

> 作为一名交易者,你的成败取决于你控制情绪的能力,取决于你对风险收益、贪婪、恐惧的态度,以及你如何看待交易的快感和风险!
>
> ——亚历山大·埃尔德

痛苦中的交易者往往会从形形色色的大师那里寻找方向;作为一位聪明的交易者,必须认识到,长期来看,没有哪位大师能让你发财,你必须自己努力！

——亚历山大·埃尔德

聪明的交易者总是在市场平静时买入，在市场疯狂时获利了结。

——亚历山大·埃尔德

内容解读

1. 心理心态——个体心理决定着投资的成败

埃尔德认为，成功的交易者必须抛弃一些错误的幻想（头脑迷思、资金不足、自动导航迷思、个人崇拜）。每位交易者都必须掌握交易的3项基本要素：健康的心态、符合逻辑的交易系统（要以清晰明确的原则为基础）和良好的资金管理计划。也就是说，你在市场上的成功或失败取决于你的思维和情感，取决于你对风险收益、贪婪和恐惧的态度，以及你如何看待交易的快感和风险。那么投资者都应该注意哪些方面的问题呢？

（1）人们往往自己骗自己，自己跟自己捉迷藏。对别人撒谎已经是很糟糕的了，如果再自己骗自己就不可救药了。

（2）要想成为一名成功的交易者，就要睁大双眼，以便能识别出实际的趋势和转折，而不是把时间和精力浪费在后悔和想当然的思考上。

（3）许多交易者嘴上说成功，但实际上却不断地做冲动型的交易，即在市场中赌博以获得短期的快感。

（4）情绪化交易和没有思路的交易是交易者赔钱的原因。

（5）优秀的交易者多为勤奋、精明之人，他们乐于接受新思想，他们的交易目的并不是为了赚钱，而只是想做好交易，如果做对了，自然就赚到了钱。

（6）优秀的交易者对正确的交易和提升交易技能是如此的关注，以至于输赢不再会影响他的情绪。

（7）那些内心无法保持平静的交易者总想在市场上实现其互相矛盾的意愿，如果你现在还不知道何去何从，那么终点是你从不想去的地方。

（8）成功的交易者必须意识到自己的幻想，并努力甩掉这些幻想。

（9）交易者必须以清晰明确的原则为基础。交易时必须分析自己的感受，以确信所作的决策有合理的依据，同时还要设计资金管理计划，以免蒙受一连串的损失导致出局。

（10）你必须意识到自己有自毁的倾向。不要再把损失归因于运气不好，或是找别人的理由，要学会对结果负责。

（11）做交易时，你是在与世界上最精明的人打交道，这一场仗一开始就对你不利。如果交易受到情绪的干扰，那么战争提前结束了。

（12）交易者的成功是在于他的逐步积累财富的能力，而不是一次赚多少钱。

（13）你的感受与市场毫无关系，那只是你的感受而已，市场根本不知道你的存在。你无法采取任何的措施来影响市场，你只能控制自己的行为。

（14）专业投资者运用头脑，保持心态平和，不会因交易感到悲喜。在市场上，情绪化的反应对你来说是负担不起的奢侈品。

（15）贪婪的业余交易者交易过于频繁，即使没有很好的交易机会他们也想交易。

（16）不要贪婪，不要急急忙忙地交易，抓紧时间学习。未来市场总是有更多的好机会。

（17）赢家的思维、感受与行动与输家的大不一样。你必须对自己进行深入的剖析，丢掉幻想，改变以前的思考、行为方式，改变是件难事，但是如果想成为一名优秀的投资者，你就必须努力改变你的个性。

（18）人类本性使人在压力下很容易放弃自己的独立性。

（19）当你陷入某种情绪中时，很容易忽视那些提示你应该卖出的客观信号，你不太想服从信号指示，或想讲条件，或是想祈求原谅，结果无法采取理智的行动，最后认赔出局。

2. 群体心理——根据市场变化做取舍

埃尔德认为，交易者的成败取决于对价格的判断：价格是一种心理行为，是多空双方观点平衡的货币表现。价格形态和成交量反映的是市场的群体心理。

聪明的交易者总是在市场平静时买入，在市场疯狂时获利了结。

埃尔德一语道破了市场的本质：市场是什么——它是一群人。群体能够创造趋势，永远也不要与趋势较劲。尊重群体的力量，但也不必对他感到恐惧。

大多数人无法遵照自己的交易计划进行交易，因为他们的感受、思想和行为受到群体的影响。

作为一般投资者，你无法控制市场，但能够决定是否进行交易和什么时候交易。与群体争辩永远不会有什么好处，只需简单地运用自己的判断力，决定何时加入群体,何时远离群体即可。

永远也不要忘记,成功的交易奠基于三大支柱:一是需要分析多空力量的平衡;二是需要实施良好的资金管理;三是需要严格按照自己的交易计划进行交易。

在交易前,必须作好详细的交易计划,并且严格按照计划来执行,而不要根据市场价格的变化进行冲动性操作。不要临场随意决策,因为那时很容易被群体同化。

计划是由理性的个人制定的,而冲动型操作是由被同化的群体成员作出的。

每一笔价格反映的都是市场上所有交易者的行动或不行动。

技术分析的目的是要识别群体行为的趋势和变化,以便作出明智的交易决策。

任何市场上,交易的买卖数量都是相等的,价格涨跌是因为买卖双方的贪婪和恐惧程度发生了变化。

大的牛市和熊市都是由供求关系的基本面变化引起的,而中短期趋势取决于群体的情绪。

3. 支撑与压力——交易者必须把握的重要概念

为了说明支撑与压力的概念,埃尔德用皮球的弹跳进行说明:一个皮球触及地板会反弹,触及天花板会落下,支撑与压力就像地板与天花板一样,价格夹在两者之间。当我们处理价格趋势与图形排列,支撑与压力是两个重要的概念。评估支撑与压力的强度,有助于判断趋势将持续还是反转。

支撑是指某特定价格水准,该处的买进力量足以让下降趋势中断或反转。当下降趋势触及支撑,价格将会向上反弹,在价格趋势图中,支撑是表示为数个谷底所衔接的水平状直线。

压力是指某特定价格水准,该处的卖出力量足以让上升趋势中断或反转。当上升趋势触及压力,价格将会向下折返。在价格走势图中,压力是表示为数个头部所衔接的水平状直线。

最好是在价格密集交易区的上侧与下侧分别绘制压力与支撑,而不要取极端价位。两侧的位置是代表大多数交易者在此改变心意,极端价位仅代表情绪化交易者的恐慌性行为。

次要的支撑或压力会造成趋势的暂时停顿,主要的支撑或压力会造成趋势的反转。

如果交易者都在支撑买进而在压力卖出,这将形成自我实现的预言。

在密集交易区的上侧与下侧绘制水平状的直线。下侧的直线代表支撑——该水准的买方力量大于卖方，上侧的直线代表压力——该水准的卖方力量大于买方。支撑与压力区的角色经常互换。请留意，3月份的支撑在5月份成为压力。每当价格触及支撑或压力而无功折返，这会强化支撑或压力的劲道。

必须小心支撑与压力的假突破。在图形中，英文字母"F"代表假突破。乐观者经常顺着突破方向交易，专业者则采取逆向交易。在图形的最右侧，价格遭遇强劲的压力，这是寻找放空机会的理想时机。将停损点设定在压力线的稍上方。

4. 支撑与反压强度——警惕密集区的角色互换

密集区的概念是什么呢？一个价格的密集成交区，如果曾经阻挡数个趋势，它将是一个炮火猛烈的战场。防御的一方有许多掩护，攻击的一方进展困难。价格在密集交易区内停留愈久，多空双方在该区域内所投入的情绪愈强烈。如果价格由上方逼近该区域，它是支撑。如果价格由下往上逼近该区域，它是压力。密集成交区的角色可以互换，它可以是支撑或压力。

支撑或压力的强度取决于3个因子：交易区间的长度、高度与成交量。换言之，你可以观察密集成交区的长度、宽度与深度。

支撑或压力区愈长——时间的长度或价格折返的次数——它的力量愈大。支撑与压力就如同上等的葡萄酒一样，愈陈愈香。2个星期的交易区间，能提供些许的支撑与压力；2个月的区间足以让人们养成习惯而构成中等程度的支撑与压力；2年的区间将被视为是价值的标准，扮演主要支撑或压力的角色。

当支撑或压力被突破之后，随着时间的经过，强度将愈来愈弱。输家不断出场，接手的新进场者对于原先的价格水准并没有投入类似的情绪承诺，新近发生的情绪才会印上鲜明的烙痕。他们或许仍然在市场中，仍然觉得痛苦与懊恼，期待第二次机会，那些在数年前犯错的人们，或许已经不在市场中了，他们的记忆没有太大的意义。

支撑与压力被测试的次数愈多，它们的力量愈强。当交易者发觉价格不断在某特定的水准折返，一旦机会再度出现，他们比较愿意下注押反转。

5. 背离的种类——以背离来判断市场趋势

在埃尔德看来，任何的技术指标，当它与价格之间发生背离的现象，往往可以提供最佳的交易信号，震荡指标当然也不例外。当价格创新低而摆荡指标拒绝创新低，这是多头的背离。这个现象反映空头正丧失主控权，价格仅是仰赖惯性下跌，多头即将主导盘势，多头背离经常代表下降趋势的结束。

当价格创新高而摆荡指标无力创新高，这是空头的背离，代表市场可能形成头部。这个现象反映多头正丧失主控权，价格仅是仰赖惯性上涨，空头即将主导盘势。

多头与空头的背离可以分为3个等级。A级的背离代表重要的转折点与最理想的交易机会，B级的背离比较不重要，C级的背离最不重要。

A级空头背离：价格创新高而指标的峰位下滑，这是最强烈的卖出信号。

A级多头背离：价格创新低而指标的低点垫高，这是最强烈的买进信号。

B级空头背离：价格形成双重顶，指标的第二个峰位下滑，这是次要的卖出信号。

B级多头背离：价格形成双重底，指标的第二个底部垫高，这是次要的买进信号。

C级空头背离：价格创新高，指标形成双重顶，这是最弱的空头背离。

C级多头背离：价格创新低，指标形成双重底，这是最弱的多头背离。

当随机指标与价格之间产生背离的现象，这代表最强烈的交易信号。

当价格下跌而创新低，但随机指标的底部高于前一波跌势的低点，这构成多头的背离。这种现象显示，空头正丧失力量，价格仅仰赖惯性下跌。一旦随机指标由第二个底部翻升，即是强烈的买进信号：建立多头部位，将停损设定在最近低点的下侧。如果第一个底部在超卖基准线下侧而第二个底部位于基准线上方，这代表最理想的买进信号。

当价格上涨而创新高，但随机指标的头部低于前一波涨势的峰位，这构成空头的背离。这种现象显示，多头正丧失力量，价格仅仰赖惯性上涨，一旦随机指标由第二个底部下滑，即是强烈的卖出信号：建立空头部位，将停损设定在最近高点的上侧。如果第一个头部在超买基准线上侧而第二个头部位于基准线下方，这代表最理想的卖出信号。

6. 超买与超卖——随机指标的应用

埃尔德对随机指标的应用非常娴熟，比如随机指标的超买超卖现象。当随机指标上升而超过上方的基准线，这代表行情进入超买状态，超买意味着过高，可能拉回。当随机指标下降而超过下方的基准线，这代表行情进入超卖状态，超卖意味着过低，可能回升。

这类信号在横向走势中表现不错，但不适用于趋势明确的行情。在上升趋势中，随机指标很容易进入超买区，但它发出卖出信号之后，行情将持续上涨。在下降趋势中，随机指标很容易进入超卖区而过早发出买进信号。在运用上，随机指标应该配合某种长期的顺势指标。在"三重滤网"交易系统中，唯有当周线图的趋势向上时，才采用日线图上随机指标的超卖（买进）信号；同理，唯有当周线图的趋势向下时，才采用日线图上随机指标的超买（卖出）信号。

假定周线图处于上升趋势中，如果日线图的随机指标下滑进入超卖区，这即是买进信号，不必等待指标回升或向上穿越基准线，立即在最近一支长条图的上侧设定买单。一旦建立多头部位之后，停损设定在进场当天或前一天最低价——以较低者为准——的下侧。

随机指标底部的形状，经常可以显示涨势的强弱程度。如果底部又窄又浅，代表空头的力量很弱，涨势可能比较强劲。如果底部的形状又深又宽，代表空头的力量很强，涨势可能比较弱，最好仅选用强劲的买进信号。

假定周线图处于下降趋势中，如果日线图的随机指标上升进入超买区，这即是卖出信号，不必等待指标下滑或向下穿越基准线，立即在最近一支长条图低价的下侧设定空单，当随机指标向下穿越超买基准线，行情经常暴跌，一旦建立空头部位之后，停损设定在进场当天或前一天最高价——以较高者为准——的上侧。

随机指标头部的形状，经常可以显示跌势的强弱程度。如果头部很窄，代表多头的力量很弱，跌势可能比较严重。如果头部的形状又高又宽，代表多头的力量很强，跌势可能比较有限——最好放弃这类的卖出信号。

当随机指标进入超买区，不可买进；当随机指标进入超卖区，不可放空。这个法则可以过滤掉大部分的不理想信号。

7.三重滤网交易系统——实用的买卖技巧

"三重滤网"同时采用数种顺势的方法与逆势的技巧，它由数个不同的时间架构分析潜在的交易机会。希望过滤两者的缺点而保留它们的优点。事实上，"三重滤网"已经不属于交易系统的层次，它是一种方法、一种交易风格。

第一层滤网：利用顺势指标辨识周线图上的趋势，完全顺着趋势方向进行交易。

"三重滤网"首先是分析长期走势图，较你所交易的时间架构高出一个层次。大多数的交易者都仅注意日线图，每个人都观察这份涵盖数个月资料的图形。如果分析周线图，你的视野将因此而扩大5倍。

"三重滤网"的第一层滤网是采用顺势指标辨识长期的趋势。最初的系统是采用周线 MACD 柱状图的斜率辨识潮汐的方向。斜率是由最近两支柱状图的关系决定，如果斜率向上，代表多头居于主控地位，仅由多方进行交易。

如果斜率向下，代表空头居于主控地位，仅由空方进行交易。

在周线图中，MACD柱状图的每个跳动都代表趋势的变动。发生在零线下方的向上跳动，它所提供的买进机会优于零线之上。同理，发生在零线上方的向下跳动，它所提供的卖出机会优于零线之下。

交易者有3个选择：买进、放空或观望。"三重滤网"的第一层滤网剔除其中一个选择。在主要的上升趋势中，仅可以买进或观望。在主要的下降趋势中，仅可以放空或观望，你必须顺着趋势潮汐方向前进，否则不要下海。

第二层滤网：运用日线图上的摆荡指标，在周线的上升趋势中，利用日线的跌势寻找买进机会。在周线的下降趋势中，利用日线的涨势寻找放空机会。

第二层滤网是辨识逆着潮汐方向的波浪。如果周线的趋势向上，日线的跌势代表买进的机会。如果周线的趋势向下，日线的涨势代表放空的机会。第二层滤网是运用日线图上的摆荡指标，辨识偏离周线趋势的交易机会。摆荡指标在跌势中提供买进信号，在涨势中提供卖出信号。根据"三重滤网"交易系统第二层滤网的规范，你仅可以采用周线趋势方向的日线交易信号。

当周线趋势向上，"三重滤网"仅接受日线摆荡指标的买进信号，忽略它们的卖出信号。同理，当周线趋势向下，"三重滤网"仅接受日线摆荡指标的放空信号，忽略它们的买进信号。"劲道指数"与"艾达透视指标"都是"三重滤网"所适用的摆荡指标，但"随机指标"与"威廉指数"也很不错。

假定周线的MACD柱状图上升，如果"劲道指数"的2天EMA跌破零线而未创数周以来的新低，这就是买进信号。同理，假定周线的MACD柱状图下降，如果"劲道指数"的2天EMA向上穿越零线而未创数周以来的新高，这就是放空讯号。

第三层滤网：如果周线的趋势向上而日线摆荡指标向下，利用追踪型停止买单捕捉盘中的向上突破。如果周线的趋势向下而日线摆荡指标向上，利用追踪型停止卖单捕捉盘中的向下突破。

在"三重滤网"交易系统中，第一层滤网是辨认周线图中的潮汐。第二层滤网是辨认日线图中逆着潮汐方向的波浪，第三层滤网是辨认顺着潮汐方向的涟漪。它根据盘中的价格行为设定进场点。

第三层滤网不需采用走势图或指标，它是在第一层与第二层滤网发出买进或放空信号之后，用来设定进场点的技巧。在上升趋势中，第三层滤网是采用"追踪型买进停止单"，下降趋势则采用"追踪型卖出停止单"。

如果周线的趋势向上，日线的趋势向下，利用追踪型买进停止单捕捉向上的突破。如果周线的趋势向下，日线的趋势向上，利用追踪型卖出停止单捕捉向下的突破。

适当的资金管理方法，是交易成功所不可或缺的一环。自律严格的交易者会迅速认赔，绝不会像输家一样犹豫不决。"三重滤网"交易系统是采取非常紧密的停损。一旦进场买进之后，将停损设定在交易当天或前一天的低价——以较低者为准——下方一档处；一旦进场放空之后，将停损设定在交易当天或前一天的高价——以较高者为准——上方一档处。如果行情朝有利方向发展，尽快将停损调整到损益两平的价位。往后，设定停损的原则是保护 50% 的账面获利。

由于"三重滤网"仅顺着潮汐方向进行交易，所以需要采用紧密的停损。如果一笔交易不能立即获利，显示市场表面之下的根本情况已经发生变化，最好迅速出场。第一个认赔的机会，往往是最明智的认赔——让你在场外重新检讨市况。

保守的交易者应该根据"三重滤网"交易系统的第一个信号进场买进或放空，然后继续持有部位，直到主要趋势发生反转或被停损出场。积极的交易者可以继续采纳日线摆荡指标的每个新信号，利用既有部位的获利部分进行加码。

在平仓方面，部位交易者应该以第一层滤网的信号为准，继续持有部位，直到周线趋势发生反转为止。短线交易者可以根据第二层滤网的信号获利了结。举例来说，假定交易者进场做多，如果劲道指数翻为正值或随机指标的读数超过 70，他可以获利了结而卖出，然后另外寻找买进机会。

拓展阅读

出生在彼得格勒，长在爱沙尼亚的亚历山大·埃尔德早在 16 岁的时候，就进入了医校开始学医，23 岁那年，亚历山大·埃尔德在一艘轮船上当医生，当轮船行驶到非洲时，他跳离了轮船，前往美国，在纽约当了一名精神病医生。

尽管有一份安稳的工作，埃尔德心中泛起的层层涟漪却始终搅动着自己的心。1976 年夏天，他从纽约开车前往加利福尼亚。途中，他读完了一本恩格尔的《如何买股票》，竟被书中通过思考赚钱的想法深深吸引，埃尔德的人生轨迹从此转向。

涉足金融交易后，埃尔德先后做过杂志编辑、哥伦比亚大学教师。他发表了数十篇文章、书评，制作了软件，作过许多演讲，是三重滤网交易系统的发明人。曾经需要花许多时间来思考病人病情的医生，而今已经将全部精力放在交易之上，用他的话说，"你不需要老板，你自己就是老板，无论在世界任何地方，以交易为生的日子都是自由自在的。"

20世纪70年代，埃尔德买了一只叫爱心关怀公司的股票，这家公司开办了小孩照顾中心的连锁。他们把连锁店办得像麦当劳汉堡包一样，外观一致，服务可靠。爱心关怀公司迎合了婴儿潮时期出生的人需要托管小孩的需要。当时美国正在发生重大的社会变化，很多女性走上工作岗位，在父母都上班的情况下，孩子需要有人来照顾，由此爱心关怀公司的股价随着这个新的社会趋势而飙涨。

而在之后的20世纪70年代末，一个叫做美国微波通信的公司拔地而起，打破了美国电话电报公司垄断的长话业务，并赢得了和美国电话电报公司的法律诉讼，开始同美国电报电话公司公开竞争。

可以说，它是当时打破常规的第一家公司，而那个时候的股价仅仅3美元，俨然又是一个伟大的机会。

这便是埃尔德所看到的趋势，为了将趋势解释得更为透彻，埃尔德还举了一个朋友的例子：他的一个朋友曾经在别人还不知道戴尔公司的时候，就买了30 000美元的戴尔股票，3年后，在技术分析的帮助下卖掉，并成为了百万富翁。

这便是投资的诱惑，如果当戴尔还是4美元左右的时候就大量买入，并在几年后以80美元的价格抛出，就能轻轻松松成为百万富翁。换句话说，如果能看清趋势，就能轻松取代整天盯着显示器里的波动。

所以，在1988年，埃尔德在美国纽约开了一家"金融交易公司（Financial Trading Inc.）"，用来帮助和教育投资者寻找交易中的快乐。也许，他没有以投资者而以交易者自称完全是一种谦虚，只是在埃尔德的世界里，股票、期货等交易已经成为生命的一部分，就好像每天要吃饭一样，也就是这种惯性，他将半路出家的投资生涯进行到底，用自己的一生画下了一条唯美的交易曲线。

25 《金融心理学》

拉斯·特维德

 经典速读

拉斯·特维德曾担任衍生性金融商品交易员、基金经理人和投资银行家长达11年，而后于20世纪90年代转进电信与软件产业，创办数家高科技公司。拉斯·特维德曾出版数本有关一般经济学、营销、电信和交易的书籍，而《金融心理学》成为著名的畅销书，目前已被译为多国语言。

心理因素影响市场价格波动，这一事实正为越来越多的学者和股民所接受。本书论述了股票市场交易的神秘一面，即"市场心理行为"，全面提供了金融市场心理学的最新研究成果，突出刻画了金融市场参与者的心理因素是如何影响金融资产的价格变化的，为证券市场技术分析奠定了一整套心理学基础。此外，特维德还介绍了有关参照点和锚定点的最新进展、自发形成的蓬齐骗局，并且详细解释了为什么牛市的成交量一般要高于熊市。本书提供了金融市场心理分析的实用指南，是每一个股民、金融分析师和银行家的理想工具。

在金融市场中，投资者往往曲解得到的信息，使它们看起来像支持自己原来的态度，可以验证自己行为。这样做的后果往往是灾难性的。

——拉斯·特维德

在上升趋势中，我们尤其要注意观察不断抬高的底部，而在下跌趋势中，要特别留意不断下降的头部。

——拉斯·特维德

 内容解读

1. 市场走在前面——市场提前反映经济状况

有欧洲巴菲特之称的科斯托兰尼曾这样描述市场:"一般来说,消息不产生价格波动,而是价格波动产生消息,这无论在巴黎、伦敦还是纽约都是一样的。一天的交易结束后,每一个人都在为当天的价格变化或者趋势反转寻找借口,而这些借口是他2小时前怎么也想不到的。"

对于市场走在前面,一个可能的解释是,人们会"装聋作哑"。例如,在牛市时没人喜欢坏消息,看空的人有再多的证据也会被口水淹没。这导致了一般大众得到的信息就是分门别类了的,只会使市场情绪得到强化。而很多股民亦渴望经济学家出面证实趋势的延续。所以,当市场见顶回落时,来自各方面的消息和分析总是正面的。第二个对市场走在前面的解释则是:市场提前反映经济。大型机构可以短期影响市场,可以操纵个别股票,但无法控制整个市场的价格运动。因此股市实际上是独一无二的经济晴雨表。同时,作者发现债券市场是更好的经济预测工具。而1929年著名的大崩溃预言者巴布森认为:"货币是一切经济活动的基础,因此在所有指标中是最灵敏的。"

2. 市场是非理性的——投资者的疯狂无法计算

市场一般走在经济前面,但有时晴雨表里会有水分。特维德回顾了历史上有名的3次超级泡沫以及随后的大崩盘,它们是:荷兰1636年郁金香泡沫、英国南海公司泡沫以及美国华尔街1929年大崩盘。关于南海公司泡沫,前面已经有过介绍,事实上连牛顿都未能抵挡投资南海公司诱惑。南海公司是一家"什么都不做,仅仅出售计划,概念和希望"的公司。牛顿经不住暴利的诱惑,也加入了投机南海公司股票的行列。泡沫破灭后,亏本的牛顿沉重地说道:"我能够准确地预测天体的运行轨迹,却无法计算出人类的疯狂!"

回顾这几次泡沫历史,我们可以得出这样的结论:市场有时完全沉浸在一种希望、贪婪和恐惧的非理性感情中。心理学可以解释人们为什么那样做,但无法回答为什么人们同时行动这个问题。所以需要分析复杂运动的数学家的帮忙。这种行为被数学家称之为"混沌"。

3. 混沌支配——与自我强化的关联

书中特维德还介绍了著名的蝴蝶效应。气象学家洛仑兹使用计算机模型

来计算未来的天气变化，计算机可以通过连续计算来得出预测结果。一次为了节约时间，他把以前的中间过程的打印结果作为初始输入值输入计算机，但是当洛仑兹喝了一杯咖啡回来后，结果令他大为吃惊。计算结果本应跟以前的计算序列完全一样，但实际却一点也不像，而且越到后面，差距越大。最后他发现，原因是计算机实际使用的是 6 位小数，但打印结果时只有 3 位小数。小数点 3 位以后的微小不同最终引起了气象预测结果的极大差异。千分之一度属于气象仪器的感受边缘，但这种微小差距导致的结果是巨大的。

洛仑兹的发现是一个很普遍的数学问题。根据著名的蝴蝶效应，巴西一只蝴蝶扇动翅膀可能成为得克萨斯州飓风的诱因。而在数学上，这个现象被称为"确定性混沌"，混沌与自我强化有关。在混沌系统中，事件 A 导致事件 B，B 导致 C，C 最终又导致了 A。这就是一个简单的正反馈。混沌系统的内在性质就是不可预测性。现代科学证明，金融市场实际上是由强烈的高阶混沌所主宰，数学上很难求解，同时存在强烈的反馈环。这也是为什么很多华尔街 QUANT 的模型得出的精确价格最终与实际相差甚远的原因。

4. 技术图形自我实现——技术分析差异化的体现

在很多次股市崩盘中，美国经济学家罗伯特·希勒曾对大量投资者做过调查："这期间你卖出或买入的理由是什么？"大多数投资者的回答都是与经济完全不同的事情——市场下跌本身。也就是说，他们是因为别人都在卖所以自己就卖出。这是一个典型的博弈游戏，每个人都在猜测别人将采取什么行动。

对此，特维德阐述了他的看法："成千上万的市场参与者在相同的技术图形上画着相同的线，或在个人电脑中装入相同的程序。有些券商理解这些模式，据此可以作出逻辑假设。其他人什么也不懂，只是找寻某种模式。但是，即使一种模式完全是偶然重合，使用它的券商多了，它也有可能产生强烈的信号。"使用一种技术分析的人多了，当它发出买入信号后，大家都会开始行动，导致了股价被推高。也就是说，一种技术分析即使在转折点偶然地发出了错误信号，但因为被广为传播而最终使它真的变得准确。

图形能够自我实现，但是一旦全部人都使用同样的技术分析，那就不是自我实现，而是自我毁灭。例如，大盘见顶时，每个人都想在别人前面早溜一步，没人再做上次崩盘时的傻瓜，结果只能是崩盘更早出现。

5. 市场信息心理学——正确区分处理金融信息

在金融战场上，各种信息满天飞，当投资者被大量信息淹没时，也就迷失了自己的方向。如同克劳斯维茨的《战争论》所说："暴露在信息战中的前沿，我们突然相信情况不同于我们原来的预计。"如果我们不懂得正确处理信息，区分主次，那么大量无关紧要的信息和谣言会破坏我们对实际情况的看法。最后，特维德归纳了市场信息被曲解时的心理现象如下。

（1）适应态度——我们形成和我们交往的人同样的态度。

（2）认知失调——当事实证明我们的假设错误的时候，我们尽力躲避那些事实，或者曲解它。

（3）同化错误——我们曲解信息，使它看起来确认我们所做的事。投资者有压力证明自己的投资决策是正确的。所有人都有曲解信息的理由。

（4）选择性暴露——我们尽量暴露那些证明自己的行为和态度是正确的信息，保护自己免受不愉快信息的影响。

（5）选择性理解。

（6）验证性偏见——我们的结论过分受我们想要相信的东西的影响。

（7）框架效应。

（8）社会比较——当我们难以理解某些事情时，我们使用别人的行为作为我们的信息来源。听别人的意见，在金融市场中这往往是错误的。

6. 心理细分——市场参与者的分类

特维德认为，研究人群，特别是处于不同市场地位的人群，不仅对于整个市场而言，具有深刻意义，而且对于研究个人的思想、情感和行为如何受到真实的、虚构的或隐含的他人影响的社会心理学本身，也影响深远。其中，信息价值对于不同人群的影响尤为重要。

具体看来，市场参与者可以分为3类：短线户，这类人群占市场人员比例的大部分；市场操作者，包括内部人（拥有公司5%以上的股份）、证券交易所会员、套利者即利用现有金融交易避免风险的人、主要的投机商；散户，采取和他们相反的做法的人群。

对于这3类人来说，同样的市场信息，由于各自文化经验等差别，会采取不同做法。在金字塔最低端的短线散户，一般依靠的是公共信息或部分专家的说法而采取行动，而公共信息或许有解释价值，但很少或根本没有新闻价值，因为它所面对的是大众，并且就可信度而言也不高。一般来说，金融分析师的金融分析可以避免以上2个弊端，但是从瑞士信贷银行难以置信的买进案例来看，金融分析师一般存在系统性偏见，即极度乐观的情绪，从而使散户的行动越发艰难。市场操作者一般拥有极强的经济实力，他们对于整个市场而言绝对不容忽视，从杰西的例子来看，与市场操作者作对显然是自讨苦吃。总体来看，散户拥有极强的推理和思维，他们更多地扮演市场上大鱼的角色，利用市场的蛛丝马迹能够正确推测散户的行动，估计市场动向，从而采取行动，获得利益。在这里，他们一般遵循一条原则：如果散户短线卖盘显著增加，这表明市场底部来临；不要在好友指数指标超过70时买进，不要在该指标低于30时卖出；避免社会比较和说服作用。其中散户就更多地应用了社会心理学来进行市场动向分析。

但是散户不可能完全摆脱社会惯常心理的束缚，无论是职业人士还是新手都要遇到一个心理问题：对于困难问题的决定，倾向于同一环境下呈现在他们面前的数据，即使他们完全清楚这个数据绝对是随机的，跟正确答案没什么关系。社会信息流通越来越便利，人们得到的信息业越来越复杂，如何对于这些信息进行客观分析理性评价，则成为在市场中生存的重中之重。这个时候，心理学的了解就显得不可或缺。

拓展阅读

听过凯恩斯的最大笨蛋理论吗？

几个骗子拿着一些写着面值一元的纸片对一群傻瓜说，我们这里有一些神奇的纸片，它们代表一座不断长高的金山，可以不断升值。你们看，现在这些纸片就已经升值了，我们可以把它们一张卖10元钱。于是傻瓜们蜂拥而上，花10元一张买了那些纸片。后来，没有买到的傻瓜就以20元、30元甚至100多元的价格从前面的傻瓜手里买那些纸片，并且给那些骗子交手续费。而且每个傻瓜都认为还会有更大的傻瓜以更高的价格买那些纸片。直到有一天，傻瓜们发现那些纸片其实连一元钱也不值，于是最后以最高价格买到那些纸片的傻瓜就成了最大的傻瓜——这就是股市。

这个故事其实是介绍经济学中价值递延再创造的过程。目前的所谓资本运作就是这个原理。"创造"的那部分利润或者价值其实是一个累进转移的过程。社会财富在这个过程中被大量地虚拟升值，过度的情况下，就会导致泡沫！

几个骗子拿着一些更小的纸片对一些傻瓜说，我们这里有一些更神奇的纸片，它们虽然只有一寸见方，上面的面值只有几分钱，但是它们可以几万倍、几百万倍地升值。你们看，现在这张写着面值8分的纸片我就升值1万倍卖800元。于是傻瓜们蜂拥而上，买了那些纸片，后来的傻瓜甚至以8万元、80万元的价格买那张8分的纸片，直到有一天，傻瓜们发现那些纸片什么用处也没有，还不如包装纸精美漂亮有用，最多只值8分钱，于是最后以最高价格买到那些纸片的傻瓜就成了最大的傻瓜——这就是邮市。

26 《学以致富》

彼得·林奇

 经典速读

彼得·林奇,被誉为有史以来最伟大的基金经理人,美国证券业的超级巨星。他的《学以致富》是一本专为普通投资者所写的投资指南。

林奇属于典型的现代派投资家。现代派投资家是不管什么种类的证券,实值股也好,成长股也好,绩优股也好,只要是有利可图就买,一旦证券价格超过其价值就卖。彼得·林奇常说:"要投资于企业,而不要投机于股市。"在他看来,任何一个产业或板块,哪怕是所谓的"夕阳产业",都可以从中找出潜在的投资目标,甚至"女士的丝袜好过通信卫星,汽车旅馆好过光纤光学",只要公司潜质好,股票价格合理,就可以买。彼得·林奇在1982年大举建仓艾科卡领导下的克莱斯勒汽车公司的股票以及20世纪80年代末重仓持有储贷行业股票都是非常成功的例子。

在《学以致富》一书中,彼得·林奇将资本主义在美国的发展、股市的风云变幻、投资的概况、选股的实务等投资的基础知识向你娓娓道来。特别是股市新手更应阅读本书,它介绍了资本主义、公司制、股票、基金和其他投资品种的基础知识,而且绝对不像教科书那么枯燥。它重点宣扬的是从生活中发掘优质公司以及长期持股的理念。在中国资本市场对世界开放的今天,他的这些理念已经越来越适合中国。

如果要给自己的孙子送生日礼物,《学以致富》是最好不过的了。

——巴菲特

如果让我选择谁是最完美无缺的，整体来看，我只会选彼得·林奇。他的人品可称第一；他就像希腊神话中的大力神，在华尔街是个"神"级人物。还有一点让我钦佩的是，他知道什么时候退出，回归家庭。

——纽伯格 投资大师

 **内容解读**

1. 波段操作——不要掉入短线进出的陷阱

彼得·林奇在《学以致富》中写道："任何做波段操作的人都喜欢作市场行情预测，往往希望在短期内得到最大的报酬。的确有人因此赚到钱，但这绝不是永远可以遵循的法则。事实上，如果有人能想出一个屡试不爽的市场预测法，那他一定名留青史，在富人榜上一定也是名列前3名的常客，财富甚于沃伦·巴菲特或是比尔·盖茨。"

生活中，喜欢做波段操作的人常会发现自己卖在最低点，买在最高点。当这个不幸发生在自己身上时，他们通常只能怨天尤人，或感叹时运不济。事实上，发生这种事的原因是他们企图挑战不可能，因为没有人可以比市场更聪明而能够打败市场。人们也深信，股市崩盘及回档时投入股市是非常危险的事情，那是因为他们在此时出清持股，其实更大的危险在于股市回升时他们没有半点投资在股票里。

一般来说，投资者之所以会掉入短线进出的陷阱，最主要的原因是投资人去做"波段操作"，一些投资者可能会否认自己是在做波段操作。但事实上，林奇指出，只要是受市场高低的影响，而不是按企业基本面变化去作判断的人，基本上就是波段操作者。

喜欢做波段操作的人还有一个共同特点是，喜欢作市场行情预测，往往希望在短期内得到最大的报酬。的确有人因此赚到钱，但林奇告诫我们这绝对不是永远可以遵循的法则。

大多数普通投资者绝对无法想象短短几天行情的变化有多么剧烈，并且对你的投资报酬有多大的影响。因此，想要从股市获利，尤其当你年纪很轻，有的是时间，那么最好把所有闲钱都永远放入股票里，你也许有亏损，只要没有卖掉它，就永远不会真正地损失。完全投资的结果，你可以充分享受到股市上扬波段时神奇又惊喜的乐趣。

讲到这里，我们得到 2 个重点：第一就是投资股票，第二就是长期投资在绩优的个股。

长期来说，投资小型企业比投资大型企业获利丰硕得多，小型股一般说来波动远较大型股来得大。

2. 慎选持股——不要盲目进入股票市场

林奇认为，要想在股市中获利，投资者需要的仅仅是在 10 年内选中几只飙股。假如你手中的 10 只股票有 3 只是大赢家，他们就能弥补你其中一两只的损失和六七只表现平平的股票。任何投资人一生中如果买到几只有潜力成长 3 倍的股票，则不管你选错了几只个股，将永远不愁没钱可用，而且一旦你熟悉如何去跟踪一个公司的发展，你就能买到更多成功公司的股票并减少买到烂股的机会。

一般人可能不容易经常买到涨 3 倍的股票，但一生中只需几次，就可以使你获得一笔可观的收入。

生活中有许多人在对股票仍一无所知时，就已经在股票上赔上一笔钱，这件事听来荒谬，却是个不争的事实。比如一些投资者连投资的基本概念、炒股最常用的术语都未搞清楚，仅仅靠听来的小道消息就盲目投入股票市场，这当然是非常危险的。

这就引出了一个选股的方法问题。投资者未经慎选就贸然买入股票相当危险，这种行为会大大降低你的获利概率，因此在决定投资之前应勤加练习，多了解股票市场及上市公司，千万别拿自己的钱开玩笑。

3. 投资成功的公司——为自己选个长牛股

彼得·林奇强调，投资者应该选择投资成功的公司，一般来说，长期表现较好的股票表明该公司长期经营良好，所以，投资成功的关键就是寻找成功的公司。投资者应该多花一点时间研究个别公司，而不只是追踪股价，当你决定买进一只股票时，你应尽可能知道你所选公司的相关资讯。

事实证明，投资者不会因为没有买进的股票而亏钱，只会因为买入错误的股票股价却下跌，且又以低价卖出时才会产生真正损失。那么，投资者在选股时应注意哪些问题呢？

（1）不要迷信专家的意见。并不是说专家的意见不值得听取，只是你有没有想过会有这种情况呢？某个专家认为某只个股适合现在买入，但是当这个专家改变想法时，你却无法知道，除非他又回到节目说明而你刚好也在收视，否则，你可能一直抱股不放，完全不知那个专家早已不看好你所持的那只股票，这将间接造成持股风险。

（2）自己作研究。这是最高级的选股策略。研究得越深入，就越不会轻易盲从，甚至能评估别人的建议。最重要的是，你可以自己选股及决定买点。研究股票表现，需要两种资讯：一种是亲眼目睹的；另一种就是数字。学会以投资者的眼光看世界，就会发现到处都是潜在的投资机会。数字资料包括现金情况、负债、业绩成长率、以往获利情况及未来获利能力等。另外，也需要评估公司的股价是否合理、股利分配情况及企业盈余、营收情况等。这些重要数字都是选股者不可忽略的。

（3）不要惧怕投资风险。投资不是一门单纯的科学，所以无论你研究得多深入，或多了解该公司过去表现，都无法准确论断其未来的表现，未来的事都只能凭空预测。投资人所能做的只是挑个较便宜的股票，然后密切注意该公司相关的任何消息，再运用你的知识把风险降到最低。

（4）不要让自己被信息狂轰滥炸。我们身在这媒体爆炸的时代，每个人只要有15分钟媒体曝光时间，就可成为知名之士。股市消息可能会让你的情绪每天有360度的大震荡，他让你精疲力竭，却又不见得对投资有好处。事实上，如果你是位长线投资人，根本不必担心股票今天、明天或下个月的涨与跌。

4. 股价不代表投资价值——不要被股价涨跌迷惑

彼得·林奇认为，以股票价格来判断公司股票是否值得投资，是投资人最错误的做法，因为这会让投资人在股市持续下跌或股价盘整时，对公司丧失信心，而往往在股价跌到最低时，杀出手中持股；同时，只以价格作买卖股票的判断，也会让投资人错失最好的买点，因为当一个本质好的公司其股价在回档过程中，这类型投资人也不敢贸然买进。

我们都知道，股价与企业的盈余能力息息相关，但实际上这个简单的重点常被忽视，甚至连老练的投资人也无法幸免。由于股价本身有涨跌的循环，专看股价报价系统的投资人，他们看股价的涨跌，就像赏鸟的人观看同类鸟的习性一样，他们研究交易模式，画出股价上下曲线走势图，试着去洞悉什么时候应该买卖某些公司的股票。事实上，他们不需要这么大费周章，最重点的应该是摆在了解公司的基本面及获利展望上。如果盈余持续增长，则股价注定将继续上扬；它可能不会立刻上扬，但终究是上涨的趋势。而假如盈余下降，则股价下跌，将是必然，盈余衰退使该公司的投资价值下降。

在未来几年内盈余是否继续增长，是选股时重要的参考指标。股价本身并不能明白指出你的投资是否正确。如果你想自己选股操作，那么本益比是一个复杂且值得深入了解的课题。

有一个事实是，公司赚钱，股东不一定受惠。公司通常会采取下列4种方式来处置这些钱：

（1）将这些钱转入再投资。长期而言，这对所有的股东绝对有利。

（2）公司也可把钱浪费在公司装潢或增加高管的薪水或高价并购上。这些不必要的花费都会对原来正确的投资造成伤害。

（3）公司也可能用这笔钱在市场上买回自己的股票。如果该公司是在股价低档时买进自家股票，对投资人来说更是好事。

（4）公司也可以把赚来的钱当作股利发放给投资人。股利对股东来说，是最实质的利益。

公司的基本面可以透露出公司的未来价值，但想要真正了解这一点其实很不容易。但只要你很了解该公司，而该公司的投资远景也相当被看好时，你的投资就会有回报。

拓展阅读

如果仅仅是出于对金钱的渴求，那绝不可能有人会像林奇那样兴致勃勃地把自己的全部身心投在股票市场。林奇对股票市场的迷恋几乎到了走火入魔的程度。他和妻子卡罗琳第一次约会时，没说一句甜言蜜语，从头到尾都在谈论股票和股票市场。甚至他的梦境中也全是眼花缭乱的股票，而不是妻子卡罗琳。

哪怕是跟家人一起吃饭，陪女儿去逛街，林奇也不忘发掘投资机会。"我到购物中心不是随便闲逛的，我认为购物中心是研究上市公司基本面的绝佳之地，把许多有潜力的上市公司一排排集合到一起，连在一起，股票投资人可以一家接一家地逛，一家接一家地进行调研。在购物中心逛一天，你对上市公司发展前景的了解，要比参加一个月的投资研讨会收获大得多。"

尽管在1990年，林奇毅然决然地选择了解甲归田，他却没有告别投资领域，而是陆续出版了《彼得·林奇的黄金投资法则》《学以致富》和《战胜华尔街》，为业余投资者献上他多年来的投资心得。他建议："资金规模很小的投资人可以利用'5股原则'，即把自己的投资组合限制在5只股票以内。只要你的投资组合中有1只股票上涨10倍，那么即使其他4只都没有涨，你的投资组合总体上也能上涨3倍。"

27 《证券分析》

本杰明·格雷厄姆 / 戴维·多德

 经典速读

本杰明·格雷厄姆被誉为证券分析之父、"华尔街院长"。作为一代宗师，本杰明·格雷厄姆的金融分析学说和思想在投资领域产生了极为巨大的震动，影响了几乎三代重要的投资者，如今活跃在华尔街的数十位上亿的投资管理人都自称为格雷厄姆的信徒，他享有"华尔街教父"的美誉。

《证券分析》被奉为华尔街的经典著作，一出版即震动了美国和华尔街的投资者，一时之间，该书成了金融界人士和投资界人士的必读书目。在该书中，本杰明·格雷厄姆进一步丰富和发展了自己先前的证券投资理论，系统地阐述了投资选股的秘诀——当价格低于内在价值时投资，并且相信市场趋势会回升；在深刻反省了华尔街股市由兴旺到崩溃的全过程后，本杰明·格雷厄姆号召广大投资者反对投机所带来的恶罪，极力主张投资者们的注意力不要放在市场行情上，而要把股票看作企业的份额，它的价值始终应和整个企业的价值相呼应；本书所阐述的计量分析方法和价值评估法使投资者减少了盲目，增加了更多的理性成分。

本书自1934年问世后，在长达70年的时间里共发行了5版，计有百万册，充当了无数美国最杰出投资家的启蒙教程，加上本杰明·格雷厄姆与戴维·多德两人在华尔街创下的不朽业绩，使得《证券分析》一书成为最受人们关注的书籍，被誉为投资者的圣经。

他（格雷厄姆）为选股奠定了方法论的基础，而在此之前，选股与赌博这门伪科学毫无差别。

——沃伦·巴菲特

《证券分析》阐述了寻找"物美价廉"的股票和债券的方法，这些方法在格雷厄姆去世20年后依然适用。

《证券分析》是华尔街的经典，也是奠定格雷厄姆声誉的里程碑。

——格雷厄姆·格林

 内容解读

1. 固定价值类投资——债券投资

在分析固定价值类投资时，格雷厄姆首先给出了固定价值类投资包括的证券种类：①优质普通债券和优先股；②优质附权证券，但其权利价值过小，可以忽略不计；③通过担保或优先权而占有优质高级证券地位的普通股。

而在这里我们主要要探讨的是债券投资。因为债券是一种收益有限的投资工具。考虑的重点是避免损失，所以选择债券是一个否定的过程，要做的是排除和拒绝，而不是寻找和接受。

一般来说，正确挑选债券的方法应该是：找到具体的、有说服力的安全性保障因素，能够支持为之在收益方面作出的牺牲。需要分析企业的财务状况、经营业绩和发展前景之后作出判断。

格雷厄姆给出了债券投资的以下4项原则，或许会对有志于债券投资的投资者有所帮助。

（1）证券的安全性不是以特写留置权或者其他合同权利来衡量的，而是以证券发行人履行所有义务的能力来衡量的。

（2）对于这种能力的考察，应该更考虑到在萧条期时的情况，而不是繁荣期。

（3）非常高的利率并不能弥补安全性的不足。

（4）挑选任何债券作为投资，都应该遵循排除性的原则，并且以法律规定的控制储蓄银行投资活动的具体量化指标来检验。

要特别提醒投资者的是，最好不要将债券看作对某一资产（抵押品）的要求权，这样做对你的投资没有任何益处。比如当企业经营失败时，公司的资产价值也随之萎缩，很多资产除了设想的用途外几乎没有什么用。另外，债券持有人的法定权利在行使过程中会遇到困难，清算时也会遇到拖延及其他不良影响。因此将债券看作是对某一企业的要求权更为合适。综上所述，我们可以看出有无抵押或资产留置权无关紧要，关键是要购买健全企业的债务。如果你选择了收益率较低的抵押债券而不是收益率较高的信用债券，那就表明你对公司的实力信心不足，如果信心不足到了一定程度，就要考虑是否应该在这家企业的任何债券上投资了。

或许是担心投资者仍然无法把握债券投资的选择，格雷厄姆又给出了如下投资原则。

（1）即使是在正常时期看来已显得很高的安全边际，在持续不断的经济萧条期中也有可能变得不足。

（2）中小型工业企业的稳定性具有先天性的不足，所以它们利用债券进行融资是不适宜的。

（3）以安全性的代价来追求收益率，最终往往是得不偿失的。如果他们发行的证券在质量上有欠缺，那么就必须提供足够多的获利可能来补偿投资者所承担风险。

（4）投资者们的选择应该是宁缺毋滥，而不能将就妥协。宁可接受收益低下但安全性良好的债券，也不要被较高的利率引诱，而拿自己的本金冒风险。

（5）有效的保险操作要求风险的分布尽可能均匀，以减小运气的影响程度，并让概率法则发挥最大作用。

（6）投资者的作用不应该是因为承担风险而受益，相反，投资者的利益应该体现在通过付给别人保险费而获得免遭损失的保险。

2. 普通股投资理论——要点与原则

格雷厄姆认为过往80年（在1964年之前）的普通股长期收益率总是可观的，耐心长期持有的投资者总是能获得成功，因此他发展了自己的一套关于普通股投资的理论。

格雷厄姆关于普通股投资的理论要点包括以下3个方面。

（1）普通股分析的有效性受到下面2个变化的侵害：有形因素的不稳定性和无形因素的主导性。

（2）在过去（所谓新时代之前），投资于普通股之前必须考察3项标准：

适当的和准时的股息回报率；稳定而充足的收益记录；足量的有形资产的保障。

在新时代中，人们把注意力转向了收益变化的趋势，以往记录的重要性仅在于它指示了未来发展可能依循的方向。这种理论的具体内容是：普通股的价值取决于它的未来收益；好的股票肯定是高品质、高利润的投资；好的股票是那些收益呈现上升趋势的普通股。但是切记不能抹杀投资与投机之间的根本区别。

（3）根据趋势判断未来的危险性——从经济学的角度来看，收益递减和竞争加剧的法则最终会压平任何陡峭的增长曲线。同样，随着商业周期的潮起潮落，一些特殊的危险总是存在，收益曲线令人心动之时，或许经济正临悬崖。

相应地，格雷厄姆也给出了普通股投资的投资原则如下。

（1）价格是每项投资决策中必不可少的考察因素，只有当其所表现出的内在价值和所支付的价格相称时，一种证券才是具有吸引力的；因此，对价格因素的考察是所有投资决策的重要环节。不仅在购买证券的当时是这样，在随后的整个持有过程中也是如此。尽管投资者可以做好以获得收入和价值增值为目的无限期持有证券的准备，但是从投资的角度来看，当证券不再具有吸引力时，或者因为价格上升到了与价值严重脱节的水平，适时地将它出手是明智的。

（2）未来收益不完全是由运气和有效的管理技能决定的，资本、经验、声誉、贸易合同以及其他所有构成过去的盈利能力的因素必定会对企业的未来造成相当大的影响。

（3）新时代的一个特点是，投机的兴趣集中在那些过去达到投资等级的证券，这给所有金融界人士的思维带来了极大的混乱，而走出这种混乱状况是一个耗费时日的过程。

让我们牢记格雷厄姆那句发人深省的话吧："证券投资的变迁和灾难，虽然像地震一样是不可预测的，但它们留给我们的信念是：正确的投资原则一般产生正确的投资结果。"

3. 对公司进行评估——基于盈利的投资

格雷厄姆认为对股票的内在价值评估是困难的，但是好在我们可以通过评估一个公司来分析其股票的内在价值。

（1）评估公司的收益利润。在研究公司的收益记录时，投资者应牢记：只有在得到对企业的定性调查的支持的前提下，量化的指标才有用，也就是说对企业性质的考察是确定盈利能力具有内在持久性必需环节。

格雷厄姆提醒投资者，公司当期收益对股票价格的影响程度要大于长期平均收益，这个事实构成了股票价格剧烈波动的主要原因。比如投资者在由于收益暂时缩减造成低价格时吸纳股票，并在异常繁荣促成股价膨胀时将股票抛出。

竞争、管理规章、收益递减法则等等都是无限扩张力量的强大敌人，但是阻挡持续衰落趋势的一些因素的力量要弱得多。

盈利的记录必须是跨越若干年份的，原因首先在于持续性和重复性的表现总要比昙花一现的表现更具说服力，其次较长一段时间的平均数可以吸收并中和商业周期对盈利的影响。

不要迷信巨额的利润，因为巨额的利润往往是昙花一现的。

（2）评估公司的平均收益。格雷厄姆认为，在对一只股票进行谨慎估价时，平均收益必须成为一个判断的根据。除此之外，这种估价还应该得到任何可获得有关未来的指标的支持。从当期收益转移到平均收益必须跨越不少于5年的时期，最好达到7~10年。对于任何股票所采用的乘数必须设置一个适当的上限，以使得估价保持在谨慎估价的范围之内，大约16倍于平均收益是投资性购买普通股可以支付的最高价格。

（3）评估公司的资本结构。对于任何企业来讲，最优的资本结构中应该包括高级证券，其规模应以能够被安全地发行以及能够被安全地当作投资品购买为准。当高级证券（债券、优先股、贷款等）的总量超过了作为投资品的购买规模后，其债务利息的上升和风险的加大使得这种资本结构安排失去了原有的优势。

4. 财务指标分析——价值投资分析

格雷厄姆提出的资产分析方法，到现在仍在世界范畴内为价值投资者所推崇，其对于资产负债、损益等财务指标的分析便非常值得投资者学习。

（1）资产负债表分析。不要过分看重资产负债表中的账面价值。老实说，资产负债表的账面价值几乎失去了它的全部意义，这种变化发生的原因在于：固定资产的价值如报表中所示通常和真实成本毫无关系；在更为常见的情况下，这些价值与资产出售可获得数字没有联系，也和与收益相称的数字不符。虚增的固定资产账面价值的做法被抹杀这种资产价值以消灭折旧费用所替代。

流动资产价值的确定。一般来说，流动资产价值可以看作清算价值的一个粗略指标，而评估清算价值的第一条法则就是：负债总是确定的，而资产的真实价值却令人怀疑。通常情况下，流动资产中的应收账款的清算价值只有账面价值的70%，而存货价值能有50%就算不错了，特定的固定资产基本可以当废弃物处理，而公用性的建筑物的价值可以高于账面价值。至于无形资产对于破产的公司则没有任何理由乐观估计。

巨额的银行债务是虚弱的信号。我们知道，财务困难几乎总是伴随着即将到期的银行贷款或其他债务而出现的，换句话说，虚弱的财务状况很少仅仅是因为日常交易的应付账户而产生的。

对一段时期内的资产负债表的比较。这部分证券分析涉及以下3个方面：核对报告的每股收益；判断公司盈亏对公司财务状况的影响；探索公司的资源和盈利能力之间的长期关系。

（2）损益表分析。资产负债表和损益表之间的内在联系提供了内在价值分析的双重核查手段，而完全依赖其中一个检验标准的评判是不可靠的。

仅仅关注损益账户将使得自己处在非常不利的境地：①耳闻目睹的是一系列和企业日常经营活动毫无关系的新概念；②完全依赖于收益标准使得评判标准不可靠；③损益表变化的速度和剧烈程度超过了资产负债表，夸大的不稳定性被引入了股票的价值和价格中形成无效的价格；④损益表本身具有的误导性的科目使得得出错误的结论的可能性加大。

此外，投资者还应掌握一些常见的财务作假手段：①"净利润"和"经营现金流"的差额越来越大。②应收账周转日延长。这说明应收账的增长速度要快于销售增长。这可能是所谓"渠道流滑"——把库存转移到客户那里。③库存周转日延长。显示销售低于预期。④其他当前资产/销售额比增加。⑤折旧/固定资产原值比减少，可能显示管理层减少了折旧计提，虚报或少报摊销额和其他准备费用。⑥总资产高速增长。一些公司通过不断扩张来掩盖内在收益率不高的现实。

（3）折旧和类似费用分析。对于一个损益账户的折旧处理，可以问以下3个问题：①这里的收益额是否已经扣除了摊销费用？②从标准的会计原则判断，所摊销的比例是否合理？③使用这些摊销比例的成本或基数，是否合理反映了这些资产对投资者而言公平的价值？

在计算资本利息倍数或固定费用覆盖倍数时需要把折旧考虑进去的，可以根据公司以往的折旧准备和资本支出之间的差额来衡量公司的折旧是否充足，低估这种费用比完全忽略这些费用并承认事实更具危险性。

通过一次性地将资产大幅减值，一家公司可以大幅度提高他的股票盈利能力，从而提高他的股票价格，而这种高股票价格建立的基础是低资产价值、高ROE（净资产收益率），这是通过会计变化得来的，资产负债表会揭示这些估价的不合理性。

总之,折旧和摊销的费用应该与正常和合理的企业实际运营情况相符。

拓展阅读

为了说明投资者的盲目投资行为,格雷厄姆曾经讲过一则"旅鼠投资"的寓言:

当一位石油勘探者准备进入天堂的时候,圣·彼得拦住了他,并告诉了他一个非常糟糕的消息:"虽然你的确有资格进入天堂,但分配给石油业者居住的地方已经爆满了,我无法把你安插进去。"这位石油勘探者听完,想了一会儿后,就对圣·彼得提出一个请求:"我能否进去跟那些住在天堂里的人们讲一句话?"圣·彼得同意了他的请求。

于是,这位石油勘探者就对着天堂里的人们大喊:"在地狱里发现石油了!"话音刚落,天堂里所有的人都蜂拥着跑向地狱。圣·彼得看到这种情况非常吃惊,于是他请这位石油勘探者进入天堂居住。但这位石油勘探者迟疑了一会说:不,我想我还是跟那些人一起到地狱中去吧。"

格雷厄姆通过这则寓言告诫投资者切忌盲目跟风。证券市场上经常发生的一些剧烈变动很多情况下是由于投资者的盲目跟风行为所致,而非公司本身收益变动的影响。一旦股市上有传言出现,许多投资者在传言未经证实之前就已快速而盲目地依据这些传言买入或卖出股票,跟风盖过了理性思考,这一方面造成股价的剧烈波动,另一方面常常造成这些投资者的业绩表现平平。令格雷厄姆感到非常费解的是,尽管华尔街上的投资专业人士大多都受过良好的教育并拥有丰富的投资经验,但他们却无法在市场上凝聚成一股更加理性的力量,而是像旅鼠一样,更多地受到市场情绪的左右,拼命在不停地追逐市场的形势。

28 《巴菲特与索罗斯的投资习惯》

马克·泰尔

 经典速读

《巴菲特与索罗斯的投资习惯》一书试图探讨和总结两位顶尖投资大师的投资方法。要知道，巴菲特和索罗斯的投资理念截然不同，如果有什么是他们都会做的，那它可能就是至关重要的，也许就是他们成功的秘诀。

本书作者马克·泰尔认为，"习惯"就是投资哲学。马克·泰尔细心地比较和研究巴菲特和索罗斯的"信仰、行为、态度和决策方法"，发现了两人的许多共同之处，并据此总结出了"两人均虔诚奉行的23种思考习惯和方法"。他认为，只要一个投资者学习和借鉴了这23个习惯，根据自身情况发展了自己的投资哲学并养成了自己的投资习惯，他或她也能成为投资市场中的胜利者。此外，马克·泰尔在《巴菲特与索罗斯的投资习惯》一书中还指出投资失败者的原因。泰尔认为，投资者普遍被"7种致命的投资信念"迷惑了，也就是对预测、权威、内部消息、分散化、冒险、工具或必然性的盲信。投资者们要做的不是膜拜专家、寻找秘诀或跟风逐流，而是发展和完善一整套属于自己的根本性投资方法和准则——也就是一种"投资哲学"。

事实上，马克·泰尔本人就是这个学习过程的受益者。泰尔原本是一位澳大利亚籍作家和商人，他从1991年开始编辑出版投资业务通讯《世界金融分析家》，同时也是《市场周期的本质》《如何获得第二张通行证》和1974年澳大利亚畅销书《理解通胀》的作者。在20世纪90年代，他是一位营销顾问和律师，曾协助创办了5家极为成功的投资刊物。后来，他采纳了沃伦·巴菲特和乔治·索罗斯的制胜投资习惯，卖掉了手中的所有商业权益，从此专事投资。

我是个现实主义者，我喜欢目前自己所从事的一切，并始终对此深信不疑。作为一个彻底的实用现实主义者，我只对现实感兴趣，从不抱任何幻想，尤其是对自己。

——沃伦·巴菲特

哈佛的一些大学生问我，我该去为谁工作？我回答，去为那个你最仰慕的人工作。2周后，我接到一个来自该校教务长的电话。他说，你对孩子们说了些什么？他们都成了自我雇佣者。

——沃伦·巴菲特

内容解读

1.7种致命的投资信念——纠正你的投资误解

致命投资信念一：要想赚大钱，必须先预测市场的下一步动向。

索罗斯承认："我在金融上的成功与我预测事件的能力完全不相称。"

巴菲特呢？他对市场下一步将如何变化根本不关心，对任何类型的预测也毫无兴趣。对他来说，"预测或许能让你熟悉预测者，但丝毫不能告诉你未来会怎样。"

致命投资信念二："权威"信念——即便我不会预测市场，总有其他人会，而我要做的是找到这么一个人。

如果你真的能预见到未来，你是站在房顶上大声谈论它，还是闭紧嘴巴，开一个账户然后大发横财？

媒体"权威"是靠谈论投资、出售建议或收取资金管理费来赚钱的。但正如约翰·特雷恩在《点石成金》中所说："一个知道如何将铅字变成黄金的人是不会为每年100美元的报酬把这个秘密告诉你的。"更别说在电视上免费告诉你了。

致命投资信念三："内部消息"是赚大钱的途径。

就像巴菲特说的："就算有足够的内部消息和100万美元，你也可能在1年内破产。"

致命投资信念四：分散化。

索罗斯的成功要诀与巴菲特的完全一样：用大投资创造远高于其他投资潜在损失的巨额利润。

分散化策略和效果则恰恰相反：你持有许多公司的少量股票，就算其中的1只股票疯涨，你的总资产可能也变化不大。

致命投资信念五：要赚大钱，就要冒大风险。

成功投资者是很不喜欢风险的，他们会尽可能回避风险，让潜在风险损失最小化。

致命投资信念六："系统"信念，某些地方的某些人已经开发出了一种能确保投资利润的系统——技术分析、原理分析、电脑化操作、江恩三角，甚至占星术的神秘组合。

致命信念七：我知道未来将会怎样，而且市场"必然"会证明我是对的。这种信念是投资狂热的一个常见特征。

那些相信自己只有预见到未来才能赚钱的投资者在寻找着"正确"的预测方法，那些执迷于这个致命投资信念的投资者认为他们已经知道未来将会怎样。当狂热平息后，他们已经失去了大部分资本——有时候还有他们的房子和衣服。

2. 20种制胜的投资习惯——习惯决定投资前途

（1）投资大师：相信最高优先级的事情永远是保住资本，这是他的投资策略的基石。投资大师重视的是长期效益。不会把他的每一笔投资都看成离散的、个别的事件。

失败的投资者：唯一的投资目标是"赚大钱"。结果，他常常连本钱都保不住。

（2）投资大师：作为习惯的结果，他是风险厌恶者。对投资大师来说，风险是有背景、可衡量、可管理的，也是可回避的，风险与知识、智力、经验和能力有关。

失败的投资者：认为只有冒大险才能赚大钱。

（3）投资大师：他有他自己的投资哲学，这种哲学是他的个性、能力、知识、品位和目标的表达。因此，任何两个极为成功的投资者都不可能有一样的投资哲学。

失败的投资者：没有投资哲学或相信别人的投资哲学。

（4）投资大师：已经开发并检验了他自己的个性化选择，购买或抛售投资系统。

失败的投资者：没有系统，或者不加检验和个性化调整地采纳了其他人的系统（如果这个系统对他不管用，他会采纳另一个还是一样对他不管用的系统。）

（5）投资大师：认为分散化是荒唐可笑的。恐惧源自结果的不确定性，而投资大师只有在他有充分理由相信会得偿所愿的时候才会投资。由于他们的投资组合是集中化的，他们可以把自己的精力高度且高效地集中在甄别正确的投资对象上。

失败的投资者：没信心持有任何一个投资对象的大头寸。

（6）投资大师：憎恨缴纳税款和其他交易成本，投资大师会把所有可能影响他的净资产的事情考虑在内，巧妙地安排他的行动以合法实现税额最小化。

失败的投资者：忽视或不重视税收和其他交易成本对长期投资效益的影响。

（7）投资大师：只投资于他懂的领域。

失败的投资者：没有认识到对自身行为的深刻理解是成功的一个根本性先决条件。很少认识到盈利机会存在于（而且很有可能大量存在于）他自己的专长领域中。

（8）投资大师：从来不做不符合他标准的投资。可以很轻松地对任何事情说"不！"

失败的投资者：没有标准，或采纳了别人的标准。无法对自己的贪婪说"不"。

（9）投资大师：不断寻找符合他标准的新投资机会，积极进行独立调查研究。只愿意听取那些他有充分理由去尊重的投资者或分析家的意见。

失败的投资者：总是寻找那种能让他一夜暴富的"绝对"好机会，于是经常跟着"本月热点消息"走。总是听从其他某个所谓"专家"的建议。很少在买入之前深入研究一个投资对象。他的"调查"就是从经纪人和顾问那里或昨天的报纸上得到最新的"热点"消息。

（10）投资大师：当他找不到符合他的标准的投资机会时，他会耐心等待，直到发现机会。

失败的投资者：认为合适的时候都必须在市场中有所行动。

（11）投资大师：在作出决策后即刻行动。对巴菲特和索罗斯来说，作出投资决策就像是在黑与白之间作出选择。不存在灰色阴影：一项投资要么符合他们的标准，要么不符合。如果符合，他们就会迅速行动。

失败的投资者：迟疑不决。

（12）投资大师：持有赢钱的投资，直到事先确定的退出条件成立。不管你在一笔投资中投入了多少时间、心血、精力和金钱，如果你没有事先确定的退出策略，一切都可能化为乌有。这些退出策略有一个共同点：对投资大师来说，它们都是不带情绪色彩的。

失败的投资者：很少有事先确定的退出法则。常常因担心小利润会转变成损失而匆匆脱手，因此经常错失大利润。

（13）投资大师：坚定地遵守他自己的系统。如果一个投资者使用了一个与他的性格完全不符的系统，他会遭遇惨败，即使这个系统对其他人来说非常有效。

失败的投资者：总是"怀疑"他的系统，如果他有系统的话。改变标准和"立场"以证明自己的行为是合理的。

（14）投资大师：知道自己也会犯错。在发现错误的时候即刻纠正它们。由于保住资本是投资大师的第一目标，他们最重视的实际上是回避错误并纠正已经犯下的错误，盈利只是第二位的，因此很少遭受大损失。

失败的投资者：不忍放弃赔钱的投资，寄希望于"不赔不赚"。结果经常遭受巨大的损失。

（15）投资大师：把错误看成学习的机会。当投资大师犯了错误，他会首先承认错误，立刻采取行动减轻错误的负面影响。他之所以能够做到这一点，是因为他完全对自己的行为和行为后果负责。

失败的投资者：从不在某一种方法上坚持足够长的时间，因此也从不知道如何改进一种方法。总在寻找"速效药"。

（16）投资大师：随着经验的积累，他的回报也越来越多……现在他似乎能用更少的时间赚更多的钱。因为他已经"交了学费"。

失败的投资者：不知道"交学费"是必要的。很少在实践中学习……容易重复同样的错误，直到输个精光。

（17）投资大师：几乎从不对任何人说他在做些什么。对其他人如何评价他的投资决策没兴趣也不关心。

失败的投资者：总在谈论他当前的投资，根据其他人的观点而不是现实变化来"检验"他的决策。

（18）投资大师：成功地将他的大多数任务委派给了其他人。

失败的投资者：选择投资顾问和管理者的方法同他作投资决策的方法一样。

（19）投资大师：花的钱远少于他赚的钱。

失败的投资者：有可能花的钱超过他赚的钱（大多数人是这样）。

（20）投资大师：把他的钱投到了他赖以谋生的地方。例如，沃伦·巴菲特的财产有99%是伯克希尔·哈撒韦的股份，乔治·索罗斯也把他的大部分财产投入了量子基金。他们的个人利益与那些将钱托付给他们的人是完全一致的。

失败的投资者：投资对他的净财产贡献甚微。实际上，他的投资行为常常威胁到他的财富。他的投资（以及弥补损失的）资金来自于其他地方：企业利润、薪水、退休金、公司分红，等等。

拓展阅读

奥马哈是一个普通的、看不到有任何特色产业的美国中部小城。但是每年5月初，这个小城都有一次沸腾——伯克希尔·哈撒韦公司的股东大会。届时来自全球的巴菲特迷们都赶到美国赴"朝圣"之旅，一睹大师风采。事实上，从世界各地前来参加哈撒韦公司股东年会的人数逐年增加。

伯克希尔·哈撒韦公司的股东大会有个有趣的开幕节目，就是在大会正式开始前播放一个精心制作的视频短片。节目内容包括公司最新情况、公司为股东们做了什么。而作为董事会主席，"股神"巴菲特也不时客串表演，让股东们见识了投资大师的幽默。

2009年的节目比较有趣，巴菲特演的是床垫推销员。2008年公司业绩不佳，标准普尔指数下滑了37%，创下1937年以来的年度最大跌幅。由于在石油、金融公司方面的投资失误，伯克希尔公司2008年盈利下滑了32%，也是其近20多年来的最差"成绩"。

因此在"演出"中，巴菲特就因为没有带伯克希尔公司更上一层楼而被董事会赶出门，他改行到旗下内布拉斯加家具市场卖床垫。一名看起来谨慎、挑剔的中年妇女来选床垫，对品质的要求是"持久、安全有保障"（巴菲特选择股票的要求）。巴菲特欣然推荐以自己的名字命名的"沃伦"床垫，顾客试躺之后断然拒绝，理由是"起伏太多，反弹太慢"（喻指巴菲特所投资股票的特点）。

巴菲特于是推荐了另一款名为"紧张的奈利"的床垫。巴菲特神秘兮兮地告诉顾客，这款床垫有一项独特的设计——床垫里面可以藏贵重物品。巴菲特掀开自己躺过的样品床垫，顾客赫然看见一叠现金、股票，不禁眼前一亮，立马决定就要这个样品。巴菲特不得不趁着顾客付钱的时候偷偷从床垫中拿出他的"私人藏品"——除了钱、他爱吃的巧克力，还有几本《花花公子》杂志。巴菲特的表演赢得满场的笑声，股东们对于他独特的沟通方式给予掌声。

29 《沃尔特·瑞斯顿与花旗银行》

菲利普·L·茨威格

 经典速读

　　《沃尔特·瑞斯顿与花旗银行》讲述的是有关瑞斯顿的内幕故事，他把花旗银行带上了全球金融竞技场的冠军领奖台。他所领导的金融创新运动，改写了美国银行业的竞争格局，重塑了美国的金融体制。

　　本书描绘了一个目光远大的人如何爬上庞大却又缺乏生气的第一国民城市银行（后易名为花旗银行·）的头把交椅，如何着手重建自己的机构乃至美国和全球的银行金融业的经过情形。他倡导市场经济，向上自白宫和国会下至联邦储备银行和其他大银行的能人智士发出挑战，结果有胜也有负，其在改革消费银行业、银行信用卡的使用和洲际银行业务以及废除部分原有金融体制方面都获得了成功。而他也因为带头向第三世界发放了几十亿美元的贷款而成为众矢之的，招致了一片责骂声。

　　在本书的著述过程中，作者菲利普·L·茨威格走访当时的许多风云人物。包括前总统杰拉尔德·福特、前国务卿乔治·舒尔茨和亨利·基辛格、前财政部长康纳利、西蒙和里根、前联邦储备委员会主席威廉·米勒和保罗·霍尔克以及瑞斯顿本人。本书不仅是一部引人入胜的人物传记，而且是一部璀璨夺目的史书，它记录了瑞斯顿时代美国金融霸主地位的盛衰枯荣。

　　一部精彩绝伦的杰作，50年来叱咤美国银行业的风云人物传记；一部美国银行业的大哥大花旗银行的盛衰史；更是一部反映过去30年美国商业的历史，它向人们展示了美国舒适安逸、无忧无虑的企业界如何被改革、如何被重组的经过情形。

——西方媒体书评

妙不可言，是美国银行界一位风云人物的权威性传记，也是一部他所主宰的世界编年史，引人入胜。

——西方媒体书评

 内容解读

1. 勇于创新——银行业的创新教父

瑞斯顿时期花旗银行发展的特点可以用"金融创新"一言以蔽之，这也是花旗直至今日在竞争中制胜的最有力的法宝。菲利普·茨威格发现，瑞斯顿最早的创新提出于20世纪50年代初，虽然当时的他不过是个区区初级信贷员而已。根据传统的信贷方式，银行发放贷款更多地考虑借款人的品德、能力和抵押物，而很少考虑借款所能产生的未来现金流，从而限制了油轮等一类大型设备的贷款门类。瑞斯顿则突破限制，设计了一种新的信贷方式，即由银行先行买断油轮，然后将油轮出租给船舶公司，以船舶运营获得的现金流，而非借款者的其他收入来偿还贷款本息的方式。这种融资租赁的方式一经推出，立即风行。瑞斯顿又把这一融资方式推广到飞机和火车的信贷方面，使融资租赁蓬勃发展起来而成为一种产业。花旗银行的这一创新后来被其他银行纷纷模仿，有力地改变了国际航运业的面貌。

可转让大额存单（CD）是瑞斯顿的又一项杰作。由于美国的Q字条例规定了银行存款利率的上限，在其他金融机构的有力竞争之下，商业银行的资金来源日见匮乏，亟待推出能够突破利率上限的产品。于是瑞斯顿成为花旗银行的执行副总裁后所做的第一件事就是发行可转让存单，专门处理政府债券的贴现公司成为可转让存单的二级市场。可转让存单的发行在全世界引起了巨大震动，不亚于在来克星顿打响的美国独立战争的第一枪，它直接向美国的Q字条例提出了最严厉的挑战，1年即为花旗银行争取到了185亿美元的存款，并开创了一个新的行业，即"负债管理"，使银行对存款的控制成为可能，而不再是单一的资产管理业务。

事实上,有一则案例被广为传诵,很好地说明了瑞斯顿领导下的花旗银行在创新方面的奋进态度。20世纪70年代初的《美国银行控股公司法》禁止银行以控股公司的形式从事证券业和保险业以及"与金融业无必然联系的业务"。但该法也有意无意地留下一个漏洞,即并未将只拥有一家银行的所谓单一银行控股公司列入监管范围。花旗银行迅速在美国特拉华州成立了单一银行控股公司——花旗公司,而把花旗银行置于该控股公司控制之下。这个花旗公司纯粹是块招牌,但花旗银行通过它却实现了向证券、保险及"与金融业无必然联系的业务"的渗透,绕过了1934年大萧条时期美国仓促通过的G-S法所严格分业经营的隔墙,这本身已是一项了不起的制度创新。瑞斯顿更是再接再厉,发动全体员工为拓展银行业务范围献计献策,共征集到可进一步开展的业务建议数十项。随即,花旗银行向联邦储备委员会提出大量的新业务申请,有时甚至每天一项。花旗银行从此脱颖而出,成为了美国银行业的带头人。

2. 拓展海外业务——务实的三级火箭策略

在贷款业取得的成就为瑞斯顿的职业生活开辟了另一条施展才华的辉煌道路:花旗把海外营业部交给了瑞斯顿来掌管。

相比国内各部,当时的花旗海外营业部只能用"原始"两字来形容,虽有所获利但获利甚微,但倒是建立了美国银行业在海外最大的银行网络。花旗的海外营业是从在拉丁美洲铁路贷款起头的,后来发展到菲律宾、日本和欧洲一些国家。

瑞斯顿到任后,以非凡的胆魄和智慧在非洲建立了第一家外资银行——非洲南部分行,后来在非洲遍设分行,形成了花旗非洲海外部,又通过政治、外交、经济等各类渠道千方百计而又史无前例地在冷战期间的苏联和对垒的伊朗开设了分行,他恢复了花旗在欧洲的分行,用10年的时间使欧洲的分行网络遍及欧洲各国,澳大利亚的分行也获利颇丰。这些成绩的取得使瑞斯顿相信,花旗的使命是在全世界每一个可以获利的处所提供合法的银行服务。

瑞斯顿实行"三级火箭"战略:首先是沿着世界的主要商路在每一个商业中心和口岸设点,然后向这国家的纵深行进,最后是出口零售服务和技术。当花旗在拉丁美洲的丰盛利润源源不停流入国内的同时,欧洲美元市场更是为花旗创造了大额的利润。瑞斯顿称为"在月球上办银行"。到瑞斯顿离开海外营业部主任的岗位时,花旗海外营业部所创造的利润已占到花旗银行总利润的40%。花旗银行已成为世上唯一的一家全球性银行。瑞斯顿也因此被提升为花旗银行执行副总裁。

3. 企业管理——整顿自身谋求发展

金融创新使瑞斯顿领导下的花旗银行成为了引领银行潮流的领先银行，不过这并不是瑞斯顿的唯一法宝。作为20世纪最具影响的传奇CEO之一，瑞斯顿在组织架构的重建、企业发展战略的决策、人才策略及信息技术方面多有重大举措推出，我们以下择其要点进行介绍。

（1）组织架构

在瑞斯顿看来，集权化经营与企业的进取精神是格格不入的。对于一家追求卓越的企业，每一个人都应在一定的范围内有自作主张的权力，他曾告诫说："如果决定是少数几个人作出来的，那么这家企业早晚要出乱子"。自上任之日起，瑞斯顿就力主对花旗银行的组织架构进行重整，为此他专门请来著名顾问咨询公司麦肯锡出谋划策。重组后的花旗银行按市场划分为6个事业部：负责大型跨国企业的公司部、负责中型企业的商业部、负责个人及小型企业的零售业务部以及营业部、海外部、投资管理部。

瑞斯顿同时决定削弱旧有的以地域划分的结构体制，结束各家分行各自为政的经营状态。分散在各个分行的业务人员直接向事业部汇报，弱化分行对业务人员的管理职能，分行的负责人只起到组织协调的作用，形成所谓矩阵化管理体制。为解决矩阵式管理所引起的各利润中心绩效考核的问题，瑞斯顿还引入在通用电气取得成功的内部转移价格体系。花旗银行的这种管理体制自实施以来引起了其他银行纷纷跟进，已成为国际银行业组织架构的一个范本。

（2）发展战略

瑞斯顿是一个典型的扩张主义者，他要求花旗银行无论在规模还是在服务种类、地区设点方面都处于前列；瑞斯顿又是"分散风险理论"的忠实信徒，他认为人不该把全部赌本押在一个地方，并坚信如果花旗银行实行多元化业务，就会势不可挡。这两点对于理解瑞斯顿的发展战略颇有帮助。

瑞斯顿曾积极倡导国际化战略，这在花旗银行其实颇有渊源。早在20世纪初，花旗银行就以海外业务而著称，其分支机构遍及世界各地，包括一家设在上海的分行。这一策略在当时取得了明显效果，据说1929年大危机发生时，花旗银行能够发放红利多亏了上海分行汇回的700万美元利润。不过到了20世纪60年代，花旗银行的海外业务就大为萎缩了，海外分行数量也从83家减少到61家。瑞斯顿主持花旗银行海外营业部后，推行的举措大胆而且激进：从高校招募新人；迅速提拔年轻管理人员；实行岗位轮换；积极改革旧的经营方式。瑞斯顿同时为国际业务的发展制定了3级目标：一是抢地盘，即在全球所有的金融商业中心都要开设分行或办事处；二是业务当地化，即走到哪里都首先建立起吸引当地存款的网络；三是开办与传统银行业务有关的其他业务，包括投资银行业务、租赁等。花旗银行的海外业务得到迅速的扩张，到1965年，其海外分行已有177家，遍及58个国家。

20世纪70年代以后，瑞斯顿又有重大战略举措出台。瑞斯顿意识到，把银行的希望寄托在少数大企业上殊不可靠，而消费者业务则是一个"聚宝盆"，尽管当时大多数商业银行都认为零售银行业务无利可图。为此瑞斯顿专门组建了一个研究小组，深入分析的结论令人振奋：消费者业务可能给花旗银行带来10亿美元的税后利润，使得瑞斯顿下定决心将花旗银行业务重点从批发业务转向零售业务。这一战略决策在当时引起了不小的争议，更糟的是战略转型后最初7年零售业务的利润并未达到预期水平。不过事实证明，瑞斯顿的战略决策准确无误，今天花旗银行成为全球盈利最为丰厚的银行，其利润的70%都来自个人金融业务，而且在花旗银行的带动下，零售金融业务已引发银行金融服务的一场革命。

（3）人才策略

与所有成功的管理者一样，瑞斯顿也十分注重人才的选拔和使用。他曾说"人才是成功之父"，发现人才、培养人才以及充分使用人才是企业实现目标的唯一途径。瑞斯顿认为，作为一个管理者，其最重要的责任就是知人善任，挑选最好的人才，然后尽可能委以他们能担当得起的重任——有时甚至是超出了他们能力的重任。瑞斯顿的这些观点可能在相当程度上受到了他的好友——管理大师彼得·德鲁克的影响，因为后者曾反复向瑞斯顿讲述，"一个明智而有远见的人事决策能抵得上100份报告"。瑞斯顿招聘选拔人才的观点也颇具新意，在他看来人才最重要的是素质和智商，而非经验或兴趣，因此瑞斯顿乐于在重点高校中招聘优秀毕业生，而不管他学的是什么专业，也不管他是否曾有过工作经验。难怪有人曾打趣说："花旗银行可以雇用小提琴专业的学生并把他们关进计算机室。"

（4）信息技术

瑞斯顿被认为是本时代最具技术偏好的金融家，在他的大力支持和倡导下，花旗银行在信息技术的建设方面远远领先于其他银行。花旗银行不但是ATM机、呼叫中心等高技术产品的最先使用者，而且在银行界率先推行了客户利润贡献度的计算、利润中心业绩的核算等，这些也无不是在信息技术的帮助下才能实现的。事实上，瑞斯顿对于信息技术几乎达到了痴迷的程度，他甚至认为"关于金钱的信息几乎和金钱本身一样重要"。他甚至撰写了2本专著，《灰暗不明的主权》《风险种种》来阐述信息革命对全球进步的影响，均畅销一时。当瑞斯顿从董事长的位置上退下来时，花旗在电脑及软件上的投资已超过17亿美元。花旗能屹立潮头30年保持不败，瑞斯顿时期在信息技术上的大量投入实在是功不可没。

4. 风险管理——智者的一招之失

"所谓银行，就是基于风险处理能力而营利的组织。"沃尔特·瑞斯顿的这句话道破了银行是基于风险管理的本质，而这也是瑞斯顿总结的失败教训。

20世纪60年代以后，美欧银行家们"扬帆出海"，到新兴市场寻求发展机会成为一股潮流，时称"业务国际化"。这个潮流的带头人就是当时花旗的掌门人沃尔特·瑞斯顿。把海外投资的风潮兴起归结于瑞斯顿或许不公平，但至少其他银行是多少受他的影响的。当时美欧银行家们倾向于向新兴市场，如拉丁美洲市场上的政府公共部门放款，而不愿向私人企业放款。因为按照瑞斯顿的看法：这些新兴市场上的私人企业根基不深，风雨飘摇，而他们的国家不会破产，所以最好把款贷给政府。他说的没错，但国家会违约，这成了他职业生涯最大的危机。

拉美国家向美欧的借债，大量地到期不能归还，有些"新官不理旧账"，有意赖债，史称"拉美债务危机"。在这次危机中，瑞斯顿也被推到了风口浪尖，受到了很多责骂。痛定思痛，银行家们对"预期收入理论"普遍表示质疑：预期收入不等于现实收入，它怎么可以作风险的保障呢？对付风险，必须高度警惕，事先就防范它。正是在这样的背景下，1988年7月，10国集团在瑞士巴塞尔签署了《巴塞尔协议》。这个协议，最初主要针对大量从事国际业务的商业银行，特别指出：除非以现金和金块作十足抵押，世界上没有无风险放款这回事，越是看似无风险的对象，比如国家，越要警惕它。《巴塞尔协议》的风险度概念，以及用风险度从总资产中析离出风险资产，并由风险资产与资本金之比确定资本充足率，这一系列有系统的新思维开辟了风险管理的新时代，也就是我们当前这个时代。

 拓展阅读

沃尔特·瑞斯顿生于1919年。他的父亲亨利·瑞斯顿是颇具影响的历史和政治学专家，曾担任过美国常春藤名校之一布朗大学的校长。奇怪的是，这

位历史学教授和他的妻子露丝,在新生儿沃尔特的摇篮旁边放着一部装帧考究的亚当·斯密的《国富论》。如果他们有心要儿子继承父业,放在摇篮边的更适合的书应该是希罗多德的《历史》才对。沃尔特没有辜负父母的期望,他一生的成就是在美国的银行业,而且他效力的是美国一家古老而华贵的银行——花旗银行。

当年轻的瑞斯顿刚刚涉足美国银行界时,金融财东们都是势力强大的人,他们的社会地位举足轻重。架子十足又老派保守,怕冒风险,缺乏企业家的魄力和远见卓识,这些构成了当时银行业的主要特征。就是在这样的情况下,瑞斯顿锐意进取,极富创新精神,他的才华很快得到了管理层的赏识,被先后调入信贷部门和海外部,均做出不俗业绩。于是在不到20年的时间里,瑞斯顿跃升成为花旗银行总裁。

沃尔特·瑞斯顿在他的壮年居然执掌一家这样的银行达17年之久,而且具有决定意义地提升了花旗的国际地位和品牌价值,不仅为美国银行业所瞩目,也经常是全球关注的焦点。瑞斯顿是过去长时期内美国与世界无法绕开的风云人物。

瑞斯顿是一个令人生畏的磁石般的智者,但智者有时会有超乎常人想象的妄语。这样一个老辣的银行家,有一天忽然一本正经地给同行说"银行经营其实不需要资本"。你听到了,会有怎样的感想?反正当前世界上,还没有一个人站出来支持他的话。设在瑞士巴塞尔的国际清算银行的巴塞尔银行业条例和监督委员会,数年来一直致力于肃清瑞斯顿这个虚妄思想所散发出来的毒素。这或者验证了一个真理:专业智慧发展到极端就会傲慢到荒谬的程度。

30 《机构投资与基金管理的创新》

大卫·史文森

 经典速读

在西方,《机构投资与基金管理的创新》一书被誉为机构投资的圣经。书中,作者详述了耶鲁基金的投资过程,阐释了著名的以股权投资为导向、组合充分分散化、大胆投资另类资产的"耶鲁模式"。他用清晰、敏锐的笔触透彻地分析了机构基金管理领域,所探讨的话题从资产配置过程到积极投资管理不一而足。他还引用了大量真实、生动的案例来加深读者对关键概念的理解,如逆向投资、风险管理、投资顾问选择和市场陷阱应对等。本书中,史文森的投资箴言既苦口婆心又如雷贯耳,处处体现了他的独到见解和逆向思考。

史文森早年师从诺贝尔经济学奖得主托宾,曾在华尔街崭露头角,后应恩师之邀于1985年出任耶鲁大学首席投资官,并在耶鲁大学商学院教书育人。史文森培养出的人才不仅在耶鲁创造了佳绩,也向哈佛大学捐赠基金、麻省理工大学捐赠基金、普林斯顿大学捐赠基金、洛克菲勒基金会、希尔顿基金会、卡内基基金会等重要投资机构输出了领导力量。

史文森主导的"耶鲁模式"使他成为机构投资的教父级人物。前摩根士丹利投资管理公司董事长巴顿·毕格斯说:"世界上只有两位真正伟大的投资者,他们是史文森和巴菲特。"

2009年2月,史文森被奥巴马总统任命为美国经济复苏顾问委员会委员,任期2年。

本书是机构投资者、基金管理人、成熟的个人投资者和投资管理专业师生的必读之作。

大卫·史文森改变了投资组合管理以及捐赠基金管理工作的面貌。他是一位才华横溢的投资者，致力于为耶鲁大学乃至高等教育创造佳绩。史文森的成功广为人们引用，备受世人尊重，但从未有人能成功复制，史文森的的确确是我们投资领域的先锋。我们向他致敬！

——简·曼迪罗 哈佛大学管理公司总裁兼首席执行官

耶鲁大学是捐赠基金会管理领域的楷模。在《机构投资与基金管理的创新》这部伟大的作品中，大卫·史文森清晰有致地介绍了他如何变革了耶鲁基金及其他投资的投资策略。这本书是机构投资者的制胜宝典。

——伯顿·马尔基尔 普林斯顿大学经济学教席教授

1999年，当大卫·史文森撰写《机构投资与基金管理的创新》第一版时，耶鲁捐赠基金的资产规模总计72亿美元。通过运用本书中描述的策略，同时避免投资陷阱，耶鲁基金的资产规模增至230亿美元。数字说明了一切！在精彩有加的第二版中，这位投资天才重申了他的投资理念，并且添加了一些全新的重要见解。如果你曾经读过本书第一版，那么你定会欢迎本次的更新版；如果没有，那么新版更不容错过。在如今市场动荡之际，史文森的投资箴言弥显珍贵。

——约翰·C·博格尔 先锋共同基金集团创始人、前任董事长

大卫·史文森具有创造性而又严谨的投资策略为耶鲁大学创造了所需的财力，增强了耶鲁大学在教学和研究领域的卓越地位。能够深入领悟本书中智慧的投资者将同样能够增强其所服务的机构的实力。

——理查德·C·莱文 耶鲁大学校长、经济学教席教授

 **内容解读**

1.另类投资——多样化投资者组合

史文森接管耶鲁捐赠基金后，改变了传统的投资组合，引进其他的资产类别，包括外国市场、自然资源以及投资其他的套利基金和私人股权基金，这些被称为另类资产投资。

所谓另类资产，包括私募基金、对冲基金、风险投资、地产、林场、矿业、

衍生品等，这些资产不像普通股票或债券那样在公开交易平台上交易，流动性较差。但是由于这类资产的风险比一般股票和债券相对高，回报自然也就大。传统投资模式强调风险控制为主，维持股票和债券投资的平衡，另类资产的投资只占极小的一部分。但是，"耶鲁模式"特别强调避免投资债券，因为债券的回报远远低于其他资产。

史文森设计了一种更多样化的投资组合，由以下6种资产类别构成，仅供参考：①国内股票30%；②国外成熟股票15%；③新兴市场股票5%；④不动产和自然资源20%；⑤美国国库券15%；⑥美国通货膨胀保护债券（TIPS）15%。

这种多元资产组合证券的投资方式，与传统的公司、大学或者教会捐赠基金的投资方式简直有天壤之别。史文森将投资方案中债券的比重由先前的70%降到了30%，且调整后债券中的一半都是美国通货膨胀保护债券。与之相对应，史文森将股票的比重由原来的30%增加到50%，同时还大幅投资国外证券产品。他坚信这种非传统的投资方式可以战胜股市，而且风险比较小，因为组合里的各种资产是"不相关的"。亦即当市场出现波动的时候，各种资产的变化趋势是各不相同的。例如，如果发生通货膨胀，国内的股票可能会下跌，但是关于不动产和自然资源，大家都知道它们是通货膨胀的阻挡器可能会平衡一下股票的损失，使资产组合不致遭受重创。

2. 防御性资产配置——在风险防范方面做最坏打算

史文森认为，机构投资者由于掌握大量的资金，所以每一次投资都要十分慎重，尤其是风险的评估。因此，大卫·史文森要求他掌管下的耶鲁捐赠基金要预先做好最坏的打算，把一切可能的风险都考虑到，这样一来即使是在最恶劣的环境下，仍然能够保证自己的基金不伤元气。这样，落实到实际的资产配置时就是防御。

何为资产配置？就是把资产分配到不同类别的投资品当中，凭借组合的力量获得收益。

资产配置和再平衡策略是本书的核心内容，也是史文森成功的关键。资产配置的许多内容给人启示，例如，史文森谈到实物投资中的石油、森林等，其中"森林投资在高通胀和市场动荡时表现更加突出"。1973年前后，同时出现高通胀和股灾，标准普尔指数的年回报率为-20.8%，当年通胀水平为10.5%；而同期森林投资的年均名义回报率高达36.6%。

史文森通过专业化体系的风险评估，如"相关系数矩阵"以及"均值—方差最优化模型"的引入，进而模拟未来而得出结论。这种严谨的投资管理和投资组合的挑选态度，确实让我们普通的市场参与者汗颜，往往一个机构的评估报告，某一知名人士的推荐，有时道听途说的小道消息，都能让我们动用毕生积蓄倾巢而出，这样的行为何谈投资理念？

3. 成功助力——机构投资者的历史经验与人脉

在史文森的领导下，耶鲁捐赠基金每年收益大幅超越市场，价值增加200多亿美元，遥遥领先于美国同行，是世界上长期业绩最好的机构投资者之一，那么其成功的原因何在呢？

史文森认为，机构投资者可能会在积极管理的游戏中获胜，但这极其困难，需要投资者具有从经验中学习的能力及良好的人脉。

史文森比较倾向于推崇高水平的"共同投资"方式，即投资管理人将自己的资产的一大部分也投进了向客户推荐的基金或者管理账户中，"一些高素质的投资管理人常常为吃自己的蛋糕而感到骄傲"。

大部分基金或资金管理人很少采用"共同投资"的方式，实际上，在如此众多的共同基金中，采用并列投资的人简直少之又少。耶鲁大学捐赠基金投资的一个特点就是：寻找那些专门仅投资于稀少的"集中投资组合"，而且常常不受欢迎。他们让资金管理人在彼此之间展开竞争，如果有哪位管理人的表现劣于其竞争对手，将遭遇被淘汰的命运。在新的全球经济中，这是"创造性破坏"的又一典范。

那些掌握巨额资金的基金管理者，如果没有对几百年来证券市场的历史经验进行总结，那么很容易在决策中出现失误。

当然，"耶鲁模式"的成功除了得益于史文森出色的管理之外，还有一个不能忽略的因素，那就是耶鲁基金和耶鲁大学所依托的人脉。所以耶鲁模式的复制，对于基金来说还需要有团队，有文化氛围，这样基金就能不依托于某一管理人而生存。理念一旦确立，投资组合的管理完全按照理念的思路进行，团队的综合管理就完全取代了基金经理人的个人决断，这样，其安全性和可持续发展性自然是不言而喻的。

4. 再平衡策略——执行长期资产配置目标

史文森最重要的成就之一，就是在资产配置管理中独创了"动态的再平衡"的策略。所谓再平衡，就是风险控制环节要求投资者定期进行风险检查的再平衡方法，也是贯彻投资目标的重要手段。对此，史文森从"再平衡的心理学基础""再平衡与非流动性"和"再平衡的频率"3个方面进行了详细地阐述。使用再平衡，实际上就是对基金投资的"择时策略"进行防范。

史文森认为，长期投资者可以通过投资高风险、高收益的股票而非债券，来实现财富最大化。很多机构投资者认为，择时的想法是不可取的不现实的，甚至会给投资带来巨大风险。史文森却没有简单地否定择时,他特别强调了择时与"再平衡策略"的有机联系。在2003财年,美国股市上涨1.3%,而耶鲁基金这一财年的整体收益率达8.8%。史文森毫不讳言,这样的收益是依靠"再平衡策略"取得的。史文森的"再平衡策略",可以理解为不同资产配置之间的高抛低吸。

史文森使用再平衡策略的目的在于,不折不扣地执行长期资产配置目标,如果资产配置中某些品种出现暴涨或暴跌,都将破坏既定的市值配置比例,那么就应该通过"再平衡"平抑偏差。同样,史文森不吝用多个案例讲解本书的核心内容——再平衡策略。"1997年10月27日,美股下挫6.9%,而债券市场大幅上扬。第2天,股市大幅反弹5.1%,而债券却遭到大量抛售。在这两天中,如果对一个由60%股票和40%债券组成的组合进行再平衡操作,收益将增加10个基点。"

在1987年10月,美股遭遇股指日跌23%的"每6万亿年发生一次"的极小概率事件。耶鲁基金在史文森指导下,在股市崩盘后进行再平衡操作,卖出数千万美元债券,用所得资金买入股票,这种逆势操作取得了可观收益。

尽管再平衡操作能产生利润,对投资者而言是一笔额外的奖励,但史文森特别强调,再平衡策略的根本动机是维持组合的长期性,投资者在"高抛低吸"前,首先要找到一个既定的、正确的长期资产配置组合。

拓展阅读

耶鲁的首席投资官大卫·史文森在一次演讲中被一位听众诘问:"如果你经营风险投资,你就身价8亿。但你竟然拿着现在的工资,你有什么问题吗?"

大卫·史文森是在耶鲁拿工资最高的人:年收入100万美元,超过校长1倍以上。但是,他在哈佛的同行年收入却是在1 500万~2 000万美元之间。如果成为一个风险投资商,大卫·史文森则可能挣到上亿美元。所以,在金融界,百万收入的大卫·史文森确实太过安贫乐道了。

史文森出身于书香门第,是6个兄弟姐妹中的老大。他的爷爷和父亲都是化学教授。他父亲还是威斯康星大学 River Falls 分校文理学院的院长。他也就是在父亲的学校里读完了本科。1975年,他来耶鲁读经济学博士。毕业后,他到华尔街工作了6年,但觉得华尔街不是安身立命之处。他最喜欢的还是耶鲁。这时,恩师威廉姆·布朗纳德正好当了教务长(耶鲁第二号人物)。这位经济学家清醒地意识到扭转学校的危机必须以理财为先。而理财能力，非自己的得意门生史文森莫属。于是他力挺史文森，破天荒地让一位31岁的年轻人执掌耶鲁的财政命脉。

我们知道，在美国，特别是私立名校，都拥有大量捐助基金。这是一个学校实力的基础。如果能够聪明地用这笔基金投资，学校的资产就会迅速翻番。所以，各大学会不惜工本，斥重金请一流的金融专家来经营。

而耶鲁的捐助基金仅排在哈佛之后，为全美第二。这笔钱的形成，当然要靠一系列慷慨解囊的校友和财主：Harkness、Sterling、Beinecke、Mellon等。这些名字，是美国家喻户晓的"财神"。耶鲁的许多建筑、图书馆、学院都是以他们的名字命名的。他们捐助的金额，从1亿多到2、3亿美元不等。但是，大卫·史文森的名字虽然还没有出现在任何耶鲁的建筑上，他给耶鲁带来的财富则高达78亿美元，无人能比。难怪史文森在哈佛的同行杰克·迈耶自叹不如："在这个行当中，大卫是最好的。"

史文森确实值得夸赞，1985年，当年仅31岁的史文森出任耶鲁捐助基金首席投资官员时，耶鲁的捐助基金正陷于危机之中。从1968年至1979年，美国处于高通货膨胀，股市低迷的阶段。耶鲁捐助基金的购买力下降了45%，以后也迟迟不见起色。实际上，耶鲁的财政危机，一直延续到20世纪90年代初期。乃至学校穷到要砍掉一些缺乏竞争力的系和学科，一度甚至连社会学系也面临着关门的危险。

捐助基金是一个学校的底气。耶鲁靠这笔钱支持着全校28位最顶尖的正教授，给学生提供奖学金，维修各种基础设施，支持各种运动队等。捐助基金在金融市场上表现不佳，一切都免谈。这也怪不得，从20世纪90年代初开始，耶鲁在史文森的金融魔棒下渐渐反弹。科系不再砍了，像商学院这样的新兴学院，反而异军突起。给学生的奖学金也更有竞争力了，甚至读硕士学位也能拿包括生活费在内的全奖，所有博士学位都能拿到全奖，外加暑假的经济资助。同时，整个校园突然变成了一个建筑工地。校方投入大量资金，对年久失修的建筑逐个维修。号称世界第二大的综合健身房，本是个获奖的老建筑。将其拆掉重建一个现代的健身房，费用是维修老建筑的一半。但是，财大气粗的耶鲁决定保留老建筑，对之翻修扩建。这个健身房经过昂贵的整形后，变成世界第一大，而且照样保留这古色古香的风格。这一切，离开了史文森怎么可能？

当然，他并不仅仅给学校带来财富。许多教授和员工的退休金，也跟着捐助基金经营。这也难怪，史文森的事迹以封面人物故事刊登在耶鲁校友的杂志上。许多人把他看作是耶鲁成功的魔术师。

31 《道氏理论》

罗伯特·雷亚

经典速读

道氏理论是由查尔斯·道（1851—1902）创造的。道氏理论最早被用于股票市场，以此判断股市的升跌，看经济的兴衰。其后他的继承人威廉姆·P·汉密尔顿与罗伯特·雷亚再将道氏理论发扬光大，让道氏理论成为了推测投资市场走势的一种工具。

查尔斯·道曾经在股票交易所大厅里工作过一段时间。后来，查尔斯·道设立了道琼斯公司，出版《华尔街日报》，报道有关金融的消息。1900—1902年，查尔斯·道充任编辑，写了许多社论，讨论股票投机的方法。事实上，他并没有对他的理论作系统的说明，仅在讨论中作片段报道。查尔斯·道在1894年创立了股票市场平均指数，道的全部作品都发表在《华尔街日报》上。1902年12月，查尔斯·道逝世，华尔街日报记者将其见解编成《股市投机常识》一书，从而使道氏理论正式定名。随后，威廉姆·P·汉密尔顿和罗伯特·雷亚继承了道氏的理论，并在其后有关股市的评论写作过程中，加以组织与归纳而成为今天我们所见到的理论，其中罗伯特·雷亚所著的《道氏理论》也成为后人研究道氏理论的经典著作。

雷亚是至今为止最伟大的道氏理论家，也是最优秀的投资顾问之一。
——维克多·斯波朗迪《专业投机原理》作者

罗伯特·雷亚出版的《道氏理论》，使道氏理论成为较完整和正式的理论体系。

——马丁·J·普林格《技术分析》作者

 内容解读

1.3个假设——道氏理论的设计原理

那么，道氏理论的精髓在哪里呢？道氏理论的设计原理是什么呢？

关于这一点，罗伯特·雷亚在所有相关著述中都曾强调，"道氏理论"在设计上是一种提升投机者或投资者知识的配备或工具，并不是可以脱离经济基本条件与市场现况的一种全方位的严格技术理论。根据定义，"道氏理论"是一种技术理论；换言之，它是根据价格模式的研究，推测未来价格行为的一种方法。

道氏理论提出了一个目前成为现代金融理论的公理的命题，即：任一个别股票所伴随的总风险包括系统性与非系统性风险。其中，系统性风险是指那些会影响全部股票的一般性经济因素，而非系统性风险是指可能只会影响某一公司而对于其他公司毫无影响或几乎没有影响的因素。

而这一套理论在很大程度上是基于以下3个假设。

假设1：人为操作——指数或证券每天、每星期的波动可能受到人为操作，次级折返走势也可能受到这方面有限的影响，比如常见的调整走势，但主要趋势不会受到人为的操作。

关于这个假设，一些股民朋友可能会觉得，庄家能够操作证券的主要趋势。事实上，就短期而言，庄家如果不操作，这种适合操作的证券的内质也会受到他人的操作；而就长期而言，公司基本面的变化不断创造出适合操作证券的条件。总的来说，公司的主要趋势仍是无法人为操作，只是证券换了不同的机构投资者和不同的操作条件而已。

假设2：市场指数会反映每一条信息——每一位对于金融事务有所了解的市场人士，他所有的希望、失望与知识，都会反映在"上证指数"与"深证指数"或其他的什么指数每天的收盘价波动中；因此，市场指数永远会适当地预期未来事件的影响。如果发生火灾、地震、战争等灾难，市场指数也会迅速地加以评估。

从中国的股市中我们也可以看到，市场受消息面影响非常大，人们每天对于诸如财经政策、扩容、领导人讲话、机构违规、创业板等层出不穷的题材

不断加以评估和判断，并不断将自己的心理因素反映到市场的决策中。不断变化的基本面使得股市的走势变得愈加复杂，因此，对大多数股民来说，市场总是看起来难以把握和理解。

假设3：道氏理论是客观化的分析理论——成功利用它协助投机或投资行为，需要深入研究，并客观判断。当主观使用它时，就会不断犯错，不断亏损。

一个不容忽略的事实是，市场中95%的投资者运用的是主观化操作，这95%的投资者绝大多数属于"七赔二平一赚"中的那"七赔"人士。

2. 5个定理——道氏理论的精髓

定理1：股票指数与任何市场都有3种趋势：短期趋势，持续数天至数个星期；中期趋势，持续数个星期至数个月；长期趋势，持续数个月至数年。任何市场中，这3种趋势必然同时存在，彼此的方向可能相反。

3个趋势中，长期趋势最为重要，也最容易被辨认。它是投资者主要的考量因素，对于投机者较为次要。

中期趋势虽然对于投资者仍较为次要，但却是投机者的主要考虑因素。它与长期趋势的方向可能相同，也可能相反。如果中期趋势严重背离长期趋势，则被视为是次级的折返走势或修正。在这里要提醒股民朋友注意，次级折返走势必须谨慎评估，不可将其误认为是长期趋势的改变。

短期趋势最难预测，唯有交易者才会随时考虑它。投机者与投资者仅有在少数情况下，才会关心短期趋势：在短期趋势中寻找适当的买进或卖出时机，以追求最大的获利，或尽可能减少损失。

对于股票投资者来说，只有准确把握这3种趋势才能从股市中获利：第一，如果长期趋势是向上的，投资者可在次级的折返走势中卖空股票，并在修正走势的转折点附近，以空头头寸的获利追加多头头寸的规模；第二，上述操作中，投资者也可以购买卖权选择权或销售买权选择权；第三，由于投资者知道这只是次级的折返走势，而不是长期趋势的改变，所以投资者可以在有信心的情况下，渡过这段修正走势。最后，投资者也可以利用短期趋势决定买、卖的价位，提高投资的获利能力。因此，不要仅仅把这3种趋势的研判当成是学术研究，它同样是一种很好的股票实战投资策略。

定理2：主要走势：主要走势代表整体的基本趋势，通常称为多头或空头市场，持续时间可能在1年以内，乃至于数年之久。正确判断主要走势的方向，是投机行为成功与否的最重要因素，到目前为止，没有任何已知的方法可以预测主要走势的持续期限。

一般来说，一位投机者如果对长期趋势有信心，只要在进场时机上有适当的判断，便可以赚取相当不错的获利。有关主要趋势的幅度大小与期限长度，虽然没有明确的预测方法，但可以利用历史上的价格走势资料，以统计方法归纳主要趋势与次级的折返走势。

说得再清楚一点，目前面临的价格走势、幅度与期间都非常可能落在历史对应资料平均数的有限范围内。比如，如某个价格走势超出对应的平均数水准，介入该走势的统计风险便与日俱增。

定理3：主要的空头市场：主要的空头市场是长期向下的走势，其间夹杂着重要的反弹。它来自于各种不利的经济因素，唯有股票价格充分反映可能出现的最糟情况后，这种走势才会结束。

空头市场会历经3个主要的阶段，这一点很多老股民也深有体会。

第一阶段，市场参与者不再期待股票可以维持过度膨胀的价格。一般来说，空头市场要持续1.1~2.8年之久，空头市场开始时，通常会以偏低的成交量"试探"前一个多头市场的高点，接着出现大量急跌的走势。

第二阶段，较高的卖压是反映经济状况与企业盈余的衰退。据统计，空头市场的平均跌幅是29.4%，经过一段相当程度的下跌之后，突然会出现急速上涨的次级折返走势，接着便形成小幅盘整而成交量缩小的走势，但最后仍将下滑至新的低点。

第三阶段，是来自于健全股票的失望性卖压，不论价值如何，许多急于求现的人都会卖出一部分的股票。空头行情末期，市场对于进一步的利空消息与悲观论调已经产生了免疫力。然而，在严重挫折之后，股价也似乎丧失了反弹的能力，种种征兆都显示，市场已经达到均衡的状态，市场笼罩在悲观的气氛中，股息被取消，某些大型企业通常会出现财务困难，于是一些投资者纷纷抛出股票。

定理4：主要的多头市场：主要的多头市场是一种整体性的上涨走势，其中夹杂次级的折返走势，平均的持续期间长于2年。在此期间，由于经济情况好转与投机活动转盛，所以投资性与投机性的需求增加，并因此推高股票价格。

多头市场也有以下3个阶段。

第一阶段，人们对于未来的景气恢复信心。多头市场的确认日，是2种指数都向上突破空头市场前一个修正走势的高点，并持续向上挺升的日子。统计数据表明，主要多头市场的期间长度平均数为2年又4个月（2.33年）。

第二阶段，股票对于已知的公司盈余改善产生反应。

第三阶段，投机热潮转炽而股价明显膨胀。这阶段的股价上涨是基于期待与希望，由前一个空头市场的低点起算，主要多头市场的价格涨幅平均为77.5%。

定理5：次级折返走势：次级折返走势是多头市场中重要的下跌走势，或空头市场中重要的上涨走势，持续的时间通常在3个星期至数个月；此期间内折返的幅度为前一次级折返走势结束之后主要走势幅度的33%~66%。次级折返走势经常被误以为是主要走势的改变，因为多头市场的初期走势，显然可能仅是空头市场的次级折返走势，相反的情况则会发生在多头市场出现顶部后。

次级折返走势是一种重要的中期走势，它是逆于主要趋势的重大折返走势。在雷亚对于次级折返走势的定义中，有一个关键的形容词："重要"。一般来说，如果任何价格走势起因于经济基本面的变化，而不是技术面的调整，而且其价格变化幅度超过前一个主要走势波段的1/3，称得上是重要。

一般来说，大多数次级修正走势的折返幅度，约为前一个主要走势波段（介于2个次级折返走势之间的主要走势）的1/3~2/3之间，持续的时间则在3个星期至3个月之间。对于历史上所有的修正走势来说，其中61%的折返幅度约为前一个主要走势波段的30%~70%之间，其中65%的折返期间介于3个星期至3个月之间，而其中98%的折返期介于2个星期至8个月之间。价格的变动速度是另一项明显的特色，相对于主要趋势而言，次级折返走势有暴涨暴跌的倾向。

3.3 种趋势——道氏理论的应用要点

平均指数包容消化一切——它反映了无数投资者的综合市场行为，包括那些有远见力的以及消息最灵通的人士，平均指数在其每日的波动过程中包容消化了各种已知的可预见的事情，以及各种可能影响公司债券供给和需求关系的情况，甚至于那些天灾人祸，但其发生以后就被迅速消化，并包容其可能的后果。

3种趋势——"市场"一词意味着股票价格在总体上以趋势演进，而其最重要的是主要趋势，即基本趋势。它们是大规模地上下运动，通常持续几年或更多的时间，并导致股价增值或贬值20%以上，基本趋势在其演进过程中穿插着与其方向相反的次等趋势——当基本趋势暂时推进过头时所发生的回撤或调整（次等趋势与被间断的基本趋势一同被划为中等趋势）。最后，次等趋势由小趋势或者每一个波动组成，而这并不是十分重要的。

基本趋势——基本趋势是大规模的、中级以上的上下运动，通常（但非必然）持续1年或有可能数年之久。只要每一个后续价位弹升比前一个弹升达到更高的水平，而每一个次等回撤的低点（即价格从上至下的趋势反转）均比上一个回撤高，这一基本趋势就是上升趋势，这就称为牛市。相反，每一中等下跌，都将价格压到逐渐低的水平，这一基本趋势则是下降趋势，并被称为熊市。

一般来说，基本趋势是 3 种趋势中长线投资者所关注的唯一趋势。中长线投资者的目标是尽可能在一个牛市中买入——只要一旦确定牛市已经启动——然后一直持有直到（且只有到）很明显它已经终止而一个熊市已经开始的时候。投资者可以很保险地忽视各种次等的回撤及小幅波动。

次等趋势——它是与主要趋势运动方向相反的一种逆动行情，干扰了主要趋势。在多头市场里，它是中级的下跌或"调整"行情；在空头市场里，它是中级的上升或反弹行情。正常情况下，它们持续 3 周到数月时间不等，但很少再长。在一般情况下，价格回撤到沿基本趋势方向推进幅度的 1/3~2/3。即是说，在一个牛市中，在次等回调到来之前，工业指数可能稳步上涨 30 点，其间伴随着一些短暂的或很小的停顿，这样在一轮新的中等规模上涨开始之前，这一次等回调可望出现一个 10 ~ 20 点的下跌。然而，我们必须注意，这个 1/3~2/3 并不是牢不可破的，它仅仅是一种可能性，大多数次等趋势都在这个范围之间，许多在靠近半途就停止了，即回撤到前面基本趋势推进幅度的 50%。很少有少于 1/3 的情况，但有些几乎完全看不出回调。

这样我们就有了 2 个标准用以识别次等趋势。任何与基本趋势方向相反、持续至少 3 个星期并且回撤上一个沿基本趋势方向上价格推进净距离（从上一个次等趋势的末端到本次开始，略去小幅波动部分）至少 1/3 幅度的价格运动，即可认为是中等规模的次等趋势。

小趋势——它们是非常简短的（很少持续 3 周——一般小于 6 天）价格波动，从道氏理论的角度来看，其本身并无多大的意义，但它们合起来构成中等趋势。一般地，但并非全是如此，一个中等规模的价格运动，无论是次等趋势还是一个次等趋势之间的基本趋势，由一连串的 3 个或更多的明显的小波浪组成。从这些每日的波动中作出的一些推论经常很容易引起误导。小趋势是上述第三种趋势中唯一可被人为操纵的趋势。

4. 牛市熊市——道氏理论基本趋势的阶段分析

牛市——基本上升趋势，如图 31-1 所示，通常划分为 3 个阶段：

第一阶段是怀疑期，这是一个建仓（或积累）的阶段，有远见的投资者知道尽管现在市场萧条，但形势即将扭转，因而就在此时购入了那些勇气和运气都不够的卖方所抛出的股票，并逐渐抬高其出价以刺激抛售，财务报表情况仍然很糟——实际上在这一阶段总是处于最萧条的状态，公众为股市状况所迷惑而与之完全脱节，市场活动停滞，但也开始有少许回弹。

第二阶段是乐观期，股市出现一轮稳定的上涨，交易量随着公司业务的景气不断增加，同时公司的盈利开始受到关注。也正是在这一阶段，技巧娴熟的交易者往往会得到最大收益。

第三阶段是狂热期，市场上所有信息都令人乐观，价格惊人地上扬，新股不断大量上市。此时，投资者们不应再盲目狂热而是应当警惕起来——涨势可能持续了两年，已经够长了，现在到了该问卖掉哪种股票的时候了，在这一阶段的最后一个时期，交易量惊人地增长，而"卖空"也频繁地出现；垃圾股也卷入交易（即低价格且不具投资价值的股票），但越来越多的高质量股票此时拒绝跟从。

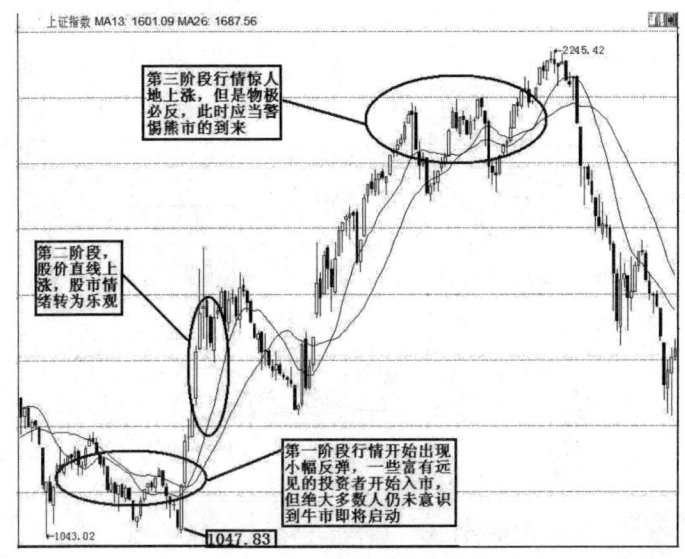

图 31-1　牛市三阶段示意图

熊市——基本下跌趋势，如图 31-2 所示，通常也以以下 3 个阶段为特点。

第一阶段是出仓或分散（实际开始于前一轮牛市后期），在这一阶段后期，有远见的投资者感到交易的利润已达至一个反常的高度，因而在涨势中抛出所持股票。尽管弹升逐渐减弱，交易量仍居高不下，公众仍很活跃。但由于预期利润的逐渐消失，行情开始显弱。

第二阶段我们称之为恐慌阶段。买方少起来而卖方就变得更为急躁，价格跌势陡然加速，当交易量达到最高值时，价格也几乎是直线落至最低点。恐慌阶段通常与当时的市场条件相差甚远。在这一阶段之后，可能存在一个相当长的次等回调或一个整理运动，然后开始第三阶段。

第三个阶段是跌势持续阶段。那些在大恐慌阶段坚持过来的投资者此时或因信心不足而抛出所持股票，或由于目前价位比前几个月低而买入。商业信息开始恶化，随着第三阶段推进，跌势还不很快，但持续着，这是由于某些投资者因其他需要，不得不筹集现金而越来越多地抛出其所持股票。垃圾股可能在前2个阶段就失去了其在前一轮牛市的上涨幅度，稍好些的股票跌得稍慢些，这是因为其持股者一直坚持最后一刻，结果是在熊市最后一的阶段，这样的股票又往往成为主角。当坏消息被证实，而且预计行情还会继续看跌，这一轮熊市就结束了，而且常常是在所有的坏消息"出来"之前就已经结束了。

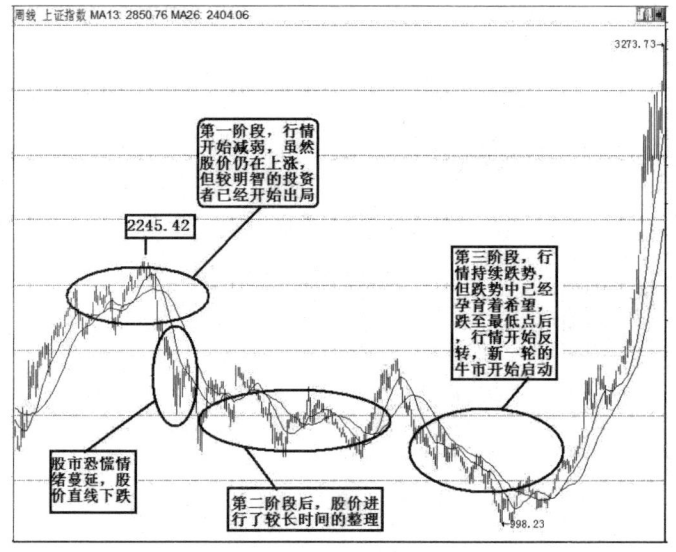

图 31-2　熊市三阶段示意图

需要提醒股民朋友的是，没有任何2个熊市和牛市是完全相同的。也有一些可能缺失3个典型阶段中的一个或另一个，一些主要的涨势由始至终只是极快的价格升值。一些短期熊市形成没有明显恐慌阶段，而另一些则以恐慌阶段结束，任何一个阶段，都没有一定的时间限制。因此，我们应时刻牢记基本趋势的典型特征。假如你知道牛市的最后一个阶段一般会出现哪些征兆，就不至为市场出现看涨的假象所迷惑。

5. 指数确认——道氏理论的确认原则

2种指数必须相互验证——这是道氏原则中最有争议也是最难以统一的地方，然而它已经受了时间的考验。任何仔细研究过市场记录的人士都不会忽视这一原则所起到的"作用"。而那些在实际操作中将这一原则弃之不顾的交易者总归是要后悔的。这就意味着，市场趋势中不是一种指数就可以单独产生有效信号。如果 2 种指数未能相互印证，我们充其量只能认为主要趋势的方向还未定型。

事实上，2 种指数没有必要同一天确定。一般说来，两者常常会一同达至一个新的高点（或低点），在持续了几天、几周或 1~2 个月的停滞状态之后会存在大量情况，一个交易者必须在错综复杂的情况下保持耐心，以等待市场自己显示出明显趋势。

根据成交量判断趋势的变化——一般来说，如果主要趋势中价格上涨，那么交易活动也会随之活跃。一轮牛市中，当价格上涨时，交易量随之增长；而在一轮熊市中，价格跌落，当其反弹时，交易量也增长。这一原则也适合于次等趋势，尤其是一轮熊市中的次等趋势中，当交易行为可能在短暂弹升中显示上升趋势，或在短暂回撤中显示下降趋势。但对于这一原则也存在例外，而且仅根据几天内的交易情况很难判断，更不用说单一交易时间段，只有一段时间内全面相关的交易情况才有助于我们作出有效的判断，进一步而言，在道氏理论中市场趋势的结论性标志是在对价格运动的最终分析中产生的。交易量只是提供一些相关的信息，有助于分析一些令人困惑的市场行情。

"直线"（盘局）可以代替次等趋势——道氏理论术语中，一条直线就是 2 种指数或其中的一种作横向运动，也就是盘局。这一横向运动往往会持续 2~3 周，有时甚至数月之久，在这一期间，价格波动幅度大约在 5% 或更低一些。这种直线盘局形状实际上显示了买进和卖出两者的力量是平衡的。当然，最后的情形之一是，在这个价位水准的供给完毕了，而那些想买进的人必须提高价位来诱使卖者出售。另一种情况是，本来想要以盘局价位水准出售的人发觉买进的气氛削弱了，结果他们必须削价来处理他们的股票。因此，价位往上突破盘局的上限是多头市场的征兆。相反价位往下跌破盘局的下限是空头市场的征兆。一般来说，盘局的时间愈久，价位愈窄，它最后的突破愈容易。

盘局常发展成重要的顶部和底部，分别代表着出货和进货的阶段，但是，它们更常出现在主要趋势过程中的休息和整理的阶段。在这种情形下，它们取代了正式的次级波动。很可能一种指数正在形成盘局，而另一种却发展成典型的次级趋势。

股民应注意的是盘局之外不论是涨还是跌，都会紧跟着同一方向上一个更为深入的运动，而不只是跟随因新的波浪冲破先前基本趋势运动形成的限制而产生的"信号"。在实际突破发生之前，并不能确定价格将向哪个方向突破。对于盘局一般给定的 5% 限度完全是经验之谈；其中存在一些更大幅度的横向运动，这些横向运动由于其界限紧凑明确因而被看作是真正的直线。

把收盘价放在首位——道氏理论并不注意一个交易日当中的最高价、最低价，而只注意收盘价。因为收盘价是时间匆促的人看财经版唯一阅读的数目，是对当天股价的最后评价，大部分人根据这个价位做买卖的委托。这是又一个经过时间考验的道氏理论规则。其作用如下：假设一轮基本上升趋势中的中等趋势在某日上午 11 点达到顶点，此时工业指数，比方说是 152.45；然后又回跌到 150.70 报收。那么前半日 152.45 这一高点就忽略不计。如果下一个交易日收市价高于 150.70 行情就仍看涨。相反，如果下一个上涨阶段使价格在某一天当中达到一个高点，比如 152.60，但这一天收市时价格却低于 150.70，那么牛市趋势是否持续就很难判定了。

在反转趋势出现之前，主要趋势仍将起主导作用——对于过去急躁的交易者，这无疑是一个警告，在反转信号出现前，提前改变对市场的态度，就好比赛跑时于发出信号前抢先跑出。这条规则并不意味着，在趋势反转信号已经明朗化以后，一个人还应再迟延一下他的行动，而是说在经验上，我们等到已经确定了以后再行动较为有利，以避免在还没有成熟前买进（或卖出）。这条规则告诉人们：一个旧趋势的反转可能发生在新趋势被确认后的任何时间。

当然这并不是说，当趋势改变的信号已出现时还要作不必要的拖延，而是说明了一种经验，那就是和那些过早买入（或卖出）的交易者相比，机会总是站在更有耐心的交易者一边。他们只有等到自己有足够把握时才会采取行动。当一轮牛市延展数月之后，买入的欲望，买入新的股票而能保证卖出获利的前景都比这一轮牛市的初期更低或更不乐观，但道氏理论的第 12 条要点告诉我们："持有你的头寸，直到出现相反的指令"。

股市指数波动反映了一切市场行为——股市指数的收市价和波动情况反映了一切市场行为。不论什么因素，股市指数的升跌变化都反映了群众心态。群众乐观，无论有理或无理，适中或过度，都会推动股价上升。群众悲观，亦不论盲目恐惧，有实质问题也好，或者受其他人情绪影响而歇斯底里也好，都会反映在市场的指数下挫上。与其分析市场上千千万万人中每一个投资人士的心态，做一些没有可能做到的事，不如分析反映整个市场心态的股市指数。股市指数代表了群众心态，市场行为的总和。指数反映了市场的实际是乐观或是悲观情绪控制大局。

6. 买卖信号——抓住趋势的变化

道氏理论虽然无法帮助投资者选股，但它有一个很重要的作用就是从大趋势上判断买卖。按照道氏理论，只要价格没有回落到前期形成的成交密集区，趋势仍然保持完持完好；只要不断出现更低的头部和更低的底部，下降趋势将保持完好；只要不断出现更高的头部和更高的底部（注意！是2个条件同时具备），上升趋势仍将保好。

对道氏理论的买卖信号我们可以总结如下。

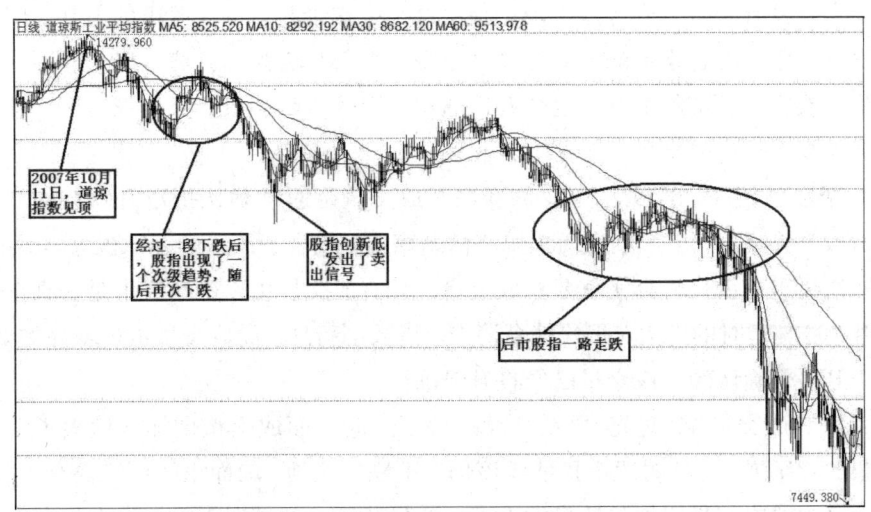

图 31-3 道·琼斯指数的卖出信号

经典的买入信号是这样形成的：熊市中主要下行趋势的低点形成之后，次级上行趋势的反弹将会发生。之后，一种指数的回调一定会超过3%，理想情况下，也一定会在先前道·琼斯工业平均指数以及交通平均指数的低点之上。最后，突破先前形成的高点构成了牛市形成的买入信号。

熊市的卖出信号与买入信号的决定方法是一样的，但是卖出信号与买入信号是相反的。如图31-3所示，当牛市达到顶点，发生了倒退的次级折返走势，后续上涨回调（再次超过3%），但达不到先前的高度，然后在下一次下跌中工业指数和交通指数都穿过了最近的低点，那么，预示熊市的卖出信号产生了。

7.指数与成交量——确认趋势的重要指标

在道氏理论中，成交量是一个非常重要的指标。道氏理论认为，成交量确认趋势，成交量越大，支撑区和阻力区的效用就越强，而重要的上涨趋势往往伴随巨大的成交量配合：底部转折从下跌趋势到上涨趋势，一定是需要量的累积；然而从顶部转折向下突破往往不需要能量的支持。

升市成交量增加仍会再升。道氏理论认为成交量是买卖意欲的指标。如果是一个升市，应该是越来越多的人愿意买入股票，所以成交量应该是陪伴指数同时上升。只要指数上升，成交量也同时上升，这个升市仍然会持续不断，因为买意仍然不断增添，在买意增添之下，股市仍然有推动向上的原动力，潜力仍然未发挥到尽，股市当然就应该继续向上。

股市上涨而成交量不增加升势有限。如果指数正在上升，但成交量却并不配合，没有同时上升，道氏理论指出这是成交量并不确认股市的上升，因为并没有买意去配合指数的上升，这种上升就只会是虚浮的升势，极为有限。成交量未能确认股市的上升，这个升市通常就只是一个假象，只会很短暂，很快就会恢复下跌，或至少不会再上升。

指数创新高，成交量也要创新高。成交量是应该确认指数升跌势的。如果指数升势凌厉，甚至创出历史以来的新高点，代表了买入的意欲极大。不过，这样的买入意欲是否真实就要看成交量。只有成交量可以确认股市是否真正的上升，还是暂时的虚火，很快就会消失。指数创新高，而成交量也创新高的话，这个升势是确认的，成交量已经将升势确认。

跌势成交量增加仍会再跌。在指数下跌时，而成交量增加，代表了沽出股票的卖压强大。这时股市指数应该仍有下跌的余地，前面空间可能仍有很多。因为这时的成交量增加是沽货的人多，在供过于求的情况下，一定会再有股价下跌的情况出现。

跌市成交量减少，跌幅减慢。如果是一个跌势，而成交量却一路减少，这时跌幅也会开始减慢。成交量会将减慢的跌势确认，代表了沽出股票的意愿暂时已经减弱。在沽售压力减弱下，股市再度大跌的空间也会同时减小。如果大市已经跌了一段时间，而成交量却极之低，这时股市可能已经跌到无可再跌的地步，可能已经见底，起码可能是暂时见底。

指数创新低，成交量也创新低，股市见底。当股市创出新低，人心惶惶，不过，如果这时成交量也创出新低，股市见底可期。即使不是即日就一定见底，也已经离见底不远了。

 *拓展阅读*

1851年11月初，查尔斯·道出生在美国东北的康涅狄格州。他父亲是农民，在他6岁时就去世了。为了生存，他做过不下20种工作，也因此没上多少学。

幸运的是，道还是上了一点学。他喜欢读书和写作。20岁左右，他进入一家报纸。在那里，他遇上了对他一生影响最大的人。

到了大约27岁的时候，道的人生开始跟金融联系起来。那一年，一家报纸派他去西部的科罗拉多州采访银矿开采的事情。

他连续发表了9篇文章，讲述当地人和开发商的生活。他发现真正推动银矿发展的是金融家的投资，而纽约的华尔街是这一切的中心。也就在那里，他开始跟爱德华·琼斯共事。这位记者比道多上了几年学，还上了知名的布朗大学，只是中途退学了。

1882年11月，31岁的道和26岁的琼斯离开了原先的通讯社，开始创办自己的平台。他们的办公室就在同一栋楼的地下室，原来工作的那家通讯社在楼上，隔壁是纽约证券交易所。

1884年，道将11个大公司股票每天收盘的价格加起来然后除以11得出平均值。这个平均值发表在道·琼斯公司出版的日报上。这就是著名的道·琼斯工业指数的起始。

根据历史记载，似乎没有迹象表明琼斯在这个指数上作出多少贡献，但却和道·琼斯的名字长久连在了一起。

琼斯曾经对道作出这样的评价："他总是一位孜孜不倦追求事实的人，他也总在想办法如何把这些事实最有效地传讲出去。他是让人信赖的人，在我们早期奋斗的岁月中，他迫使铁路公司的管理者保护投资股票的公众不受欺骗，无论来自华尔街还是以外的世界。"

在最初的道·琼斯指数中，铁路公司的股票占了大多数。这是对当时美国经济的反映。作为新兴产业，铁路是当时投资的热门。

就像查尔斯·道在科罗拉多银矿开采中看到的，通过股票的融资使得美国经济开始大步发展。因为有了资金的及时注入，科技上的创新越来越快地转化为生产力。这种联系在今日互联网及各种新技术领域更加体现出来。

在这个过程中，道做出的贡献是，他及时和可信地帮助倾向于投机买卖的人们做出合乎事实的决定。

像天气预报，他创立的道·琼斯指数成为金融市场的风向标、晴雨表。之后才有纽约的标准普尔、纳斯达克、东京的日经、香港的恒生、伦敦的金融时报、上海的上证这些指数。

32 《亚当理论》

J·W·韦尔德

 经典速读

亚当理论是美国人 J·W·韦尔德所创立的投资理论。韦尔德于 1978 年发明了著名的强弱指数 RSI，还发明了其他分析工具如 PAR、抛物线、动力指标 MOM、摇摆指数、市价波幅等。这些分析工具在当时的时代大行其道，受到不少投资者的欢迎，即使在今天的证券投资市场中，RSI 仍然是非常有名的分析工具。但很奇怪，韦尔德后来发表文章推翻了这些分析工具的好处，而推出了另一套崭新的理论去取代这些分析工具，即"亚当理论"。

亚当理论的精义是：没有任何分析工具可以绝对准确地推测市势的走向。每一套分析工具都有缺陷存在。市势根本不可以推测。如果市势可以预测的话，凭借 RSI、PAR、MOM 等辅助指标，理论上就可以成功。但是不少人运用这些指标却得不到预期后果，仍然输得很惨，原因就是依赖一些并非完美的工具推测去向不定、难以捉摸的市势，将会是徒劳无功的。所以亚当理论的精神就是教导投资人士要放弃所有主观的分析工具。在市场生存就是适应市势，顺势而行就是亚当理论的精义。市场是升市，抓逆水做沽空，或者市场是跌市，持相反理论去入市，都将会一败涂地。

只有随势操作，才能在市场中赚到钱。因此，我们必须等待趋势出现才进场。这表示，我们应跳上正在移动的市场。

——韦尔德

忘记便宜二字，忘记昂贵二字。市场绝不会涨到不能买进，也不会跌到不能卖出的地步。

——韦尔德

 内容解读

1. 三条线索——准确把握入场时机

对于投资者来说，选择入场的时机十分重要，韦尔德认为，只要发现3种线索，就应该积极入市操作。

（1）突破，价格突破近期所有的高点，或者相反，跌破近期的所有低点。这2种表明市场有足够的力量在背后。如果横盘时间越长，越显著，那么越可靠。

（2）中长期趋势的改变。

（3）缺口出现或者当日价差很大，说明沉闷的市场已经苏醒。

当市场中出现这3种信号，亚当理论就进场操作。韦尔德认为不要去预测底部和顶部，投资者根本没有那个能力去预测，亚当理论只去操作中间的利润。当然，这种观点其实是有一定缺陷的，因为在价格波动中经常会发生破高反跌，破低反涨。亚当理论是如何处理这个问题的呢？他们从最初就设立止损位置。他们利用对称，找到那个位置，把那个位置设立为止损位置。如果价格持续上涨，那么他们将根据亚当理论不断地把止损位设立到下一个对称的位置。这样子，他们无法赚到全部的利润，但是却安全地赚到50%。现在看来，这个止损的方式非常好。我们绝对不能给其他人说"本来我可以赚到更多，或者我少赚了几万块"之类的话。因此亚当理论这套系统在实战中，绝对非常实用，可以使你的账户不断地盈利。

2. 亚当理论的十大戒条

（1）一定要认识市场运作，认识市势，否则绝对不买卖。

（2）入市买卖时，应在落盘时立即定下止损价位。

（3）止损价位一到即要执行，不可以随便更改，调低止损位。

（4）入市看错，不宜一错再错，手风不顺者要离，再冷静分析检讨。

（5）入市看错，只可止损，不可一路加注平均价位，否则可能越蚀越多。

（6）切勿看错市而不肯认输，越错越深。

（7）每一种分析工具都并非完善，一样会有出错机会。

（8）市升买升，市跌买跌，顺势而行。

（9）切勿妄自推测升到或跌到哪个价位才是尽，浪顶浪底最难测，不如顺势而行。

（10）看错市，一旦蚀10%就一定要立刻止蚀，重新来过，不要蚀本超过10%，否则再追翻就很困难。

3. 10个要点——亚当理论的应用守则

（1）赔钱的部位绝不要加码或"摊平"。如果你操作的是赚钱的部位，那么在那个时点你是对的。如果你操作的是赔钱的部位，那么在那个时点你是错的。如果你错的话，那么唯一的问题是，"你会错多久？"唯一的答案是你会错到部位转为赚钱，或直到停损触发为止。事情就是这么简单。如果你已经错了，只有2种做法使你错得比目前更离谱。其一是增加错误的部位，其二在守则3中说明。

（2）在开始操作或加码时，绝不能不同时设停损，以便在你万一差错时，你能出场。在你开始操作之前，先决定你愿意错多久。这句话的另一种说法是："这笔操作我愿意赔多少钱？"在你进场之前，必须作这个决定，因为只有在进场之前才能作出客观的决定。一旦你处在市场之中，你就不再是客观的了，期望跟你冷静而计算妥当的客观性相互缠斗。这世界上绝没有精神上的停损这回事。除非把停损放进市场中，否则停损就不算是停损。

（3）除非是朝操作所要的方向，否则绝不取消或移动停损。你会想朝操作反方向移动停损的唯一时刻，是操作部位亏损，而且市场对你不利，根据定义，这时你是错的。你会错得用更离谱的第二种方式，即是移动停损，导致你操作赔更多钱。请记住，你最后一次真正客观的时候是在进场之前决定停损的时候。如果你移动停损，那么期待之情便完全压制住你冷静且算计妥当的客观性，而且你不再是个理性的操作者。恐惧可以发挥很好的效用，贪婪可以构成障碍，但期待之情一旦占上风，却会使人万劫不复。

（4）绝不让合理的小损失演变成一发不可收拾的大损失。情况不对，立即退场，留得青山在，不怕没柴烧。

只要有一次不遵守这十大守则中任何一条，万劫不复的亏损都可能发生，只要一次。墨菲定律几乎可以保证，只要你有一次"犯规"那么就是这一次，市场会严重烧伤你。但别因此而怪墨菲定律。真正的答案是，市场是个强敌，是在竞技场中与你搏斗的勇士。跟真正的斗士一样，你一犯错，它就会乘虚而入。只要你松懈一次，它就会攻击你脆弱的部位，让你血流如注。许多优秀的操作者日进日出，严守纪律，时时保持警觉。然而突然有那么一次，他们肯定自己是对的时候，而违反其中一条守则，丢下警戒，开始期待，然后就是血流如注。短短几天内赔掉的，可能比一年赚的还多。

（5）一笔操作，或任何一天，不要让自己亏掉操作资金的10%以上。

恪守以上4项守则，仍可能收到赔钱。由于部位很多，即使停损点很接近，许多或所有部位对你不利，一天之内，你仍可能赔掉操作资金的10%以上。由于部位太多，所以这种事情可能发生。有时候，你买的所有东西都齐步下跌，你卖的每样东西都并肩上扬。请记住，操作应该是一件乐事。为了享受乐趣，任何时刻都不要冒亏大钱的险。

（6）别去抓头部和底部，让市场把它们抓出来。亚当理论永远抓不准头部和底部，想去抓的人也抓不准。但是头部和底部终于出现时，亚当理论只会错一次。

多少操作者之所以想抓头部和底部，原因是自负和贪婪。抓住头部和底部，准确的概率比玩吃角子老虎机还差。每个人都知道这种事。你的敌人也知道这种事，他偶尔会让你抓准1~2次头部和底部，好让你上瘾，继续做这种事。这是种自负的旅程，好让你能告诉朋友：由于你敏锐地研判市场，你在低档买进了，这全是自负心里在作祟。你曾经有多少次买到最低点，而且真的抱着，直到最高点才脱手？为什么不只等反转确立呢？为什么要丢掉确立之前的所有利润呢？这全是贪婪在作祟。你有多少次因为不肯等候而赔了钱？即使你恪遵前面的所有守则，但不顾这条守则，你仍然会赔钱。

（7）别挡在列车前面。如果市场往某个方向爆炸性发展，千万别逆市操作，除非有强烈的证据，显示反转也已发生（请注意，是已经发生，而不是将发生或应发生）。

超买的市场绝没有不能再涨的理由。超卖的市场绝没有不能再向下的理由。这是敌人喜欢布置的陷阱。把一张非常具有方向性的市场图拿给5岁的小孩看，问他明天要站市场的哪一边。这位小孩根本不懂什么叫买超、卖超，什么叫支撑、阻力，更别提更高深的技术分析。他不知道是曾经涨得多高，曾经跌得多低。他对什么叫基本面一无所知。他没有操作者背景和经验。那么他会怎么告诉你，说他要站在市场的那一边？这就是那么简单。别站在列车前面……要么就坐上去。

（8）保持弹性。记住你可能会错，亚当理论可能会错，世界上任何事情可能偶尔出差错。记住亚当理论所说的是概率很高的事，而不是绝对肯定的事。

做对的次数愈多就愈容易失去弹性。你连续赚六七笔操作之后，这时你难免洋洋自得，使做法失去弹性。这就是你的大敌（也就是市场）等候你这么做的时候。它会跟你要回以前所赚的钱，永远记住：你所处理的是或然率，而不是绝对值。

（9）操作不顺时，不妨收手休息。如果你一再发生亏损，请退场到别的地方去度假，让你的情绪冷静下来，等头脑变得清醒再说。

多数操作者之所以会赔钱，其中一个理由是，不受约束的途径走起来最轻松。当你的财产值刚刚暴跌时，要放手一段时间是件相当难的事。这种时候来临时人们往往会坚守城池，奋战到底，直到反败为胜才休息。你不愿承认自己最近所做的每件事都错了。你会告诉你自己，战斗还没有结束，这只是一时的挫败而已。以前你也曾经迅速扭转乾坤，这次你可以再来一次。现在就放手不等于承认失败，而且从头再来时，本钱会少很多。敌人喜欢跟有这种心态的操作者玩游戏。现在，操作者处于劣势。由于操作者受到很大的压力，必须迅速反败为胜，所以他比较难以保持客观的态度。他会冒平常时候自己不肯冒的险。现在他非常可能舍弃十大守则中的一些守则。不管操作者自己有没有想到，他现在的心态不是真的相信自己会赢，而是希望自己能赢。在这种情况下，很难要他缩手、度假、承认失败。但这是极少操作者能赢的理由之一。

（10）问问你自己，你全身从里到外是不是真的想从市场中赚一笔钱，并仔细听一些你自己的答案。有些人心里渴望着赔钱，也有些人只是想找件事做。"认清自己。"

如果你在市场上操作的真正的理由是想赚钱，那么迟早你会知道，一个人能不能从市场上赚钱，取决于他有没有遵守这十大守则。至于他赚多少钱，则取决于他进场和退场的方法。如果你从里到外问自己这个问题，并仔细倾听答案的话，你将了解这十大守则的价值。你将了解，你不会只因为使用亚当理论或其他任何方法，就可以成为赢家。亚当理论只是给你一个进场的理由。这个理由是：市场有很高的概率，往某个特定方向移动一段时间。除非你所有的操作都依据这十大守则，否则亚当理论或其他任何方法，都不会准到让你不断赚钱。当你懂了这一点，你就会在市场上赚不少的钱。

4. 实战应用——亚当理论的实战策略

（1）在介入投机市场前，一定要认清该市场的趋势是上升还是下跌，在升市中主要以做多为主，在跌市中则以卖空为主。切记买卖方向不要做错，即在升市做空、跌市买涨是最愚蠢而且相当危险的。

（2）买入后遇跌，卖出后却升，就应该警惕是否看错大势，看错就要认错，及早投降,不要和大势为敌。不要固执己见,要承认自己看错方向,及早认识错误则可将损失减到较少的程度。在未买卖之前,一定要订立停损点,并且不随意更改既定的停损点。切忌寻找各种借口为自己的错误看法辩护,因为那样只会使自己深陷泥潭,损失更大。在投机市场中,不要把面子看得太重,看重脸面则损失票面。

(3)抛弃迷信技术分析指标或工具的做法。各种技术分析、技术指标均有缺陷,过于依赖这些技术分析指标的所谓买卖信号,有可能使资金遭遇被套的危险,那些相反理论买入法或马丁基的加码法教人越跌越买并不是好的投资理论和方法,这些做法坚决摒弃。

记住,我们所求的无非是每天赚钱。我们不希望只运用亚当理论于任何市场,而是想运用他在发生某种情形的市场中操作。我们之所以知道市场正在做某些事,是因为他们已经在做某些事了。有时候,你会见到这些线索出现,然后无疾而终,让你赔了些小钱。我们早知道,这是必要的费用……相当于保险费,但你会发现,假使你有耐心,而且慎选进场时机,你会使每天赚的钱达到最高水准。

拓展阅读

关于亚当理论的由来,韦尔德讲述了这样一个故事:

"1983年秋,一位名叫威廉·史洛门的人打电话给我,这位仁兄我素来不认识。史洛门告诉我,他发现了市场的原理,愿意以高价出售。他说,如果我到芝加哥,他会展现给我看。我曾经接到无数这类的电话,以往这种情形都是无的放矢,因此我问了史洛门几个相关的问题。史洛门似乎真的发现了预测市场未来走势的方法……也就是,下一个高点和低点可能发生的时间。很明显,这套方法并不是根据市场上的知名方法如江恩理论、艾略特波浪理论或是其他理论衍生而来的。"

"我问史洛门,我如何知道他要卖给我的东西具有价值。他说,如果我去芝加哥,他会展示给我看,之后我再决定要不要买。我十足受到诱惑,因此决定冒个险,买张机票到芝加哥一趟。"

"到了芝加哥,史洛门将他的发现展示给我,这套方法的名称叫作三角洲理论。史洛门发现的是所有市场存在的完美秩序。了解这个秩序,便能准确预测市场未来长期走势。"

"而且，方法非常简单……不必用到数学……更有甚者，以前根本就没有人发现。"

"我付给史洛门一大笔钱，而他要求付现，之后我便搭晚上班机飞回到格林斯巴诺。我花了6个月时间证明，三角洲理论在回溯几年前的资料时，是否应用恰当。我也应用到其他多种市场。研究完成后，我发现三角洲理论在应用到以前和现在的资料时，都十分准确，不管采取的资料时段的长短，对理论的准确性毫无影响。"

"1985年，我创办三角洲国际学社。这个学社的成员可以分享三角洲理论预测的市场未来反转点资料。这项资料在公元2000年之前可以随时取得。"

"前面所记述的事情，是我下文所要叙述故事的背景资料。其实，没有上述背景资料，下面所要陈述的一切可能会被认为纯属无稽之谈……或者说，你会认为我是个不折不扣的白痴。"

"1985年春，在完成三角洲理论的研究工作后，我邀请史洛门到格林斯巴诺评估我所做的工作。相处1周后，史洛门又说出另一段惊人的话。他说，三角洲理论所要回答的问题是，市场有没有秩序存在？最近我提出另一个问题。问题是：在市场操作要如何才能真正赚到钱？换句话说，要在市场上操作成功的基本原则是什么。而有意无意应用这些原则的人，都能在市场上大举成功。这是个不同的问题。"

"几个月后，史洛门说：要以100万美元的价格出售。我回答说，我要考虑一下。"

"史洛门是个什么样的人呢？他天资聪慧。智商在高中时代就表现突出，在全美举办的数学测验中曾经拔得头筹，也曾经获得全国资优学生奖学金到普林斯顿大学研习数学以及物理等特殊课程。"

"自从上大学以来，史洛门便完成了多项工作，寻求自我满足。他开始进入公司工作，也成为非常成功的企业界人士，但是却越来越觉得损失了什么。他写过小说，也在哥伦比亚大学研习过导演电影。他曾经干过股票营业员，也做过一阵子的商品操作者，但是因为志趣不合，而辞掉了这份工作。最近，他一直在实验运用观察让事物明朗化的工作。"

"史洛门拥有极不寻常的能力，能以全新的方式探索问题。他可以完全忘记或搁置他对某个题目的知识，并且在不受影响的情况下，找出真正的答案。其实，这也就是他能够发现三角洲理论的唯一方式。"

33 《投资者的未来》

杰里米·西格尔

 经典速读

杰里米·西格尔是世界顶级的投资、金融专家之一。1999年,他在《华尔街日报》上发表的一篇警示网络股票的文章,引起了网络股票价格的大幅下跌,也引起了沃伦·巴菲特的关注,这为西格尔带来了进一步研究的动力,并最终促成了《投资者的未来》一书的完成。《投资者的未来》可以说是一本与众不同的投资指南,它视角独特、结论有力,为那些力图在长期成为赢家的投资者提供了一个选择股票的框架。作者摒弃了比较流行的"价值"投资策略和"增长"投资策略,从价值的来源考察投资策略,在强调"估值"重要性的同时,分析了投资者对高速成长产业预期过高的心理,认为快速成长产业并不适合长期投资,最后预测"婴儿潮""人口老龄化"等社会问题将如何影响金融市场,为投资者调整其投资组合配置提供了意见。不仅如此,作者还根据投资收益率历史数据,从历史的角度纵向比较美国数十年来各个产业的投资收益率,从全球化的角度横向比较同一时期不同国家和不同投资工具的投资收益率,使得本书结论更加具有说服力。

杰里米·西格尔为我们完成了一项杰出的工作。尽管没有人可以准确预知股票的未来,但西格尔的分析无疑为历史作出了裁断:长期持有胜过迅速换手,投资胜过投机,建设胜过赌博。有力的结论、出色的文笔以及令人耳目一新的观点使得这本书成为一本重要的必读经典。

——吉姆·柯林斯

杰里米·西格尔的新书远不止是一本典型的"西格尔式"的资产配置指导。这本书精湛、诱人、案例充分、通俗易懂且又不乏创造力,帮助人们找到带来丰厚利润的股票选择策略。即使是最圆滑老练的投资者也会从西格尔的新书中汲取营养。

——彼得·伯恩斯坦

杰里米·西格尔是个睿智的人,也是瞬息万变的投资领域敏锐的观察者。对于那些想在新时代遨游的职业投资者和严肃的业余投资者来说,《投资者的未来》必不可少。

——巴顿·比格斯

 内容解读

1. 投资反思——投资者应牢记的教训

通过对过去半个世纪的美国股市作的大量的研究和反思,杰里米·西格尔为投资者总结了十分宝贵的经验教训。

(1)指数投资的短板:从 1957 年标准普尔 500 指数诞生以来,陆续加入到这个指数中的超过 900 家新公司,平均投资收益比不上最初就在该指数上的 500 家原始公司。如果投资者将投资成败系于指数,不断用快速成长的新公司取代指数中增长缓慢的老公司,这反而会使回报降低。

(2)增长率的陷阱:和我们的直觉正好相反,投资高成长的新兴产业、公司或者国家并不能带来投资的高回报。因为投资者会掉进"增长率陷阱",为创新和美好前景付出了过高的价格。

(3)投资者收益的基本原理:股票的长期收益并不依赖于实际的利润增长情况,而是取决于实际的利润增长与投资者预期的利润增长之间的差异。例如,投资者因为法律方面的潜在阻力对菲利普·莫里斯公司前景抱有较低的预期,但实际上它仍然保持了较快的增长速度。"较低的市场预期、较高的增长率和股利率,这三者为高收益率的形成创造了完美的条件。"

(4)历久弥坚的胜利:历久弥坚的老股票战胜了勇猛进取的后来者。投资回报表现最好的公司来自拥有知名品牌的日常消费品行业和制药行业。印证了巴菲特的观察:"那些被又宽又深的壕沟保护着的产品或服务才能带给投资者最好的收益。"这就是作者所谓的"旗舰企业",它们有3个基本特征：略高于平均水平的市盈率；与平均水平持平的股利率；远高于平均水平的长期利润增长率。表现最好的股票中没有一只平均市盈率超过27倍。

（5）IPO的糟糕表现：首次公开发行的股票中失败者远远超过成功者，不仅回报低于老股票，而且风险更大。既然"老的"总比"新的"表现出色，为什么当初"新的"还要被创造出来呢？原因很简单：对于企业家、风险投资家及投资银行家来说，新公司能够创造出巨大的利润。但是对于怀着热切希望捕捉机会的投资者而言，却为这些驱动经济前进的公司付出了过高的价格。正如格雷厄姆所言："大多数新发行的股票都在适宜的市场条件下销售——对股票销售者适宜意味着对购买者不那么适宜。"

（6）科技的二重性：传统投资理念认为，投资者通过购买带来新产品新发明的科技公司股票，自己的财富就可以伴随这些伟大公司的发展而增长。然而这个观点是错误的，经济增长和利润增长是两码事。事实上，科技是生产力的创造者和价值的毁灭者。最典型的例子是1999—2003年，由于光纤技术的快速进步，导致电信业严重供过于求，电信公司被迫大幅降价，对利润造成严重伤害，三家电信巨头和其余113家电信公司陆续破产，以致一位企业家疾呼："你们这些家伙必须停止发明新技术了！"

（7）股利再投资的妙用：熊市保护伞和收益加速器。在过去10年中，股利被轻视，因为投资者更注重资本利得，认为放弃股利让公司再投资能带来更高的回报。但是股票收益的历史揭示了现金股利的重要性。在熊市中，通过再投资股利积累更多的股份能够缓和投资组合价值的下降，所以是"熊市保护伞"；当股价上涨时，这些额外的股份能够大幅度提高未来收益，所以再投资股利还是"收益加速器"。此外，一般来讲，股东目标和管理层目标有着很大不同，除非把股利交给像巴菲特这样的能够合理分配资本的管理者，否则把利润以股利的形式交给投资者会降低管理层浪费股东财富的可能性。

2. 人口危机的挑战——人口结构变化对股票市场的影响

西格尔认为，当人口结构达到拥有最强消费能力的阶段，股票牛市将达到巅峰，而在这之后将会崩盘，因为大量人口将加入退休者行列。这就引出了一个问题，如果以中国为代表的国家也出现同样的老龄化问题时，世界经济将会是怎样？

西格尔注重长期历史数据的收集和研究，并得出了一个非常重要的结论——"西格尔常量"：从1802年开始，在扣除通货膨胀之后，充分分散化了的普通股投资组合具有 6.5%~7% 的年收益率。通过调查研究，西格尔得出来这样的结论，尽管过去 2 个世纪里社会发生了巨大的变化，然而股票长期收益却是惊人的稳定，而且这个收益率相比其他金融资产拥有巨大的优势。在整个 200 年里，债券的年平均实际收益率是 3.5%，仅为股票收益率的一半；票据和其他短期货币市场资产为 2.9%，而在除去通货膨胀之后，黄金仅仅有 0.1% 的收益率。具有惊人持续性的"西格尔常量"足以成为股票长期投资的基石。然而过去仅仅是个序幕吗？在即将到来的老龄化浪潮的冲击下，股权的优势将被破坏掉吗？婴儿潮时期出生的人们在不久将开始出售其股票和债券，"卖掉？卖给谁？"谁将是婴儿潮一代人在过去几十年里积累的上万亿美元资产的购买者呢？这个问题困扰着发达国家的专家学者、政府首脑和投资者。越来越多的悲观论者宣扬经济和金融危机的来临。

西格尔给出了他自己的对策——全球化解决方案：中国、印度等发展中国家的年轻人将是那些生产商品和购买退休资产的人。这些国家经济的成功不仅对它们自己的人民有利，而且对发达国家社会的持续繁荣也非常重要。为此，必须鼓励自由贸易，消除关税壁垒，促进国外直接投资以及扩大全球经济一体化。

3. 长期投资个股确定——寻找优秀个股的原则

西格尔通过对标准普尔 500 指数整个历史的剖析，揭示了挑选值得长期投资的优秀个股的基本原则。

（1）对投资者而言，表现最好的公司来自拥有知名品牌的日常消费品行业和制药行业。西格尔通过对 1957—2003 年标准普尔 500 指数成分股的数据分析，找出了长期投资中成为赢家的 3 个部门，它们是卫生保健部门、日常消费品部门和能源部门。前两者占据了标准普尔 500 指数 20 家最佳幸存公司 90% 的名额。

（2）寻找伟大公司，首先要理解投资者收益的基本原理。西格尔得出的投资者收益的基本原理：股票的长期收益并不依赖于实际的利润增长情况，而是取决于实际的利润增长与投资者预期的利润增长之间存在的差异。投资者对于增长的不懈追求——寻找激动人心的高新技术、购买热门股票、追逐扩张产业、投资于快速发展的国家，常常带给投资者糟糕的回报（西格尔教授称之为"增长率陷阱"）。显然，增长率陷阱是投资者通向投资成功之路上最难逾越的一道障碍。

（3）大部分表现最好的公司特征：略高于平均水平的市盈率；与平均水平持平的股利率；远高于平均水平的长期利润增长率。

（4）表现最好的股票名单中找不到科技或电信类公司的名字。

（5）投资市盈率最低的股票，投资于增长预期较温和的股票的投资组合，远远强过投资高价格、高预期股票的投资组合。

（6）准备好为好股票掏钱，不过要记住没有什么东西值得"在任何价格下买入"。

4. 价值投资精髓——买入价够便宜

价值投资的获利基础是什么呢？西格尔一语道破天机：买入价位够低的股票。要知道，增长率并不能单独决定一只股票长期收益的高低，只有当增长率超过投资者对股价过于乐观的预期时，高收益率才能实现。根据这个原理，只要真实的利润增长率超过了市场预期的水平，投资者就能赢得高额收益。

投资者对增长率的期望都体现在股票价格之中，市盈率是衡量市场预期水平的最好指标。高市盈率意味着投资者预期该公司的利润增长率会高于市场平均水平。

西格尔在书中指出，记住，不管泡沫是否存在，定价永远是重要的。那些为了追求增长率舍得付出任何代价的人，最终将会被市场狠狠地惩罚。定价如此重要的原因之一，是它影响到股利的再投资。股利的再投资是长期股票投资获利的关键因素。股利的再投资策略将会是你的"熊市保护伞"和牛市中的"收益加速器"。

总之，如果只用一个词来描述价值投资的精髓，那就是"安全边际"这个词。而西格尔教授"定价永远是重要的"忠告，正好说明了《投资者的未来》用历史数据验证了价值投资的精髓。

5. 告别泡沫陷阱——发现并规避市场狂热风潮

西格尔认为投资的泡沫将会给投资者带来极大损失，因此西格尔特别提醒投资者学会鉴别泡沫形成的典型症状，看到事情的真相。

识别泡沫现象的因素：广泛且迅速升温的媒体报道；缺乏利润甚至收入方面的依据，只是建立在一些概念和名号上基础上的高得出奇的定价；以及世界已经发生根本性的改变因此某些公司不能再按照传统方法进行评估的观念。若你发现了，你最好早些远离它。

一般认为，投资泡沫不可能持续太长时间，但事实上，很多泡沫持续的时间都比我们预想的要长得多，既然我们不能预知泡沫破灭的时间，那就看我们能否在泡沫破灭前卖掉自己的股票。当你判定一个泡沫以后，立即停止向这个泡沫中的公司或者产业中投资，若你的股票正处于市场狂热中，那就迅速将股票抛出将利润转化成现金,不要再回头看。你所卖出的股票在崩溃之前也许还会大幅升值,不过从长远看,你的做法是正确的。

在这方面,西格尔给投资者以下几个重要的忠告。

忠告一:定价至关重要,买进时把握市盈率。

忠告二:不要和你买入的股票谈恋爱。保持客观,基本面不足以支持股票价格的合理性,不论你多么乐观,不论你在该股上赚了多少赔了多少,你都应该立即卖出。

忠告三:当心庞大却不知名的公司。泡沫形成的另外一个标志是默默无闻的公司被冠以巨大的价值,一个典型的例子就是思科。

忠告四:避免3位数的市盈率。

最后,西格尔告诫那些心存幻想的投资者,在泡沫里卖空是极危险的做法,因为你的资金不能坚持到泡沫破灭的那一刻,你就立即成为最大输家。

6. 产业特征辨别——长期投资者的基本功

对于长期投资者而言,一定要能够把握不同产业在投资方面的特点。

全球产业分类标准把美国和世界经济分成10个部门:材料、工业、能源、公用事业、电信服务、非必需消费品、日常消费品、卫生保健、金融及信息技术。

投资的基本原则:不要购买"市盈率远远高于市场总体水平"的股票,尤其是大盘股。

金融和卫生保健部门:扩张的产业,前者收益率低,后者收益率相当高。

科技类公司的股票价格总是很高。

日常消费品:食物、饮料、香烟、肥皂、日常卫生品和杂货。这类产业的稳定性较强。

非必需消费品部门:汽车、饭店、百货商店和娱乐。这类容易经历动荡,难以培养忠诚客户。

工业部门:大型工业集团、交通运输公司和国防企业。

投资者往往认为,新兴的工业部门收益都不会太差,而老式的工业则容易受到冲击,但美国铁路业给投资者上了重要的一课:一个长期下滑的行业也可以向股东提供出色的收益率。在市场预期如此悲观的情况下,如果公司能止住下滑并赢取利润,特别是如果管理层能支付股利,那么投资这家公司股票的未来收益将十分可观。30年前,又有谁会想到萧条的铁路业能够带给投资者如此丰厚的回报,而蓬勃的航空业会做得如此之差呢?

材料部门:由生产诸如化学品、钢铁和纸张等基本材料的制造企业组成。

这个部门经历了最严重的萎缩,带给投资者的收益也最低。

电信部门:和 20 世纪 80 年代的能源部门以及 20 世纪 90 年代末的科技部门一样,过于乐观的预期在电信行业繁荣时期催生出许多新公司,而这些新公司随后的表现并不尽如人意。

公用事业部门:这个部门市场会不断萎缩,但会拥有很高的股利率,长期投资会是不错选择,但要保证他们在新环境中运营地足够长。

部门投资策略:长期中最能成为赢家的 3 个部门,它们是卫生保健部、日常消费品部门和能源部门。

拓展阅读

作为沃顿商学院年薪最高的教授、美联储和华尔街优秀投资机构的顾问,杰里米·西格尔常被称为这个世界上顶尖的经济学家之一。西格尔长了一副天才的模样,擅长表演,具备成为明星的一切特质:表情丰富、语速飞快,他无法保持自己的某一个动作、表情超过 3 秒钟。在他身上有一种极具煽动性的气质,只要他愿意,他可以轻易地迷倒站在他面前的所有人,成为全场的焦点。

1999 年,他在《华尔街日报》上发表了一篇警示网络股票的文章——《网络股票现在是否被高估了》。

在文章中,西格尔以美国时代华纳为例,来说明网络股并不值得投资者投入那么多钱——即使时代华纳在美国公司排行榜上位于前列。他指出,时代华纳的市盈率已经达到了 400,而过去 45 年里的平均市盈率不过 17。

文章一出,就引起了网络股价格的大幅下跌。时代华纳股票下跌 17%,市值蒸发了 22 亿美元,其他网络股也都下跌了差不多 17%。

"第二天,我的信箱塞满了憎恨的邮件。"西格尔笑了起来,"就好像发件人在地狱一样。"有人在邮件中质问他:"你无缘无故让我损失了 14 000 美元!你是因为没有买到便宜的股票而嫉妒吗?"还有人在邮件里称他为"恐龙""疯子",说他"对先进的商业模式毫不理解",并希望他"很快就会从亲爱的老沃顿退休,或者滚到农场去——不论哪一个先来都可以"。

这些邮件并没有吓倒西格尔。"当时,我担心这么高的股价会带来很低的收益。股票价格越来越高，越来越高……接着……"西格尔瞪大了眼睛，举起双手，用舌头弹出一个爆破音，"这种担忧让我忍不住想劝说他们卖出手头的股票，当价格回落时再重新进入市场。"

几天后，巴菲特接受西格尔的邀请去沃顿进行演讲。在回答一个关于网络股的问题时，巴菲特建议大家去读一读西格尔前几天在《华尔街日报》上的文章。那一次，是巴菲特第一次公开支持西格尔。这也是市场首次用如此不一般的方式证明西格尔巨大的影响力。

34 《对冲基金风云录》

巴顿·比格斯

 经典速读

《对冲基金风云录》是投资书籍中最富有启发性的作品之一。书中的主人公是华尔街上执著专注的投资人士,他们是一群奇特、危险而迷人的家伙,在投资生存战中弱肉强食。作者讲述了一段又一段投资冒险与个人奋斗的经历,展示了投资家们形形色色的生活方式和经营手法,在他们身上,华尔街浓厚的商业文化、深邃的生存之道被演绎得出神入化。

本书的作者为巴顿·比格斯,这位与索罗斯、朱利安等齐名的华尔街传奇投资家与金融大师,以印象派的笔法描绘了一群专业投资者的生涯,展现了这个充满激烈竞争的投资世界带给人们的悲喜。

巴顿·比格斯在摩根士丹利工作了 30 年,曾任该公司的首席战略官。在此期间,他创立了摩根士丹利的研究部,并使之成为世界上最优秀的投行研究部门。他还曾一手创办公司的投资管理业务部,并担任其主席达 30 年之久。到 20 世纪 90 年代中期,摩根士丹利投资管理部每年赢得的新客户超过任何竞争对手。2003 年 6 月,比格斯离开摩根士丹利,与 2 位同事共同发起了 Traxis 合伙基金,那是 2003 年规模最大的新发对冲基金。如今,Traxis 管理的资金超过 10 亿美元。

与其他的华尔街人士相比,巴顿·比格斯在描绘市场时更有品位、更清晰,也更富有见地。他的新书《对冲基金风云录》不仅为我们带来大量宝贵的投资经验，也提供了令人兴趣盎然的阅读享受。

——大卫·F·史文森 耶鲁大学首席投资官

自从科技股泡沫的辉煌时代以来，投资已经变成了一项危险的工作。经营对冲基金更是如此。在《对冲基金风云录》中，比格斯透视了这些每天决定巨额资金投向的对冲基金人士的性格和心理。这是一部出色的作品，它充满了趣闻逸事，也呈现了一个绝对内部人士的见解。建议你们在读完本书之前，先别把钱交给华尔街上的任何人。

——安迪森·维金 著名金融专栏作家、评论员

内容解读

1. 投资之道——投资者必不可少的修炼

比格斯认为，投资者散户要在市场中获利，就一定要加强自身的投资技能与心理素质。

（1）所有的投资，心态永远比技术要重要。如果你没有准备好那焦灼的心理煎熬，那么最好尽早结束你疯狂的投资。

（2）最好是用自己的钱去投资，特别是当你逆势操作的时候，市场往往和你作对，"市场非理性的时间，往往超过你的忍耐程度"。只有自己的钱，才能彻底由自己做主。而且千万不要用身家性命银子去冲入资本市场，投资最终是为了生活，不能让生活变成投资。人是英雄钱是胆，这话真的没错。就如书中一个热爱投资、热爱科技板块的青年人，离开大摩去创办自己的对冲基金，比格斯劝他多干几年积累经验、积累财富后再走，他还是坚持要走。虽然作者对他很欣赏，并作为投资人投资这个青年人开创的对冲基金，但是3年后，青年人还是无奈地关闭了基金，没赔钱，但也没赚多少，因为头几个月亏钱的经历让他蒙受了巨大的心理阴影，太重的精神压力让他无法正常工作。

（3）投资之道永远记得留出空余量，满打满算总有一天会让你手足无措。其实说简单点，就是风险控制、资金管理同样很重要。比格斯自己掌管的对冲基金成立初期看空石油，其实是看对了，但期间石油价格数度反弹，他们的水平真的很高，又反手做多来对冲，在石油冲高过程中出了多头仓位，剩下的空头暴露更大了，其实离胜利只有一步之遥了，但在客户的怀疑中（客户撤离资

金逼迫你要不平仓要不扩大该头寸比例），他们也只能认亏出局，最后亏损了总盘子的 2%。亏损不算多，但问题的核心是，和许多客户的融洽关系很难再回到以前。

2. 对冲基金竞争——一场没有硝烟的战争

对冲基金竞争的残忍性，在同行们看来是一个什么样子呢？此部书第一章"投资精英的晚餐会——闯进刺猬丛"告诉我们，同行眼中的对冲基金已经到了自相残杀的地步。投资精英聚餐，可不像夜晚灯光那般温馨，天花乱坠的发言，说不定就是陷阱；晚餐也许就是鸿门宴。

为什么对冲基金会发展到自相残杀的地步呢？原因在于市场机会有限，对冲基金交易策略出现了泡沫现象。作者举例说，不久前一些股市套利型的特定对冲基金还很罕见，市场还不能有效定价，很偶然的原因使得这些基金获得很高回报，但很快大量投资资本和新基金蜂拥而至，结果是市场的定价更有效，高收益现象消失了。这种情形就像更多强壮的马在同一个池里喝水，所有马分到的水就少了。追着市场热点的尾巴跑必将失败，同业间自然就变成比速度的赛跑了。

尽管对冲基金不被一些同行看好，但巴顿·比格斯与许多有志者一样没有选择退却，2002 年年底至 2003 年年初，他与 2 个朋友一起发起了名叫"Traxis"的对冲基金。他是这样认识对冲基金的："那是世界上最好的游戏，我喜欢在这种游戏里竞争。"

是否是最好的游戏，仁智互见，因人而异，但说是勇者的游戏大概不会有异议。对冲基金行业间残酷竞争如两军对垒，勇者胜。巴顿·比格斯愿意做这样的勇者。事实上，所有发起对冲基金的投资经理都算得上这样的勇者。

要真正成为一名成功的对冲基金经理，仅仅有"勇"是远远不够的，一些经验不够丰富、资历不够深的年轻经理人，常常是有"勇"而无谋，很快就被市场所淘汰。太多对冲基金倒闭的经验教训加深了巴顿·比格斯对对冲基金运作规律的认识。他谈到为何要选择在摩根士丹利工作了 30 年之后才发起对冲基金时说，这是一个唯一没有年龄优势的行业。做销售或经纪人，年轻是优势，作对冲基金经理不是，年轻会被淘汰上年纪也会被淘汰，这个行业只论成败不论资历和年龄。不过，巴顿·比格斯更倾向于认为，资历经验在对冲基金长期发展中非常重要。因为他很清楚，经历 20 世纪 70 年代前后的大熊市之后，连 A·W·琼斯这样的公司都不能存活下来——此前的对冲基金有一个明显的特点是，经理人大多是年轻人，他们的风光已被后来的乔治·索罗斯、朱利安·罗伯特等人抢去，新一代热门人物年纪多在 40 岁以上。

发起对冲基金可否视为巴顿·比格斯一生的梦想？答案是肯定的。他讲述了自己的从业经历：接受父亲投资教育，当分析师，成立合伙公司，进入摩根士丹利投资管理部，最后发起对冲基金。这个过程有一定必然性，说明一个梦想的实现是漫长而艰苦的。对于一些人离开大公司另立门户的这种现象，巴顿·比格斯如此解释：金钱只是人们离开的部分原因，最重要的原因还是另立门户自己做主的愿望。

3. 管理机制——对冲基金的运作

发起一家对冲基金和成功地经营一家对冲基金是完全不同的两码事。发起一家对冲基金就像成立一家小企业那样简单，注册，找一个办公场地，招聘包括分析师、交易员在内的几个人，做公关宣传、筹募资金后就基本上大功告成了。然而成功经营一家对冲基金就不那么简单了，它有一些细节方面的要求，如发起时机是否恰当直接影响到募集资金规模，又如关键期是否能顺利度过等；它还有一些根本性要求，如基金管理者是否是真正的投资人而不是商人，真正的投资人即基金经理，始终是确保基金成功经营的根本。

对投资者来说，对冲基金是极其诱人的投资产品，它诱人的地方不外乎两方面：一方面是以专业投资人管理的对冲基金投资收益比较高。有研究表明，至 2000 年大牛市结束，美国标准普尔 500 指数在这轮大牛市行情中年均上涨 16%，美国股票型共同基金年均回报 13.8%，一般投资者只有 7%，而一些好的对冲基金回报高于共同基金，一般投资者投资对冲基金将获得专业投资人水准的收益。巴顿·比格斯在对冲基金路演时为投资者定下这样的回报目标：希望长期回报能够超过标准普尔 500 指数，而波动率可能会和标准普尔 500 指数不相上下。另一方面是灵活的赎回机制。投资者可以根据基金的业绩表现，及时赎回资金来回避风险。你可以在基金缩水严重的时候赎回，也可以在基金业绩大幅上涨后赎回。这种赎回机制对基金经理来说会有一定的压力——既有助于促进业绩稳定提高，也可能缩短基金的生命周期，不少对冲基金就是在投资者赎回风波中关闭的。

对冲基金收入来源主要有两方面：一方面是收取固定管理费，一方面是从管理的资金收益中提取 20% 的利润，有些对冲基金经理的资金可以作为基金一部分，享受投资人的待遇。不难想象，这样的奖励机制会给对冲基金经理带来怎样的丰厚收入。

对冲基金有一项"水位线"制度用以保障投资人的利益优先。如果哪一年对冲基金操作亏钱，不但当年没有利润分成，第二年赚钱也必须补回上年亏损后才有权提取利润。"水位线"是决定对冲基金能否分成的基本条件，执行这项制度对投资人来说才是公平的。

正如巴顿·比格斯所说，一些优秀人才纷纷发起对冲基金，钱的多少不是唯一考虑的因素，重要的是能自己做主。这涉及管理机制问题。对冲基金经理有很大的权力，可以自主决策。对于一个瞬息万变的市场来说，决策机制是否灵活是很重要的。一些好的对冲基金，其管理的资金收益高于大型投资管理公司，原因有多方面，而灵活有效的决策机制则是其中之一。与对冲基金比较，巴顿·比格斯认为，大公司容易滋生官僚主义，制约公司发展，它的一些不切合实际的管理制度限制公司发展，它的创新动力不足，集体决策常常导致投资失误。

大公司的弊端不仅在于机制，而且还在于它的经营管理者素质。当公司的管理者不再是创业者的时候，商人最有可能成为管理者，而商人只注重其管理资金的规模，不懂得或不想懂得如何创造出适当的环境为客户创造持续的高回报。只有真正的投资者管理的小型公司才能做到为客户着想，创造出持续的高回报。

4. 投资巨星——对冲基金经理人的竞争

对冲基金的魅力或成功的关键不在于它的机制，而在于对冲基金经理。如果单纯谈对冲基金机制特点，则这本书会索然无味，事实上，巴顿·比格斯着墨最多的还是对冲基金经理众生相，通过他们的理解感悟折射出行业特点，以及他们不同的行为方式、心理活动给基金运作带来的具体影响。

对冲基金的竞争某种程度上是基金经理人的竞争。基金经理人也称为投资人，巴顿·比格斯把投资人分为3类：少数投资巨星、一些优秀投资人和大量的"赶路者"。大量的对冲基金被淘汰，其主要原因是它们大都由大量的"赶路者"经营。只有那些投资巨星才能确保其经营的对冲基金在同业中脱颖而出，成为佼佼者。"千军易得，一将难求"讲的就是这个道理。投资巨星是怎样的一些人呢？

巴顿·比格斯说，投资巨星就是旧日的"马语者"。那些强健的骏马一般都比较有野性，但总还是有少数人能够安抚和制服它们，这些少数人就是"马语者"。没人知道他们是如何做到的，他们也从来不解释。他说，投资巨星们确实具有某种感知市场的魔力，他们在大多数情况下凭直觉作出正确的选择。巨星们用真谛和智慧滋养自己的头脑，能感知"近前"就要发生的事，这种能力也称为"天眼"。

我们能感知巨星们这种能力的存在,但却不知道这种能力从何而来,因此投资巨星是可遇不可求的。我们还可以从其他方面了解投资巨星与一般投资人的不同,那就是他们特殊的行为习惯或习性。巴顿·比格斯举了一些例子,杰克在管理时间方面非常理性,不让别人浪费他的时间,打断别人的谈话或挂断电话也是有名的;阿尔法是一个追求完美的人,投资上如此,打高尔夫球亦如此,尽管球艺不高,但他总是刻意打好,对打不好的球耿耿于怀,始终不能原谅自己。作者说,成功的大型对冲基金创始人无一例外地对下属都十分严厉、苛求。好心肠、好脾气,容许下属犯错的管理者最后都会被淘汰,这似乎成为了定律。

5. 散户的机会——把握基金本身的弱势

小散户如何在与基金的博弈中占据优势呢?根据比格斯的叙述,基金本身也存在麻烦,大致有以下几种。

(1)基金规模。为了提取更高的管理费和表现费绝对值,对冲基金不得不倾向于大力推销自己已获得更高的资产管理额(而不是通过复利逐步增值至高额资产),特别是当基金领导人具备很强的商业能力时,基金的主要精力可能放到揽财而非提高收益上面去,这就彻底地颠覆了基金和客户的利益趋同的激励机理。另一方面,客户的资金很可能是"笨钱",他们在市场低迷时不敢投资于基金,然而在市场表现旺盛时反而愿意投资,一旦投资,这些笨钱又立刻期望获得收益,导致基金管理者选时的能力被迫打了折扣。

(2)集体决策。为了避免出现个人头脑发热导致的投资失误,对冲基金公司可能会设立集体决策机制,而一团和气的集体决策将扼杀创新精神和与众不同的投资思路,悲哀的是,与众不同往往是取得博弈优势的重要开端。作者认为在集体决策中保持争论和质疑是必要的,"从我个人的经验来看,成功的集体决策实在不容易,公正就没有了效率,而成功的投资需要效率"。

(3)短期利益。基金排名是典型的短期利益激励,在数月落后的业绩排名面前,基金经理承受了大量本不应该承受的压力,这种排名来自与指数的赛跑,也来自和其他基金竞争者的比较;客户关心排名,基金公司的上层也往往同样关心排名。这种对短期表现的关心,不知道是否完全错误,但是无疑的,对短期表现的过度关心会严重妨碍投资理念的坚持和对长期价值的判断。个性化的投资方式一旦被抹杀,这种投资方式的所有者将会混乱不堪,表现不好也非常正常。

 拓展阅读

　　《对冲基金风云录》一书中讲了一例灵异事件的投资故事，比格斯将股市比喻为一只变幻无常的怪兽，与海洋、极地一样涌动着大自然神秘的力量，他的一位认识了20年的熟人，贾德森·托马斯，是华尔街一家二流研究交易公司的机构销售人员。贾德森·托马斯人近中年，业绩平庸，潦倒嗜酒，他所推荐的股票总是莫名其妙地完蛋，然而在一个二月的早晨，命运的钟摆改变了。贾德森·托马斯像往常一样买了一份《华尔街日报》，这是一份不一样的报纸，或者说，只是对他不一样的报纸，他从上面看到了未来一天的交易信息。对一位机构销售人员来说这意味着什么显而易见，他成了这一行的王牌，尽管大约每周只有一次机会拿到特刊，但这已足够让他成为华尔街最伟大的交易员。不过，他总是谨慎地使用这份"神示"，从未僭越，直接为自己进行交易。1年后，贾德森成就了辉煌，他成了明星，并且为哈德森公司带来大量业务，一家大型对冲基金邀请他去做首席交易员。哈德森公司的合伙人们及董事不知该怎么办，这家伙这么多年默默无闻，现在突然红得发紫，或许那些只是幻觉，若是如此，那贾德森的成功真的是很难的了。

　　同年6月，贾德森像往常一样坐上通往华尔街的火车，买了份《华尔街日报》，不知怎么的，从没心脏病史的贾德森突发心肌梗死昏迷，被人送往医院。第二天，贾德联系到巴顿，说一定要见他，巴顿赶到时，医生说他心脏停跳过60秒，现在仍然处于危险期。在和贾德森的谈话过程中，贾德森说他看到了下周三的C-2版，就在市场动态栏旁边的布告"哈德森公司沉痛宣布他们的挚友，高级经理贾德森去世"巴顿感到惊恐万分。到了下周三，巴顿买了份《华尔街日报》，果然在C-2版。

35 《专业投机原理》

维克多·斯波朗迪

 经典速读

维克多·斯波朗迪，专业证券操盘手，做了25年的基金管理人。RAND管理公司的投资管理人，是《华尔街日报》《巴伦财经》杂志关注的金融焦点人物。维克多被华尔街金融界人士戏称为"操盘手维克多"，同时被《巴伦财经》杂志誉为"华尔街的终结者"。他曾在华尔街创下了从1978年至1989年连续12年投资盈利，没有任何一年亏损的骄人战绩。

维克多进行市场预测的方法是：结合技术分析、统计方法和经济基本3种因素进行预测。看起来很简单，很多人也都常用这3种方式，但很少人能准确地预测。"不在于你知道多少，而在于你知道的内容的真实性和相关性"。"关键在于，一项陈述和一点知识，如何形成一系列的推理与结论"。这就是"重点思考原则"。大家看的是同样的技术图形、同样的统计数字，面临的是同样的经济基本面，为何维克多能看清方向，而你看不出来？推理过程不同，结论自然就不同。区别在于推理过程。

维克多·斯波朗迪是我见到过的最有天赋的投资管理人。我相信每一位投资经营者都能从他的书中学到有益的东西。别错过这本书。

——保罗·琼斯 TUDOR 投资公司

对于那些市场中经常得不到专家提示的人而言，维克多·斯波朗迪的书是一部投资者的圣经。

——约翰·斯威尼 《股票和商品技术分析》杂志总编

买一本维克多·斯波朗迪的书,反复地读。你就不会赔钱了!

——耶鲁·希斯

 ## 内容解读

1. 道氏理论的"定理"——斯波朗迪对道氏理论的理解

道氏理论的许多原理都蕴涵于华尔街和市场参与者的日常用语中,只不过一般人没有察觉而已。

(1)定理1:股票指数与任何市场都有3种趋势:短期趋势,持续数天至数个星期;中期趋势,持续数个星期至数个月;长期趋势,持续数个月至数年。在任何市场中,这3种趋势必然同时存在,彼此的方向可能相反。

定理1可以从以下几个方面理解:①长期趋势最为重要,也最容易被辨认、归类与了解。它是投资者主要的考虑因素,对投机者来说较为次要。②中期趋势对投资者来说较为次要,但却是投机者的主要考虑因素。如果中期趋势严重背离长期趋势,则被视为次级的折返走势或修正。次级折返走势必须谨慎评估,不可将其认为是长期趋势的改变。③短期趋势最难预测,唯有交易者才会随时考虑它。投机者与投资者仅在少数情况下,才会关心短期趋势:在短期趋势中寻找适当的买进或卖出时机,以追求最大的获利,或尽可能地减少损失。

斯波朗迪认为,对金融市场的参与者而言,以中期趋势作为准则应该是较为明智的选择。

(2)定理2:主要走势代表整体的基本趋势,通常被称为多头或空头市场,持续时间可能在1年以内,乃至数年之久。正确判断主要走势的方向,是投机行为成功与否的最重要因素。没有任何已知的方法可以预测主要走势的持续期限。

斯波朗迪认为了解长期趋势是成功投机或投资的最起码条件。有关主要趋势的幅度大小与期限长度,虽然没有明确的预测方法,但可以利用历史上的价格走势资料,以统计方法归纳主要趋势与次级的折返走势。

罗伯特·雷亚将道·琼斯指数30年的走势按类型、幅度大小与期限长度归类,其结果与1992年的资料两者之间几乎没有什么差异——驱动市场价格走势的心理性因素基本上相同。

(3)定理3:主要的空头市场是长期向下的走势,其间夹杂着重要的反弹。

它来自于各种不利的经济因素，唯有股票价格充分反映可能出现的最糟情况后，这种走势才会结束。空头市场会经历3个主要阶段：第一阶段，市场参与者不再期待股票可以维持过度膨胀的价格；第二阶段，卖压反映出经济状况与企业盈余的衰退；第三阶段，来自于健全股票的失望性卖压，不论价值如何，许多人都会急于对所持的一部分股票求现。

（4）定理4：主要的多头市场是一种整体性的上涨走势，其中夹杂着次级的折返走势，平均的持续期限长于2年。在此期限内，因为经济情况好转与投机活动转盛，所以投资性与投机性的需求增加，并因此推高股票价格。多头市场有3个阶段：第一阶段，人们对未来的景气恢复信心；第二阶段，股票对已知的公司盈余改善产生反应；第三阶段，投机热潮转炽而股价明显膨胀——这阶段的股价上涨是基于期待与希望的。

（5）定理5：次级折返走势是多头市场中重要的下跌走势，或空头市场中重要的上涨走势，持续的时间通常在3个星期至数个月。此期间内折返的幅度为前一个次级折返走势结束后主要走势幅度的33%~66%。次级折返走势经常被误认为是主要走势的改变，因为多头市场的初期走势显然可能只是空头市场的次级折返走势，相反的情况则会发生在多头市场出现顶部后。

斯波朗迪的研究与罗伯特·雷亚的看法基本一致。另外提出，价格的变动速度的特色，认为相对于主要趋势而言，次级折返走势有暴涨暴跌的倾向。

2. 123法则与2B法则——简化的交易策略

斯波朗迪提出了123法则、2B法则，这2项法则在期货上的运用，不仅较好地把握了价格转向的先机，而且由于止损价位和开仓价位非常接近，使风险能被控制在更小的范围内，从而获得较高风险收益比。这2个法则不论是中长线的趋势中还是短线当日交易中都可以加以运用。

123法则的要点如下。

（1）趋势线被突破。

（2）上升趋势不再创新高，或下降趋势不再创新低。

（3）在上升趋势中，价格向下穿越先前的短期回档低点，或在下降趋势中，价格上穿先前的短期反弹高点。

123法则相当于道氏理论对趋势发生转变的定义，注意其中第二点，有的时候价格会出现短暂的假突破（新高或者新低），但很快会回到前高以下（前低以上），因此还可以和2B法则相结合。

在上升趋势中，如果价格已经穿越先前的高价而未能持续上升，稍后又跌破先前的高点,则趋势很可能会发生反转。下降趋势也是如此,只是方向相反。

而 2B 法则可以作如下表述。

在上升趋势中,价格创新高后,又跌破前高点,趋势可能反转,进场交易,适合长中短线,盘中如果发生一般在 1 天以内,中期一般 3~5 天,长期一般 7~10 天,止损在前高点 2 档位置,短线当日交易一般成功率在 50%,中长期比较好。

对于 2B 法则,斯波朗迪在时间和量能方面作了一些补充说明。

(1) 关于时间:在盘中的短线趋势中,价格创新高(新低)之后,如果 2B 法则成立,通常会发生在 1 天之内或更短。在中期趋势中,价格创新高(新低)之后,如果 2B 法则成立,通常会发生在 3~5 天之内。在市场的主要(长期)转折点上,价格创新高(新低)之后,如果 2B 法则成立,通常会发生在 7~10 天之内。

(2) 关于成交量:当市场价格创新高之后,随后趋势的成交量通常会低于正常水平,但反转的确认即当价格跌破先前的高点时却会暴发大额成交量。

在期货投资中,保护性止损价位的设置非常关键,而运用上述 2 个法则在期货具体操作过程中,止损价位可以这样设置:运用 123 法则,当上升中出现法则中第 3 条时,开立空头头寸,止损价位设在前低点稍上方;当下降中出现法则中第 3 条时,开立多头头寸,止损价位设在前高点稍下方。

运用 2B 法则,在上升趋势中,价格已经穿越先前的高价,稍后又跌破先前的高点,立即开设空头头寸,止损价位设在先前的高点稍上方;在下降趋势中,价格已经穿越先前的低价,稍后又涨回先前的低点上方,立即开设多头头寸,止损价位设在先前的低点稍下方。

如果之后又发生符合 123 法则的情况,结合 123 的操作方法追加头寸,原先头寸的止盈价和追加头寸的止损价共同放在前低点稍上方(或前高点稍下方)。

3. 价量关系——明显行情中的价格判断

斯波朗迪认为,在趋势明显的行情中,价量关系很重要。

成交量与价格走势的关系——在超买的行情中,会出现价涨量减、价跌量增的现象。相反,处于超卖行情时,会出现价涨量增,价跌量减的情况。多头市场结束的期间会出现活络的交易,在开始的期间则交易相对冷清。

在超买的行情中,价格主要受到感觉、希望、预期的驱动,并非基于健全的经济判断与价值考虑。这种情况下,掌握明确信息的人已经离开市场,一般参与者的热情也逐渐冷却。市场已经具备恐慌的条件,只要出现些许的征兆,便足以引起层层卖压。所以,在超买行情中,常常出现价跌量增而价涨量减的情况。

超卖的情况,市场发展到一定低位,精明的投资者开始在低档持续买入,市场中兴起对未来的希望和预期，在些许挑逗下，便使股价在大成交量的情况下飙升。价量关系不是永远适用，是辅助工具，而不是主要考虑因素。

4. 狭幅盘整——市场无趋势解读

斯波朗迪指出，很多时候市场会出现长达2、3个星期或以上的趋势不明的价格走势，在此期间，指数都在大约5%的区间内波动。这种走势被称为狭幅盘整，可能代表承接或出货。相关指数同时向上穿越盘整区的上限时，代表是承接的盘整，价格继续上涨。反之，相关指数同时向下穿越盘整区的下限时，代表是出货的盘整，价格继续下跌。需要综合相关指数和指标来确认走势。

狭幅盘整都常发生在中期行情的顶部或底部。在主要市场的顶部，拥有较佳信息而态度谨慎的长期投资者，试图在一段时间内出清非常大量的投资组合，又不希望明显压低价格。由于当时市场上的多头投机气氛仍然相当浓厚，他们可以分批出货，将筹码转手给交易者和投机者。因此，在数个星期或以上的时间内，价格将狭幅波动而没有明显向上或向下的趋势，这便形成狭幅盘整的走势。

在主要市场的底部，价格大幅下跌后，明智的投资者认为当时的股票价格具有长期投资的价值，于是开始建立大规模的头寸。或许是为了试盘，或许是不希望推升股价，他们在数星期至数个月的期间内，默默地承接股票。结果也形成狭幅盘整的走势。最后，市场共识认为价格应该上涨时，将形成突破——买进股票或商品的绝佳时机。

每天的波动——根据单日的指数波动推论，几乎必然是错误的，而且没有什么价值，唯有狭幅盘整的走势除外。然而，每日的价格走势最后必然发展成一种易于辨认而具有预测价值的模式。

某些情况下，顶部或底部形成后，趋势会突然改变，没有经过狭幅整理阶段。另外，狭幅整理的走势有时也会发生在经过确认的主要趋势的中间，这可能是以下原因，一是价格趋势太陡峭，许多交易者获利了结时，便造成主要趋势暂时停顿，二是市场对于未来不确定，分歧的看法使价格维持在固定水平上。第一种情况叫作整理，第二种叫作等待行情。

5. 绘制趋势线——紧跟市场趋势变化

斯波朗迪认为分析趋势时，趋势线是最有效的工具。但是很多投资者在定义与绘制趋势线时，总是在方法上缺乏一致性，导致趋势线无法发挥正常的功效。斯波朗迪给出了一种绘制方法，它同时符合"道氏理论"中对于趋势的定义，以及该理论对于趋势变动的推论。

选择考虑的期间：长期（数个月至数年）、中期（数个星期至数个月）或短期（数天至数个星期）。在既定的期间内，如果趋势线的斜率变动非常明显，可能同时存在数条趋势线。

上升趋势线：在考虑的期间内，以最低的低点为起点向右上方绘制一条直线，连接最高的高点前的某一个低点，而使这条直线在两个低点之间未穿越任何价位。延伸这条直线而经过最高的高点。当趋势线经过所考虑最高的高点后，它可能穿越某些价位。事实上，这是趋势发生变化的一种现象，稍后将讨论这方面问题。

下降趋势线：在考虑的期间内，以最高的高点为起点，向右下方绘制一条直线。连接最低的低点前的某一个高点，而使这条直线在两个高点之间未穿越任何价位。延伸这条直线而经过最低的低点。

如何认定趋势的变动：简单的"1—2—3"准则。

价格走势有3种基本的变动，它们之间相互配合。可以界定任何市场的趋势变化：股票、商品、债券。它们分别如下。

（1）趋势线被突破。价格穿越绘制的趋势线。

（2）上升趋势不再创新高，或下降趋势不再创新低。例如，在上升趋势的回档走势之后，价格虽然回升，但未能突破先前高点或仅稍做突破又回档。类似情况也会发生在下降趋势中。这通常称为"试探"。这种情况通常——但不是必然——发生在趋势变动的过程中。若非如此，则价格走势几乎总是受到重大消息的影响，而向上或向下跳空，并造成异于"常态"的激烈价格走势。

（3）在下降趋势中，价格向上穿越先前的短期反弹高点；或在上升趋势中，价格向下穿越先前的短期回档低点。

如果上述3种情况同时发生，相当于"道氏理论"对于趋势变动的确认。如果仅发生前2种情况，代表可能的趋势变动。在3种情况中，若出现2种，则增加趋势发生变动的或然率。3种情况同时产生，则界定所谓的趋势变动。

在走势图中观察趋势的变化，必须根据下列方式将先前的原则转换为图形的格式。

（1）绘制趋势线。

（2）在下降趋势中，绘制一条水平的直线穿越目前的最低价，再绘制另一条水平的直线穿越前一波反弹的高点。

（3）在上升趋势中，绘制一条水平的直线穿越目前的最高价，再绘制另一条水平的直线穿越前一波回档的低点。

就上升趋势来说。①如果价格穿越趋势线，在穿越的位置标示。如果价格接近、接触或稍微穿越该条对应目前高价的水平直线而未能突破，则在该点标示。②如果价格向下突破该条对应前一个回档低点的水平直线，则在该点标示。③如果这3个情况出现两者，则趋势很可能会发生变化。如果3个情况全部出现，则趋势已经发生变化，并最可能朝新的方向继续发展。

以目测的方式判断趋势发生变动的准则，并以"1—2—3"思考：突破趋势线；测试先前的高点或低点；向下跌破前一波回档的低点或向上穿越前一波反弹的高点。"1—2—3"：趋势已经发生变动了！

拓展阅读

《专业投机原理》中，斯波朗迪讲述了一个皮埃与沙颂的故事，这个带有隐喻的故事或许会给投资者一些启迪。

路易斯安那州有两位农夫，他们的名字分别为皮埃与沙颂。有一天，皮埃来到沙颂的农场，并赞美沙颂的马道："这真是一匹漂亮的马，我一定要买下它。"

沙颂回答道："皮埃，我不能卖它，我已经拥有这匹马很多年了，而且我很喜欢它。"

"我愿意付出10块钱的代价买下它"，皮埃说道。

沙颂说，"好吧，我同意。"

于是他们签下一纸合约。大约一个星期之后，沙颂来到皮埃的农场对他说，"皮埃，我一定要拿回我的马，我实在太想念它了。"

皮埃说道，"可是我不能这么做，因为我已经花了五块钱买了一部拖车。"

"我愿意付20美元买下这匹马与拖车，"沙颂说道。皮埃默默地盘算着——15美元的投资在一个星期赚5美元——年回报酬率超过1700%！所以，他说道："就这么办。"

于是，皮埃与沙颂不断地交易这匹马、拖车与其他的附属配件。最后，他们终于没有足够的现金来交易。所以，他们便去找当地的银行。银行家首先查明他们的信用状况，以及这匹马的价格演变历史，于是放款给他们两个人，而马匹的价格在每轮的交易中也就不断地上涨。每当完成一次交易，银行家可以回收全部的放款与利息，而皮埃与沙颂的现金流量也呈几何级数地增加。

这种情况持续进行，直到数年以后，皮埃以 1 500 美元的价格买下马匹。然后，有一个东部佬（哈佛大学的商学硕士）听说这匹神奇的马，并做了一些精密的计算，而来到路易斯安那州，以 2 700 美元的价格向皮埃买下这匹马。

沙颂听到这个消息以后非常生气，他来到皮埃的农场大声责怪道，"皮埃！你这个笨蛋！你怎么能以 2 700 美元的价格卖掉马匹呢！我们的生活都靠着这匹马啊！"

36 《期货市场技术分析》

约翰·墨菲

 经典速读

约翰·墨菲是著名美国市场技术分析大师,他因为《期货市场技术分析》的影响而两度获得美国市场技术分析师协会的年度大奖,最近一次是在2002年。

《期货市场技术分析》是讲商品期货技术分析的,主要内容有技术分析的理论基础、道氏理论、图表简介、趋势的基本概念、主要反转形态、持续形态、交易量和持仓兴趣、长期图表和商品指数、移动平均线、摆动指数和相反意见、日内点数图、三点转向和优化点数图、艾略特波浪理论和时间周期等。

由于期货交易具有杠杆特性,成倍放大了市场波动,因此对技术分析的要求最高。就市场技术分析本身来说,在股票市场、债券市场、衍生品市场等各行各业并无实质差别,因此本书值得股票市场、债券市场的投资人一读。

使分析者下决心的最后线索,常常是早已被大家抛诸脑后的不起眼的因素。分析师必须不断地为未来的市场变化探求各种蛛丝马迹。

——约翰·墨菲

 内容解读

1. 三大假设——道氏理论的基础

期货市场是买卖期货合约的市场,普遍地认为期货投资需要具备贸易和金融两大领域的相关知识,期货分析师担当着这个市场中重要的指导投资行为的角色。作为一门应用科学,期货投资有其自己的经济学理论基础,期货分析要为期货投资服务,主要是要研究期货价格运行的规律性及对价格的可能波动作出科学的分析判断。分析师不仅为投资者提供分析指导,而且影响着投资者正确的投资理念的形成。分析师的整体水平代表着对市场的整体认知水平,对期货市场的健康发展意义重大。道氏理论的三大假设:市场行为反映一切、价格呈趋势变动、历史会重演。以上3条被奉为技术分析的基石。但是,世界万物都会有它的本源,三大假设的本源会是什么?答案就是人的欲望和变现的能力。

人有很多种欲望,综合起来就是以最小的付出获得最大的回报。现代文明的进程是最好的例子,最初的农耕文明,人类发明了农用工具,由游牧转变为农耕,就是希望提高自己的生存效率,毕竟游牧的单位产值比不上农耕;工业社会,人类发明了火车、纺织机等物,进一步提高自己的效率;信息社会,网络的发达缩短了空间,延长了时间。人类发明这么多,都有一个共同的心理动机,就是以最小的付出获得最大的回报,不然人类何必这么乐此不疲地搞发明创造。但是,光有欲望是不能实现这些的,还必须有变相的能力。直立行走让人类大大拉开了与其他哺乳动物的差距,成为地球的主宰,直立行走解放了双手,人类通过双手才能发明创造,手是身体上最灵活的部位,动物也有欲望但是没有变现的能力。

以上是对道氏理论三大假设的本源的解释,但是本源是如何衍变出假设的呢?

(1) 市场行为反映一切。就是只要研究市场交易行为就能了解目前市场的状况,而无须了解其影响因素。欲望的产生不会随心所欲,而是以一定的生存环境作为基础,也就是自然规律影响社会规律,不管你生活在哪里,你处在什么时段,只要你存在于自然界中,你就要受到自然规律的影响。人的欲望要从自然规律允许的角度出发,这样,不管欲望如何不同,他们最终都有自然规律的影子。比如自然界很多都是相生相克的,"白天—黑夜""阴—阳""水—

火"。因此，在社会规律和经济规律中，也产生了相生相克的，如："熊市—牛市""多头—空头"。无论人的欲望如何变化，都逃脱不了自然规律的影响，所以，群体的欲望是客观的，缺少了个体的主观性和不可预测性。但是人的欲望是不可测量的，毕竟是个抽象的东西，人的欲望转化为行为，才能够被测量。人的欲望受自然规律影响，并有其客观性，可测量的市场行为又受欲望支配，所以市场行为是客观的。市场行为代表了人的欲望，只用研究市场行为，你就能挖掘出群体的欲望，判断出市场的走向。

（2）价格呈趋势变动。趋势就是运行到有反转为止的现象，也就是在一定阶段内的市场行为的持续性。为什么会这样？人不光有欲望，还希望欲望能够实现，这样他就会付出行动，行动在一定阶段内会进行验收，看是否能满足欲望。如果可以，则会继续行动；如果不行，则会反转，进行下一个新的欲望的行动。这样，就出现了市场上的价格呈趋势变动。庄家的欲望就是低买高卖，获取暴利。他的行为就会表现为在较低价格时，先吸一部分筹码，然后逐步提升价格。这时他会看市场的反应，如果效果良好，他会利用手中的筹码放出大量卖单，造成市场假象，散户会认为主力要撤离，一些不坚定的散户则会抛出手中的筹码，庄家此时立即接手，获得更多的筹码。当他自认为手中的筹码已合适时，他会再作出下一个决定，就是炒作概念，放出利多信息，吸引更多的散户投资，这样价格会逐步拉升。当快到顶点时，庄家再挂出卖单，从散户手中获取高额利润，到散户发现为时已晚，价格随即跌停。这样，价格就会呈现出一个趋势，就是"抬高—降低—持续抬高—骤然降低"。

（3）历史会重演。人的欲望满足后就会产生下一个新的欲望，如果这样市场总会出现新的现象。但是市场的参与者是会变化的，有的人离市，有的人进市，新进来的人由于其所处的环境没有根本的改变，他依然会出现同样的欲望，这样市场的行为会进入新的一轮循环，历史于是重演。

2. 投资准则——约翰·墨菲股票技术分析的要点

约翰·墨菲给那些刚开始做交易的初学者提供了一些技术分析的准则，墨菲设定了用于技术分析的一些关键技巧，并解释了如何使用这些方法确定买卖机会。

（1）绘制趋势图。首先要绘制一张包含周和月度的长期趋势图，这张趋势图最好覆盖近几年的时间跨度，因为长期市场趋势可以提供更好的视野和预见性，而时间跨度太短的趋势通常具有欺骗性，不够准确。根据长期趋势图判断市场下一步走势后，接下来就可以分析以天为单位的趋势以及当天内的趋势了。这里要注意的是，即便是做极短交易的人，也最好按照这个步骤来规划你的交易，因为短期趋势终究还是由长期趋势决定的。

（2）判断趋势，顺势而为。市场趋势分为长期趋势、中期趋势和短期趋势。首先要确定你做的交易是属于哪一种，并确保你选择的市场趋势是对的（这一步十分重要），然后根据不同趋势，选择不同的趋势图作为主要分析对象。如果你选择的交易期间是中期交易，那么请你仔细分析周趋势图和日趋势图；如果你选择短期交易，那么请仔细分析日趋势图和日间波动。在下跌趋势中，每当市场有反弹行情，就卖出；在上涨行情中，每当市场回落时，就买入。最重要的一点是，无论你做中期交易，还是短期交易，前提是一定要确保你对长期趋势的判断是正确的，并根据这个趋势决定你的交易策略，再根据中短期趋势决定你的买入和卖出时间点。

（3）寻找高点和低点。最佳买入点就是价格支撑位，通常是上一个反弹开始的低点。最佳的卖出点是接近价格阻力位的价格，通常是前期高点。当价格突破前期高点，趋势也就发生改变，阻力位变支撑位。换句话说，原先的高点变成了新的低点。同样的原理，当下跌跌破原先的支撑位，那么这个支撑位就会成为以后反弹的阻力位，低点变成新的高点。

（4）知道何时全身而退。设定止损或止盈百分比。市场向下或向上修正的幅度通常是根据历史走势决定的，所以交易者可以根据这个规律找出修正的大致幅度，通过最简单的百分比的形式表现出来。期货市场上，50%的回调是最常见的回调幅度，最小的回调幅度则通常是33%上下，最大回调幅度则会高达67%。另外，根据"斐波那契回调与支持"理论，38.2%和61.8%这两个比例也值得关注。

（5）画趋势线。趋势线是在技术分析中最简单也是最有效的方法之一。连接2个连续的低点就可以画出一条向上的趋势线。连接2个连续的高点就得出向下的趋势线。一旦价格突破趋势线，表示价格趋势要发生改变，例如，当一直处于向下趋势线下方的价格突破该趋势线的时候，表明价格有可能要反弹；反之亦然。一条正确的趋势线，必须至少触碰到3个连接点。趋势线上连接点越多，其有效性越大，阻力或支撑作用也就越重要。

（6）顺应平均价格趋势线。移动平均线通常会提供买入或卖出的信号。它处于不断变化中，但其趋势也不会在瞬间改变，因此可以配合上述趋势线一起使用，准确率将更高。通常，我们可以配合两条甚至多条移动平均线一起使用。期货市场上比较有约束力的平均线组合有MA4和MA9、MA9和MA18、MA5和MA20，当短周期移动平均线（比如MA4）上穿长周期移动平均线（比如 MA9），表示短期买入点位到来。另外，价格在 MA40 附近，也是一个比较好的交易信号。由于这些移动平均线是根据趋势而生成的，因此在交易市场中最能发挥作用。

（7）参照历史规律（RSI、KDJ）。这里指的是超买和超卖。移动平均线向我们提供市场趋势，超买超卖指标则告诉我们即将有可能发生的回调或者反弹的信号。使用比较多的超买超卖指标是"相对强弱指标 RSI"和"KDJ 随机指数（Stochastics）。这 2 个指标运行的区间都是 0~100 之间。RSI 超过 70 表示超买，低于 30 表明超卖。KDJ 则分别用 80 和 20 来表示超买和超卖。KDJ 指标通常用 14 天作为周期计算，RSI 则用 9 天或 14 天计算。

当 RSI 或 KDJ 发生背离时，也是市场即将发生反转的一个信号。RSI 背离是指 RSI 指标的曲线走势和 K 线图走势方向正好相反。RSI 背离分为顶背离和底背离两种，顶背离现象一般是高位即将反转的信号，表明短期内即将下跌，是卖出信号。底背离现象则是买入信号。

这些工具都是交易市场中常用的技术分析工具，通常也较为有效。一般而言，短周期的趋势必须服从长周期趋势。但有一点必须注意，任何一个技术分析工具都不可以作为交易策略的单一决定工具，2~3 个工具的结合使用才能保证更好的正确性。

（8）观察 MACD 指标。MACD 指标是上述"移动平均线"和"超买超卖"两种工具的结合使用。使用方法如下（和上面提到的工具分析时必须注意的一样，日趋势服从周趋势）：

——算法：

① DIFF 线：收盘价短期、长期指数平滑移动平均线间的差；② DEA 线：DIFF 线的 M 日指数平滑移动平均线；③ MACD 线：DIFF 线与 DEA 线的差，彩色柱状线；④参数：SHORT（短期）、LONG（长期）、M；⑤天数，一般为 12、26、9。

——用法：

① IFF、DEA 均为正，DIFF 向上突破 DEA，买入信号；② IFF、DEA 均为负，DIFF 向下跌破 DEA，卖出信号；③ DEA 线与 K 线发生背离，行情反转信号；④分析 MACD 柱状线，由正变负，卖出信号；由负变正，买入信号。

（9）看准 DMI 指标。DMI 指标是指动向指标或趋向指标。与方向性变动指数相关的技术指标主要包括 3 项：正向方向性指数（+DI 或 PDI）、反向方向性指数（-DI 或 MDI）以及平均方向性变动指数（ADX）。DMI 指标主要是用作判别市场趋势。在应用时，DMI 指标的研判主要集中在 2 个方面：一是分析上升指标 +DI、下降指标 –DI 和平均动向指标 ADX 之间的关系，另一个方面是对行情的趋势及转势特征的判断。其中，+DI 和 –DI 两条曲线的走势关系是判断能否买卖的信号，ADX 则是判断未来行情发展趋势的信号。

当行情走势向上发展时，若 ADX 值增加，则表示当前市场行情仍然维持原有的上升趋势，如果 +DI 和 –DI 同时增加，则表明当前上升趋势将十分强劲。反之亦然。当 ADX 值降至 20 以下，且呈横向窄幅移动时，则表示行情为牛皮盘整，上升或下跌趋势不明朗，交易者应以观望为主。

通过对 ADX 指标的判断，一方面可以判断出市场处于哪种趋势中，另一方面可以据此挑选恰当的指标分析工具。

（10）注意持仓量和交易量。持仓量和交易量在期货交易中是 2 项重要的确认指标。量先于价。因此，一定要对大笔成交量的情况给予关注，因为这代表了期货市场上的主流趋势，这在上升行情中尤其重要。另外，还必须关注所交易品种的持仓情况。持仓量上升，表示有新的资金进入支撑目前的趋势；持仓量下降，则表示目前的趋势即将结束。一个稳固的价格上升趋势必须有持仓量上升和交易量放大的双重配合。

3. 资金管理——交易金额配置要领

对于期货或外汇操盘手来讲，资金管理太重要了。正如墨菲所描述的："我很诧异，像资金账户的大小，投资组合的搭配，以及在每笔交易中的金额配置等等诸如此类的问题，竟然都能影响到最终的交易成绩。"

约翰·墨菲还特别总结了如下资金管理的要领：

其一，投资额必须限制在全部资本的 50% 以内。

其二，在任何单个市场上所投入的总资金必须限制在总资金的 10%~15%。

其三，在任何单个市场上的最大总亏损金额必须限制在总资本的 5% 以内。

其四，任何一个市场群类上所投入的保证金总额必须限制在总资本的 20%~25%。

墨菲认为，一个优秀的交易高手的定义应该是，能够连续多年获得稳定持续的连续复利回报，经年累月地赚钱而不是一朝暴富，常赚而不是大赚，资本市场的高额利润应来源于长期累积低风险下的持续利润的结果，职业交易者只追求最可靠的，只有业余低手才只关注利润最大化和满足于短暂的辉煌中。这也是多数人易现辉煌、难有成就的根本原因。

重仓和频繁交易导致成绩巨幅震荡是业余低手的表现，且两者相互作用，互为因果。坚忍、耐心、信心并顽强执著地积累成功才是职业的交易态度。

此外，还要绝对重视止损。止损是以一系列小损失取代更大的致命的损失，它不一定是对行情的"否"判断（即止损完成不一定就会朝反方向继续甚至多数不会，但仅仅为那一次"真的"也有必要坚持，最多只是反止损再介入），而只是首先超过了自己的风险承受能力，所以资金最大损失原则（必须绝对≤资产的5%）必须严格首要遵守。至于止损太频繁的损失，需要从开仓手数和开仓位、止损位的设置合理性及耐心等待和必要的放弃上去改进。

大行情更应轻仓慎加码（因行情大震荡也大，由于贪心盲目加码不仅会在震荡中丧失利润，更会失去方向从而破坏节奏彻底失败）。

关于复合头寸的问题，墨菲提到运用交易头寸和跟势头寸的复合头寸。大致可以分为两个方面：一方面是资金量特别大的情况，这种情况必须设置复合头寸。即要有跟势头寸做中长线跟势（该头寸比例最好在总操作资金的1%~5%），止损可以设的很远或者干脆不设立止损（当然，是有把握的情况）。同时要有交易头寸做短线交易，设的止损必须要小而且一定要严格设立止损。另一方面，如果资金量小的话，鼓励只做跟势头寸或者交易头寸，因为资金量小的投资者操作，肯定没时间去专心研究中长线和短线。所以最好只做一种。

仅就单笔和局部而言，正确的方法不一定会有最好的结果，错误的方法也会有偶然的胜利甚至辉煌，但就长远和全部来看，成功必然来自于坚持正确的习惯方法和不断完善的性格修炼。

4.交易准备——成功投资的基础

大自然本身是由规律性和大部分随机性组成的，任何想完全、彻底、精确地把握世界的想法，都是狂妄、无知和愚蠢的表现，对于投资者来说，我们很难把握交易的结果，只能是做好交易的各项准备，尽量提高赢的概率。

投资者必须牢记：心理控制第一，风险管理第二，分析技能重要性最次。

正确分析预测只是成功投资的第一步，成功投资的基础更需要严格的风险管理（仓位管理和止损管理）、严谨的自我心理和情绪控制（宠辱不惊，处变不惊）。投资者必须在交易中克服对资产权益的过度关注或掺杂进个人主观需求原因，从而引发贪婪和恐惧情绪放大造成战术混乱，战略走样最终将该做好的事搞得彻底失败。交易在无欲的状态下才能更多收获，做好该做的而不是最想做的。市场不是你寻求刺激的场所，也不是你的取款机器。

利润是风险的产物而非欲望的产物，风险永远是第一位的，是可以自身控制和规避的，但不是逃避，因为任何利润的获得都是承担一定风险才能获取的回报。只要交易思想正确，对于应该承担的风险我们要从容不迫。

任何的事物，对它的定义越严格，它的内涵越少，实际的操作性才越强。在我们的交易规则和交易计划的构成和制定中，也必须如此从本质和深处理解和执行，这样才能保证成功率。

盯住止损（止盈），止损（止盈）是自己控制的；不考虑利润，因为利润是由市场控制的。此外，投资者还要牢记以下交易原则。

（1）顺应中等趋势的方向交易。

（2）上升趋势中乘跌买入，在下降趋势中逢涨卖出。

（3）利润充分增长把亏损限于小额。

（4）始终为头寸设置保护性止损指令以限制亏损。

（5）不要心血来潮地做交易，打有计划之战。

（6）做好计划然后贯彻到底。

（7）牢记资金管理的各项要领。

（8）分散投资但须注意"过犹不及"。

（9）风险比至少要达到3∶1方可动作。

而当投资者采取金字塔法增加头寸时则应遵循以下原则。

（1）一层头寸必须小于前一层。

（2）盈利的头寸上加码，不可以在亏损的头寸上再增加头寸。

（3）把保护性止损指令设置在盈亏平衡点。

（4）决不追加保证金，别把活钱扔进死头寸里去。

（5）为了防止出现追加保证金的要求，应确保至少拥有总的保证金要求的75%的净资金。

（6）在平回盈利头寸前先平仓了结亏损的头寸。

（7）除非是从事极短线的交易，否则总应当在市场之外最好是在市场闭市期间做好决策。

（8）研究工作应由长期逐步过渡到短期。

（9）利用日内图表找准入市出市点。

（10）在从事当日交易之前先掌握隔日交易的技巧。

（11）尽量别理会常识，不要对传播媒介的任何说法过于轻信。

（12）学会踏踏实实地当少数派，如果你对市场的判断正确，那么大多数人的意见会与你相左。

（13）技术分析这门技巧靠日积月累的学习和实践才能提高，永远保持谦虚的态度，不断地学习探索。

（14）力求简明，复杂的并不一定是优越的。

5. 移动平均线——市场情况的趋势线

移动平均线从本质上来说就是趋势线。随着人们对移动平均线的使用越来越多，人们也不断开发出了更多新的用法。如果一位技术分析人士对移动平均线得心应手，他可以放弃任何其他技术指标，只要花几秒钟扫一眼移动平均线，市场状况就了然于胸。

移动平均线时间周期历来是技术分析人士关心的一个重要问题。在本书中引用了美林公司对此进行的一项跨度为4年的研究，结论是，没有哪一种移动平均线可以证明是最好的。

如果你真正了解了移动平均线就会发现，关于时间周期的问题，根本就不是问题。移动平均线的关键不是时间周期，而是你如何去解读它。移动平均线要在实践中慢慢去发现，并掌握它。

（1）图表分析是主观的，不适合利用计算机进行分析，很难根据相关的策略进行定量的分析。

（2）移动平均线的定义：平均是指收市价格的算术平均；移动是指始终采用最近若干天的数据。

（3）移动平均线的特点：带有滞后特点的平滑工具。

（4）移动平均线的算法：①算术平均；②线性加权平均，对不同的天附以不同的权重；③指数加权平均，加权平均的一种方式。

（5）平均线的数量：①1条平均线；②2条平均线，长期和短期平均线；③3条平均线。

投资者应该关注的问题：如何利用上面的方法产生相关的信号，以及采用什么方面的价格过滤器。

（6）关注美林公司关于移动平均线的数据统计和验证，复杂的东西未必就是有效的。

（7）关于移动平均线的一些优化。

在一个变幻无常的市场中没有常胜的人和方法，需要从统计学意义上来博取应得的利润。移动平均线是关于趋势跟踪的良好工具，但是对于没有趋势的市场，这个方法就会不再有效。对于不同的市场行情，没有一贯有效的方法，在趋势行情下，移动平均线是良好的工具。在无趋势的阶段，摆动指数是良好的工具。可以将两者有效地结合起来,共同建立一个交易系统。

6. 时间周期理论——技术指标共振体验

墨菲说过,时间周期理论,常犯提前见顶或见底的错误。技术分析,应当是让市场自己走出来,确认重于预测,策略重于预测。但是,时间周期对于股票的分析筛选还是可以起到巨大的帮助作用。

墨菲指出,所有的指标共振都可以被看作是时间周期分析的权益之法。由于时间周期的分析太复杂了,每一只股票的长短时间周期都不一样,各有各的参数,故而不能用一套周期参数来分析全体股票。比如使用日、周、月、六十分等自然周期代替时间周期,就可以对全体股票进行分析和筛选,符合时间周期理论原理。

其实,我们日常所研究的价格线图是"时间—价格"图。但很多人单纯执迷于价格资料,而忽视了时间因素。

毋庸讳言,各种技术分析方法都必须在一定程度上考虑时间因素:如形态形成时所经历的时间长短,与随后的市场变化的余地之间,存在着一定的关系;趋势线、支撑水平和阻挡水平保持有效的时间越长,则其影响力越强;即便是摆动指数,我们也需要对其时间参数作出选择。

不过,这些考虑方式各行其是,各有一套,因此不太可靠。而时间周期正好对症下药。

在周期分析者眼中,时间周期是理解市场涨落现象的最关键之处。他们认为,在宇宙中必定存在着某种神秘的力量,控制着诸多事件的时间周期,如战争、经济、太阳黑子、海洋渔业产量等。就是说,宇宙具备某种脉动的特点,从而引发遍布人类世界的许多领域中都出现时间周期。而股市是人类活动的一部分,是自然周期的反映,所以周期分析者认为,时间周期是决定牛市和熊市的决定性因素,而不是次要的或辅助性的角色。

一方面,时间因素在市场上占据统治地位;另一方面,所有的技术工具再加上时间周期后,便如虎添翼。例如,移动平均线和摆动指数就可以通过主流周期而得到优化。在趋势线分析中,我们可以借助周期分析对趋势线进行甄别,以确认有效的趋势线。在价格形态分析中,如果结合考虑周期的峰和谷的分布也能提高其效能。另外,我们还可以通过"时间窗"方法,对价格行为进行过滤,略去无关紧要的变化,突出重要的周期性顶和底附近的变化。

周期的底部称为波谷,顶部为波峰。两个周期长度的测量是从谷到谷地进行的。周期分析者偏好从谷到谷地测量周期长度。一般认为,峰不如谷那样稳定、可靠。因此，通常是沿着周期波动的低点来测量周期长度的。

周期具有三方面特征：波幅、周期长度和相位。

波幅是波的高度。

周期长度是两谷之间的时间差。

相位是波谷的时间位置。因为在市场上往往有好几种周期在同一时间出现，所以相位分析有助于分析者比较不同周期长度之间的关系。相位分析也有助于我们认定下一个波谷出现的日期。例如，如果20天的周期在10天前出现了波谷，那个下一个波谷的日期就可以确定了。

墨菲认为，一旦我们了解了某周期的波幅、周期长度和相位，从理论上说，就能够把它推延到未来。假定周期具有相当的连续性，我们就可以依之估计未来的峰和谷的情况。这一点正是周期技术的基础。不过，这还是其应用的最简单的形式。

拓展阅读

约翰·墨菲提倡白痴型的投资方法，他为投资者开出了一张投资技术分析清单，这张清单算不上无所不包，但是其中的确搜罗了那些最值得我们了然于胸的重要方面。

（1）CRB期货价格指数的方向如何？

（2）本市场所属的期货市场群类的方向如何？

（3）在其连续的周线图和月线图上，情况如何？

（4）主要趋势、中等趋势以及小趋势的方向，分别是上升、下降还是横向伸展？

（5）重要的支撑和阻挡水平在何处？

（6）重要趋势线或通道线在何处？

（7）交易量和持仓兴趣验证了价格变化吗？

（8）38%、50%、62%价格回撤位置在何处？

（9）图上有无价格跳空？它们属于何种类型？

（10）图上有无任何主要反转形态的迹象？

（11）图上有无任何持续形态的迹象？

（12）上述形态的价格目标在何处？

（13）移动平均线指向什么方向？

（14）摆动指数正处在超买或超卖状态吗？

（15）在摆动指数上有无相互背离现象？

（16）相反意见数字是否显示市场处于极端状态？

（17）艾略特波浪的形态如何？

（18）有无明显的三浪结构或五浪结构？

（19）斐波那契回撤位置及其价格目标的位置在何处？

（20）当前有无可能出现任何周期性的波峰或波谷？

（21）市场是否显示出峰值右移或左移现象？

（22）计算机趋势的方向如何：上升、下降还是横向延伸？

（23）点数图上的情况如何？

当您得出市场看涨或看跌的结论后，再搞清楚以下问题。

（1）在今后 1~3 个月内，当前市场趋势会怎样演变？

（2）我决定在本市场买入还是卖出？

（3）交易合约的数量是多少？

（4）判断错误的情况下，我打算承受多大的风险？

（5）我的利润目标在何处？

（6）何点入市？

（7）用何种指令类型？

（8）应当把保护性止损指令设置于何处？

37 《资本市场的混沌与秩序》

埃德加·E·彼得斯

经典速读

埃德加·E·彼得斯是全球投资管理企业 Pan Agora 资产管理公司的系统资产分配首席投资战略家和投资家。他经常作市场理论方面的演讲,并且在巴布森商学院、波士顿学院和本特利学院讲授投资组合管理。他是《资本市场的混沌与秩序》和《分形市场分析》两书的作者。

在《资本市场的混沌与秩序》一书中,彼得斯以通俗的语言和生动的实例,首先总结出复杂性和不确定性的本质特征,而后对复杂性、风险性和不确定性之间的关系进行了系统的比较和阐释,最后对复杂性科学理论与奥地利经济学说之间的关系进行了论述。著作还涉及不确定性与创新性的关系,以及如何用复杂性科学的观点来认识自由市场经济与计划经济的区别,如何看待计划经济国家的经济体制改革等。内容涉及面很宽,对澄清人们对不确定性、复杂性和风险性的模糊认识,了解复杂性科学理论与奥地利经济学说之间的关系,以及如何运用复杂性科学理论和观点认识现实经济社会系统等方面,都有很好的启发作用。本书是对当今社会主要悖论之一的一次精彩论述,即社会和经济秩序中必然存在着不确定性。

《资本市场的混沌与秩序》是介绍和推广混沌理论在金融领域中的应用的第一本书,并被奉为这方面的经典论著。

37《资本市场的混沌与秩序》

《资本市场的混沌与秩序》可以称得上是市场混沌学家的圣经。

——《商业周刊》

《资本市场的混沌与秩序》是过去几年里最具刺激性的金融书籍。

——《金融分析期刊》

 **内容解读**

1. 高层次的秩序——混沌理论因市场而来

彼得斯认为,混沌并不是指随机性而言;事实上恰好相反。混沌是一种较高层次的秩序,其中的组织原则是随机性与刺激,而不是牛顿与欧几里得传统下的"因果关系"。因为自然界与人类的脑部都是混沌的现象,而市场则是自然界的一部分,并反映人类的性质,所以市场也是一种混沌的现象。我们必须承认一个事实,我们的正规教育使交易者产生错误的观念,并引用错误的逻辑地图。市场具有非线性的性质,所以不论我们如何强化线性数学、傅利叶转换、三角函数、回归分析、人工智能、类神经网络、遗传算法等技巧,交易者仍然不免受到误导。

一般而言,当我们认为某一事件为随机事件时,代表我们并不了解这种随机性的结构。以期货市场而言,相同的模式排列应该存在于所有不同的时间架构内,每分钟与月线的走势图都应该呈现相同的分形模式。期货与股票走势图中存在的这种"自我相似性"进一步显示,市场行为应该以"自然界"的行为范式来观察,而不适宜采用经济、基本、机械或技术分析。

这种情况意味着,市场是"自然界"中的非线性函数,而不是"古典物理学"中的线性函数;这可以解释——至少是部分地——使用技术分析何以会使 90% 的交易者陷入一致性的亏损中。这不仅是因为技术分析采用"未来将如同过去"的错误假设,而且也因为它以线性技术来分析。

任何属于人类互动结果的模式(市场便是其中的一个例子),都应该具有分形的结构。交易市场是大众心理的产物,所以它是个别交易者之分形结构的综合体。换句话说,市场代表一种集体性的混乱行为,它是一种非线性的现象。

市场中的情况也是如此,你的角度或你当时采用的范式,将决定你会看见什么。事实上，你当时的角度便是你的范式。如果你是从线性的角度观察，你将无法看见"真实的"市场，并在交易中处于不利的地位。

2. 结构决定行为——市场结构与自身

所有结构都包含变动与变动的倾向。换而言之，它们具有从一种状况变为另一种状况的倾向。某些结构存在较强烈的变动倾向。在较稳定的结构中，其成分会相互牵制以维持现状。在较不稳定的结构中，成分相互之间的牵制力量较弱……每一种情况中，根本结构将决定变动的倾向。

在生活中到处都存在这种根本而通常不可见的结构，而瞬息万变的交易市场更是如此。

结构决定行为。结构决定任何事物的行为——子弹、飓风、出租车司机、配偶，以及市场。交易池的结构决定交易者在池内的行为。

影响交易绩效最深远的结构由下列要素构成：欲望、信念、假设、志向，以及——最重要者——你对于市场结构与你自己的了解。

3. 谎言与市场——摈弃不实的评论

有关市场的言论，90%是属于谎言。这是指市场表达的信息并未反映真实的情况。阅读金融新闻或收看CNBC-FNN的节目时，你务必记住，评论者是靠这行吃饭的，他们必须讲话。他们必须说明债券价格"为什么"上涨，但这些言论中至少有90%无法精确地反映市场的真正情况。他们根本不知道发生了什么，所以他们如何能够作出精确的评论呢！

市场本身无法说谎。债券价格上涨是因为它们的价格上涨。买方的力量较卖方强。若说一些什么"空头回补"或"技术性反弹"，这都未充分反映真实的情况。我们通常是通过2个频道观察市场：某期间内发生的价格与数量。犹如人类的沟通模式一样，市场的沟通渠道并不仅局限于价格与数量。在我们的分形研究中，我们采用5种渠道。

市场仅可以表达它自身的感受，而它使用的语言是价格跳动。价格跳动必然会显示市场的感受。我们可以在此作一个结论："倾听音乐而不是乐评"。音乐代表真正的市场，乐评到底仅是评论或意见而已。

4. 分形市场假说——分型市场架构图

彼得斯首先提出了分型市场假说，其假说的主要论点归纳如下：

（1）当市场是由各种投资期限的投资者组成时，市场是稳定的。在一个稳定的市场中，足够的流动性可以保证证券的正常交易。

（2）信息集对基本分析和技术分析来讲短期影响比长期影响要大。随着投资期限的增大，更长期的基本面分析更加重要。因此，价格的变化可能只反映了信息对相应投资期限的影响。

（3）当某一事件的出现使得基础分析的有效性值得怀疑时，长期投资者或者停止入市操作，或者基于短期信息进行买卖。当所有投资期限都缩小为同一种投资水平时，市场就会动荡不定，因为没有长期投资者为短期投资者提供这种流动性来稳定市场。

（4）价格是短期技术分析和长期基础分析的综合反应。因此，短期价格变化的波动性更大，或者说"噪声更多"。而市场的潜在趋势反映了基于经济环境变化而变化的预期收益。

（5）如果某种证券与经济周期无关，那么它本身就不存在长期趋势。此时，交易行为、市场流动性和短期信息将占主导地位。

与有效市场假说观点不同的是，分形市场假说认为信息的重要性是按照不同投资期限的投资者来判断的。由于不同投资者对信息的判断不同，所以信息的传播不是均匀扩散的。在任一时点，价格并没有反映所有已获得的信息，而只是反映了与投资期限相对应的信息的重要性。

拓展阅读

你是否有过对快速流动的水流所产生的不断变化的涡流结构不知所措的经历？你是否看到过雪茄烟袅袅升起的烟雾结果却分解为无序的旋涡？流体的平滑流变得混乱和无序的现象叫"紊流"。潺潺流动的溪流总是很美，然而紊流则总是令人讨厌。紊流会在管道中产生阻力，影响飞机机翼的升力。血管中的紊流甚至会干扰人工心脏瓣膜的工作。紊流一般会降低任何高速运动流体装置的效率。

尽管对流体紊流的研究长达数个世纪，然而紊流仍然是经典物理学中没有吃透的问题之一。时至今日，仍然没有人能说出加大流速时，十分平滑的管道中平稳的液体为什么会变为紊流。功率最大的计算机无法精确跟踪湍流数秒钟。沃纳·海森堡曾提出量子理论的"测不准原理"。他在临终时宣布："我有2个问题要请教上帝：为什么会有相对论和紊流。我确实认为，恐怕只有上帝能最先作出回答。"

这些问题恐怕会把上帝难住，但一门新兴的科学也许能作出回答。这就是混沌理论。

　　混沌的原因，概括起来，就是不稳定性，一种持久的不稳定性。混沌理论及方法在资本投资研究中应用主要表现在2个方面，一是利用混沌理论来研究资本投资市场奇怪吸引子的分形维数，从而确定资本投资市场运作主要由几个因素的作用决定。这种方法只能确定复杂系统主要影响因素的个数，而不能确定影响因素，因而应用上具有一定的局限性。二是利用混沌理论来研究资本投资市场时间序列的特性，从而预测资本投资的回报及资本投资市场的周期变化规律。彼得斯利用混沌理论对英国、德国、日本等股票指数也进行了动力学分析，得出了各股票的李雅普诺夫指数的特性。

38 《经济过热、经济恐慌及经济崩溃》

查理斯·金德尔伯格

 经典速读

查理斯·金德尔伯格（1910—2003）是麻省理工学院经济系的资深教授，国际货币问题专家，擅长从历史的角度研究经济问题，他也是第二次世界大战后马歇尔计划的主要构建者之一。

《经济过热、经济惊恐慌及经济崩溃——金融危机史》一书，告诉今天的人们，在热环境中要冷静地思考。本书讨论了投机、信用扩张高峰时期产生的困难和危机爆发，以及市场因恐慌与崩溃而告终的模型；运用丰富的历史资料对投机与经济过热进行分析，其核心分析了投机是市场稳定的因素还是不稳定因素这一问题；此外，还讨论了经济过热与恐慌在货币方面的表现，使人注意到，经济繁荣或恐慌往往是由货币事件引起的；讨论了欺诈和挪用问题，经济过热时期政府部门及官员的错误，渎职和贪污等行为一经揭露，往往会加大市场恐慌；最后还对全球金融发展作出了总结，其结论是：从长期的角度看，货币供应量应固定不变，但在短期的危机时期，应当是富有弹性的。

资产泡沫就像美女一样，事前你不知道如何界定她，然而一旦你遇见过，就肯定能认出来。

——查理斯·金德尔伯格

模仿是廉价的，只要可能模仿，其花费通常要少于有关的发明和革新工作。

——查理斯·金德尔伯格

 内容解读

1. 经济把脉——各派经济观点分析

关于市场金融,各经济学派分别持有不同观点,而金德尔伯格教授在书中就对各派观点进行了详尽地考察和评述。

货币主义者很乐观,他们认为不可能存在导致不稳定的投机。理由是,投机者往往在价格上涨时买进、下跌时售出,由于其高买低卖,必将导致亏损,因此他们很难生存下去。而金德尔伯格认为,投机与贪婪是形成欺诈的人性基础,从精神病学的角度来看,欺诈者与受害者的关系是一种被捆绑在一起相互满足并相互依赖的共生关系。欺诈是由需求决定的,它遵循着凯恩斯的需求决定供给的法则,而非萨伊的供给自动创造需求的理论。在经济繁荣时期,财富被不断创造出来,人们的贪婪欲望也随之增大,欺诈者便应运而生。这种状况就像很多绵羊等着人们来剪毛一样,欺诈者一旦出现,它们就献出自己作为牺牲品。毕竟,没有什么事比眼看着一个朋友变富更困扰人们的头脑与判断力了。

众所周知,在经济过热与市场恐慌中,货币因素十分重要。芝加哥学派认为,当局总是愚蠢的,而市场总是聪明的,只有当货币供应量稳定在固定水平或以固定增长率增加时,才能避免经济过热和市场恐慌。然而,现实的悖论是,银行家只把钱借给不想借钱的人。当发生经济崩溃时,银行体系必然受到冲击,除了货币数量的变动外,将导致银行对信贷进行配额控制,这势必造成某些资本运行环节当中的信用骤停和流动性衰竭。

尽管如此,著名货币学派理论家欧文·斯通坚决反对在危机时扩大货币供给,而赫伯特·斯潘塞的表述更为尖锐:"保护人类免尝愚蠢行为的苦果,其结果只会让全世界都变得愚蠢。"

对此,金德尔伯格认为,长期来看,货币供应量应该固定不变,但在危机期间它应当是富有弹性的,因为良好的货币政策可以缓解经济过热和市场恐慌,也应该可以消除某些危机。其依据主要是对1720年、1873年和1882年的法国危机,以及1890年、1921年和1929年的危机的研究。这几次危机中都没有最后贷款人出现,而危机后的萧条持续久远。

但是,将这种观点简单理解为设立一个最后贷款人也是肤浅的。如果市

场知道它会得到最后贷款人的支持,就会在下一轮经济高涨时期,较少甚至不愿承担保障货币与资本市场有效运作的责任,最后贷款人的公共产品性会导致市场延迟采取基本的纠正措施、弱化激励作用、丧失自我依赖性。金德尔伯格认为,应该由一个"中央银行"提供有弹性的货币,但是,责任究竟落在谁的肩上还不确定。这种不确定性如果不使市场迷失方向的话是有好处的,因为它向市场传递了一个不确定的信息,使市场在这个问题上不得不更多地依靠自救。适度的不确定性,但不能太多,有利于市场建立自我独立性。

2. 投机者分析——市场参与者分类

金德尔伯格提出了两类投机者的问题,即内部人和外部人的问题。一般来说,内部人往往采用投机手段驱使价格不断上涨,并在价格最高点将投机物品出售给外部人,从而导致了市场的不稳定。而外部人则在价格最高点购进商品,又在内部人采取措施使市场价格下跌时在谷底卖出商品。外部人的损失等于内部人的收益,市场整体没有变化。

一般情况下,每一个具有不稳定性的投机者,必有另一个具有稳定性的投机者与之对应;反之亦然。但职业性的内部人一开始通过加速价格的上升及下跌来扰乱市场,而高买低卖的业余外部人与投机热的牺牲者相比,对价格的操纵能力较低,前者只是在投机的后期才影响到后者。损失以后,他们又回到其正常的工作中,继续储蓄以备另一次赌博。

对此,金德尔伯格解释说:"拉利·维默尔关于1869年美国黄金恐慌的一篇文章似乎表明不存在不稳定因素的投机。这篇文章有助于纠正人们,尤其是一些历史学家对这段历史的错误概念,但他和我都一致认为,古尔德和费斯克总体上来说是扰乱了市场,导致了市场的不稳定。他们首先驱使价格上涨,然后,在将外部投机者从市场稳定者转变为不稳定者之后,将投机商品在高点卖出(至少古尔德是这样做的)。两类投机者所得到的信息是不同的。早期,古尔德曾经试图说服政府有必要驱使黄金贴水(升水)上升,来迫使美元贬值,以提高谷物价格,而外部投机者却仍然根据他们的预期行事,其预期是根据过去的经验得出的,他们认为政府政策将驱使贴水下降,恢复美元对黄金的可兑换性。9月16日,外部人抛弃了这一预期转而相信古尔德,大量买进,使得黄金价格上升。另一方面,9月22日,古尔德从其合伙人格兰特总统的妹夫那里了解到,外部人原来是正确的,他的计划不会得到采纳。因此,他大量卖出。后来,外部人才发现他们错了。结果是1869年9月24日黑色星期五的诞生,它在美国历史上是和1929年黑色星期二和黑色星期四,1987年10月的黑色星期一以及三个黑色星期五齐名的黑色星期五之一。"

另一个有关高买低卖、具有不稳定性的外部投机者的例子是依萨克·牛顿（Isaac Newton）具有启迪意义的历史故事。作为一个伟大的科学家，他应该是理性的。1720年春，他写道："我可以计算天体的运动，但无法计算人类的疯狂。"因此，他于4月20日出售了自己持有的南海公司股票，获得了100%的高额利润，约为7 000英镑。不幸的是，进一步的冲动随即又抓住了他，受那一年春季和夏季风靡全球的投机热传染，他在市场最高点时买入了更多的股票，最后损失了20 000英镑。许多经历过这类灾难的人都有这种非理性的习惯，最终他将这段经历抛诸脑后，在其一生余下的时间里，他甚至不能再听到南海之名。

但是，即使每一个参与者的行为看起来都是理性的，各个阶段的投机或是内部人和外部人的投机仍可能导致经济的疯狂扩张和恐慌。这就是所谓的组成谬误，即总体与各部分之和不等。每个人的行动都是理性的——或应当是理性的，但并不等于其他人以同样的方式行动。如果某人行动十分迅速，先于他人买进并卖出，他可能会做得很好，就像内部人所做的那样，即使这个时候总体的情况看起来很糟。在南海泡沫事件中，卡斯维尔描述了这样一个理性的参与者：

超过资本实际价值的任何增长都仅仅是想象中的事情；不管普通算术如何延伸，1加1永远都不会等于3个半，结果，任何虚拟价值都将是某些人或另一些人的损失。对此，唯一的阻止办法是及早出售，让魔鬼抓住最后一个人。

3. 理性与非理性——经济可以"热"一点

金德尔伯格给我们讲述了金融危机的完整过程：首先在经济的发展过程中，人们经过种种努力，终于抓住了新的利润机会，并开始追求这一新的利润，而在追求利润的过程中，繁荣阶段的过剩本质就会真正体现出来，这时，金融体系将经历一个"痛苦"的阶段，在这一阶段，人们急于扭转经济扩张的过程，这一扭转方式就像爆发了市场恐慌。在过热阶段，人们手中的钱都用来购买不动产或流动性较差的金融资产，没有钱的人则借钱从事这一行为。但随之而来的经济恐慌阶段正好与此相反，财富从不动产或金融资产转向货币，或转而偿还债务，这种行为终于导致商品、房屋、土地、股票和债券价格的崩溃，也就是说，任何成为经济过热的投资对象的东西，其价格都将崩溃。

我们观察历史上的金融危机，类似于上述过程的金融危机有30多次，基本上是10年出现一次。其获取利润的对象早年从硬币到花卉到房地产或土地，近年则从债券到基金到股票乃至于衍生产品，凡能带来利润的，都是投资（投机）的对象。但这种投资要转化成危机，还要经历一个理性的非理性过程。

实际上，理性的非理性过程仅仅是一个过程，投机要成为一种"热"，一般都要在货币和信贷扩张的助长下才能加速发展，有时候，正是货币和信贷的最初扩张，才促成了投机的狂潮。远的如举世皆知的郁金香投机，就是当时的银行通过发放私人信贷形成的；近的如20世纪30年代大萧条之前，纽约短期拆借市场扩张所促成的股票市场繁荣。事实上，在所有从繁荣到危机的过程中，都有货币，或者是银行信贷的影子，而且，货币的扩张也不是随机的意外事件，而是一种系统的、内在的扩张。

那么，问题就出来了：一旦启动了信贷扩张，规定一个停止扩张的时点是否现实呢？并且，这能否通过自动法则完成呢？

对历史事件进行类聚研究后可以看出，只要当局稳定或控制一定数量的货币，不管是控制货币的绝对量，还是根据既定趋势控制货币的供应量，都会导致经济更加过热。这是因为：如果货币的定义以特定的流动资产形式被固定下来，并且经济过热后以该定义之外的新的方式将信贷"货币化"，那么，虽然以旧的方式定义的货币不会增长，但其流通速度会加快；现代经济中，人们很难确定各层次的货币供应量。因此，货币扩张不太可能通过货币稳定政策稳定下来，再推而广之，货币还是会推动"热"之更热，危机还是不可避免。

金德尔伯格指出，如果认为每个人都具有独立的偏好，并以收入最大化作为行为的标准，这是一种过于简单的假设。但他同时也认为，在追逐利润的过程中，每一个个人可能是理性的，但个体的理性汇在一起，就有可能产生非理性的结果。这种行为就像运动场上的人类行为一样。在运动场上，每一个观众都想占据最佳的位置，以便看得更清楚一些，但结果可能是一片混乱。剧场着火时，每个人都冲向出口，这是一种理性的选择，但产生的结果却是悲剧性的。

金德尔伯格认识到了个体理性的总和不等于理性，而是一种非理性。这与现代物理学霍尔效应所揭示的规律相同。霍尔效应认为，单个电子有单个电子的运动规律，但无数个电子组合到一起，就不再是单个加总之和的力量，而是产生出N种力量。实际上，在复杂的当代金融市场上，呈现的正是这种无数单个理性行为合成的非理性结果。比如1987年纽约股市大崩溃，现在我们有理由相信是由于价位风险套期行为引发的原本不存在的不稳定风险。一般来讲，这种风险很难出现，因为不同的市场参与者会依照自己的信息向不同方向移动，但其中也肯定存在向一个方向移动的概率。如果，风险刚好在一个方向上累积，就会在完全没有相应条件的情况下，引发价格的剧烈波动。

4. 心理效应——泡沫投机中的人性弱点

泡沫的形成或许很复杂，但金德尔伯格用了一个简单比喻就说明了"泡沫"的形成机制：猴子看，猴子学。他说，没有什么事比眼看着一个朋友变富更困扰人们的头脑和判断力的了。但是，当一次又一次盲目和愚蠢的行为在金融史上重复出现时，似乎必须对这种"泡沫病理学"进行一番讨论。

金融行为学家发现，有这样几种心理问题在泡沫时期最容易发生：其一，"锚定效应"。大多数泡沫具有的典型特征是，在最后一个阶段到来前，价格和增值效应通常都会延续相当长时间，这使得投资者改变了预期，认为高价格是合理的。其二，"羊群效应"。即便很多精明的专业投资人，也总是试图"与泡沫一起膨胀"，而不是努力避免泡沫，在价格上涨过程中，他们通常认为随大溜比采取与众不同的方法更安全，循规蹈矩比特立独行犯错误的可能性更小。其三，认知失调。人们总是倾向选择那些"可以坚定我们选择"的观点，比如，市场在疯狂时期的特征之一是，人们对定价过高的预警总是不感兴趣，甚至很愤怒。其四，灾难忽略与灾难放大。对于发生概率较小的负面事件，投资者总是侥幸的认为"很难发生在我身上"，而灾难一旦发生，他又总是担心"祸不单行，更大的灾祸在后面"。

恐怕还能找出更多的投机行为特征。而结论都与经济学教科书的描述相悖。教科书上习惯说，市场由理性的天才投资者组成，他们基于利润、租金等经济基本面，对股票和住房的长期定价进行仔细权衡。但金融史恰恰告诉我们，人们并非理性，尤其在投机狂潮到来时，他们受各种各样的本能行为驱动，而强烈的从众心理，经常驱使他们滑向无边的深渊。

 拓展阅读

金德尔伯格的《金融危机史》中有这样一个非常有意思的比喻。他说小孩子喜欢玩一种扔爆竹的游戏，但是，如果A小孩向B小孩脚下扔的是一个哑炮，B小孩捡起这个哑炮扔给了C小孩，C又扔给了D，依此类推，直至Y小孩扔给了Z，这个哑炮终于在Z的脸上炸开并炸瞎了Z的双眼。这里，A是远因，

Y是近因，中间还有从B到X的一系列连接点。那么，谁该对这件事情负责呢？

金德尔伯格用这种全世界的小孩都喜欢玩的游戏来比喻一次金融危机的到来。按照金德尔伯格的说法，远因是投机行为和信用扩张，近因则是某些不起眼的偶然事件，如一次银行破产、某个人的自杀、一次无关宏旨的争吵、一件意想不到的事情的暴露或是拒绝为某些人贷款以及仅仅是看法的改变。这些事情使市场参与者丧失了信心，认为危机即将来临，从而抛出一切可转换为现金的东西，诸如股票、债券、房地产、外汇和商业票据。当所有需要货币的人都找不到货币了，金融领域中的崩溃便会传导到经济中的各个方面，导致总体经济的下降，金融危机的来临。

从人类进入市场经济以来，人类总是在不断重复着同样的错误，而且，这些错误的开头，都是无可指责的理性的行为方向。正如金德尔伯格在书中引用的1970年纽约股票交易所主席伯纳德·J·拉斯克的一段话："我能感到它正在降临，不管有无证监会，一轮全新的灾难性投机正在降临。我们很熟悉它的各个阶段；先是蓝筹股受追捧，然后是二线热点，场外交易，再后是新发行的垃圾市场，最终是不可避免的崩溃。我无法知道它何时降临，但我能感到它正在逼近。该死的，我却不知道该怎么办。"

39 《股市趋势技术分析》

罗伯特·爱德华/约翰·迈吉

经典速读

《股市趋势技术分析》是证券投资的最佳入门书、股市图表分析的权威之作，在赢得了投资者的无数口碑之后，它进行了最新一次修订，这就是第9版。

所谓技术分析，就是根据股市自己的活动来研究股市，换句话说，就是根据股票价格和交易量在过去的活动来分析股市目前的走向。《股市趋势技术分析》强调了3条基本原理：股票价格倾向于有趋势地运动，成交量跟随趋势，一轮趋势一旦确立之后倾向于持续起作用。书中有大量内容讨论了常在某一趋势发生反转时形成的形态。作者主张交易者跟随趋势，而不是在一轮下降趋势完结之前就试图抓住市场的底部。这本书之所以伟大，是因为它用具体图表走势对道氏理论进行了细致和精彩的描述，堪称技术分析的巅峰之作。读这本书能够大幅度提升交易者的交易思想、交易策略以及技术分析的大局观。

本书的宗旨不是提供一本保证你轻易致富的速成"大纲"，它应当被反复和多次阅读，应当被用作一本参考书。此外，最重要的是，你需要有成功和失败的经验，这样就能知道在某个既定的环境中，你所采取的行动是唯一合乎逻辑的选择。

——《股市趋势技术分析》

第9版包括从迈吉的经验发展出的一些"珠宝"，基准点分析和风险管理，还有展示在期货交易中图像分析的新添的材料。要对这样一部复杂和有名的经典巨著进行增订，正如我对巴塞蒂教授说的，是一项让人望而生畏的任务。我很高兴向新读者推荐这个版本。

——约翰·墨菲 著名技术分析大师

除了这本先驱性著作外，我实在找不到第二本作为你进入证券市场的入门书了，它不仅经受住了时间的考验，而且也适用于未来，因为市场模式的引擎和人类的社会心理永不会改变。

——小罗伯特·R·普莱切特 著名波浪理论学者

内容解读

1. 理论与应用——道氏理论的缺陷

《股市趋势技术分析》关于道氏理论的论述并不是很多，但却指出了通常认为的道氏理论的缺陷。

（1）信号过于迟缓。这种指责有时会十分不客气地表述为"道氏理论当然是一个极其可靠的系统，因为它使交易者错过每一轮主要趋势的前 1/3 阶段和后 1/3 阶段，而趋势本身常常没有中间的 1/3 阶段！"不可否认，道氏理论最大的缺点就是信号迟缓，不过这种情况在很大程度上是由于股票投资者对于道氏趋势的判断没有严格意义上的统一，因而使得许多交易者在实际操盘过程中发现，并不能完全地把握整段行情。

在实战中道氏理论的延迟判断（对于级别的出现需要事后认证），使得许多交易者往往错失最佳获利良机，而当趋势已经明显时，又面临调整趋势出现，周而复始，使得交易出现矛盾。因此，股民在应用道氏理论时，也要注意把它和一些技术分析工具结合起来，这样才能起到最大的效用。

（2）道氏理论对于中级趋势，尤其是在无法准确判断牛市还是熊市的时候，无法给投资者以明确启示。

（3）道氏理论每次都要 2 种指数互相确认，这样做已经慢了半拍，错失了最好的入货和出货机会。

（4）道氏理论对选股没有帮助。即使是最富经验、最细心的道氏理论分析家也认为，在后续市场行为与其先前的（冒风险的）立场相左时有必要改变自己的解释。他们并不打算否认这一点，但他们说，在长期中，这样暂时的错误解释所导致的损失少得令人吃惊。

（5）道氏理论常令投资者疑惑不定。这一指责反映的是一种急躁心理。道氏理论无法"给出说法"的时间可能会持续数周或数月，活跃的交易者很自然地作出违反道氏理论的决策。与其他场合一样，在股市中，耐心同样是一种美德——实际上，要想避免严重的错误，它是必需的。

2. 反转形态——供求平衡的变化

在实战中，个股与大市并非总是同步，有些涨跌幅大，有些涨跌幅小。当一个价格趋势处于反转过程中，大多数情况下，图表上都会显现出一个特殊的区域或"形态"——它们被称作反转形态。

总的说来，反转区域越大（意思是其间的价格波动范围越大，其形成所耗的时间越长，形成中伴随的成交量越多），其所具有的意义也越大。因此，大致而言，一个大的反转形态暗示着随后将有一轮幅度较大的运动，而一个较小的反转形态暗示着一轮较小的运动。

（1）头肩顶形态

① 一轮强劲的反弹，为一轮幅度较大的上涨封顶，其间成交量变得十分巨大；紧随而来的是一小回落，相应的成交量较上涨中和顶部的成交量有大幅减少。这是"左肩"。

② 又一轮伴随可观成交量的上涨，达到高于左肩顶部一定幅度的水平；然后是另一轮回落，其间成交量有所减少，价格下跌至前次回落的底部水平附近（或高一点，或低一点），然而无论如何都低于左肩顶点。这是"头部"。

③ 第三轮上涨，但是这一次成交量明显低于"左肩"和"头部"形成时所伴随的成交量，同时还没来得及达到"头部"的高度就开始了一轮新的下跌。这是"右肩"。

④ 最后，第三轮回落中价格跌破"颈线"——过左肩与头部之间以及头部与右肩之间回调的底部而作出的一条直线——并在该线以下股票市价3%左右的位置收盘。这是"确认"或者"突破"。

（2）头肩底形态

① 一轮下跌，为一轮幅度较大的下跌封底，其间成交量变得十分巨大；紧随而来的是一小反弹，相应的成交量较最近的下跌和顶部的成交量有大幅减少。这是"左肩"。

② 又一轮伴随成交量放大的下跌，价格达到低于左肩底部一定幅度的水平；然后是另一轮反弹，价格上涨超过左肩底部水平，成交量可能增加至任一

超过左肩反弹时的水平。这是"头部"。

③ 第三轮下跌,但是这一次成交量明显低于"左肩"和"头部"形成时伴随的成交量,同时还没来得及达到"头部"的高度就开始了一轮新的反弹。这是"右肩"。

④ 最后,一轮伴随成交量明显放大的反弹向上突破"颈线"并在该线以上股票市价3%左右的位置,突破颈线时成交量有明显爆发。这是"确认"或者"突破"。

（3）对称三角形

在构成对称三角形态的价格收缩或螺旋过程中,交易活动呈现收缩趋势,或者不太规则,但随着时间的推移,这种收缩趋势会相当明显。价格形态上收敛的上边界和下边界（将于未来某个时候）交叉于图表右方某点——该点是三角形的顶点。当价格以越来越窄的波动走向顶点时,日成交量萎缩到极低水平。在突然而且没有任何预警的情况下,价格伴随着成交量的陡然增加而突破三角形,并展开一轮强烈的运动远离开去——这轮运动倾向于与该形态形成之前的上升或下跌运动幅度相近。

包含对称三角形的图表在突破行为最终发生前很少有预示价格突破方向的线索,有时,你无事可做,只能等待市场自己下定决心走向某个方向。而三角形的构造过程就是市场"下决心"的过程,在最后决定之前,这个形态的每个部分都充满着疑虑、犹豫和摇摆不定。

（4）直角三角形

直角三角形的不同之处在于:它的一条边界线实际上是水平的,另一条边界线则斜向它。如果顶部边线为水平,底部边线上倾并在图表右部某处（即顶点处）与顶部边线相交,那么该三角形为上升类型。如果底部边线为水平,顶部边线下斜,那么该三角形为下降类型。

上升三角形以最简单、最规范的形式描绘了某只股票不断增长的需求遇到大量在一个固定价格出售的卖盘时所发生的情况。如果需求继续增长,在那个固定价格派发的股票供给最终会被寻求更高价格的新股东全部消化掉,价格随后将迅速上涨。

下降三角形以最简单、最规范的形式描绘了某只股票不断增加的供给遇到大量在一个固定价格购买的买盘时所发生的情况。如果供给继续增长,在那个固定价格购买的股票需求最终会被寻求更低价格的卖盘全部消化掉,价格随后将迅速下降。

（5）扩散形态

如果说对称三角形是一幅有待澄清的"疑虑"图像，矩形是一幅受控制的"冲突"图像，那么扩散形态可以说暗示了一个缺乏理智的、失去控制的市场——"公众"亢奋地进行交易，整个市场被疯狂的谣言弄得晕头转向。有时很明显，产生扩散形态的情况确实就是这样，但有时产生扩散价格形态的原因十分隐蔽或者根本无法弄清。但是不管怎样，这类图表图像通常只出现在长期牛市的末尾或最后阶段，这一事实使我们对该形态特性的归纳和描述成为可信的。

（6）楔形形态

楔形是这样一种图表形态，其内的价格波动被两条收敛的直线所约束，但与三角形不同的是，两条边线要么都上倾要么都下倾。上升楔形上，两条边线从左至右向上倾，但由于两条线收敛，下边线显然从一个比上边线更陡峭的角度射出。下降楔形中，情况正好相反。

上升楔形中没有明显将被吞噬掉的供给障碍，相反，它意味着投资兴趣的逐渐衰竭。价格是在上升，但每一个新的上升运动都比上一个有所缩小。最后，需求彻底失败，趋势反转。所以，从技术分析意义上讲，上升楔形代表了一种逐渐变弱的市场形势。

上升楔形与可以被称作正常上涨通道的图形之间的差别在于，楔形给上涨设置了某种限制，它收敛的边界线相聚于一点，正是在该点附近，上涨停止、回撤开始。

当价格突破上升楔形后，它们通常下跌迅速，但当价格跌出下降楔形后，在开始上涨前，它更易于做一段横向漂移或进入一个沉闷的"圆盘反转"。因此，上升楔形要求交易者行动迅速以确保盈利；而在下降楔形中，交易者可以不慌不忙地买入股票以赚取随后的上涨。

上升楔形相当程度上是熊市反弹的特有形态。事实上，它是如此典型，以至于当人们在考虑一轮新的牛市是否正在生成时，楔形的频繁出现可能会被当作主要趋势仍在下降的证据。

3. 巩固形态——股价的回撤与巩固

当一只股票价格前进过速，它将达到一个前进动力完全耗尽的点，这时股价要么反转其趋势，回撤到一个较强的支持价位处，要么巩固它的位置，以由细小波动组成的横向图形形式存在，直至它重新启动，延续原来的走势。

股价指数图表中的道氏线或许是巩固型或反转形，通常更趋于前者，一条道氏线自然是一种不严格的矩形。因为几乎任何一种横向价格形态，例如通常叫作消化或交易区域,假设在形成过程中交易量逐渐减少,通常作为一个巩固形态。但是许多巩固趋势区域界定得非常好——呈现一种可识别的形态。

(1) 旗形和三角旗形

这2个相当小的巩固形态被公认为是最可靠的图表形态之一——无论是预示价格运动方向,还是预示测量目标。它们偶尔也失败,但几乎每次都会在形态自身完成前发出警告。防范这种失败所需要做的不过是严格检验形态的真实性:① 此巩固形态(旗形或三角旗形)必须发生在一轮"直线"运动的后面;② 在形态构建过程中,成交量显著地不断减少,直至价格突破;③ 价格突破(在预期方向上)不晚于4周,超过3周的此种形态必须引起质疑。

如果图表上开始形成单就价格图而言可定为旗形或三角旗形的形态,但其成交量仍保持高位或明显地不规则(而非不断减少),其结果更有可能是一轮对前面趋势的迅速反转(而非前面趋势的继续)。也就是说,这样的高位或不规则交易活动形态是典型的小反转区域而非真正的巩固形态。请始终注意观察你图表上的成交量部分!

旗形和三角旗形巩固形态是快速的股价运动的特有形态。因此,它们出现得最频繁时期是牛市的后期、充满活力的阶段——在最初的建仓阶段和更为有序的早期上涨阶段之后。所以,这2种形态的出现可以被看作上涨已经到了最后几周的一个警告。另一方面,主要熊市趋势的迅速运动为第二阶段,常常以几乎"垂直的"恐慌下跌为特征。其间产生的旗形和三角旗形通常持续较短时间——在三四天内完成而不需要几周。在熊市的最后几个月里,图表中演化出的类似旗形和三角旗形的形态常常会持续很长的时间(4周或4周以上),在反弹过程中开始表现出成交量的增加,并且随后只是沉闷而幅度有限的回落。

总体来说,这2种具体的图表形态在上涨趋势中最为普遍(同时也最为可靠),在一轮主要跌势之后出现的、一开始呈现下行旗形或三角旗形的价格图形需要谨慎看待。除非这些价格发展情况严格地符合前面"可靠性"中提到的限制条件,否则不要凭它们来做交易。

计算公式:旗形上涨目标价=旗形突破位+(旗形开始位-旗形前上涨位);旗形下跌目标价=旗形突破位-(旗形开始位-旗形前下跌位)。

(2) 矩形

矩形类巩固形态通常出现在牛市演化的早期阶段,在主要熊市运动中,矩形可能形成于第一个阶段(就在恐慌性下跌之前),也可能形成于严格限定的最后抛售之前的最后一个阶段。我们推测，后一种演化代表着有意投资者的不成熟的建仓行为——这些有意者认为价格已跌到足够低，能实现他们的目的了。

（3）贝形

常走出圆盘形态的股票提供的交易机会几乎不需要过多的评论，通过观察价格趋势和成交量，你可以容易地找到每个圆盘的底部价位和末端的顶点。但奇怪的是，大部分"盯市者"错误地交易这种股票。当市场活跃（成交量创新高）时，兴趣浓烈并且买入，而当市场处于沉闷的趋势变圆的阶段则完全忽略它们。

许多在交易大厅的盯市者轻视图表，结果使自己的资本在长期中遭受了不幸的损失。真正的盯市专家——那些在交易中能获得相当稳定的盈利的盯市者——实际上极为罕见。

（4）缺口

突破型缺口的出现也与价格巩固形态有联系，但它发生在形态完成时的价格突破运动中。任何对水平的形态边界（如上升三角形的顶边）的突破都可能伴随着一个缺口。这种类型的缺口实际上在每个水平整理形态的决定性突破处都会发生，然而，它们中有许多由于形成在一日之内而没有在图表上显示出来。突破缺口也时常在价格离开其他类型的反转或巩固形态时产生，比如，突破缺口常与头肩形态一起出现，甚至趋势线的突破处也会产生这种缺口。

突破缺口有什么预测价值？首先，它们引起了对突破的关注，并强调了这一事实。当价格伴随着一个显著的缺口跳出一个形态时，毫无疑问，一个真正的突破终于发生了。虚假的运动很少伴随有缺口。其次，它们意味着产生缺口的买方需求（或卖方压力，视具体情况而定）比无缺口突破的买方需求更强烈。因此，可推知随后的价格运动将会更大或更快，或者既大又快。

在别的条件都相同的情况下，面对同时从上升三角形中突破的2只股票，我们应选择购买以缺口方式突破的一只，而不应买以小涨幅上升方式突破的一只。

4. 支撑与阻挡——需求与供给的近义词

"支撑区"是指有大量股票需求以使下跌趋势至少受阻并很可能反转的一个价位。同理，"阻挡区"是指有大量股票供给以阻止并可能反转价格的上升趋势的一个价位。理论上，任何一个价位上都有一定量的供给和一定量的需求。但一个支撑区代表需求的集中，而一个阻挡区代表着供给的集中。

导出支撑和阻挡理论的基本数据是：任何给定股票的交易活动倾向于集中在过去有大量股票转手的价位处。既然任何一个有巨额成交量的价位通常都成为股价趋势的反转点，我们自然就可以推知：反转价位倾向于"重复"。但是，相当奇怪的是，有一个被许多临时图表观察者忽略的有趣而重要的事实：这些关键价位在不停地转换角色——从支撑变为阻力以及从阻力变为支撑。以前的一个顶部，一旦被超过，就成为下一个跌势的底部区域；以前的一个底部，一旦被穿透，就成为下一上涨势的顶部区域。

对小支撑的突破，应该总被认为是中等趋势反转的第一步（如果结果仅发展成为一持续形态，你在后面仍有机会重新入市、买进抛掉的头寸）；同理，对中等支撑的突破，常常是主要趋势反转的第一个信号。

在价格碰上阻挡（或支撑）区并未回调，而是（也许在几天的停顿之后）冲过该区域的情况下，成交量几乎总是显示出突然的加速和显著的增加。这可被视作决定性突破的确切证据，它表明运动将会继续。

5. 趋势线与通道

组成中等上涨趋势的反弹的顶部时常会落在一条与过其底部的基本趋势线大致平行的直线上。这一平行线可以被称作"回归线"，因为它标出了市场回调的起源之处。基本趋势线与回归线之间的区域叫作趋势通道。

它的最大用处并不是它通常最吸引新手之处——确定好的获利了结价位。也许它在消极的意义上更为有效：一旦一条趋势通道完全确立，那么任何未能达到回归线的反弹都将被视作趋势弱化的迹象。它未到达回归线的距离常常等于后期跌穿基本趋势线的幅度。

同理，对一条已确立的趋势通道而言，如果从回归线处开始的回调未能将价格完全带回至基本趋势线，而是在其上方某处筑底，那么从该底部出发的上涨运动通常会将价格推出通道的顶边，而其超出的幅度与回调距通道底部的幅度大致相等。投资者要解决的问题是在一个有利可图趋势尽可能早的发展阶段识别它，然后同样尽可能迅速地发现它的结束和反转。任何一个重要的趋势的反转通常都以形成某种综合了价格和成交量的形态（反转形态）为特征。

股市中的上涨运动由一系列小涟漪组成，而每个小涟漪的底往往形成在（或非常接近于）一条上倾的直线上。小涟漪的顶部通常较不平整，它们有时也位于一条直线上，但更多的情况是，它们的幅度有细小差别，因而连接上顶点的线会多少有些弯曲。

在价格的下降趋势中，最有可能的直线是连接其内的小反弹顶部的线，而小反弹的底部可能并不落在一条直线上。

这两条线，大的上涨运动中沿着上波谷上倾的直线，和大的下跌运动中沿着波峰下倾的直线，是基本趋势线。

假定价格上升趋势差不多是直的，这样一来，如果我们能找到并绘出这些精确界定趋势的线，那么它们就有以下2个作用。

（1）趋势线被突破表明本轮上涨趋势已结束。这提醒做中线的交易卖出该股票，在其他地方寻找再投资机会。

（2）如果某只股票的图表上形成了一个小的顶部反转形态，该形态离中等上涨趋势线足够远，以至于明显有空间，在趋势线被跌破之前完成它所暗含的下跌运动，那么中等趋势交易者最好决定不理睬这一小的反转形态，他可以一直持有到趋势线被突破。

下面是一些可以用来判断上行趋势线的技术有效性和权威性的检验。

（1）对一系列小上涨运动过程中的趋势线来说，在它上面（或非常接近处）形成的底部数目越多，它的技术重要性就越大。

（2）线的长度，即趋势线在被价格跌破之前维持的时间越长，其技术重要性就越大。

（3）趋势线的角度在一定程度上也是衡量它作为中等趋势界定符号的有效性的标准之一。很陡的趋势线能轻易被短暂的横向巩固运动突破，趋势线越平，它在技术上就越重要，从而任何对它的跌破也就越重要。

6. 技术分析的基础理论

（1）使技术分析有意义和价值的基本理论：①证券的市场价值完全取决于供需的相互作用。②供需在任何时候都被成百上千个因素控制着，其中有些是理性的，有些是非理性的。信息、看法、情绪、对未来的猜测均与供需方发生不明的联系。常人根本不可能理解并权衡所有这些因素，但市场自动地干着这一工作。③略去小波动，价格在相当长时间内按趋势运动。④趋势的改变，表明供需对比发生重要变化，无论是怎样引起的，迟早会在市场自身的活动中被察觉。

（2）在具体学习股票图表呈现出来的众多有趣现象时，你很容易忽略这一事实：它们只不过是我们希望能用来衡量供需相对力度——这种相对力度，相应地，完全决定股票将走向何方、走得多快、走得多远——的相当不完美的工具。

请记住，在这一研究中，是什么产生供给和需求并不重要。我们只关注它们存在的事实和它们之间的对比关系。没有人也没有任何组织能掌握并精确地评价庞大的实际数据、大众情绪、个别需要、希望、恐惧、估计和猜测——

所有这些因素在总体经济框架中不断发生微妙的变化和变异，它们综合起来形成供给和需求。但是，市场事实上却能实时地反映所有这些因素的加总。

 拓展阅读

股市投资中也存在派别之争，各派各有投资理论与代表人物。

基本分析派崇尚"物有所值"，重视的是上市公司的内在价值及其发展前景，而非股票的日常涨跌情况。投资者买下的是公司，而非股票。该派的代表人物是世界股王巴菲特。

技术分析派所依赖的理论前提是：市场行为包含一切、价格朝趋势移动、历史会不断重演。该派的代表人物有江恩、艾略特。不过让人沮丧的是，靠技术分析投资股票在股市上发大财的人至今在全世界还没有出现一个，包括江恩和艾略特自己。但是靠技术分析来骗取股民钱财致富的分析师却有不少。业内人士众所周知的一个事实——分析师致富的诀窍是：只作咨询，绝不操作。因此投资大师彼得·林奇不无尖刻地说："华尔街从没见过一个投资成功的分析师，破产的倒看到不少。"

随机漫步派认为市场是有效的，股价短期（几年内）涨跌是无头绪无规律的，是不可测的。他们认为一头大猩猩用飞镖掷出来的投资组合在长期里会战胜大多数华尔街的精英们。该派的代表人物是约翰·鲍格尔，此君是全球第二大基金——先锋基金的老板。1976年他成立的先锋指数型基金资金不到1 100万美元，受到无数华尔街专家的嘲笑，但是20年过去，该基金已经拥有2 500亿美元的雄厚资产，成为世界第二大基金！进入20世纪90年代后，随机漫步派已经完全战胜了技术分析派，他们的指数型基金就如同龟兔赛跑中的乌龟一样，夺得了比赛的胜利。就连股王巴菲特和战胜华尔街的彼得·林奇也异口同声对他们称赞支持。

40 《泡沫的秘密》

彼得·加伯

 经典速读

彼得·加伯教授是德意志银行全球市场研究的全球战略家，布朗大学经济系教授。

在经济学和金融学的术语中，用于资产市场价格的许许多多的术语与任何理性的经济解释不一致。例如，"泡沫""郁金香狂热""链条字母""蓬齐阴谋""恐慌""崩溃""盲从"和"非理性繁荣"。虽然这些术语暗示的是，一个事件是被一种无法解释的原因由大众驱动的。加伯教授强调指出，从这些术语中，我们得到的几乎是空洞的解释而不是加深对这一事件的理解。

《泡沫的秘密》一书中，加伯教授对三大著名的泡沫——郁金香狂热（1634—1637年）、南海泡沫（1720年）与密西西比泡沫（1719—1720年）——提出了市场基本面的解释。他将重点集中在郁金香狂热上。研究这三大著名的早期泡沫的权威一般是记者、政策制定者和经济学家，他们强调说，市场的动荡是非理性的，而且是无法预测的。这些事件的基本面却很少被人提及。但在本书中，加伯教授在比较了18世纪最初的珍稀球茎与17世纪的球茎的价格下跌趋势后，他作出结论：珍稀球茎的天价与其快速下跌反映了正常的定价行为。在密西西比泡沫和南海泡沫中，他阐述了卷进这些事件中的资产市场和金融操纵行为，并认为这些就是当时的市场基本面。也就是说，这些泡沫的故事并非是警世的故事——股票市场中的每一次投机性的飙升均预示着一次崩溃。

郁金香狂热中珍稀球茎飘升的价格正如其价格的快速下滑一样，在新开发的品种中，这是市场的一种标准特性，而在大多数人的叙述中，这种价格被突出作为这次疯狂的首要而确凿的证据。

——彼得·加伯

密西西比泡沫是一次大规模的印刷纸币的操纵活动和政府用发行股票来偿还债务的交易活动。

——彼得·加伯

 内容解读

1. 泡沫起源——泡沫源于金融和经济的基本面

泡沫位于金融学、经济学和心理学的结合处。对大规模的资产价格运动的最新解释倾向于将心理学排在第一位，这不仅受到惨淡的过去所发生的故事的影响，而且受到在1997年、1998年和1999年这些危机年份里发生的大多数事件的影响。然而，加伯揭示的证据表明，至少早期产生的泡沫是由基本面因素驱动的，它们源自金融学与经济学这些更基本的因素的结合处，心理学因素不过是其背景而已。

加伯为我们讲述的是三大最著名的泡沫——荷兰郁金香狂热、密西西比泡沫和南海泡沫，它们均被看作是私人资本市场疯狂的范例。但加伯所持的观点则有所不同。

（1）郁金香狂热中珍稀球茎飘升的价格正如其价格的快速下滑一样，在新开发的品种中，这是市场的一种标准特性，而在大多数人的叙述中，这种价格被突出作为这次疯狂的首要却确凿的证据。

（2）即便是现在，珍稀球茎品种的价格也相当于一所质地上佳的房子的价格。

（3）我们现在所了解的郁金香狂热事件主要源自由荷兰政府发动的一次道德运动所造成的结果。

（4）密西西比泡沫是一次大规模的印刷纸币的操纵活动和政府发行股票来偿还债务的交易活动。

（5）南海泡沫也是一次用发行股票来偿还债务的活动，虽然理由没有那么充分。

（6）几次泡沫事件均是由政府高层官员发行和协助的场面壮观的宏观经济阴谋，它们得到英国和法国整个政治机构的支持。

2. 泡沫定义——市场心理不可测量

什么是经济泡沫呢？最常用于经济研究中的泡沫的定义是，无法解释的那部分资产价格运动，它建立在我们称之为基本面的基础之上。基本面是各种变量的集合体，我们认为这些变量应该驱动资产价格的变化。在一种特殊的资产价格定义的模型中，如果我们对资产价格的预测产生了严重的偏差，那么，我们可能就会说存在着某种泡沫。

但是仔细思考后就会发现，这种定义不过是在说，我们不能解发生的某种事情。对这一点，通常我们就称之为偶然变化。在研究资产定价时，我们给予这种现象一个名称——泡沫——并诉之于那些不能证实的心理学。人类心灵的心理状态是不可测量的，特别是在一个事件发生了多年之后。然而，它确确实实为解释市场中那些不能解释的现象提供了一种便捷的方法。我们现有的或流行的基本面分析模式常常不能解释资本市场中那些可观察得到的重要现象。我们知道，市场心理学或市场意识可能很重要，因此，我们就会把我们的基本面分析模式的结果与实际结果的不一致归咎于不可测量的市场心理学。

泡沫的前现代定义出自《帕尔格雷夫》政治经济词典（1926年）。他认为，泡沫就是"任何伴随着高度投机的不安全的活动"。这基本上就是说，泡沫的定义即无理性繁荣。根据这个定义，除非泡沫破裂，否则我们就无法知道是否存在泡沫。伴随着高度投机的商业计划，结果有可能获得巨大的成功。只有在我们发现了某种商业计划行不通之后，我们才能下结论说这个计划是不安全的，然后称之为泡沫。所以，这个概念和格林斯潘的定义一样言之无物。

如果有人为市场中出现的令人迷惑不解的现象带来某个令人信服的故事和思想理论，那么，他就会吸引投机资本。例如，我们知道，投资因特网股票是一种冒险，但是，这种投资行为却得到一种理论的支持。这种理论认为，技术将会产生划时代的变革，而这种变革将会改变整个经济的结构。

金德尔伯格写了一本关于狂热与泡沫的书，名字叫做《经济过热、经济恐慌及经济崩溃——金融危机史》。他在书中对泡沫下的定义是："泡沫是一种向上的价格运动，它超出了扩张的范围，然后导致爆炸而破裂。"这是一个关于资产价格运动模式的经验陈述。这就是所谓的宪章派的观点，对此，我们应该指出的是，他们仅仅对那种特殊的价格运动模式给了一个名称而已。这类模式可以在数据中观察得到，因此，根据这个定义，我们仍然无法否认一个特殊的历史事件——例如郁金香狂热或密西西比泡沫——就是泡沫。然而，根据这一定义，我们不能得出必然的结论，即这种模式反映出任何非理性或过度不是先验地建立在基本面的基础之上，而这一点却正是称某一事件为泡沫的常见理由。

也就是说，对于发生的事件来说，泡沫是一种"无解释"，它只是我们附加给某一金融事件的一个名称而已，实际上，我们并没有对这一金融现象进行充分的理解。用大众心理学来解释永远是意思不确定的和无法测量的，它只会使我们的解释陷入同语反复，在一种自我欺骗中试图说出比承认混乱更多的东西。

金融市场的观察家们被那些重大的投机事件的辉煌灿烂所吸引，他们草率地用泡沫来解释这些事件，而忽视了对潜在的市场基本面的考察。对郁金香狂热的平庸解释唾手可得，而且这种解释在经济投机的万神殿中占据主导地位，这是一种明白无误的迹象，它表明泡沫和狂热这些特征是如何使我们在信息内容最集中的地方偏离了正确理解这些事件的方向的。这种泡沫解释将远为重要的密西西比事件和南海事件归属于一种对大众心理学的病态描述。然而，这些事件确实是一次广泛的宏观经济和金融的实验，他们在一定规模上被利用并受其主要的理论设计者一定程度的控制，直到20世纪的战争年代，这类事件没有再发生过。确实，这些实验均告失败，有的是因为理论基础本质上就存在缺陷，有的是因为这些实验的管理者对完成这些实验缺乏所需的复杂的金融技巧，而这些技巧对确保日常战术的成功实施必不可少。但是，投资者不得不把宝押在这些实验的潜在的成功上。奇怪的是，金融学家的学生和经济学家的学生一样，都接受了这样一种观点，即认为这些实验的失败证明，那些投资者错在愚蠢和无理性。

最后，人们可以拣自己喜欢的观点：用泡沫或大众心理学理论的解释和对事件的市场基本面的解释。

3. 郁金香泡沫新论——正常定价行为的反映

加伯认为，郁金香狂热的最著名的方面——传说中珍稀球茎的极端高价及其价格的急速下滑——反映了郁金香球茎市场中正常的定价行为，不能把它解释为这是市场非理性的证据。

这里要解释一下郁金香球茎品种，这对于研究郁金香泡沫的产生至关重要。郁金香会遭到花叶病毒的袭击，这种病毒所起的重要作用叫作"染病"，染上病毒的郁金香会产生出奇异的变种，其中有些变种华美异常，艳压群芳。这种通过对某些特殊花朵施加影响而产生的品种不能够通过繁殖再生。种子可以产生普通花品的球茎，因为它们没有受到病毒的影响。这些球茎自身最终会在某个无人知道的时刻"染病"，但却不会变成奇异的品种。通过将蓓蕾栽培成新的球茎，就能够再生出特殊的品种。

从目前涉及的关于这次郁金香狂热的版本来看，郁金香市场中的天价是指那些特别美丽的染有病毒的球茎。除了它们可能会染上病毒外，单色的繁殖球茎并不值钱，而在欧洲栽种郁金香的头2个世纪里，所有重要的郁金香品种都染上了病毒。染病的球茎直到19世纪才不再流行。

在这次郁金香投机的大部分时间里，仅仅在稀有球茎的买卖中发生过极高的价格和破纪录的交易这样一些情形。在这次投机期间，普通郁金香球茎并没有显露什么头角，这种状况一直维持到1636年的11月。

很多人忽略了的一个事实是，按颗交易的球茎品种在这次崩溃后的6年后依然能够高价卖出。即便在1637年2月的高峰期之后的6年里，珍稀球茎——英国将军、可爱的冯·德·爱克和罗特根斯上将——的价格并没有出现异乎寻常的陡然下跌。

等到珍稀球茎在一般的目录中出现的时候，它们已经相当地普及，以至于变得相对普通。在32年内，球茎价格2次下跌至其最初价格的3%、0.25%、0.35%或0.04%，实际上是重蹈了郁金香狂热后球茎下跌走势的覆辙。确实，1707年的贵重球茎也渐渐接近于1637年的贵重球茎同样的价格。

在新开发的时髦的郁金香球茎价格的演化中，我们现在已经得到了它发展的一种模式：最初的球茎——独一无二或者数量极少——往往售价奇高，随着时间的流逝，或者由于这一新品种的快速繁殖，或者由于不断引进新的品种，先前的高价就会迅速地下跌。

1637年2月，任何珍稀球茎的价格的暴跌均不会超过其高峰时价格的16%。因此，对珍稀球茎来说，1637年2月的崩溃中价格的差距并非大得离谱，而且没有严重地影响稀有球茎价格的正常的时间系列走势。

4. 郁金香期货——约束力缺失的期货私人合同

在9月和6月间的购买合同必定是期货交割。而且，对于那些非常稀有的球茎来说，市场会具体化。球茎的派生物不能立即交割，因为它们在与这颗母球茎分离以确保新球茎能存活之前必须达到某一最小的尺寸。因此，这种派生物的合同也是未来交割。

正式的（郁金香）期货市场发展于1636年，它是1637年2月崩溃前最初的主要交易方式。在通过公证人之前，早期的交易中就已经使用了书写的合同。1636年夏天，交易开始变得如此广泛——这时正是鼠疫的高峰期，以至于交易者开始一群一群地在称作"学院"的酒馆中集会。在这些"学院"里，通过几条管理出价和手续费的规定来规范交易。

一般来说，买方当前并不拥有在支付日期交割的现金，而卖方当前也没有合同中的球茎。双方都没打算在约定的交付期交割，双方期望的是那笔在合同中签订的价格与交付时价格之间的差价部分。因此，由于赌的是交付时球茎的价格，所以，这个市场的功能与我们目前运行的期货市场很不相同。这种操作上的区别在于，这些合同没有连续地给市场标价，即根据每天价格的波动重新定价，不需要保证金来确保合同中答应的条件，而且这些合同是由个人的承诺而不是由交易所的交易组成的。崩盘需要清算的是总资产而不是净资产。

由于普通球茎价格的惊人上涨仅仅发生在 1636 年 9 月这种球茎开始流行之后，因而这些价格的上涨也没能对 1636—1637 年期间的资源配置产生什么影响。如果说这次投机产生了什么影响的话，也可能仅仅是通过财富的分配产生一点影响。然而，事实上财富几乎并没有发生转换。在学院酒馆中由买方支付的手续费肯定在许多交易的过程中已经扯平了，虽然那份"酒钱"可以表明已经转到酒馆老板的手里。另外，这次崩溃之后，只有少数交易需要清偿；而在这些涉及清偿的交易中，也几乎没有什么人去交割。关于需要交割的百分率，其不确定性的时期不可能会产生什么影响；直到他们签订的那些合同得到解决为止，否则，没有信用而开始交易的人不大可能会受到毁约的影响。

5. 郁金香狂热——被篡改和扭曲了的故事

1634—1637 年期间，价格昂贵的郁金香后来要么消失不见了，要么变成了普通品种，对新开发的球茎品种来说，就像 18 世纪郁金香和风信子以及现代球茎的价格走势表明的一样，这是市场动力学的基本规律。种植球茎时，其价格自然会随着这种球茎的大规模的供应而下跌；但是，原始球茎拥有者的股票却上涨了。对于某一新品种的唯一的那颗球茎来说，球茎交易不断下跌的价格可以很容易地证明绝对高价是有道理的。对于珍稀球茎的新品种而言，值得珍藏的球茎其令人咂舌的价格及其下跌走势与后来的价格相比并没有不一致。

无论怎样，普通球茎的价格运动均与我们从马凯及其众多的追随者那儿承继而来的关于郁金香狂热的景象无关，那种景象描述的都是按颗为单位交易的珍稀球茎的令人震惊的昂贵的价格和稀奇古怪的交易。

即便这个故事是如此明显的不真实，但这个源自郁金香狂热的令人惊奇的故事却是假荆芥，它对那些大肆宣扬泡沫的人具有不可抗拒的诱惑力。这些故事用于说教时是如此完美，以至于金融说教者永远会给它们找到一个现有的市场，在这个世界里，充满了总是担心金融世界末日就要到来的投资者。

6. 重新解读——对密西西比泡沫和南海泡沫的新解

这2次投机的金融动态在形式上惊人地相似。政府的默许和纵容是这2次策划的关键。在这2次投机中，每一次投机都牵涉到一家公司通过企业兼并或者获取政府债券来谋求其资产负债表的迅速扩张，公司通过连续发行的股票来融资并给予政府巨额报偿。随着价格的节节攀升，上市的股票不断出现新的高潮。但股价下跌时，最后一波股票购买者损失最为惨重，而最初的股票购买者一般都获利丰厚。

只要知道金融政策里的重要变动以及密西西比公司股票与皇家银行纸币的发行之间存在的内在联系，人们就会更容易理解密西西比公司股票价格下滑的原因。股票之所以最后下跌至最初的发行价格，是由于劳的大权旁落以及他的对手的接管造成的，他的对手的目的就是摧毁密西西比公司。

约翰·劳承诺的扩张从来没有成为现实，这并不意味着当时的经济产生了现代意义上的泡沫。毕竟，一种令人信服的经济思想在实践中失败了，这不是最后一次。一个又一个具有相当地位的现代经济学家小组把凯恩斯的经济理论——供方经济学、货币主义、固定汇率管理法、浮动汇率管理法和对资产市场的理性期望的信念——描述为因会引起重大灾难而失效的计划。

只有在某种经济理论经过实验运行以后，投资者才能知道这种理论是否有缺陷。投资者把随之而来的崩溃和他们在事发后的愚蠢行为归因于泡沫，这种判断不应该使经济学家对这种事件的解释搞混淆。根据现代经济学的定义，这种事件从市场基本面的基础上是很容易解释的。金融运作想要取得成功，就需要从投资者那里获得一定程度的持久的信赖。金融是所有理论解释的急先锋。在任何作为杠杆作用的购空存货或者公司物品中，首先是股票价格涨得很高，紧随其后的是逐渐扩大的收益。如果这个计划是为短期基金融资，当投资者突然对那个计划失去信心时，他们就可能将一个潜在盈利的项目变成一个无力偿还债务者。

约翰·劳的失误在于，他认为日渐加速的价格的暴涨与他的理论预测不一致。他启动的通货缩胀方法类似于现代经济中任何试图消除过多的债务负担而采取的调整政策。由于计划中股票价格的下跌和他大权旁落造成的随之而来的股价暴跌，他的实验因被冠上"泡沫"而声名狼藉。

 拓展阅读

郁金香原产于小亚细亚，1593年传入荷兰。17世纪前半期，由于郁金香

被引种到欧洲的时间很短,数量非常有限,因此价格极其昂贵。在崇尚浮华和奢侈的法国,很多达官显贵家里都摆有郁金香,作为观赏品和奢侈品向外人炫耀。1608年,就有法国人用价值3万法郎的珠宝去换取一只郁金香球茎。不过与荷兰比起来,这一切都显得微不足道。

  当郁金香开始在荷兰流传后,一些机敏的投机商就开始大量囤积郁金香球茎以待价格上涨。不久,在舆论的鼓吹之下,人们对郁金香表现出一种病态的倾慕与热忱,并开始竞相抢购郁金香球茎。1634年,炒买郁金香的热潮蔓延为荷兰的全民运动。当时1 000美元一朵的郁金香花根,不到一个月后就升值为2万美元了。1636年,一株稀有品种的郁金香竟然达到了与一辆马车、几匹马等值的地步。面对如此暴利,所有的人都冲昏了头脑。他们变卖家产,只是为了购买一株郁金香。就在这一年,为了方便郁金香交易,人们干脆在阿姆斯特丹的证券交易所内开设了固定的交易市场。正如当时一名历史学家所描述的:"谁都相信,郁金香热将永远持续下去,世界各地的有钱人都会向荷兰发出订单,无论什么样的价格都会有人付账。在受到如此恩惠的荷兰,贫困将会一去不复返。无论是贵族、市民、农民,还是工匠、船夫、随从、伙计,甚至是扫烟囱的工人和旧衣服店里的老妇,都加入了郁金香的投机。无论处在哪个阶层,人们都将财产变换成现金,投资于这种花卉。"1637年,郁金香的价格已经涨到了骇人听闻的水平。与上一年相比,郁金香总涨幅高达5 900%!1637年2月,一株名为"永远的奥古斯都"的郁金香售价高达6 700荷兰盾,这笔钱足以买下阿姆斯特丹运河边的一幢豪宅,而当时荷兰人的平均年收入只有150荷兰盾。

  就当人们沉浸在郁金香狂热中时,一场大崩溃已经近在眼前。由于卖方突然大量抛售,公众开始陷入恐慌,导致郁金香市场在1637年2月4日突然崩溃。一夜之间,郁金香球茎的价格一泻千里。虽然荷兰政府发出紧急声明,认为郁金香球茎价格无理由下跌,劝告市民停止抛售,并试图以合同价格的10%来了结所有的合同,但这些努力毫无用处。一个星期后,郁金香的价格已平均下跌了90%,而那些普通的品种甚至不如一颗洋葱的售价。绝望之中,人们纷纷涌向法院,希望能够借助法律的力量挽回损失。但在1637年4月,荷兰政府决定终止所有合同,禁止投机式的郁金香交易,从而彻底击破了这次历史上空前的经济泡沫。

41 《与天为敌》

彼得·伯恩斯坦

  经典速读

《与天为敌》考察了人类探索风险的艰难历程。对于投资风险，历史上一直存在2种意见：一派人坚持认为最好的决策应以过去的模式和数据为基础；另一派人则认为决策应基于对不确定的未来更大程度的主观判断。作者彼得·伯恩斯坦从古希腊、古罗马时代，以及文艺复兴时代一直讲述到现在，精妙地将复杂的投资理念诠释成风格清新的故事，描述了哲学家、数学家、科学家、思想家、商人、业余学者等是如何努力让未来服务于现在的。伯恩斯坦认为，风险与其说是一种命运，不如说是一种选择，它取决于我们选择的自由程度。

彼得·伯恩斯坦是《投资组合管理期刊》的创办者（1974年），更是一位将枯燥理论转化为有趣故事的高手。他的代表作有《与天为敌》《投资新革命》《华尔街经济学人》《黄金之史》等，这一系列著作将现实中的投资界和学术理论协同起来。

凭借自己对于历史和现行风险的出色了解，彼得·L·伯恩斯坦将《与天为敌》奉献给世人。它对于金融世界来说是一本独一无二的好书，我非常认真地断定，没人该错过它。

——加尔布雷斯

一本针对概率、充满野心、可读性强而又趣味盎然的入门书，伯恩斯坦把人们从迷信与宿命论的桎梏中解放出来。

——《纽约时报》

41《与天为敌》

生活总是有很多的偶然性,但把这个真理表述成数学模型则是最近的事情了。这样做的结果令人震惊——概率理论在桥梁建设、金融衍生产品和对冲基金交易等各个方面都起着重要作用。

——《财富》

 内容解读

1. 风险控制——计算精确的风险概率

关于风险控制的问题,彼得·伯恩斯坦是通过例子来说明的。

"二战"时候,德军轰炸莫斯科,一位苏联的统计学教授第一次出现在了避难所中,而之前他从来不愿意躲进避难所,"莫斯科有700万居民",他过去经常这样说,"有什么理由相信炮弹会偏偏击中我?"因此人们对于他的出现十分惊讶,纷纷询问他什么改变了他的想法,"莫斯科有700万居民,只有1头大象,昨晚那头大象被德军炸死了"。

风险控制的难度不在于统计学即1/7 000 000,而是谁是那唯一的一个,对于每一个人而言,被炸的事件既可以是1,也可以是0。首先进行发生概率衡量,即被炸的可能性是1/7 000 000,似乎没有什么可担心的;其次风险后果衡量,如果是1,那么意味着我们无法承担的结果,于是无论这个概率多么地微乎其微,也必须采取措施。

假设一个人打保龄球,第一次你将一个保龄球随机地扔到了另一头(先验概率),然后你再随机地将剩下的保龄球一个一个的扔到另一头,并且计算每一个保龄球击倒木柱的概率(后验概率)假设每一次最多能击倒一个木柱。

(1)通过先验概率是否可以大致确定后验概率?

(2)假设后验概率的样本足够大,是否可以反推先验概率?

书中,还有关于此的以下精彩论述。

(1)万事万物可能发生的双重性:当必须作出有风险的选择决定时,过去事件发生的概率可能与原来坚定的观点发生抵触。

(2)大多数预测的精确性依赖于人们作的决定更甚于依赖于大自然做的决定。

(3)如果你赌今天的正常会无限期地延长到未来,那么会比你跟随大多

数人行动更早致富，也面临更小的破产风险。然而，每天都有许多投资者因为情绪波动不能低买或高卖而违背了这个建议。他们为贪婪和胆怯所驱动，跟着大多数人行动，而不是在经过自己思考之后再决定。

（4）对概率正确估计的检验即是结果，平均来说与事实相符，我们使得这种计算在所有的普通生活事件中或多或少是精确的。

（5）风险管理的实质就是把我们能控制结果的领域最大化，而使我们无法控制结果的领域变得最小，因果之间的联系就隐藏在我们周围。

（6）风险管理是一项实践活动的认知依赖于一种简单的陈词滥调：即当我们的世界被创造出来的时候，大家都忘记创造确定性了。我们从不敢确定：我们总是有着某种程度的无知。我们所拥有的大部分信息既不正确也不完整。

2. 风险偏好——不同的倾向带来不同的影响

根据彼得·伯恩斯坦的习惯，我们还是首先用例子来做说明。尼古劳斯假设：两人 A 和 B 投掷硬币赌博，A 投掷，如果没有出现头像，就要给 B 一笔钱，第一次投如果没有出现头像，需要给 B2 美元，第二次还没出现，给 B4 美元，第三次投如果还没有出现，给 B16 美元……如果连续投掷几次，都没有出现头像的一面，那么 A 需要给 B 支付 2 的 2n–1 次方美元。假设 A 连续扔了 10 次都没有出现头像面，那么他需要向 B 支付 524 288 美元（这是一个天文数字）。

假设你是风险投资家，B 向你出售他的权益，那么你如何给 B 的这种权益定价？要知道这很可能让你在短短几分钟内成了宇宙首富。（尼古劳斯假设没有涉及另一面，即假如出现头像并且越早出现头像，B 会损失些什么，否则 A 怎么和 B 能玩呢？）

企业估值的重点不在于我们能得到什么（盯着 IPO 的倍数是错误的），重点在于我们得到的可能性是多少，如果得不到会损失些什么。得到 524 288 美元的概率是 0.09%，0.09% 的情况下可能让你成为宇宙首富，假如你现在是世界首富，你需要支付你现在所有的资产去购买 B 的权益，也即 99.91% 情况下你可能从世界首富的位置变得倾家荡产，你愿意吗？

人类对风险的偏好互不相同，这是我们真正的幸运。

我们要清楚两派之间的持续斗争为标志：一派坚持认为最好的决策以由过去模式决定的限制和数据为基础；另一派的决策则基于对不确定的未来更大程度的主观信仰。这是一对从未解决的矛盾。这可以浓缩为一个人认为过去在多大程度上决定未来的观点。

亚当·斯密——一个研究人的本性的出色学生——把这种动机定义为:"大多数人对自己的能力和自己会有好运的愚蠢假设的过分自负"。尽管斯密敏锐地意识到,人类喜欢承受风险的倾向有利于促进经济的发展,他仍然担心当这种倾向性失去控制时会对社会产生不利的影响。

凯恩斯也曾说过:"如果人的本性对于碰运气毫无兴趣的话,在人们仅仅冷静地进行一下计算的情况下,将不会有如此多的投资活动。"

3. 风险论述——风险管理发展史

伯恩斯坦的《与天为敌》就是一部简要的投资风险管理发展史。

伯恩斯坦认为,人类因对未来充满变数,产生心理不安;从文艺复兴时代起由赌圣卡达诺的"机会游戏论"研究掷骰子的概率,几何家帕斯卡尔与律师费玛联手创造"或然率理论",丹尼尔·伯努利主张的"理性行为典范"认为财富少量增加带来的满足感,高尔顿发现"趋均数回归",早慧天才的高斯所出版的"数学专论""运动论"及马福将白努里叔侄所提出的或然率问题,以微积分与帕斯卡尔三角(二项展开式)增补"概率学说"证明左右对称的"常态分配"或称"钟形曲线"等论著,推演着风险管理观念的进化史。使风险管理观念由"蒙受损失的可能"变为获利的良机,从"命运"与"原初设计"变成以或然率为根据、面面俱到到未来预测,从人类原有无助中找到抉择的方向。

然而风险是不可避免地存在,再精密的风险管理也都会存在盲点。自然界冥冥之中有一定的规律,但并不是每件事都是一样,似乎乱中有序;人类因历史的演进推演出很多理财的应用工具,但每件事物在进行的过程,永远存在着不连续性、不规则性,波动的外貌似乎非但没有减少,甚至反而还愈来愈多。甚至研究自然法则的科学家都不得不承认除了要研究自然的规律外,还得要和不可理喻的自己相搏斗。人类的行为模式并不在研究风险管理的专家学者所研究的范畴,甚至把人类的本性加以简化来推论风险管理工具的适用所在;因此风险管理工具存在着无法以综观全局,以多方面比对原因,再下结论等先天上的应用盲点。

为了最大限度地克服分割线管理的盲点,现代风险管理工具正在不断完善中。我们知道,伴随着各时代风险管理的演进,推演产生新的投资组合等衍生商品,衍生商品的诞生又促使风险管理工具推论逻辑的成熟。又因信息科技的发展是依风险管理工具推论逻辑来设计,所设计的信息系统更易于收集数据分析结果,再下最后的决策。但别忘了数据的来源来自已发生的过去事实,用之于未来终究有因时空环境变异产生的失误。这是应用现代新发展的风险管理工具的投资理财从业员与企业的经营者，不可尽信数据的缘由。虽然数据比直觉更可靠，但因管理风险工具无法综观全局，需注意每件事物未知的未来，仍存在不连续性、非线性产生的现象。

拓展阅读

彼得·伯恩斯坦1915年出生于纽约一个中产阶级家庭，父亲也从事金融工作。可以想象，天资聪颖加良好的家庭背景，伯恩斯坦几乎是没有悬念地进了哈佛，以极优等的成绩取得了经济学学士学位，毕业后即在联邦银行纽约分行谋得了一个研究员的职位。1年以后，珍珠港事件爆发，伯恩斯坦放弃了工作加入美国空军。

第二次世界大战后，伯恩斯坦在大学教过一段时间经济学，随后在纽约一家商业银行做信贷员，评估借贷者的资信。他后来提到，这段经历使他开始了解和学习什么是风险。

1951年，伯恩斯坦的父亲去世，他接管了他父亲的财富管理公司。当时他管理的资产就高达数十亿美元，到1967年该公司被出售的时候这些资产已经增值十余倍。随后他依旧作为管理者继续工作于该公司，直到1973年他以自己的名字创办了一家资产管理公司。

在从事资产管理实践的同时，伯恩斯坦对学术的兴趣日益浓厚。在创办公司1年后，即1974年，他就创办了《组合管理》杂志，为学界和投资者之间的沟通提供了一个平台，并借此发展了有效市场理论和组合管理的策略。

伯恩斯坦曾在英国《金融时报》发表过一篇《投资的核心》的短文，描述不确定性始终围绕着我们，其中不乏警句般的文字：

"在投资者头脑比较冷静的时候，投资者知道他们没有能力预知未来。然而，在处于极端恐慌或狂想的心理状态下时，他们对其预测变得非常大胆：他们的行为使人感觉好像不确定性已经消失了，结果是毫无疑问地一样。现实突然转变成了那个假想的未来，其中结果是已知的。这种情况是很少发生的，但他们也是难以让人忘记的：市场的大起大落就是由投资者的心理从怀疑到确定的转变形成的。

"历史给我们留下了非常多的有关市场行为的教训，尽管如此，以延伸不可重复的过去的长期因素适用范围方式来预计长期期望收益是非常危险的。尽管没有人会怀疑老摩根的推测，即资本市场永远是在波动的，但是并没有事先确定的市场必定会恢复到的均值。在20年或者30年中收益率即使只有1~2个百分点的差异，也会造成最终财富的巨大差别。

"投资不像许多其他的领域：因为不确定性是根深蒂固的，大多数的胜利都会属于乌龟，而不属于兔子。"

42 《成事在天》

纳西姆·尼古拉斯·塔勒波

经典速读

纳西姆·尼古拉斯·塔勒波是安皮里卡资本公司创办人，也是纽约大学库朗数学研究所的研究员。曾在纽约和伦敦交易多种衍生性金融商品，也曾在芝加哥当过营业厅的独立交易员。2001年2月他正式成为衍生性金融商品交易战略名人堂的一员，获得沃顿商学院MBA学位和巴黎第九大学的博士学位。

塔勒波指出：在基因上我们仍和未开化的土著人很接近。我们信念的形成，充满着迷信——即使现今也不例外（或许必须说，尤以今天为甚）。某一天，原始部落的某个人抓了鼻子之后不久，雨开始下了。于是他煞费苦心，发展出一套抓鼻子祈雨的方法。同样地，我们会把经济的繁荣归功于联邦储备委员会降低利率；或者一家公司经营成功，竟和新总裁"走马上任"有关。类似风马牛不相及的事件屡屡被我们扯上联系，导致我们在人生的重要抉择关头步步踏错，先机尽失。

生活中随机性无处不在。即使是专业的数学家，并精于概率的计算，也往往会被随机性所捉弄，塔勒波最后建言：我们虽然无法避免随机性，但可以学着接受它。

《成事在天——机遇在市场及人生中的隐蔽角色》是一本实用的书，股市的随机现象最为典型，大起大落只是发生在须臾之间，但是借鉴塔勒波的操作手法，投资者将能有效避免风险，并在"黑天鹅"出现时大赚一笔。

人的本性经常低估随机现象，我们很需要这样的书。妙趣横生、清新隽永且独具一格，令人玩味无穷。

——罗伯特·希勒 畅销书《非理性繁荣》作者

本书除了合乎数学原理，读来也趣味盎然、信息丰富，适合一般读者。作者以生花妙笔向不是专家的读者解说，为什么数学重要，以及数学是什么。

——多纳德·杰曼 约翰·霍普金斯大学概率论教授

本书常识性知识俯拾即是。如果你是交易员、科学家，或者哈佛律师，本书必读。

——罗·威尔莫特《衍生性金融商品》作者

简单一句话：这本书让人看得入迷。埋首其中，你对生命（以及你的钱财）的了解将大为增进，这可不是随机性的结果。

——伯恩斯坦 彼得·伯恩斯坦公司总裁

内容解读

1. 3个要点——偏态、存活者偏差与路径依赖

（1）偏态。概率分布上的不对称，黑天鹅事件的出现就是最典型的偏态。其现实意义就是失败的代价过于沉重、难以承受，那么这件事成功的概率有多高都无关紧要。比如说，在美国，在自家游泳池里淹死的概率远远高于恐怖袭击中死亡的概率，但民众对反恐政策的关注远高于游泳池，就是由于恐怖袭击概率虽然小，但其出现的后果是民众不能承受的。

（2）存活者偏差。由于我们只看到成功者，而由此形成对机遇的歪曲看法。比如说我们认为长得漂亮的人薪水比较高，其实是我们只会注意那些薪水比较高的人，或者说那些薪水比较高的人容易引起我们的注意罢了。

（3）路径依赖。有点像物理学上的惯性，人们过去的选择决定了他们现在和未来可能的选择。索罗斯这类金融大鳄就完全不受过去行为的束缚，摆脱了路径依赖，每一天对他来说都是一张白纸。这一条是最让人产生兴趣的。

什么是路径依赖？路径依赖就是人们在头脑中被固化了的事物的因果关系，比如当你感到口渴了就会去喝水后不渴了，那么以后每当口渴了都会去喝

水。换句话说就是思维定式。

路径依赖的作用。它的好处是节约时间，提高效率，人们可以根据现成的模式来处理事情。比如学生学习已有的知识就是路径依赖最好的例子，不用自己去探索那么多前人已经获得的知识和经验，可以在较短的时间内掌握大量知识，现在的一名大学生虽然很年轻但他的知识会比几百年前的大师的知识量要大得多。再比如，棋类比赛中，高水平的棋手之所以能下出高质量的棋，就在于他积累了大量前人的棋谱，可以在头脑中随时调出，来和现在的棋局相比较，只需要在几个选择之中作出判断。而新手则要在几十个选择中作出判断，并且判断的质量还成问题。

路径依赖应用的范围。路径依赖的有效范围是在所有情况都已经清楚，并做出过验证的情况下最有效。如果不能查清所有的情况并作出过测试，那么就会出现偏差，比如，已经有1万只天鹅是白色，而天鹅的数量超过1万只，则不能推断出没有黑天鹅。这也是为什么国际象棋冠军最后没有下赢深蓝的原因，虽然他的脑子里有许多高质量的棋谱，而深蓝的存储器中有所有的棋谱，深蓝在容量上超过了人类，所以赢得了胜利。而没有计算机下赢围棋高手的原因在于围棋的变化远大于国际象棋，围棋的棋谱也远少于国际象棋，计算机无法在存储容量上超过人类，而计算机又无法像人类一样进行推理，所以计算机现在还赢不了围棋，但以后一定会赢。当不能查明所有路径时，这时路径依赖就有问题，而推理、逻辑、新的路径尝试就会发挥作用。

路径依赖在金融领域的作用。金融领域有没有路径依赖？在绝大部分人身上肯定有。比如有人喜欢买蓝筹股，有人喜欢买小盘股，有人喜欢买垃圾股，有人喜欢看某个技术指标，他们都认为自己在此方面有较强的能力。而实际上他们都是偏差存活的例子，可能以前他们比较成功，但很可能是一种巧合，因为也会有人和他们有一样或不一样的喜好，而他们却没有成功，而有些不成功的人则不断进化他们的模式。但现实情况是，金融市场上发挥作用的因素太多，人们无法把所有因素及它们产生的影响精确地计算，再加上人类心理作用会发挥很强的雪崩效应，市场经常处于不可预测的状况。所以巴菲特主要研究企业，索罗斯空多念头反复无常，就是因为他们了解市场的不可预测性。合理的做法是确定几个最有效的路径，判断正确的形式，来作出选择。所以巴菲特说，只有在市场极高或极低时，他才知道。还有一个方法是，看影响市场最重要的因素是什么，比如上次是4万亿入市，那么，市场一定是资金推动型，而不是业绩型，所以资源类、小盘股涨幅较大，而目前是股指期货占主要原因，那么下跌是主因，大盘股下跌是主因。但什么是影响市场的主因，往往事后才能看出。

2. 投资需要运气——投资离不开不确定性的因素

导致极端成功的最经常原因是运气使然。如果有人把不计其数的一群猴子放在一些打字机跟前，让他们胡乱敲击键盘，其中肯定有一只猴子会打出一篇一字不差的《伊利亚特》。塔勒波指出，我们倾向于把所有可能的随机历史中真正实现了的那个当成最具代表性的一个，而忘记了不会有其他的。表现最突出的事例最为人所注目，而失败者根本不被显示。

全球60多亿人口出了一个巴菲特、一个彼得·林奇，他们也只是打字机上的那只神猴而已。即使您完全领悟了巴菲特和彼得·林奇的投资方法，您成为第二个巴菲特和彼得·林奇的概率也是非常非常低的，或者说几乎是不可能的。

为什么几乎没有人能够长时间连续战胜大盘指数，绝大部分人成为失败者是十分必然的事情。您如果想成为打字机上的那只神猴，除了您自身的无限努力外，还需要祈祷极其好的运气永远伴随着您。

欹斜：一件事情不管多频繁地获得成功，但如果失败一次的代价太沉重，那么它就没有意义。控制风险的重要性。

大部分人总是被随机性愚弄，如果不及时止损，就彻底成为傻瓜。做事情要用心，但是成功也多少要取决于运气。

投资需要运气——《成事在天》说的运气是投资过程中的很多东西具有不确定性、偶然性，我们要善于利用世界的不确定性来控制我们的风险和实现投资组合的盈利。

塔勒波是美国著名的对冲基金经理，在投资交易圈中很有名气，善于针对金融危机和偶然事件进行投资，并且建树非凡。

他的思想和投资大师索罗斯源自一脉——伟大的哲学家波普尔。

他们的哲学思想认为：归纳法总结出来的规律有缺陷，事物的发展有很大的不确定性，在我们的日常生活中要善于去证伪，只有能证伪的事情才是真理。

而我们的投资要从善于证伪和不确定性中寻找机会。

天鹅没有黑色的。因为很多人观察过我们的现实社会，可能观察过4000多只的天鹅，没有找到一只是黑色的。所以，我们说"天鹅都是白色的"，后来人们在澳大利亚发现了一只纯黑色的天鹅，结果，"原来天鹅是白色的"的规律给颠覆了，黑天鹅颠覆了过去深入人心的"天鹅是白的"的定律。

从来就没有什么定律，有的只是大家通过归纳法得出的结论，但是这个结论并不一定是对的,假如出现反例能推翻这个结论的时候,那造成的影响将是巨大和深远的。

金融投资往往更是如此。往往小概率事件的出现给市场造成的是剧烈的震荡,有可能是巨大的风险,也可能是伟大的投资机会。

3. 黑天鹅——努力利用稀有事件

塔勒波说:"有一次,有人请我发表对股市的看法。我说,我相信下个星期市场有很高的概率会略微上涨,大概70%。这显然是铿锵有力的意见。接着有人插嘴说:'但是,纳西姆啊,你刚刚才吹嘘你大量放空标准普尔500指数(SP500)期货,赌市场会下跌。是什么原因使你改变想法?''我没有改变想法!我那么赌可是有很强的信心!(大家笑了起来)。其实,我现在还想多放空一些!'会议室内的其他人看起来丈二和尚摸不着头脑。战略家问我:'你到底是看涨(牛市),还是看跌(熊市)呢?'我回答说,除了动物学上的意义,我不懂'牛市'或'熊市'的意思。就和前例中的事件A与事件B一样,我的意见是市场上涨的可能性比较高(我看好后市),但最好是放空(我看坏结果),因为万一市场下跌,它可能跌很多。"

塔勒波甚至在书中向投资者提出了这样的问题:假使读者接受我的意见,也就是下个星期市场有70%的概率上涨,30%的概率下跌。但是再假设如果上涨,只会涨1%,下跌则可能跌10%。这么一来,读者要怎么做?是看好呢,还是看坏?

因此,"看好"或"看坏"这两个名词,是不必在不确定性状况下做事的人,例如电视评论员,或没有处理风险经验的人使用的。投资人和企业要赚的不是概率,而是白花花的钞票。因此对他们来说,某个时间发生的可能性多大并不重要,重要的是那件事发生时能赚多少钱。利润出现的频率有多高并不重要,结果多少才重要。

在这里还要指出一点,那就是黑天鹅事件也有正面黑天鹅和负面黑天鹅之分,正面黑天鹅是指小概率的正面事件的影响,负面黑天鹅是小概率负面事件的影响。正面黑天鹅往往是发展缓慢,影响力逐步显现,负面黑天鹅发展非常迅速,影响力大。投资者应该区别对待。

4. 风险制止——为投资留下余地

塔勒波在《成事在天》中分析了投资风险制止的问题:一件事情不管多频繁地获得成功,但如果失败一次的代价太沉重,那么它就没有意义。

塔勒波指出,市场中有一类交易员,经常赔钱,但赔钱的金额很小,他们不常赚钱,但赚钱的金额很大。他们根据从一些观察中得到的想法进行交易,他们会采取措施以确保如果他们弄错了的话,损失会限制在最小的范围内。一旦证明他们的想法是错误的情况出现,他们就会中止交易,这叫止损点,这是个预先确定下来的退出点,是一种防范偶发事件的措施。

　　大部分人总是被随机性愚弄,如果不及时止损,就彻底成为傻瓜。

　　《成事在天》对概率的本质和归纳问题的深入讨论,加深了我们对风险的认识。投机市场上对概率和统计有一点了解的交易者,通常对历史性的结论都会有所保留。因为无论你根据的是基本分析还是技术分析,也无论你有多么充分的理由,结论都不是事先可以准确判定的。谁也无法根据过去的信息作出准确判断来消除未来的这种不确定。

　　统计结果都是归纳性的结论,先天就有逻辑上的缺陷,不能排除意外(黑天鹅)的出现。执著于方法的高下之争没有任何意义。倒是"仓位的控制"和"止损"必不可少,不容忽视。

　　资金量不同,可接受的风险不同,采取的措施也不会相同。认为止损仅仅是图表分析者的事,而与基本面分析者无关,或曰价格已经跌到生产成本附近,因而可以高枕无忧地买进无须止损必然获利的想法,实在是对基本面分析方法的误解。这和"零风险"的思路如出一辙,在理论上都犯了把归纳结论等同于演绎结论的错误,在实战操作中并不可取。

　　商品期货市场都不止一次地出现过价格跌到生产成本之下或跌穿历史底部而继续大幅下跌的情况。不要心存侥幸,事实上任何人都不能确保自己不会遇到这种情况,关键时刻唯一可以挽救自己的就是平常养成的风险意识和时刻系在身上的保险绳——那就是"清仓"和"止损"。

 拓展阅读

　　17世纪之前的欧洲人认为天鹅都是白色的,因为欧洲人没有见过黑天鹅,因此"黑天鹅"被用来指代不可能存在的事物,"所有的天鹅都是白的"就成了一个没有人怀疑的事实,一直到人们在澳大利亚发现黑天鹅,欧洲人的想法因此180度翻转,黑天鹅也变成了不吉利的象征,像是我们所说的乌鸦一样。

　　这种翻转会造成人们心里很剧烈地震荡,因为"所有的天鹅都是白的"

有数万只的白天鹅作证，但是要推翻它，只需要一只黑天鹅就足够了。也就是说，人们所习惯相信的信念、所乐观看待的事件，有可能是错的，而我们从未思考过"它是错的"所造成的后果，我们期待的破灭，竟是如此之轻易。

黑天鹅的存在寓意着不可预测的重大稀有事件，它在意料之外，却又改变一切。人类总是过度相信经验，而不知道一只黑天鹅的出现就足以颠覆一切。然而，无论是在对股市的预期，还是政府的决策中，或是普通人日常简单的抉择中，黑天鹅都是无法预测的。

2010年5月6日，美国股市道·琼斯指数盘中瞬间下跌998.5点，重挫9.2%。有消息称，当日下午2时47分左右，华尔街某银行的一名交易员在卖出股票时敲错了一个字母，将百万（Million）误打成十亿（Billion），导致道·琼斯指数突然出现近千点的暴跌。但是，美国证券交易委员会后来调查指出，没有找到美股暴跌是某位交易员"乌龙指"所致的证据。根据目前的分析，极有可能是敏感的交易系统叠加人性弱点导致道指出现"自由落体式"下跌。

最著名的黑天鹅事件受害者是盛极一时的美国长期资本管理公司，这家由诺贝尔经济学奖得主和众多华尔街高手组建的对冲基金设计了"完美"的投资组合且战绩辉煌，但由于出现了其复杂模型都难以预料的俄罗斯国债偿付危机所引发的全球市场连锁反应，招致损失惨重，最终以倒闭告终。

美国学者纳西姆·尼古拉斯·塔勒波在著作中说，金融市场是"黑天鹅"频繁光顾的领域，只是人们不知道它什么时候出现。

思考了"黑天鹅"会造成的后果（未知的未来的决定性）之后向人们提出建议：假定确实会发生糟糕的事情，你要做好准备，从美妙的突发事件中获利，尽量不要受到糟糕的突发事情的伤害。

43 《挑战风险》

多米尼克·卡瑟利

经典速读

《挑战风险》一书中,作者多米尼克·卡瑟利指出了5种风险/报酬战略奠定成功的基础:类分战略、知情人战略、技术战略、推断战略和规模战略,同时论述了来自麦肯锡公司近年来在发达市场中为大型金融机构服务的经验。金融机构常须作出如下决策:如用何种价格提供何种贷款,在何种价格下提供保险业务,在何时购、销有价证券等,这些决策实际是在风险与报酬之间的选择平衡。而风险管理对于我国各大银行、保险公司及金融机构来说,具有极为相关、现实的意义。

本书曾荣获第11届中国图书奖,非常值得一读。俗语说,他山之石,可以攻玉,国外金融市场的经验教训,对于竞争日益激烈、运作日趋复杂的中国金融市场,从长远观点来看还是有其参考、借鉴作用的。

20世纪70年代中期以来,对利率和汇率管制的取消,银行业务、股票经纪业务和保险业务之间某些界线的消失,以及新的信息和通信技术的出现,极大地改变了这个世界。更加变化无常的市场和新的竞争机会使金融市场进入了一个极度兴奋的时期。

——多米尼克·卡瑟利

正是因为在这个世界上有风险,才会有金融公司,因此,如果要发展和繁荣,这些公司必须找出风险。所以,对最优秀的金融公司而言,哪里有风险,哪里就有机遇。

——多米尼克·卡瑟利

内容解读

1. 风险防护——金融公司对付风险的3种方式和技能

卡瑟利认为，金融公司，无论是银行、证券公司、保险公司，还是投资公司，都用以下3种方式之一对付风险。

（1）金融公司吸收风险以取得报酬，例如保险公司承保地震、洪水或火灾险，或银行在贷款有希望被归还时为获取利息而放款。

（2）金融公司调节有关风险以取得报酬，例如存款收集人为我们的存款选择投资，保险代理商为承保人把风险集中起来。

（3）金融公司提供有关风险的咨询意见以取得报酬，例如，购买公司在一笔交易中所做的那样，或投资顾问在帮助我们选择股票和债券时所做的那样。

为了以这3种方式有效地对付风险，各种类型的金融公司可以发展3种关键的技能或特性，为简洁起见，我们将称其为技能。价值评估（Valuation）技能帮助这些公司识别风险，并帮助它们仅仅选择那些价格定得具有吸引力的风险。这种技能的基础是收集有关风险的信息，分析这种信息并判断是否值得出价冒风险，以及购买期权或制定摆脱途径，以备公司估价错误或风险出问题。灵活技能用于在别人下手之前，捕捉风险机会。这种组织方面的技能使金融公司能够迅速采取行动捕捉机会并适应新的情况。恢复技能用于使金融公司在遭受已成为金融界特征的不可避免的损失和挫折后，能继续存在并东山再起。恢复能力需要的不仅仅是拥有雄厚的资本基础，还要建立一个能够经受得住损失、受损后仍有勇气为利润冒险的组织。

2. 5种战略——独特方式管理风险和报酬

在卡瑟利看来，传统的战略思想着重于赢得市场份额、控制成本或为客户提供优质服务，把它们当做成功的一些关键因素。尽管我们并不贬低这些因素，但金融公司的这5种战略与此不同，因为金融公司不同于其他公司。金融公司所做的，远远超过使风险和报酬持衡，因风险遍布于它们所做的每一件事情之中。

类分战略需要大量的有关风险的数据，并运用计算机分析技能把有吸引力的风险和没有吸引力的风险区别开来。

知情人战略并不是指非法的股票交易,而是指有必要合法地从"内部"了解某些风险,以便理解这些风险。此种战略主要运用于这样一些市场,这些市场上存在着独特的风险,需要作出判断以便把可以承担的风险与不可承担的风险区别开来。

技术战略需要大量的有关交易的历史价格信息,并利用计算机分析找出可以用来预测未来价格的价格变动图。

推断战略对外部世界的各种力量进行研究并作出判断,对未来的证券价格作出预测。

规模战略纯粹依赖规模取胜。

3. 管理方式——风险管理的识别和平衡

金融机构之所以存在,是因为现实经济生活需要这样一种机构来吸收风险、充当风险的调节,并提供有关风险的咨询意见。风险的存在为金融机构获得盈利提供了机会,但是只是对于那些能够很好地平衡收益和风险的机构是这样。

那些没有掌握良好的识别和管理风险、平衡风险和收益关系的金融机构,该怎么办呢?看来要么是不知不觉地陷入灭顶之灾,要么还是及早请卡瑟利这样的专家来做管理咨询吧。与管理咨询公司打过交道的人们常常会批评说,他们只是拿着管理公司内部已经建立起来的一个统一的分析模块来对不同的企业比比画画,充实一点每个不同企业的具体材料到他们预定的框架中,就是他们用来换取高额管理顾问费的咨询报告了。这实在是一种误解。

随着中国经济的发展,产生了种类越来越繁多的金融机构,银行、证券、保险、基金,它们的金融管制只是在逐步开始放松,这些行业面临的竞争和冲击才刚刚开始,在坚冰覆盖大地的时候,他们随便转转也不会陷到风险的大水坑中,生活还是比较悠闲自在的;但是坚冰在开始融化,是开始要考验它们识别和控制风险、平衡风险和收益能力的时候了。幸好,卡瑟利给它们提供了这样一本简洁易读的及时的读本。

即使在实施5种战略(类分战略、知情人战略、技术战略、推断战略和规模战略)之一的过程中通过运用3种技能(价值评估技能、灵活技能和恢复技能)能够掌握风险,进入公司的经理还是得从一点一滴做起,经营和管理好公司。风险可能是其关注的要点,但他们不能忘记其他公司所面对的问题。不过,金融公司用以对付它们所面临的组织上的、信息技术上的、定价、成本和资本管理方面挑战的方法,仍应受它们决定实行的风险和报酬战略的驱动。

4. 防患于未然——风险是潜在结果的易变性

卡瑟利提醒说，金融公司越来越多地被风险所包围，而这种风险是长期累积的结果。

20 世纪 80 年代末至 90 年代初，损失浪潮削弱了一些主要国家的金融体制，显示了这 5 种风险有多么严重。但这只是事情的一半。实际上，风险不只是有可能遭受损失。观察一下市场上的变化就会发现，真正的风险是不了解未来。即使行情下跌，若能预先知道这点，也可以对此有所防范，甚至可以从中获利。因此，风险是潜在结果的易变性。行情可能下跌，也可能上涨；信用可能恶化，也可能恢复；经营可能破产，也可能比其他任何人经营得更好；环境因素可能起阻碍作用，也可能起促进作用；公司职员可能犯错误，也可能表现得很出色。正如风险使金融公司不同于其他类型的公司一样，在赚钱过程中风险也把金融公司同其他类型的公司区分开来。金融公司的特别之处，正是以下这种大悖论：要赚取收入丰厚的回报，它们必须寻找风险。

正是因为在这个世界上有风险，才会有金融公司，因此，如果要发展和繁荣，这些公司必须找出风险。所以，对最优秀的金融公司而言，哪里有风险，哪里就有机遇。但对较弱的金融公司来说，则意味着遭受损失。

5. 理解风险——风险认识与定价和差异

卡瑟利认为，市场可能不是有效的，但机会却只为某些人而存在，而不是为所有的人存在。

金融市场缺乏效率意味着，在每一个市场上，竞争者理解风险和为风险定价的能力存在着很大差异。造成这种状况的原因是，竞争者对市场上风险的认识存在着很大的差别。或许，思考这一问题的最简单方法，是把风险分为 3 类：未知的和难以测定的风险；已知的但仍难以测定的风险；已知的并可加以测定的风险。在任何特定的市场上，人们很快就会发现，对同一风险，不同的竞争者有不同的认识。最优秀的竞争者了解业务中的所有风险，并能很好地测定它们；最差的竞争者不了解所有的风险，即便对所了解的风险，也不能准确地加以测定。介于以上两者之间的大多数竞争者，可能对大多数风险有所了解，但在准确地测定风险方面有困难。

对风险的认识能力会随着时间的推移而增强。开始时，对所有人来说是未知的和难以测定的风险，经过一段时间之后会成为已知的、但仍难以测定的风险，之后，在有了更多的经验和作了进一步的研究之后，风险就成为既是已知的又是可以测定的了。

由此，我们可以较清楚地看出，在金融风险市场享有竞争优势的基础主要是，在所选定的市场上要能比竞争对手更好地理解和测定风险。在一个又一个市场上，赢家都是这样一些人：他们抢先竞争对手一步能认识和测定风险。如果风险对多数人来说是未知的和难以测定的，那么，那些至少是意识到了新风险的少数人便享受明显超过其他人的优势。接下来，如果大家都意识到了风险，但只有1~2个人能够较准确地测定其强度，那么，后者便享有超过其他人的竞争优势。最后，如果大家都能辨别并测定风险，那么，能够最准确地测定风险的少数人，将能把价格定得最为精确，并知道以这种低价格应选择哪些贷款、保险机会或证券是明智的——而且知道哪些要加以避免。

6. 战略划分——关于5种战略的具体叙述

（1）类分战略。可运用于或许有许许多多风险要考虑的情况，因而要求对交易市场上的各种风险有较多的了解，然后，避免高风险的情况，或对高风险的情况收取巨款，并积极寻求低风险或高利润的情况。特别是，类分战略要分析大量的"硬"数据。

赢家是这样一些人，他们能够通过运用复杂的类分技能，来增加其营销收入，并降低其信用损失。

在消费者市场上，这意味着，许多竞争者已变得十分老练，那些不老练的竞争者最终得到的将是没有吸引力的风险，或不得不花费巨额款项去吸引消费者，因为其营销太没有针对性了。获胜的竞争者对市场的每个部分了解得越是透彻，新的进入者或不熟练的竞争者越是必须准备遭受重大损失……在未来的年代里，大规模市场金融服务将越来越依靠把这些风险和报酬管理技能融合进类分战略之中。

（2）知情人战略。在无法进行统计上有效类分的所有情况下，需要具有某种特别的洞察力，获胜的金融公司通常因为成为享有特权的知情人而具有这种洞察力。在受管制的市场（此种市场旨在为所有的投资者提供平坦的比赛场地）之外运用这种方法时，它便不是非法的；正相反，在日常吸收金融风险和充当金融风险调节人的业务中，每一个人都认识到，比赛场地不是平坦的，获胜之道是发现"不公平"的优势。

（3）技术战略。卡瑟利认为，技术战略在促使世界上各交易市场更加高效率地运转方面发挥着重要作用。通过找到和运用把市场价格变动联系起来的方法，技术战略实施者可以增加跨市场投资和跨边境投资的容易程度和吸引力，从而使资本流向需要资本的地方。但正如我们已经看到的那样，技术战略并非只是给社会造福；它们还会带来巨额利润或亏损。

（4）推断战略。推断战略运用于市场上的投资与交易世界中，是通过分析性研究来推断未来。遗憾的是，此种分析常常是凭经验进行的分析，最终需要作出许多判断来采取最后的行动……而推断战略则依靠研究过去来推断未来……推断战略却总是包含有许多艺术的成分。

在上述各种情况下，金融公司也许都对过去作了广泛的研究，但它们最终却要依靠领悟未来的能力作出判断。与技术战略形成对照的是，推断战略依赖于对诸如经济趋势、公司盈利能力和利率这样的基本情况进行分析和判断。

（5）规模战略。规模战略包括利用某一公司的活动范围、广泛的业务和资本基础，来进入某一市场或在已进入的市场上站稳脚跟并发展壮大。开始时，规模战略会导致回报下降，迫使竞争对手退出目标市场，或至少将其活动限制在目标市场上的一个窄小范围内。

规模战略要求一家公司经受得住周期性损失，而后能保持或增加市场份额并增强盈利能力。

7. 规避风险——如何避开潜在风险的灾难

金融公司避免灾难的最有效方法，首先是只参与这样一些市场的竞争，在这些市场上，它们拥有或可以发展真正的优势，从而利用风险赚取利润。它们应选择自己可借助于所掌握的风险/报酬技能而展开竞争的领域，然后根据所选择的风险，确定最适当的战略手段。选择合适的市场并在这些市场中选择合适的战略，是避免灾难的最有效的方法。

卡瑟利最后总结说，考察一下招致重大损失的情形，可以为力求避免灾难的银行、证券公司和保险公司提供7个极为重要的教训：①避免旅鼠式行为；②避免孤注一掷；③保持流通/清偿性；④深入研究新市场；⑤谨防给予一两个人过大的冒险权；⑥设置并注意遇到麻烦的警告信号；⑦一定要既衡量利润，又衡量风险。

 拓展阅读

面对各种保本、保息以及高利率、高回报等诱惑，要正确分析这些产品是不是真正适合自己，避免盲目行为，在这一点上，投资者不妨学习一下动物

的理财方式。

  狮子的理财分工。狮子在家庭理财上有着严格的分工，公狮负责圈地，看到一块没有被其他狮子发现的土地，先撒几泡尿表明土地所有权，然后由母狮在领地内狩猎，捕到猎物，公狮母狮一起享受。男人应该像公狮一样，积极去发掘新的领地，努力创造财富，女人则应当学习母狮，把男人创造的财富打理好，别让家庭资产流失，这样，夫妻共同努力，才能分享创造财富和科学理财带给他们的美好生活。

  兔子的分散风险法。兔子是弱者，为了生存，通常要在觅食区域内挖多个洞穴，这样万一遇到敌人，可以就近藏到一个洞穴里，从而确保自身安全，这就是人们常说的"狡兔三窟"。理财生活中，可以学学兔子，多选择几个投资渠道，比如追求稳健可以选择储蓄、国债和人民币理财，追求收益可以投资房产、信托和开放式基金，并且要根据形势及时调整和选择更好的"洞穴"，这样可以最大限度地化解风险，提高理财收益。

  豹子会计算成本。豹子不仅胆大，而且心细，对一些事情还会"分析"和"思考"。豹子捕猎时，会考虑自己的付出是否值得，它对兔子之类的小动物往往不屑，因为它知道追一只兔子和追一只鹿所消耗的热量成本是相当的，所以在付出同样成本的情况下，它会选择物超所值的猎物。人类理财也应这样，如果投资期限、风险等要素大体相当，应尽量选择收益高的投资方式。比如，国债和储蓄的风险性相当，但收益却有一定差距，这时应经过计算分析后，选择回报高的投资方式。

  田鼠最会储蓄。田鼠的智商非常高，秋天它知道趁机储备粮食安全过冬。通常情况下，一只田鼠需要储备七八斤甚至十多斤粮食，而运送和储存这么多的粮食要花费很多时间和精力，但它们却非常专注、乐此不疲。随着人们收入的提高和消费观念的转变，"月光族"越来越多，花钱如流水肯定很潇洒，但到了用钱时捉襟见肘也非常尴尬，所以只花钱不攒钱的年轻人应学学田鼠提前计划、积谷防饥的理财思路。

  狼最注重稳健。狼算是动物中最冷静和沉稳的，每次进攻前它都要仔细了解对手，先用对峙来消磨对手的耐力，然后伺机而动。面对比自己更强大的对手，狼会借助集体力量群起而攻之，所以狼在一生的进攻中很少失手。

44 《开放社会》

乔治·索罗斯

 经典速读

乔治·索罗斯是量子基金创始人。1997年金融风暴的幕后操控者,也是享誉全球的社会活动家。据说他每天在他帝国大厦顶层的办公室里研究哲学问题,偶尔会出手资本和金融市场而掀起波澜。对于《开放社会》的出版,索罗斯说"有助于澄清我的所思所想,以及我对未来的希望(和建议)。"

索罗斯既是一个唯利是图的金融投机者,也是一个具有强烈忧患意识与批判精神的经济学家。在本书中,作者分析了资本主义制度和全球资本主义体系所存在的缺陷与危机,指出了西方主流经济学——微观经济学"供需均衡理论"的谬误。同时作者认为,市场价值不能取代社会价值,用市场机制来解决社会和政治问题也是导致金融危机的一个重要原因。他主张建立一种不完美、但可能被不断改善的社会——开放社会。

> 作为一个市场参与者,我关心的是市场价值,即追求利润的最大化;作为一个公民,我关心的是社会价值,即人类和平、思想自由和社会正义。
>
> ——乔治·索罗斯

> 如果你经营状况欠佳,那么,第一步你要减少投入,但不要收回资金。当你重新投入的时候,一开始投入数量要小。
>
> ——乔治·索罗斯

 **内容解读**

1. 反射性假说——索罗斯投资哲学的基石

可以说，"反射性"概念是索罗斯投资哲学的基石。也可以这样说，不了解"反射性"概念，就不能了解索罗斯的投资哲学。当然，不了解"反射性"概念，也不能了解索罗斯的历史哲学及人生哲学。

索罗斯是这样解释"反射性"概念的："我们试图理解世界，而我们自己是这个世界的组成部分，我们对世界不完全的理解在我们所参与的事件的形成中起着十分重要的作用。我们的思想与这些事件之间相互影响，这为两者都引入了不确定的因素。这就决定了我们不能把我们的决策建立在已有的知识之上，因为我们的行为很容易产生预料之外的结果。这2种影响相互助长。我把这种双向反馈机制称为'反射性'。"反射性在哲学上被称为互动关系。

索罗斯认为，自然科学的对象，如天体的运动等是与思维无关的现象，在这里自然规律的存在独立于认知主体，"自然科学家所思考的世界是一个独立于他们思想的世界。他们的陈述属于一个世界，而他们的陈述所涉及的事实则属于另一个世界。在陈述与事实之间只有单向的一致性。这一关键特征使得事实适合作为判断科学陈述真伪的准则"。比如地球总是围绕太阳转的，并不会因为人们曾经认为是太阳围绕地球转而有所不同；但社会现象则不同，在社会现象中参与的主体是有着思维能力的人，于是思维与实在之间的关系就变得比较复杂，而不是一条单行道了，即思维服务于对实在的理解。不论承认与否，总是在一种生活处境中具有思想，即思维也构成了认识世界的一部分、实在的一部分，它在认识世界的过程中指引着我们，而我们的行动又对这个由我们这些参与者构成的环境发生影响。在这里，思维的作用是复杂和双向的，这有别于自然现象中思维和实在之间的认识论的单向反映。

因此，索罗斯认为，在社会生活中，每一个社会活动的参与者都是有思考能力的，所以思维就具有双重的作用或者说是双重的功能。消极功能或认识功能是指社会活动的参与者寻求理解他们参与的情景，希望能与实在相符；而积极功能或参与功能是指社会户外活动的参与者主动寻求并发挥其影响作用，力图根据他们的意愿来重新塑造实在。于是2种功能同时发挥作用就引导出反射性这个概念。

有研究表明，反射性理论引出的投资思维是，如果能够找到一个"引擎"

引导市场或启动某个趋势,这种趋势会影响众多的参与者采取顺应趋势的交易,如果采取相同交易行为的参与者足够多、力量足够大,则趋势得以加强,而加强了的趋势又进一步强化了参与者的顺应趋势行为,并使得趋势更加加强。这种市场趋势与参与者行为的相互加强,形成一个正反馈的自激励链条。

2. 可错性假说——索罗斯投资思想的核心内容

正是因为反射性的基础是"存在着一个这样的现实,我们仅是现实的一部分,由于参与者的思维与事物的实际状态不一致,行动往往会带来出人意料的后果"。它说明了理解存在着天生的不完备性,也就是索罗斯称之为可错性的假说。

索罗斯提出了可错性的两个版本,一种是较为温和,比较有具体证据的正式版本,蕴藏在反射性概念里,索罗斯把它作为自己的批判思维方式和开放社会的依据。第二种版本是比较彻底的,它引导了索罗斯的一生。温和的可错性意思是:参与者的思维和事物的实际状态不符,于是,行动的结果往往出乎参与者意料之外。事情未必一定和预期有太大的出入,是一种可能有错。可能有错的理论基础在于承认知识具有不完备性,这就为我们打开了批判的大门,也打开了纠错的大门,既然完备是不可实现的,那么改善的空间就是无限的。而索罗斯讲的第二种可错性是"彻底可错性",即"所有人类心灵建构都是有缺陷的,不论这些建构存在于我们的思维深处还是以公开形式表达出来的各种学科,各种意识形态或各种体制。这些缺陷可能表现为内部的不一致和与外部世界的不一致,或与其设计目的的不一致。"索罗斯认为,所有的人类心灵建构和社会建构都是有缺陷的这个观点是不能成为一个科学假说的,原因在于我们无法指出这缺陷为何,并且我们也无法对它进行测试。就像克里特岛人埃庇米尼得斯所提出的"说谎者悖论"一样,也是不可证实的。因此索罗斯把他的可错性概念称为"暂时性假说"。

对索罗斯来说,彻底可错性版本不仅是一个抽象的理论,而且是他哲学的出发点,他以同样的热情把这一理论应用于外部世界和自己的金融活动中。他总是不断地去寻找错误,因为找到错误就意味着得益的机会。索罗斯有句名言:"当你知道错误在什么地方时,就会时常在竞争中立于不败之地。"可见,彻底可错性在索罗斯那里绝不是一种消极的理念,反而是积极进取和批判的。

"可错性"观点认为,人们(参入者)对社会现象的思维/思考作用有二重性。一方面,参入者思考的目的是寻求对客观实在的理解,总希望找到和客观实在完全相符的认知,可称为消极的认知功能;另一方面,参入者的思考又同时重塑着客观事实实在,可称为积极的参入功能。假如这两种功能同时发生作用,就称为"反射"。"反射"概念是索罗斯思想的核心概念,是其"可错性"思想的具体延伸。

对于自然科学来说,精神依赖于物质,而物质则不依精神的变化而独立存在。用科学哲学的术语讲就是,科学研究陈述精神与事实物质之间是单向的,事实是独立于陈述之外的;而对于社会现象,物质与精神则相互影响,物质可能因精神的影响而发生改变。用科学哲学术语表达就是,陈述与事实之间的关系是双向的,由于有思考能力的人不能脱离身处其中的社会来观察社会,所以人的思考及行动本身构成了新的社会事实;事实因陈述而改变,不再是纯客观的,而渗入了主观的成分。若以数学概念表达,自然科学中,只有精神是被动的因变量;社会科学中,物质和精神都可成为被动的因变量。

第一,社会现象演化的过程,实际上是一个不可重复的历史过程。例如,人们在理论研究中,无论利用多少理论上的假设条件总是有限地来刻画条件相同但时间不同或空间不同的两个实际社会或经济状态,都是不可能准确和客观的,有时甚至是差别巨大。历史事件是不可重复的!

总之,索罗斯认为,社会科学是一个错误的比喻,必须承认人类的许多行为并不受所谓无时间限制的自然法则所控制,必须防止自然科学方法的滥用。当然,认识到社会科学的限制,并不表示我们在研究社会现象时必须放弃对真理的追求,而是表明在认识反射现象的基础上,我们应有勇气探索新的研究方式。

社会经济事件可分为两类:常规事件和历史事件。常规事件的特征是,其参入功能和认知功能都不会发生具体的变化或影响,这也正是均衡分析能起作用的原因。在经济相对稳定时期,常规事件的特征相对突出,这时均衡分析容易不自觉地被采用或看起来相对有效。但这种均衡分析及其有效性的实际意义几乎没有,因为常规经济现象的分析结论,要么是那些已成为人们的"经验或习惯",要么是因制度限制下的规则行为,而变得习以为常了。所以,均衡分析脱离或改变了经济学本来的主题,理论上是"科学化"了,但却变得无实际意义了。

经济学应关注的主题,应是历史事件。历史事件的特征是反射性的,即其两种功能会同时相互作用;要认识它则必须具有"可错性"的信念基础,并把它当成历史进程的一部分。这意味着,否定经济运行中"均衡"的确定性分析或逻辑性分析;还意味着应关注经济的动态分析,特别是经济波动转折点的分析。

索罗斯彻底否定自然科学方法在经济学中的适用性,那么他是如何来进行社会经济分析的呢?索罗斯根据其反射思想,构造出了其分析的基本概念框架,他把社会经济状态分为3种类型:近似均衡、静态不均衡和动态不均衡。

近似均衡存在于开放社会市场经济,其特征是,人们的认知和参入功能之间的反射作用，表现出使思维和实在不至于分离太远的状态。这时人们能够从经验和教训中学习，并能根据主流的观点作为行动的基础，同时有一重要的过程运作其中，使得人们的偏见得以矫正。虽然完善的知识依旧无可企及，但存在一种朝向均衡的趋势。这种状态是开放社会市场经济一种特质，可看成是思维与实在之间的"常规"状态，人们一般在自己的经验中非常熟悉它。近似均衡状态虽然波澜不断，仍属经济的相对稳定状态，可与经济的"均衡"状态对应。通俗地说，就是物质、精神高度一致，两者相互适应。

静态不均衡是一种极端动态，主要存在于封闭社会高度集权的计划经济，其特征是，参入者的思考与真实情况相差很大，甚至在某些情况下，两者的差距将越变越大。这是因为一个封闭社会中，某种意识形态的偏见已并入其体制中运作，而偏见不会依不断变化的环境而自我调节。这种体制试图把实在镶进其概念框架之中，即使情况无法改善也难以放弃。在教条盛行的环境下，社会经济状况变得非常僵化，又由于缺乏矫正机制，实际情况却越来越远离人们的预期。当然，思维与实在的远离不可能无限下去，一旦矫枉过正，其冲击力将是毁灭性的，或者说经济波动将是十分剧烈可怕的。静态不均衡可以看成那些经济波动巨大、波幅震荡时对应的动态过程。通俗地说，就是过于夸大精神的作用，夸大主观能动性，从而使得精神超越、严重偏离了物质的实际发展水平，到最后不得不破坏性地回归物质，例如大跃进等。

动态不均衡是另一种极端动态，主要存在于开放社会，其特征是：开始人们思维与实在之间的差距变得含混不清，反射功能逐渐趋强，实际状态也开始变得不稳定，参入者的价值体系开始瓦解，特别是在人们价值观变化与事件之间的演变中，有一种共同的自我强化互动，事件的发展速度逐渐加快，以至于参入者的理解力跟不上而使情况的状态失控，最终演变为所谓"盛衰过程"。动态不均衡可以看成一般市场经济下，出现较大经济波动时对应的动态过程。通俗地说，就是物质精神在相互影响中有时候保持协调，有时发生偏离，偏离的时候，就是资本主义经济危机。

3. 结果背离预期——反射性理论对金融市场的解释

索罗斯认为，反射性概念和可错性假说更确切地指出了市场尤其是金融市场的本质，他把金融市场解释为一个结果背离预期的历史过程。

索罗斯认为，金融市场从属于社会学范畴，金融市场的运行受主体思想的影响，在思想与表象的相互作用之下形成独特的规律特征。在金融市场，参与者对市场的认识并进而采取的行为，会对市场的运行状态产生影响，有时甚至是显著的影响,比如在股市上经常出现的追涨杀跌,即"参与者可以用自己影响他们本人或其他参与者的决策的思想和观点来更直接地影响现实"。由于存在着一个双向反馈机制,参与者的观点和事件的实际发展进程都不可能不受其影响。在金融市场,正是由于参与者思想的影响,及金融市场表象与参与者思想之间的相互影响(即反射性),金融市场的运行规律要比自然规律具有更多的复杂性和不确定性。因而自然科学的研究方法和分析工具不能简单地移植到从属于社会学范畴的金融市场。

基于这样的判断,索罗斯明确指出,波普尔的科学发现模型是不能应用在反射事件上的。而且包括经济学在内的社会科学不够资格享有我们给予自然科学的地位。他反对经济学中的完全竞争理论和均衡理论。他认为,在经济活动中,由于有人的参与,市场与人处在交互作用中,由于人对市场的理解、认识是不完全的,因此,不会产生完全竞争,从而市场也不会达到均衡。因为完全竞争理论的假定条件之一是买主和卖主对目前的市场状况有完全的了解,而竞争则是实现均衡价格的前提。在完全竞争的情况下,在短期的均衡中,厂商可以获得超正常利润,也可能发生亏损,但在长期均衡中则只能获得正常利润。而均衡是市场中的多种变量保持不变时的一种状态。

根据索罗斯的哲学理论,完全竞争理论和均衡理论是不能成立的。因为,参与者对市场的理解是不完全的。他认为,供需曲线的形状不能视为独立而既定的,因为"供需二者均包含了参与者对未来价格的预期",而未来价格又是参与者"本身的预期造成的",这就是在主体与客体之间存在着互动、互为因果、双向反馈机制,供需曲线的变化反射性地影响着人们对未来价格的预期,而人们对未来价格的预期又影响着供需曲线的变化。由于人们对市场理解的不完全性,人们对未来价格的预期也具有不完全性。这就使得未来的价格总是偏离人们的预期,而这种偏离反过来又影响着供需曲线的变化,使未来的价格偏离均衡价格。

索罗斯极力批判市场原教旨主义过于迷信市场的做法,市场原教旨主义采取一种非黑即白、非此即彼的判断方式,认定自由市场是完美的,对经济的任何干预都会干扰市场机制的效率,因此必须加以抵制。索罗斯认为,原教旨主义的观点只适用于一个完美的世界。

4. 开放社会理论——反射性理论对开放社会的倡导

索罗斯正是从反射性概念、可错性假说和对原教旨主义的批判走向了"开放社会"理论。

他认为,开放社会的"思想基础是:我们的理解是不完善的,一个完美的社会是不可能实现的,所以我们必须满足于一个次优选择:一个不完美的社会,它随时接受改善,并力求得到改善。"按照索罗斯的哲学,开放社会的思想基础是承认认识的不完备性,所有人类构筑的东西都是有缺陷的,尽善尽美是可望而不可即的。因此,一个随时愿意接受改进的、不完美的社会自由、民主、法制、人权、正义和社会责任是开放社会应该具备的基本要素。开放社会概念与市场经济有着十分紧密的联系。虽然索罗斯极力批判市场原教旨主义,但他并不反对市场经济。他反复强调,市场经济在满足个人利益方面是相当成功的,没有什么别的能够替代它。同时,他认为,政府干预经济是开放社会所必需的。市场自身的缺陷和社会正义的需要,使政府干预经济产生了合理性;索罗斯还把民主国家联盟和民间社会作为推动开放社会的重要步骤。

尽管索罗斯的思想存在争议,但无可否认的是,他的反射性理论确实是对认识论理论的极大丰富。索罗斯是第一个从认识论的高度来强调反射对认识过程有巨大影响的人。传统哲学对物质和意识、客体和主体这些哲学基本问题的讨论是在十分简化和抽象的状态下进行的,虽然认识到意识到对物质有反作用,主体可以能动地改造客体,但是我们没有从认识论的角度去深入研究这种反作用对整个认识过程的影响有多大,这就给认识论研究提供了一个新的角度。他思想的闪光点在于他把抽象和深邃的哲学思想较为具体和成功地应用于经济和金融等领域,尤其他对金融市场的独特解释和对市场原教旨主义的批判以及对未来社会的美好设想是值得我们深思的。

 *拓展阅读*

索罗斯和他的量子基金曾对东南亚金融市场发动了一场暴风骤雨的袭击,最后泰铢全面失守。紧接着,菲律宾比索、马来西亚林吉特、印度尼西亚盾兑美元的汇价也狂跌不止,而索罗斯选定的下一个目标就是中国香港。

1997年的香港回归,被索罗斯视为一个绝佳的暴利机会。他联络了全球各国的几家大型基金,秘密地开始买入香港股票,使得港股从1996年的低点开始不停地上涨,引发港人疯狂地追随,恒生指数一再突破新高。

索罗斯在1997年上半年不断推升股市,接近最高点时,分散隐蔽,但不断地开了大批6月底交割的股指期货的空单。港府一直紧密监视着这股神秘的力量，越临近7月1日，香港特区政府对于对方的动机和操作策略越是一清二楚，一场金融大决战即将开始了。

到了1997年的上半年最高点，恒生指数达到了16000点之上的历史新高。而随着回归日的临近，索罗斯指挥着他的联合军团，开始了有步骤地在股票高位出货。其股票的出货是不以赚钱为主要目的的，他的策略是以股指期货的空单收益来盈利的。

决战的日子是6月28日，在此之前，恒指已经被压到了万点之下。而此时的散民已是一片悲哀。香港特区政府的高明之处在于不露声色，不托盘，任由索罗斯打压并主宰市场，麻痹对手。

28日一早，索罗斯的股票抛货就开始不断地稳步释出，压迫恒指持续加速下跌，引发崩盘的恐慌心理，加入逃命的散民无数，帮助他压跌指数。而当跌到了令人胆战心惊的4000多点时，散民已经是欲哭无泪了。索罗斯眼看胜利在望，却发觉开始有一股神秘的资金不声不响地把无数的抛盘照单全收了。他开始紧张起来，发动了盟友们的全部股票存货狂砸（不记成本地抛，绝对是赔本在卖出），可是神秘资金还是不动声色地收下，却绝不拉高。还不到收市，港股成交就已经创了历史天量。当他的存货几乎抛光后，恒指却在4000点之上死活不退。而当他向交易所借股票意欲再继续抛空时，得到的回答却是不借。

到了下午，大盘开始反攻，神秘资金将股指持续推高，而索罗斯的联合军团内部开始出现反水的，背着他加入了多方。到收市时，港股几乎全部收复了当天上午的失地，索罗斯没想到港府出手，大意失荆州，股票的损失加上股指期货的损失使他损失惨重。

1998年5月，索罗斯带领国际投机资金再次扑向中国香港，并放言要将中国香港变成其提款机。

1998年8月28日，这也许是中国香港自从有股市以来最漫长的一天。上午10点整，交易正式开始。开市后仅5分钟，股市的成交额就超过了39亿港元。半小时后，成交金额就突破了100亿港元。到上午收盘时，成交额已经达到400亿港元之巨，接近了1997年8月29日创下的460亿港元日成交量历史最高纪录。

下午开市后，抛售有增无减，港府照单全收，成交量一路攀升，而恒指和期指始终维持在7800点以上。随着下午4点整的钟声响起，显示屏上不断跳动的恒指、期指、成交金额最终分别锁定在7829点、7851点和790亿港元3个数字上。

香港特别行政区财政司司长随即宣布：在打击国际炒家、保卫香港股市和港币的战斗中，香港特区政府已经获胜。

 《时运变迁》

保罗·沃尔克 / 行天丰雄

 经典速读

　　《时运变迁》的两位作者分别是美国和日本在 20 世纪 80、90 年代货币金融方面的顶尖级人物。保罗·沃尔克于 1979 年至 1987 年在卡特政府和里根政府中担任美联储主席,另一名日本作者是国际事务次官、日本东京银行董事长、国际货币事务学会会长。而本书从 20 世纪 60 年代写起,围绕着美元和美国经济变革,一直写到 20 世纪 80 年代末,也即是沃尔克卸任美联储主席时。

　　本书是投资者理解外汇市场乃至国际金融市场的入门书。在此之前,正如此书的作者沃尔克所言:"如果你不能理解教授正在说什么,你就不该排除这些话有不正确的可能"。由于外汇市场容量巨大,难以操纵,很容易被自由派经济学家视为自由市场经济的典型。

　　20 世纪 60 年代,布雷顿森林体系实行的是美元与黄金对接的金本位制。20 世纪 70 年代初,美元面临强烈的贬值要求,不得不打破固定汇率,金本位制也同时消亡,浮动汇率体制开始了。20 世纪 70 年代,浮动汇率的成熟,经济经过 20 世纪 60 年代的沸腾时期之后,开始下滑,石油危机爆发。20 世纪 80 年代初,石油危机下引发严重的通货膨胀,经济下滑继续深陷。保罗开始担任美联储主席,推行强硬的紧缩货币政策,美元逐渐回升。20 世纪 80 年代中后期,美国经济衰退结束,新的持续增长开始,但美元汇率高企造成贸易逆差加剧。此时,保守主义思想抬头,以控制美元继续升值的广场协议,由财政部推出,美元随之贬值,超级美元走向衰落。本书将加深你对 20 世纪国际金融市场的理解。

通胀是个道德问题。因为政府完全可以控制货币发行量,他们给通胀找的所有借口都是愚弄大众。维持币值稳定,是政府的责任。

——保罗·沃尔克

在沃尔克看来,一百多年来唯一有用的'金融创新'就是自动提款机。

——《The Week》杂志

 内容解读

1."特别提款权"——颠覆布雷顿森林体系

沃尔克解释了特别提款权出现、布雷顿森林体系被终结的缘由。

布雷顿森林体系的重要特点是,其主要成员国互相之间保持汇率稳定。具体操作如下:金价定在每盎司35美元,但美联储只允许其他成员国的央行在美元与黄金之间自由兑换,其他组织和个人不能自由兑换。其他成员国的货币都与美元保持基本固定的汇率,即与黄金保持基本固定的汇率。这与"金本位"的运作很相像。所不同的是,在布雷顿森林体系中,美元充当了黄金,成为实际意义上的"硬货币"。在固定汇率机制下,各国的货币政策都要服从于汇率政策,都被捆绑在一起,不能独立地针对各国的特殊情况制定独立的货币政策。

20世纪60年代初爆发的美元第一次危机,暴露出以美元为中心的布雷顿森林货币体系的重大缺陷,使越来越多的人认识到,以一国货币为支柱的国际货币体系是不可能保持长期稳定的。从20世纪60年代中期起,改革二战后建立的国际货币体系被提上了议事日程。美英为一方,为了挽救美元、英镑日益衰落的地位,提议创设新的储备货币以防止黄金进一步流失,补偿美元、英镑、黄金的不足,适应世界贸易发展的需要。而以法国为首的西欧六国则认为,不是国际流通手段不足,而是"美元泛滥"、通货过剩,因此强调美国应消除它的国际收支逆差,并极力反对创设新的储备货币,主张建立一种以黄金为基础的储备货币单位,以代替美元与英镑。1964年4月,比利时提出了一种折中方案:增加各国向国际货币基金组织的自动提款权,而不是另创新储备货币来解决可能出现的国际流通手段不足的问题。

就像沃尔克所说的那样:"在布雷顿森林体系即将结束的那段日子里,特别提款权的创建是另一个很重要的事件……它太具技术色彩了,而特别提款

权毕竟是国际货币基金组织成员国账目上一种抽象的、无法交易的记账单位。政治家对特别提款权持有一种普遍喜欢的观点,因为他们简单地认为当创造出特别提款权时,日本的储备将会有所提高,这将降低该国的外部虚弱。有些官员存在着某种担心,即如果特别提款权的创造变得过于轻易和武断,将会使世界经济带有通货膨胀的倾向……结果并不像日本官员所希望的那样严格,但并没有出现强烈的反对意见,其原因在于,当时人们普遍认为特别提款权对于整个世界经济而言是一种良好的手段。"

1967年9月在里约热内卢举行的国际货币基金组织年会,通过与会国的一致同意,建立了一种特别提款权,即SDR。人们对这一具有想象力的新工具寄予厚望,很快就被称为"纸黄金",但它既不是纸,也不是黄金。正如国际货币基金组织的一个机智的人所言,特别提款权"既非铸就的,也非印成的"。实际上,特别提款权只能在国际货币基金组织的计算机信号中找到,而对启动计算机实施了许多限制。

但是,到了20世纪60年代末,不论特别提款权是否存在,使得这种经济增长成为可能的那种货币体系陷入了危险之中,这已经成为无法掩饰的事实。

2. 货币协议——1971年美元的贬值

20世纪50年代,在布雷顿森林体系之下世界经济表现得非常出色,欧洲和日本的经济迅速复苏。萨默斯称这个阶段为黄金时代。然而,时至20世纪70年代,事端再起,2次石油危机令石油价格上升了近4倍,造成双位数的通胀。

1971年8月15日是个星期日,尼克松总统发表电视讲话,宣布新经济政策,其中包括:停止美元兑换黄金的义务,对进口货物暂时征收10%的附加税。这些措施事先未与任何国家商量过,而且违背了华盛顿自己制定的国际货币基金组织规则,被喻为是对其盟友发动的一场经济战争。这是美国在国际货币事务上第一次也是最极端的单边主义行动。当时负责货币事务的副财长沃尔克后来感慨道:"在足够长的时间内,任何霸权国家都会变成残酷的暴君,或者满脑肠肥的寄生虫"。这就是著名的"尼克松冲击"。

1971年12月13至14日,美国总统尼克松和法国总统蓬皮杜在大西洋中的葡属亚速尔群岛举行会谈。在会谈结束后发表的联合公报中宣布,美、法双方同意,在同其他有关国家合作下,"努力通过美元贬值和其他一些货币升值来迅速重新调整兑换率",作为尽早解决资本主义世界长期争吵不休、陷于僵局的国际货币危机问题所必须采取的一个措施。

沃尔克对当时的情况描述说："蓬皮杜终于承认黄金价格应该从每盎司35美元上升为38美元，即8.5%的上升幅度……尽管我们做出了全部努力，日本大藏大臣水田三喜男仍极力抵制比17%更多的日元实际性升值……德国人突破了席勒在罗马的许诺，允诺对美元升值13.57%。欧洲一些国家则仍在为1个左右的百分点而战斗。为减轻那些国家的担心，我们做了一项努力，研究出计算加权平均汇率的方法。其意在于评估汇率重新安排的尺度，这一尺度不仅仅是对美元（这是在布雷顿森林体系中黄金/美元的情况下养成的思维定式），而且是对所有主要贸易伙伴。我们有能力证明在考虑日元和马克升值因素的条件下，一些小国只需保持其现行的黄金平价，就可以获得小幅度有效升值。但最后，意大利人和瑞典人坚持对黄金贬值1%。

"我们当然知道国际货币体系越来越不稳定，但我们认为，其主要原因在于20世纪60年代期间美国国际收支基本平衡无法消除的恶化，美国贸易顺差的不断缩小和长期资金外流的不断上升造成了这种恶化。这种恶化造成了美国短期负债的大幅度上升；换而言之，大量美元为外国人所持有。"

美国的经验说明了一个观点，这一观点现在似乎被普遍接受了。尽管在帮助应付过去通货膨胀带来的后果或严重的国际收支失衡方面，一种货币的贬值或升值是适当的，甚至是必要的，但汇率政策不能取代更基本的政策以恢复竞争、提高生产率和储蓄以及保持稳定。多次反复出现的美元贬值，实际上反映了放弃了对必要政策的决策，而最终只会使保持增长和稳定的工作复杂化。

本书所叙述的具有讽刺的事情之一是：自从1971年以来，美元多次贬值，对日元、对德国马克的汇价分别下降了60%和53%，但美国的贸易和经常账户的逆差却比20世纪60年代想象的要高得多。相反，主要工业国家中那些币值强劲上升的国家，却有着较高的储蓄额、更高的生产率和更具竞争力的产业以及最强大的国际收支状况。

3. 中心汇率结束——浮动汇率体制的确立

沃尔克指明，浮动汇率制的正式采用和普遍实行，是20世纪70年代后期美元危机进一步激化后开始的。

当一个旧的体系破裂时，并不意味着一个完善的新体系就已在眼前。在20世纪70年代初，国际货币基金组织的主要成员国举行了一次又一次的会议，试图建立一个新的体系来替代布雷顿森林体系，但是未能达成协议。在没有人能设计出一个新体系的情况下，金融世界自然而然地走进了浮动汇率体系阶段。

从1971年史密森协议到1973年浮动汇率体制确立，这是一段充满了尝试与失误的时期。当时几乎所有人都在摸索恰当的汇率水平，而且所有人都尽力想在这种新的和陌生的环境中维持稳定。就在史密森协议不久之后，世界曾一度竭力支持这一新的平价关系，该关系被称为"中心汇率"。但这次这种体系缺少黄金支持下的美元这一必要的基石。只要主要经济大国的重要经济变量之间的差异没有消除，为恢复固定平价体制、中心汇率或不论其他什么称号的体制所做出的努力实际上都终将归于失败。

在这种情况下，20国委员会的新论坛为重建一个可持续的汇率体制做出了切实的努力，但国家利益的冲突粉碎了所有达成一个早期协议的希望。1973年秋，第一次石油危机改变了全球资金流动，世界各国逐渐认识到在现实生活中没有哪种制度可以替代浮动汇率体制，而且在可预见的未来没有重返固定汇率体系的希望了。

浮动汇率将通过没有政治意义的供求法则解决这些问题。没有哪个国家将必须放弃其国家特权去选择某一汇率。一个国家也没有通过采取干预行动来支持自己的货币的义务，这样就可以避免清算问题了，因为市场力量将强迫经济自行调整。因而只要修改国际货币基金组织协议，使浮动汇率体制合法化即可。黄金必须摆脱其官方价格的束缚，而在国际货币基金组织内部必须建立起一种实施国际监督的机制，以防止浮动体系被滥用于获取不公平的竞争优势。这一点在1976年对国际货币基金协定的第二次修改中被加了进去。

不断加剧的通货膨胀和1973年晚些时候的石油冲击交织在一起，持续了很长时间，才使以浮动汇率通货为特征的国际货币运作体系建立起来。到20世纪70年代中期，国际货币基金组织协定条款的修改又给浮动通货披上了一层神圣的外衣。而在20世纪70年代末，它更是深深地影响着学术思想、政府政策以及银行的实际操作，以至于那些渴望在更大范围内或更普遍的基础上实行固定汇率的说法被纳入了"妄言"一类。

然而，人们对实际运作的满意程度并未随着改革的进展（指由固定汇率制变为浮动汇率制）而有所提高。恰恰相反，20世纪70年代中期的经济衰退在战后是最为严重的，通货膨胀率也高得惊人。道路崎岖不平，所有货币指数都显示出不祥的信号：汇率波动巨大，世界储备和各国货币供应的快速增加，以及高水平的利率。那种人们所常常期望的，当世界适应了浮动汇率后，汇率和经济状况都会稳定的希望开始变得越来越渺茫了。

4. 反膨胀斗士——通货膨胀的缘起缘灭

20世纪70年代是经济混乱的时期。这10年是从决策者力图降低20世纪

60 年代遗留下来的通货膨胀开始的。尼克松总统实行了对工资和物价的暂时控制,而美联储通过紧缩性货币政策引起了衰退,但通货膨胀率只有很少的下降。当工资与物价控制取消之后,控制的影响也结束了,而衰退又如此之小,以至于不能抵消在此之前繁荣的膨胀性影响。到 1972 年,失业率与 10 年前相同,而通货膨胀高出了 3 个百分点。

在 1973 年年初,决策者不得不应付石油输出国组织(欧佩克)所引起的大规模供给冲击。欧佩克在 20 世纪 70 年代中期第一次提高油价,使通货膨胀率上升到 10% 左右。这种不利的供给冲击与暂时的紧缩性货币政策是引起 1975 年衰退的因素。衰退期间的高失业降低了一些通货膨胀,但欧佩克进一步提高油价又使 20 世纪 70 年代后期通货膨胀上升。

整个 20 世纪 80 年代是美国经济政策发生根本性变化的时代。这些变化受以下因素的影响:20 世纪 80 年代初始的经济条件、罗纳德·里根总统的风格和政治哲学以及经济学家和行政官员中新的社会思潮倾向。20 世纪 70 年代末惊人的高通货膨胀率和迅速增长的个人税赋以及 20 世纪六七十年代庞大的政府支出,已引起公众普遍的不满。罗纳德·里根 1980 年当选为总统反映了这样一种公众情绪,人们期待新总统能降低通货膨胀、降低税率以及削弱政府对经济的干预。

沃尔克就是在这种情况下,临危受命,登上了美历史舞台。1979 年,沃尔克就任美联储主席,强力提升美元利率。高息的强势美元政策,吸引了大量的外国资本流入美国,将美国推入强势美元时代。沃尔克执掌美联储的前几年,因为布雷顿森林体系的垮台,通胀达到了 13.5%(1981 年),沃克尔成功把它降到了 3.2%(1983 年)。

他是怎么做到的呢? 1979 年联邦基金利率(federal funds rate,美国的同业拆借利率)是 11.2%,1981 年被沃尔克抬到了 20%,银行基准利率跟着涨到了 21.5%。但是利率飙升极大损害了美国的农业,愤怒的农民们开着拖拉机闯进华盛顿街区,堵住了埃克尔斯大楼(美联储所在地)的大门。

尽管付出了惨重的代价,但是事实证明,沃尔克的这一政策非常成功,3 年后通胀被抑制,到 1983 年,美国的通货膨胀率降到了 3.2%,并在此后一直将其保持在低水平上。最重要的是,即使在 1982 年出现经济衰退期间,美联储也坚持实行高利率,这种在面临通货膨胀威胁时大力加息、在通货膨胀比较温和时才下调利率的做法为美联储赢得了声望。

不过,沃尔克最被人所诟病的也正是他紧缩的货币政策,因为这一政策,美国失业率直逼20世纪30年代的经济大危机,并陷入一场经济衰退中,直到里根时代结束之后才有根本改观。然而此后,美国经济出现了前所未有的连续25年高增长,这充分证明了其政策的有效性。

 拓展阅读

20世纪70年代,美国进入滞胀阶段,1979年,保罗·沃尔克临危受命,担任美联储主席。凭着正直的品格、非凡的勇气与专业智慧,他顶住了来自各方面的压力,成功地制服了高达2位数的通货膨胀,为美国经济此后长达20余年的平稳增长奠定了基础,也改写了经济周期在美国每隔几年就发生一次的传统格局。

为了遏制通胀,沃尔克用了虎狼之药,最优惠利率提高到1981年的21.5%。美联储基金利率则由1979年的平均11.2%上升到1981年的20%。最优惠利率是商业银行向其信用最佳的客户提供贷款的利率。美联储基金利率是美联储成员银行之间的隔夜贷款利率。美联储基金利率一天一变,对市场最为敏感。最优惠利率和贴现率则分别由商业银行和美联储定期变动。沃尔克遏制通货膨胀有功,但却未能蝉联美联储主席。按照诺贝尔经济学奖得主约瑟夫·施蒂格利茨的说法,沃尔克实际上是最为华尔街憎恨的人,因为这位沃尔克不愿大力支持里根总统放松监管的政策。既然为财阀们所不容,沃尔克自然赚不到大钱,以致生活就过得比较清苦了。80多岁的沃尔克,在纽约出门还是坐地铁。他本人似乎并不在意,一直都淡定自若。沃尔克家在纽约,在去华盛顿任美联储主席期间,租的房子也只有一室一厅,小的简直就像学生宿舍。沃尔克曾长期照看患病的妻子,在妻子离世10年之后,方才续弦,而且只是订婚,还有待举行婚礼。他也没去找花样年华的貌美女郎,而是与他的一位女助手共度晚年。

沃尔克本科毕业于普林斯顿大学,之后在哈佛大学攻读经济学硕士,又在英国伦敦经济学院留过1年学。按照我们的想象,沃尔克从美联储的位置上下来之后,会有很多肥缺,可离职后的沃尔克大部分时间处于赋闲状态,因为那是一个格林斯潘等保守派得意的年代。奥巴马上台之后,为了平衡,重新起用沃尔克,但给他的还是一个闲职,大多数时候沃尔克仍然被冷落。

沃尔克离开联储之后，曾接受了主持一个犹太团体和瑞士银行联合委员会的艰巨任务，帮助解决大屠杀受害者无人认领的银行账户问题。他时常面对的是情绪激动、剑拔弩张的场面，一种失败概率极高的情形。然而，沃尔克临危受命，监督了对瑞士银行记录的大规模查账，迫使瑞士银行签署了价值12.5亿美元的补偿协议。

值得一提的是，沃尔克还是中国人民的朋友。无论是在他担任美联储主席期间，还是在卸任之后，沃尔克都对中国的金融改革开放给予了密切关注和热情支持。他曾经多次访问中国，就金融改革中的重大问题，向中国政府坦陈己见。

46 《世纪大拍卖》

克里斯蒂娅·弗里兰

 经典速读

《世纪大拍卖》，是一部关于俄罗斯私有化历程的精彩著作，描述了俄罗斯在20世纪90年代所发生的历史性巨变的故事和人物，以及他们各自在政治舞台上的表演。

20世纪90年代，占世界陆地面积1/6的苏联发生巨变，叶利钦走上街头，登上坦克发表演讲，成为历史的经典镜头。但是，兴奋过后的人民很快被现实的冷酷所唤醒：卢布狂跌、车臣内战、权贵和土匪横行、医生与教师却领不到工资。如果说这就是资本主义，那么很多俄国人宁可回到过去的时代。在这场"休克疗法"中获利的是商业寡头和青年改革派。本书讲述的正是这两种人的故事。在历史的紧要关头，改革者没有抓住天赐的良机，他们的失误让俄国社会付出了沉痛的代价，需要今后数代人的努力才能偿还。

寡头们是一些精明的生意人，他们巧妙地和各种势力周旋，最终夺占了俄罗斯广大的自然财富。而青年改革派则是一批胸怀抱负的经济学家，他们把自己的疯狂理论付诸实践，结果有时令人欢欣鼓舞，有时却带来了巨大的破坏。

《世纪大拍卖》一书告诉中国读者，市场经济的要素绝非仅仅是私有化。公民社会或法治是健康的市场经济的基础。

——克里斯蒂娅·弗里兰

 内容解读

1. 经济改革——扭曲的市场经济

"现在,我可以非常肯定,到 2000 年,俄罗斯将成为一个非常富裕、民主的国家。"当叶利钦举起香槟酒,为他在俄罗斯大选中的胜利干杯时,一个加拿大的中年女人,英国《金融时报》副主编弗里兰记下这句话,并把它写到她的大著《世纪大拍卖:俄罗斯转轨的内幕故事》中。但是,毫无疑问,叶利钦在 20 世纪 90 年代的豪言壮语并没有兑现。

20 世纪 90 年代的俄罗斯发生了什么?用克里斯蒂娅·弗里兰的话概括说来就是:"俄罗斯创造了一种市场经济,但却是一种被扭曲的市场经济。"这是一种什么样的市场经济呢?这是一种私有的经济,但却不是一种生产性的经济;其中有市场存在,但却是被操纵和控制的市场。这样一个结果是西方学者和俄罗斯的改革设计者们所始料不及的。"他们设想,政治的和经济的规律如同物理定律一样,是永恒不变的,世界的其他地区现在不可避免地要向美国的自由市场经济模式趋同……这种信念构成了青年改革者的经济计划的核心。"

弗里兰认为,俄罗斯的改革派在早期是浪漫的,他们认为只要资本主义在俄罗斯实现,一切好事都会自然发生。由于这种经济浪漫主义,俄罗斯早在 1994 年就基本上完成了大规模的私有化,把企业产权全部转移到私人手里。《世纪大拍卖》讲述的,正是俄罗斯如何偏离规范的、法治的市场经济的方向,滑向"坏的市场经济"的泥坑的故事。这种坏的市场经济,作者也称之为"青面獠牙的霍布斯资本主义""土匪资本主义""瘸腿的、腐败的资本主义"等。"在这种资本主义中,大公司掠夺小公司,官员和骗子们掠夺所有的人。"

在这个激进的私有化过程中,腐败被容忍了,改革者们不在乎财产以何种方式转移到私有者手里,即使是偷也可以接受,因为今天是偷,明天就是财产的所有者和优秀管理者,腐败就会停止。这种"为民主而腐败"在早期私有化过程中完全成了一种自觉的选择。但是私有化后,许多企业经营仍然非常拙劣,生产力仍然低下,更为糟糕的是私有化创造了控制国家经济命脉的财团寡头,使俄罗斯改革滑向一条谁也不想看到的经济轨道:创造了一种私有的,但却没有生产力的权贵资本主义经济。在这种经济中,市场发展了,但却被寡头操纵和控制了。

其实,如果我们注意到从计划经济向市场经济的转轨是人类历史上前所

未有的尝试，就不难看到，这种"始料不及"在很大程度上也反映了人们的认识在实践中不断加深的过程。从计划经济到市场经济的转轨过程中，会出现岔道和弯路。其中之一，就是偏离规范的、法治的市场经济的方向，演变为所谓裙带资本主义或权贵资本主义。

这场改革使得分裂后的苏联各个国家纷纷陷于贫困和混乱之中。从1991年苏联解体到20世纪末，俄罗斯国内生产总值比1990年下降了52%，而1941-1945年战争期间仅仅下降了22%；同期工业生产减少64.5%，农业生产减少60.4%，卢布贬值，物价飞涨5 000多倍。有1/3的居民生活水平在贫困线以下。从1992年起，俄罗斯人口一直呈下降趋势。1990年全俄罗斯人均预期寿命为69.2岁，而2001年为65.3岁，几乎下降了4岁，而一些地区男性人均寿命降低了整整10岁。

2. 红色青年改革派——休克疗法的推手

克里斯蒂娅·弗里兰在书中描述了改革前叶利钦在俄罗斯的形象——他几乎是神一样的存在。当时没人想到就是这位受人尊敬的政治家将会在不久的将来将他们口袋中的卢布一夜间掏空。在当时，俄罗斯人正在极力摆脱从前的不快记忆，他们呼唤所谓的市场经济，试图以此创造新俄罗斯。

就是在这样的情况下，以"休克疗法"的执行人盖达尔为代表的青年改革派登上了历史舞台。他们激进地（至少在今天看来是这样的）开展了一系列措施，特别是毫无准备的"价格自由化"就足够将老百姓推入西伯利亚寒冬了。1周时间，涨了6倍的价格，这就意味着民众半辈子的积蓄会立马被洗劫。但是，青年改革派并没有因此而负疚，他们认为，任何事情都有付出，这就是走上市场经济的付出。令人遗憾的是，"休克疗法"在拟定之初，就已经预料到这样的局面，但是青年改革派们没有努力解决由此给民众带来的冲击，却认为这是俄罗斯人民理所当然要承受的。

在改革受挫后，丘拜斯作为盖达尔的继任者登上了历史舞台。一上任，他就拉开了俄罗斯私有化的序幕。他的合作者事后回忆，大规模出售国有资产的一套综合方案，20部标准法令，没有秘书，没有传真机仅用1个半月时间完成。他们认为凭借合理的法律、公正的法案，便可以使俄罗斯顺利走入资本主义的光明大道。

为了获取民众支持，"认股权证私有化"开始了，认股权证成了一种货币，而且公民们人人有权分到。世界级的投行们参加了这场疯狂的实验，他们并不关心俄罗斯的未来，他们只关心收益。可悲的是，丘拜斯们把希望投向了他们。当这场空前大闹剧上演后，寡头经济正式诞生。依靠所谓的"漏洞经济"，或者说是接过了青年改革派一手递来的巧克力，他们发迹了。丘拜斯们曾经有"为民主而腐败"的观点，他们认为当这些强盗们把这些国有资产夺走后，为了守住资产自然就会成为优秀的管理者。然而学者们毫不客气地总结"这是经济浪漫主义"。

时间来到了叶利钦第一任总统任期快结束了，为了连任，阻击共产党人的复兴，丘拜斯转向寡头求助，克里斯蒂娅·弗里兰在这里很明确地点出了青年改革派的堕落。丘拜斯们当初走上政治舞台所凭借的就是清廉和正义，但是此刻，除了权力，什么也不剩了。全书最精彩的章节出现在关于"贷换股"出现的部分，"贷换股最终摧毁了青年改革派""更糟糕的是，它最终粉碎了在短期内建立一个健康、繁荣的俄罗斯资本主义的任何残存的希望"。作者此处用词很重，甚至不惜使用了"世界上最恶劣的内幕交易"等一系列的词。

3. 休克疗法——祸国殃民的市场万能论

"休克疗法"迷信市场万能，将利用市场机制的自发作用看成是发展经济的唯一途径，主张最大限度地减少国家、政府对经济活动的干预，甚至要求国家退出经济领域。实践证明，特别是经济体制转轨国家的实践证明，这种极端的"市场论"是十分有害的。

考察西方资本主义国家的市场经济模式，不外乎有两种，一种是以美国为代表的自由市场经济模式；一种是以德国、澳大利亚及瑞典为代表的社会市场经济模式。前者以私有制为基础，最大限度地减少国家对经济的干预，实行居民社会保障市场化；后者以混合制为基础，保留较强的国家对经济的干预。国家重视和参与居民的社会保障。显然，俄罗斯欲通过"休克疗法"建立的市场经济模式是美国式的。问题在于，"休克疗法"的实施者们步入了下述两大误区。一是所谓的美国市场经济模式是经历了百年的历史才最终建立起来的，而俄罗斯则仅仅处于转轨过渡期，即俄罗斯的任务不是医治或改良市场经济，而是建立市场经济。在这里，"休克疗法"的改革家们把结果与过程混淆了起来。二是所谓的自由市场经济，只是一个相对的概念，世界上不存在一个无限制的、绝对的自由市场，美国亦然。所以，不论是在向市场经济过渡之时，还是建立了市场经济以后，国家对市场的干预都是必要的和必需的。正如美国诺贝尔经济学奖获得者詹姆士·托宾所指出的，"'市场'这只看不见的手受到它的热心的思想家们的鼓掌欢迎，但是个人利益只有引导到需要的方向上去，才能保证其产生有利于社会的行动动机……如果在个人与社会利益出现矛盾的时候，应考虑到社会利益的要求去改变看不见的手的定理。这种情况就需要政府为维护社会利益而进行干预。"托宾所说的"个人与社会利益的矛盾"指的就是市场失灵领域。

"俄罗斯民主派们看到了一小部分西方和资本主义的历史……他们作为

天真的新教徒把市场所建议的一切东西都认为是真理。"错误地认为，只要是遵循市场自由的原则，一切都会各就各位。事实证明，"不重视国家的调节作用，甚至要求国家退出经济领域，是市场浪漫主义初期的特点。这使社会生活出现了可怕的犯罪化趋势，产生了变形的、强盗式的资本主义，并使国家的生产和科技潜力遭到了史无前例的破坏。""休克疗法"的实践后果，诸如恶性的通货膨胀、掠夺式的财产私有化及贸易与金融秩序的破坏，都说明了"市场万能论"是十分有害的。国家作为社会的管理者，同样是市场的管理者。规范的良性运作的市场关系必须依靠国家来制定相关的制度和法律。

俄罗斯"休克疗法"改革是在苏共亡党和苏联解体后进行的。以叶利钦、盖达尔为首的改革派们为防止苏共的东山再起和苏联的复活，保证政治进程的不可逆转，迫不及待地彻底摧毁昔日大厦的全部根基，包括政治、经济，甚至文化的所有方面。于是，改革者们把改革看成是达到上述目的的手段，而不是促使社会进步与繁荣、解放与发展生产力、提高广大人民群众生活水平的手段。实行"休克疗法"的真正意图就在于此。所谓的"三化"都是为此服务的。叶利钦曾表白："我努力加快俄罗斯的国家体制的形成，引入新的管理制度，并依靠法律来确认这一切，以避免威胁变为现实。"显然，这里的"威胁"即是上述的"政治逆转"。在从本质上摧毁社会主义的经济基础、改变所有制关系的私有化过程中，改革派们毫不隐讳地承认，"加快私有化步伐与俄罗斯经济健康化没有关系，而是为了在短时间内造成数百万私有者，杜绝社会主义复活的可能"。人称私有化之父的丘拜斯竟然说，"无论把财产分给谁，哪怕是分给强盗，只要把财产从国家手里夺过来就好。"

分析"休克"改革派之所以如此为之的原因是十分必要的。其一，苏联70年的社会主义建设史，尤其是斯大林执政以后的历史，在俄罗斯人民的心目中留下了深深的伤痕。诸如政治上的极权主义与滥杀无辜，远离人民群众的官僚与官僚制度，以牺牲人民福祉为代价的军事经济体系，阻碍社会进步的僵化的意识形态。这一切，仍深深地刻印在俄罗斯人民的脑海里（这里并非是对苏联70年历史的全盘否定，只是举出部分历史事实就足够了）。辉煌与凄凉会使人心向背，当苏联的国旗从克里姆林宫的上空徐徐降落时，2.9亿苏联人民竟然无动于衷。用可怕的麻木与沉默送走了苏联的70年。黄苇町在他的《苏共亡党十年祭》一书中分析道："苏联共产党不仅是被国内外的反共势力所搞垮，也是被它一直宣称代表的工人阶级和苏联人民所抛弃。而这后一点，是导致苏共亡党的决定性因素之一。"其二，与叶利钦、盖达尔等民主改革派的个人因素直接相关。全力支持"休克疗法"改革的叶利钦，人称俄罗斯政坛第一强人。其政治思维以反苏共和亲西方为主要特征。而执政行为则"以新制度法统建设为目的"，其"根本的出发点就是防止共产主义东山再起"。所以，"休克疗法"背离以人民群众的利益为终极目标的定位便不难理解了。人称"芝加哥小男孩"的盖达尔是初出茅庐的年青一代改革派的代表，是叶利钦政权的坚定拥护者。改革激情有余但疏于理性思考，更缺乏从政及社会实践的经验。他勇于改革旧体制，但全然忽视了广大民众在改革中的利益，把彻底同昨天决裂看成是改革的最终目的。

4. 寡头经济——俄罗斯寡头的形成始末

俄罗斯的"寡头"指的是在 20 世纪 90 年代私有化过程中一夜暴富的大资本家。1996 年 3 月的一天，叶利钦秘密召见了 7 个金融寡头，他们是联合银行总裁别列佐夫斯基、大桥银行总裁古辛斯基、国际商业银行总裁维诺格拉多夫、首都储蓄银行总裁斯摩棱斯基、阿尔法银行总裁弗里德曼、梅纳捷普银行总裁霍多尔科夫斯基以及俄罗斯信贷商业银行总裁马尔金。

俄罗斯的金融寡头是私有化造就的乱世大亨，以金融寡头现象为镜观察私有化，可以得出如下结论：俄罗斯的私有化就其本质而言，是权力与资本的结合，是新旧官员利用权力攫取、控制和占有国家财产的过程。

在这里，我们仅以波塔宁为例，解释寡头的发家过程，事实上正是波塔宁向政府提出了"以贷款换股权"，即将国有企业进行抵押拍卖的现金私有化思想。所谓抵押拍卖是指政府通过国有资产委员会提供国有企业的控股权进行拍卖，拥有闲置资金的银行和金融公司以这些控股权为抵押向政府提供贷款以弥补预算赤字，3 年后国家通过还贷可以收回股票，否则归买主所有。在抵押拍卖这一"俄罗斯私有化史上最重大的一次强权行动"中，金融寡头获得了俄罗斯最好的一批工业资产。

弗拉基米尔·波塔宁是俄罗斯矿业巨头，传媒大王，七大寡头之一。他出生于莫斯科一名苏联外贸部高级官员的家庭。在其他寡头不得不白手奋斗的年轻时代，波塔宁已经依靠家庭背景进入莫斯科的精英学校——国际关系学院，毕业后即入外贸部，从事原材料进出口贸易工作。1991 年苏联解体前后，波塔宁辞去政府工作，成立了自己的贸易公司，在他背后撑腰的是当时俄罗斯最大的原材料出口商。

他的第一桶金则是在 1993 年开办联合进出口银行赚到的。其时正值俄罗斯的非国有化改革初起阶段，即所谓丘拜斯私有化或债券私有化阶段，实行的是通过给所有公民（包括婴儿）发放私有化债券的形式来分配国有资产。波塔宁以1万美元成立的银行只是数千家一夜之间冒出的私人银行中的一个，这些银行均号称要为俄罗斯的经济重建提供服务，而事实上，其中的多数中小银行是为腐败官僚和黑社会组织所控制，那些财力雄厚的大银行则为寡头所有，它们的目的都只有一个：进入有利可图的国有资产收购交易。这一阶段改革结束时，私有化债券都集中到这些银行手中，他们利用债券控制了数千家国有企业。

1995年，俄罗斯的非国有化改革进入新阶段：大型国企先进行股份制改造，再拍卖或招标出售股份。波塔宁在此时被聘为政府顾问，协助设计改造和出售方案。

在其他寡头的支持下，波塔宁设计出了著名的"贷款换股份"计划，即政府通过出让国有企业的股份给私人银行和金融机构以换取其急需的贷款。名义上，该计划是为解决政府的资金困难，而在操作上，如众多外部人士所诟病的，这项计划被叶利钦政府中握有权势的人所操纵，严重地低估了国有资产的价值。贷款换股份计划表面上以拍卖形式实施，然而并非所有有意竞拍者都能获得邀请。据称，叶利钦的女儿坦娅对竞拍者的名单有强大的影响力。

正是在波塔宁自己所设计的方案和一手操纵中，他如愿以偿将诺尔里斯克镍矿公司收入囊中，除此之外还有俄罗斯第五大石油公司Sidanko等一系列工业企业。在诺尔里斯克镍矿的拍卖中，波塔宁的Uneximbank银行被政府指定为主持者，波塔宁以1.701亿美元（比起始价1.7亿美元仅高出10万美元）胜出，获得诺尔里斯克镍矿38%的优惠股和51%有表决权的股份，另一竞价者3.5亿美元的出价则被判为无效。与国际上的交易所对其40亿美元的价值评估相比，波塔宁付出的代价就像一场玩笑。

"这的确不好"，事后波塔宁在谈到此项拍卖时说，"拍出的价格太便宜了。但是让我们停止讨论它吧。这虽然不好，但至少解决了给它（诺尔里斯克镍矿）找一个更好的主人的问题。"

1996年，波塔宁在总统大选中为叶利钦连任作出了重要贡献，被任命为叶利钦政府的第一副总理，专司经济改革，这使他成为所有寡头中担任政府职位最高的。在任的1年中，他被指责以权谋私，其中之一是他颁布了一项针对性的减税政策，使诺尔里斯克镍矿公司省去了巨额税款。

5. 新的转折——没有答案的经济发展前景

经济转轨中的一些重大政策失误是俄罗斯经济长期陷入危机的主要原因之一，并对此进行了论述。从总体上说，俄罗斯实行的是激进改革。经过近10年的经济改革，市场经济体制的框架已经初步确立。但是，新的经济体制还存在许多问题，俄罗斯的经济基本上处于危机状态。普京担任总统以来，俄罗斯放弃了叶利钦时代的政策，大力打击腐败和金融寡头，开始兑现自己在竞选时向选民许下的"消灭寡头阶级"的诺言。惩治腐败，打击犯罪和整治经济无序现象成为普京的施政重点。俄罗斯地下经济泛滥，黑社会组织猖獗。据俄罗斯科学院社会学所资料显示，黑帮控制了50%以上经济实体。地下经济，官方估计占40%~50%。

经济实物化，物物交换盛行。原因是经济持续衰退，供需矛盾尖锐，企业普遍亏损，债务累累，币值不稳，支付危机，双币流通，卢布作为劣质货币遭冷遇。据估计，以物易物的实物交易量占50%以上。这种"返祖"现象完全背离了市场化改革的初衷。

企业改制后，虽然摆脱了政府的控制，拥有经营管理的自主权，但经营机制的转换却严重滞后，普遍陷入管理混乱、经营不景气、生产亏损的困境。据官方资料，约有80%的企业身陷资金匮乏、原材料紧缺、产品销路不畅的困境。1991—1997年，投资下降92%，结构调整和升级严重受阻，企业设备普遍老化无力更新。

政治腐败和经济犯罪愈演愈烈。西方记者认为，俄腐败已经渗透到了各个角落，上至叶利钦家族、内阁部长，下到基层政府官员、企业领导人。大量的经济官员和企业领导人都蜕变为新生的官僚资本家。有人估计，企业家每月向官员行贿的数额为5亿美元。

终于，1999年12月31日，叶利钦宣布"退位"并任命普京为"代总统"。

暴风雨之后的平静大约在2000年降临了。那年，GDP居然出现了3.2%的正增长，通货膨胀率在年底那个月低于1.3%，当年国际贸易的顺差达到了400亿美元——从出口总额700亿美元和进口总额300亿美元判断，巨额顺差或者与销售能源有关，或者与企业购买力的枯竭有关。不过，在2001年以后的2年内，俄罗斯经济似乎确实进入了健康发展时期，GDP连续2年的增长率均高于4%。人们甚至推测，2004年俄罗斯经济的增长率将超过6.5%。

克里斯蒂娅的"结语"里出现了下面这些意味深长的文字："……普京已经系统地清除了戈尔巴乔夫和叶利钦历经痛苦地发展起来的民间社会机构和民间社会制度……普京让叶利钦时代最大的失意者集团——苏联的官僚，特别是那些内务部门、军队和前克格勃机构的公务人士的地位迅速上升……"在最高权力阶层中，那些人所占的比例从前苏联的最后一位领袖戈尔巴乔夫时期的不足5%增加到普京时期的58%。这或许是一个新的转折。

 **拓展阅读**

20世纪90年代俄罗斯实行的"休克疗法"是苏共下台、社会主义制度被推翻的产物。1991年年底,苏联解体,苏共下台,俄罗斯联邦独立,新国家继承了原苏联的大部分家底,其中也包括原苏联没有解决的一系列问题:一大堆生产难以为继、濒于破产的国有企业,1万亿卢布内债和1200亿美元外债,等等。在叶利钦的领导下,1992年年初,一场以"休克疗法"为模式的改革,在俄罗斯联邦全面铺开。

"休克疗法"的第一步棋是放开物价。俄罗斯政府规定,从1992年1月2日起,放开90%的消费品价格和80%的生产资料价格。与此同时,取消对收入增长的限制,公职人员工资提高90%,退休人员补助金提高到每月900卢布,家庭补助、失业救济金也随之水涨船高。物价放开的头3个月,收效明显。购物长队不见了,货架上的商品琳琅满目,习惯了凭票供应排长队的俄罗斯人,仿佛看到了改革带来的实惠。可没过多久,物价像断了线的风筝扶摇直上,到了4月份,消费品价格比1991年12月上涨65倍。政府原想通过国营商店平抑物价,不想黑市商贩与国营商店职工沆瀣一气,将商品转手倒卖,牟取暴利,政府的如意算盘落了空,市场秩序乱成一锅粥。由于燃料、原料价格过早放开,企业生产成本骤增,到6月份,工业品批发价格上涨14倍,如此高价令买家望而生畏,消费市场持续低迷,需求不旺反过来抑制了供给,企业纷纷压缩生产,市场供求进入了恶性循环。

最糟糕的还不是物价上涨的问题,在实行"休克疗法"时,为了加快私有化进程,俄政府最初采取的办法是无偿赠送。经有关专家评估,俄罗斯的国有财产总值15万亿卢布,刚好人口是1.5亿,以前财产是大家的,现在分到个人,人人有份。于是每个俄罗斯人领到一张1万卢布的私有化证券,可以凭证自由购股。可是,到私有化正式启动,已是1992年10月,此时的1万卢布,只够买一双高档皮鞋。私有化证券大大贬值,被一小部分有钱人以极其低廉的价格收入囊中,最终结果是使大批国有企业落入特权阶层和暴发户手中。他们最关心的不是企业的长远发展,而是尽快转手盈利,职工既领不到股息,又无权参与决策,做一天和尚撞一天钟,生产经营无人过问,企业效益每况愈下,老百姓的生活雪上加霜。

47 《大交易》

布鲁斯·瓦瑟斯坦

 经典速读

在《大交易》一书中,瓦瑟斯坦揭示了现代交易模式的变迁:20世纪六七十年代是合并蓬勃发展的年代;20世纪80年代的收购氛围则火药味十足;进入90年代,每笔都是几十亿美元、运筹帷幄的大交易。

瓦瑟斯坦披露了一些重要交易的细节并介绍了这些重要交易的关键人物。一幕幕本世纪最著名的收购兼并及操纵者展示在读者面前:时代华纳,AT&T,IBM等。

瓦瑟斯坦还将焦点集中到了最近的收购兼并潮。他解释了为什么各个行业——传媒、电信、金融、保健——都巨变滔滔,以及基本的市场发展又是如何引发了这一最新的兼并热。

在风险极高的兼并与收购业中,布鲁斯·瓦瑟斯坦是个应树碑立传的人物。他做过1 000多笔交易,其中许多都是大手笔。本书中,瓦瑟斯坦将过去30年里改变了商界格局的大出售、大兼并、大收购一一道来。2009年10月14日,瓦瑟斯坦因心脏病去世,享年61岁,结束了其30年的华尔街传奇人生。

本书比《大收购》更具可读性。作为一名参与者、观察家和分析家,瓦瑟斯坦的《大交易》对美国最具紧张、刺激的行业进行了全面彻底的论述。

没有一个美国公司不是通过某种程度、某种方式的兼并而成长起来的,几乎没有一家大公司主要是靠内部扩张成长起来的。

——乔治·斯蒂伯格

 内容解读

1. 并购浪潮——并购与反并购变迁史

20世纪60—70年代，不同行业的公司之间的合并得到极大的发展。与前一次浪潮相同的背景是，股市都出现了暴涨，从而为合并提供了充足的资金。1950年，美国国会通过了《塞勒-克福法》，禁止了同行业企业之间的合并。很多企业有充足的现金但又不能收购同行的竞争者，于是它们开始收购其他行业的公司来实现自身的多元化或者纯粹是为了扩大规模，因此产生了我们现在称为"集团式企业"的庞大企业帝国。除了禁止同行业的并购以外，《塞勒-克福法》还弥补了1914年《克莱顿法》第七部分的不足，禁止了企业间以购买资产的方式进行合并，并使联邦政府有权宣布那些可能造成市场垄断的资产合并为非法。在此之前，《克莱顿法》只禁止了使用股票来进行妨碍竞争的合并，而没有对资产的购买作出规定。

到了20世纪80年代，股市又出现了猛涨。企业掌握大量资金预示着又一轮并购浪潮的到来。受芝加哥经济学派的影响，里根政府采取了自由放任的反托拉斯政策，放松了对反托拉斯法的执行，不再继续对市场进行干预。2位芝加哥大学商学院的教授指出，政策的放松使得沉寂了30年的大规模行业内并购再次成为可能；这个时期的并购案主要有2种类型：①一个业务比较集中的大公司购买同行业的另一家大公司，并购以后去除了一些不相干的业务，但是大部分的资产得以保留，这种并购主要出现在燃气管道、食品、银行、航空以及石油行业；②分拆出售，被并购的公司是一个典型的集团化企业，收购者将其资产交给专业顾问分拆后再出售给不同的收购者。数据表明，1984—1986年的恶意收购案中，将近1/3的公司财产被再次出售了。在17件收购案中，50%的资产被再次出售，70%的资产被重新卖回了各自的行业。另外，许多在第三次兼并浪潮中并购了太多其他行业企业的公司感觉到了经营困难，因为他们不能消化收购进来的公司，只好将他们再卖掉。

这次并购浪潮贯穿了20世纪70—80年代，并经历了史上最大的杠杆收

购（LBO）案——RJR-纳贝斯克公司进行的高达250亿美元的杠杆收购，为了与另一家收购公司KKR竞争，纳贝斯克几乎付出了2倍于原市值的高价。随着更多并购案的完成，纳贝斯克并购案标志着第四次并购浪潮进入了尾声并最终在20世纪80年代末期的美国经济衰退以及垃圾债券（junk bond）市场的崩溃中落下帷幕。

另外，恶意并购也在这个时期出现并经历了一个高峰。由于这种并购直接威胁到了目标公司董事会和管理层的生存，并且影响到目标公司所在州的经济，因此在一些公司高管层的游说下，一些州政府通过了一系列的反并购法律。在公司内部，许多反并购策略也纷纷登场，著名的"毒丸"就诞生于这个时期。这些反并购策略和法律也加速了第四次并购浪潮的结束。

值得一提的是，这个时期正值日本国内经济大发展，许多日本公司因此也开始将目光投向了海外市场。占领国际市场，尤其是美国市场，是当时日本公司国际化的一大目标。一批日本公司来到美国，通过战略并购进入这个市场。另一些则通过并购开拓了新的业务领域，例如，索尼公司收购了美国哥伦比亚公司，以此进军美国的电影和娱乐行业。

2. 波涛暗涌——兼并行为的隐藏要素

布鲁斯·瓦瑟斯坦在《大交易——兼并与反兼并》一书中指出，尽管企业兼并行为看上去个案色彩极浓，但内外部环境中各个要素的变动对兼并行为的影响却往往暗含着某些隐蔽的秩序，"有5个基本因素在推动着兼并活动不断发展：管制和政治的改革、技术革新、金融市场的波动、领导者的地位，以及扩大规模与精简裁员之间的背离"。其中，管制和政治的改革、金融市场的波动和领导者的地位，是3个最重要的驱动因素。

（1）管制和体制改革。就传统的经济运作模式而言，各种管制障碍无疑限制了发展。基于企业并购行为有可能导致的损害竞争、降低效率并增加金融不稳定性等问题的存在，美国逐渐形成了严密的法律体系。比如，美国反垄断法的框架就是经过100多年的实践逐渐形成的。目前，已经有越来越多的人士呼吁中国尽快出台反垄断法，否则类似柯达整体收购中国彩卷行业的案例将越来越多。

以美国为例：美国国会在1996年《电信改革法案》中重新制定了传媒和电信行业的管制。而过去，各种电信公司都有自己固定的活动领域：地方电话公司和长途电话公司不能相互竞争；有线电视公司基本上是垄断性的。1996年的这个立法便允许地方和长途电话公司涉足对方的领域；有线电视公司也获准提供地方性节目。电视和广播公司则获准拥有更多的站点。这一法案使美国的电信行业经济结构由此发生巨大转变。

（2）技术革新。技术开创了新的市场，带来了新的竞争者，也促使管制发生变化。技术革新使旧的管制限制变得过时，甚至有些荒唐了。例如，传媒和电信行业正受到技术革新和管制变化的双重影响。技术革新创造了新部门，如无绳电话和卫星电视，它能够同时进行声音、图像和数据的传输，方便了市场参加者之间的沟通。过去的10年间出现了数以千计的新技术公司，这也将进一步加快兼并的步伐。

（3）金融市场的波动。金融波动的影响也同样重要。高涨的股市刺激人们进行购买，而通胀时期实物资产的增值速度快于股票，如果此时出现了一个低利率的低迷的股市，这种影响就更大了。此时，通过在股市上收购公司而间接地购买实物资产更加有利可图。利率的下降和资本的丰富加速了这一进程。

（4）领导层决策。公司之间的联合当然不会是商人式的，人的作用很关键——这些"骑在马背上的人"领导公司进行变革。经济决策和管理一样，一个人能够制定许多基本原则，其他人只是对他产生影响而已。美国的反并购浪潮中有一个主流观点认为：大部分兼并活动都是公司管理层（而非股东）出于自身的利益而组织的。因为在公司管理层主持的并购案中，出现了一种极具争议的财富转移形式——从股东向管理层（及其财务伙伴）的转移。公司管理层作为股东财富的管理者和为自身谋利的兼并者的双重身份造成了一种无法回避的利益冲突。比如，著名的"门口的野蛮人"罗斯·约翰逊在ＲＪＲ–纳贝斯克公司的交易中曾试图以低价卖给自己的杠杆收购集团，麦克米兰公司的管理层也向己方的收购者泄露了对手的报价情况。

管理技术在近40年的进步，也为公司管理层说服股东操纵并购提供了冠冕堂皇的游说工具。追逐市场份额领先的麦肯锡公式、强调用现金牛供养明星、抛弃瘦狗的波士顿矩阵、基于竞争环境分析的迈克尔·波特"五力模型"、加里·汉默和Ｃ·Ｋ·普拉哈拉德联合提出的核心竞争力理论等，一轮又一轮的战略模型模糊了股东的双眼。而布鲁斯·瓦瑟斯坦冷酷地指出了结局的真相："现实中的情况是，过去10年的牛市为战略兼并者提供了一个安全网。无论交易所依据的战略能否实现，资产都在不断地增值，时间和股市挽救了许多失败者。未来的风险可能会是收购的时机正好选在了股市的最高点。"

（5）规模与简化之争。规模很重要，对大多数管理者而言，"更大"就意味着"更好"。这或许是因为大众的压力，或者为了满足科技和全球化的需要，或者是出于参与竞争的考虑，甚至仅仅是为了满足自己的虚荣和自尊。但是，追求规模是一种天性，这是无法否认的。然而，就在许多公司不断扩大规模的同时，也有人忍痛割爱，压缩自己的规模。这种追求集中和简化的冲动与前者一样强烈，完全相反的作用力带来了旋转式的变化。

资料显示，全球跨国直接投资的 80% 是以并购方式实现的，而我国目前以并购方式吸引的外资仅占 5%。从这个意义上说，本土企业注定将迎来一场声势浩大且泥沙俱下的并购浪潮，当然其中的隐蔽秩序也将长时间地成为媒体和投资人的热门话题。

3. 操作时代华纳并购案

回顾瓦瑟斯坦的"辉煌战绩"，就如同回溯华尔街的经典历史片段。作为投行业的重量级大佬，瓦瑟斯坦操作和见证了无数起重大并购和资本运作。从 20 世纪 70 年代至 2009 年，他完成了约 1 000 次交易，总价值达 2 500 亿美元，其中就包括历史上著名的时代华纳合并案。

1989 年，时代公司与华纳公司的合并案中，瓦瑟斯坦担任了重要的顾问角色。

当时美国最大出版和电影唱片公司分别是时代公司和华纳公司，这 2 家长期以来执美国资讯和娱乐牛耳的集团，在眼看同行业纷纷被日本、德国、英国、荷兰所兼并的残酷现实下，不仅感到了危机，而且开始认真思索合并、结合，共同利用资源，同心协力增强竞争实力。

时代公司旗下拥有的是美国发行量最大的《时代杂志》和《运动画报》，还有全美最大的付费有线电视台 HBO 和 Cinemax，以及丛书出版事业。员工约有 21 000 人，1988 年营业额为 45 亿美元。

至于华纳公司的关系企业，则包括了华纳兄弟电影与电视摄影棚、大西洋唱片公司、DC 娱乐短片公司和《Mad 杂志》等。员工有 14 000 多人，1988 年的营业额为 42 亿美元。

从各方面来看，这两家公司都是门当户对，实力相当，以对等的方式合并，对彼此都有好处。而合并之后，既能免于形单势孤而被日、德收购，也能迎接 1992 年欧洲成立人民、资金、货物互通的单一市场，而更重要的是成为全球少数可以用任何传播媒介制作和行销资讯的媒体大王。

时代与华纳的合并，前后共花了 2 年多的讨论时间，一直到 1989 年 3 月才开始敲定，瓦瑟斯坦的操作起到了非常重要的作用。合并后新公司的名称为

"时代华纳公司",董事会的成员双方各有12席。新成立的"时代华纳公司",其业务目标是希望成为全球销售量最大的出版和唱片公司,这场著名的并购案成了瓦瑟斯坦的经典之作。

2000年瓦瑟斯坦又再度为时代华纳提供顾问服务,促成了时代华纳与AOL的合并。在1991—2006年的15年里,时代华纳集团支付给瓦瑟斯坦的并购顾问费用估计总值高达3 000万美元。

 拓展阅读

2005年,在华尔街按公司市值取酬的CEO中,布鲁斯是收入最高的CEO。拉扎德投资银行股价一路飙升,他成了名副其实的亿万富翁。1997年,瓦瑟斯坦以1 050万美元的价格买下了纽约927第五大道的第10层,又于2001年以1 500万美元的价钱从理查德·吉尔德手里买下了第11层。后来在安联的交易中他收取了6.25亿美元现金的佣金,为逃避纽约市和纽约州政府的征税,布鲁斯移民到了伦敦。

布鲁斯在伦敦和巴黎各拥有一套公寓,但直到贝尔格雷夫广场38号新家的大规模装修前,他在伦敦的公寓仅仅只是个工作间,贝尔格雷夫广场离白金汉宫仅仅几个街区,是与德国、葡萄牙和土耳其所在的使馆区相当的高档社区,这里被一片1826年由乔治·贝西威设计的4.5英亩的私人花园所围绕,环境十分优美。

此外布鲁斯还拥有范围广阔的资产,分别是位于圣巴巴拉、亚特兰大的海滩别墅和纽约东汉普顿14 000平方米的高级住宅。据说,他曾在1984年花400万美元买了栋公寓,接着请人把旧房拆除,然后又花400万美元盖了栋新的,据估计现在那栋公寓连地皮一起价值7 500万美元。在一套他最喜欢的隔离式的房子里,有7个卧室、5个壁炉、1个网球场和1个游泳池。据说,为了寻找灵感,他时常在这里的海滩散步。而在夏天,克劳德同邻居杰里的妻子杰西卡·桑菲尔德在海滩为他们的孩子创立了海马野营地,并对这个富人区所有的孩子们开放,这个野营会聘有专门的顾问,在夏天开展活动,对小孩而言,完全是建在沙滩上的一个梦幻之国,完全与自然亲密接触,有各种饮料、大的遮阳伞和各种装满玩具的袋子。自然而然地,布鲁斯利用拉扎德投资银行给他专配的湾流小型私人喷气飞机,频繁地往返穿梭于他在世界各处豪宅和拉扎德投

资银行29楼的办公室之间,尽管费用无法公开,但他对公司给他配备私人飞机充满感激。

  2006年,春季在全球并购市场的一片繁荣中,拉扎德投资银行的股票达到了历史的最高点,布鲁斯也在他58岁时,最终赢得了人们的尊重。布鲁斯以前的好友认为,布鲁斯具备的各种能力能让他完美地开展工作,他的激情激励着他前行。嫉妒能够无限地催发一个人的潜能,不安也会对不同的人产生不同的作用,而布鲁斯又是那种相信自己能力的人,因而,当这些特质表现在他身上时,会对他产生强大的推动力和对自身能力的信仰,从而取得巨大的成功。

48 《高盛文化》

里莎·埃迪里奇

 经典速读

《高盛文化》是一本至今少有的，揭示一个伟大机构——华尔街上最后一家私人合伙制公司——内部秘密和华尔街金融世界运转情况的高水平著作。里莎·埃迪里奇是美国麻省理工学院管理专业和城市规划专业硕士，曾是高盛公司副总裁和外汇交易员。

高盛银行是华尔街最后一家保留合伙制的银行。尽管1998年8月，高盛公司合伙人会议决议将高盛公司改组成股份有限公司，从而结束了合伙制的投资银行的历史。但是，高盛的合伙制度在它的发展进程中起到了至关重要的作用，它独特的性质使得高盛的经营、管理以及财务状况对于外界来说具有相当的神秘性。

事实上，在20世纪初，高盛还只是一个很小的家庭企业，声誉不响但是有着伟大的梦想。如今高盛已经成为世界最著名的投资银行之一，它的成长历程是20世纪中最伟大的金融公司发迹史。高盛成功的3个支柱：领导层、职员和公司文化。

作者身为高盛的前副总裁，凭借着对公司的了解和人际关系，给我们讲述了高盛如何从一个很小的家庭企业成长为世界最著名的投资银行的成长历程和幕后故事，揭开了高盛的神秘面纱……一部让人爱不释手的作品。

——理查德·伯恩斯坦《纽约时报》

至今少有的、揭示世界最著名投资银行的引人入胜的作品。高盛的成长历程是20世纪最伟大的金融公司发迹史。

——威廉姆·史麦赫司脱《芝加哥论坛报》

《高盛文化》向我们讲述了华尔街上最后一家私人合伙制公司的独特成功文化——忠诚、合作、低调和神秘……作者身为高盛的前副总裁，将笔墨聚焦于高盛成功的文化——团队合作和对长期利益的追求。高盛的成功正是源于对这种文化的长期坚持。

——罗杰·罗文斯坦《华尔街日报》

内容解读

1. 优秀领导层——领导力是发展的核心动力

高盛也曾经无比弱小，也曾经作为一家由犹太人所经营的公司因而只能在很狭窄的范围内开展业务，也曾经是一个有很多弱点，仅仅在大宗交易、商业票据以及风险套利这3个独立业务上拥有明显优势的二流企业，也曾经在多项投资和决策中失误并且付出高昂代价……但是，最终，这家起源自地位卑微家族的家族型企业，却发展成为世界上最著名的投资银行以及现在的金融服务业巨头，而这在很大程度上要归功于高盛优秀的领导层。

在高盛公司漫长而辉煌的历史上，让人最赞叹的便是其领导团队的草根性。高盛领导层几乎没有出身豪门的世家子弟，大多从基层做起，靠个人才华和勤奋，一步一步努力，才取得今天的财富、地位和影响力。现在让我们来认识一下这些优秀的领导者。

马克斯·歌德门，高盛最早的创始人。开始时在德国当教师，1848年迁至美国，到美国后先是以拉车为主（他是一个如此务实、胸怀是如此宽广的人，竟然愿意做这么卑微的工作），后来在费城成为一家小店店主。1869迁至纽约，开始经营借据经纪业务。这就是高盛的前身。

西德尼·文伯格，现代高盛之父。在1930—1969年间担任高盛董事长的西德尼·之伯格是华尔街历史上的传奇人物，称得上一代金融巨子。但出身贫穷的他最初却是在高盛的办公室当勤杂工，工作之一是替合伙人擦皮鞋。

西德尼·文伯格10岁时就在曼哈顿到布鲁克林的摆渡点卖报纸，还干过剥牡蛎，帮助装衬里的人运送皮毛的工作。为了找工作，他乘电梯上了当时纽约最高建筑的顶层，然后就一层层往下走，一层层地问需不需要新手。被拒绝了23层后，西德尼被第二层的高盛雇佣为杂工，职责就是清洗痰盂和合伙人车上的灰尘。

西德尼·文伯格在担任高盛领导的整个任期内，利用其与工商界的广泛联系，坚持不懈地为公司谋求更多的发展机会。他幽默，善于与人攀谈，通用电气、福特汽车、国民每日产品等许多公司的老总都是其私交，西德尼·文伯格同时担任30家公司的董事。

加斯·莱文是继西德尼·文伯格后高盛的最高领导人。莱文16岁时父亲就去世，18岁时来到纽约开始他的职业生涯。在这段时间里，他白天工作，晚上上夜校学习商务和金融。在高盛的时候，莱文每天5：30起床，7：30后到达自己的办公室，而且很多时候他都是第一个到达办公室的。在持续的高强度工作下，莱文在1976年在纽约开董事会时倒在地上，然后就一直没有醒来过。

约翰·文伯格和约翰·怀特海德，是加斯·莱文的继任者。他们的管理特点是："以身作则"。通过亲自会见客户、处理事务、长途出差等行动，他们向公司成员发出这样一个信息：高盛的每一位员工都应该是一个实干者，管理仅仅是工作的一部分。

大名鼎鼎的保尔森则出生在伊利诺伊州的农民家庭。尽管如今他年薪高达3 830万美元，是华尔街薪酬最高的职业经理人（2005年），但还是过着普通人一样的生活。每到周末，他经常自己开车回伊利诺伊州郊区巴林顿镇的老家陪老母亲。他父亲死后留给母亲一块五英亩的土地，这里没有豪宅，只有一幢25年前保尔森当高盛普通办事员时自己盖的小楼。他们一家在这里吃的基本上是保尔森母亲自己种的蓝莓、桃子和蔬菜。在这里，保尔森经常穿着短裤和汗衫，坐在自家门廊上休息，两脚跷在长凳上，和普通美国农夫没什么两样。

正因为这种来自绝非主流社会的出身和背景，高盛高层始终都有强烈的危机意识。他们时常教导员工："我们并没有制造人们的生活必需品，也没有生产什么独一无二的东西。除了管理层、员工以及勤奋工作之外，我们和其他投资银行没有任何区别。想想看，我们在同样的大楼里工作，用同样的电脑，坐同样的飞机，住同样的宾馆，甚至拥有同样的客户。"高盛股票业务联席主管加里·科恩说,他每天至少有10次想到这句话。科恩在小时候患有阅读困难症,他与这一顽疾一直抗争到初中。他在谈到高盛高层的出身时说:"我们都曾经历不幸。多年来,别人一直说你会失败,但这恰恰激发你说:走着瞧!"

2. 卓越文化——高盛公司的公司文化不可复制

高盛的公司文化一直为人们所称道,在华尔街,它具有传奇色彩。这种文化要比其他任何东西更能将高盛和其竞争对手们区分开来。由于存在过多的羡慕和模仿,高盛有时会被别有用心地描述为因循守旧者,然而,少有异议的是,高盛文化已产生了异常积极的效果。

"高盛经营原则"第2条:"我们的资产就是我们的员工、资本与声誉。如果这三者任何一个受到损害,声誉是最难以恢复的;我们要致力于完全遵循规范我们的法律、规定与道德准则的字面含义与精神。我们的持续成功取决于对这一标准的坚定不移的遵循。"第14条:"正直与诚实是我们事业的核心。希望我们的员工在自己从事的一切活动——不仅是为公司工作,而且私人生活——中,维持高度的道德标准。"

高盛公司卓越的企业文化吸引并保留了最佳的雇员和客户。在马克斯·歌德门先生于1869年创立高盛公司起,团队合作、诚信守法、追求完美和开拓进取的企业精神就一直植根于高盛文化之中。

高盛与众不同的是,它将个人对财富、声誉的贪婪与野心成功转化成了真正的团队精神。在高盛,只有"我们",没有"我"。高盛的各部门中,大部分是两名负责人,这种团队精神让高盛不像别的公司那样纵容个人,即便是华尔街最优秀的个人。高盛不向任何人保证将在未来数年中,给予多少薪酬,也不按交易员赚取的利润给他们提成。

此外,高盛的公司文化中重要的一点就是客户至上,对客户作出的承诺是公司一切业务的核心。为了维护本公司的竞争优势,满足公司客户较高的期望值,高盛的企业文化在不断发展演进。高盛致力于创造一种领导素质和多元化并重的企业环境,并推动实现企业内部的融合。

此外,高盛的员工对工作和生活所在的社区具有强烈的责任感,通过全球各地的组织网络积极参与多种慈善活动是高盛长期保持的企业传统之一。

高盛悠久的企业文化使高盛在众多出色的公司中脱颖而出,成为吸引世界一流人才的巨大磁石。

3. 合伙人制度——高盛的人才核心思想

高盛公司认为，职员是其最宝贵的财富之一，为了加强职员的忠诚度，激励其进取心，高盛采取了很多措施，慎重选人，大胆用人，让每一个服务于高盛的员工都能获得成功的满足感。

高盛对于人才的要求从来都是苛刻的。它不提供太过于有竞争力的年薪，因为那会吸引来只为钱而工作的年轻人。相反，它提供给年轻人的，是更好的职业上升空间及做事的机会。正如书中所描述的那样，"假如高盛意图涉足某项业务，那么它很愿意将这些挑战交给前途光明的年轻员工"。而通过合伙人制度，高盛吸引并且培养了一大批有性格而且能够对于高盛的文化产生推动，并且因此带动整个公司进行熊彼特所谓的"破坏性创新"的人才。每个人在高盛获得成功都有其特别的方式。中介业务，特别是非常活跃而且变化莫测的金融批发业务，必须经常变革自身以及业务模式以预先抵抗最强大、最富有技巧和最具有进攻性的竞争。

一名优秀的员工，是公司的无价之宝。高盛公司在物色员工时，采取的是"少而精"的战术，只求质量，除受过相当的高等教育外，还需具备视野开阔、勇于创新、善于冒险、诚信至上、善于学习、具有远见等素质。"物色最适当的人选、拥有最优秀的人才，才配称为最优秀的公司"，这是高盛的用人之道。跨进高盛公司门槛的员工，都有着过五关斩六将的经历。他举例说，当公司准备招聘新员工时，要从大量的应聘者提交的简历中精心筛选，然后对入围者进行全面的考核，并进行15次、20次甚至25次的反复面试，每次面试时间都在0.5~1个小时，应试者要与公司的不同领导人分别交谈，最后进行综合打分，确保所选择的是最适合的人选。这种入门考试对任何人都一视同仁。人员选定后，还要进行系统的职业培训和考核，这样的员工才能成为高盛公司的全球化员工，能到高盛在北京、香港、纽约、伦敦等世界各地的任何一个分支机构工作，组成公司的团队。正是由于拥有这样的优秀人才群体，才使高盛久盛不衰。

招收了一流的人才，又怎样才能留住这些人才呢？在经济全球化的时代，人才流动成为常态，而高盛公司的人才流失现象却极少发生，大部分员工均对公司有归属感、忠诚感，以在高盛公司工作为荣。这一方面是因为高盛所有资源是全球共享的，当一名员工在工作中遇到困难需要帮助时，通过电话、电子邮件，可以立即得到遍布全球同事的支持，而且公司的业务是无缝隙的，保证一天24小时，每周7天运转，因而员工成长快，工作效率高，容易取得成功，并获得满足感。另一方面是因为高盛的组织结构是扁平式的，等级观念淡薄，一名普通员工可以直接向高级领导进言，表达自己的观点，而且正确的观点通常会得到采纳。

此外，高盛公司一直实行合伙人制，在高盛的等级体制中，能成为合伙人是升迁的重要步骤。在高盛全球2万多员工中，只有极少数人能成为合伙人，他们年薪可达60万美元以上，并可参与公司分红。合伙人每2年就重新评选一次，竞争非常激烈，大多数合伙人的任期都很短暂。这一竞争正在加剧。在20世纪80年代，高盛合伙人平均任期达10年，而现在仅有8年。激烈的竞争使得高盛职员工作起来格外卖力。往往是当华尔街其他银行想到要拜访某客户时，高盛早就拜访过了。

在这样的制度下，2年一次的合伙人选拔就成为了一件非常严肃的事情，往往一选就是7个月。2.4万名员工都想成为1 200名中层中的一员，而1 200人又个个想成为300名合伙人之一。因为这300名合伙人，年薪60万美元以上，还可以参与公司分红。这一机制的特点，很好地保证了所有高盛员工一面努力赚钱，一面对共同利益进行高度监督。

一位合伙人曾经这样解释高盛的合伙人制度："高盛公司看起来就像有五六十个小部门在运营，并且他们有充分的自由去做他们想做的事情，在这个组织里，获得声望的唯一途径就是业务上的成功，得到经济利益和精神利益的手段则是相互合作。"

毫不夸张地说，当别的企业还在各部门间宣传协作精神时，在高盛，合伙人的经济利益已经将他们的命运牢牢地捆在一起，共同的经济利益还使公司文化更加稳固，合伙人的利益虽然在某些事情上有些分歧，但涉及盈利问题时，他们的立场则完全一致，因为所有的合伙人都只能从一个途径获得收入，合伙人的报酬很大程度上取决于公司的整体盈利（个人的持股量每2年调整一次，但是在任何1年里，这个比例都是既定的，合伙人的报酬是全公司盈利的直接相关函数）。这与其他一些公司形成了鲜明对比，在他们那里经营较好的某个部门的经理获利丰厚，然而经营状况不好的其他部门经理的收入则少得可怜。

从根本上来说，高盛的非凡业绩应归功于其员工作出的贡献，因为绝大多数职员相信，未来某一天，他们有可能成为合伙人，对于这一点，高级合伙人弗里德曼曾用这样的话总结过所有权的价值：没有人会去清洗一辆租来的车。成为合伙人的梦想是一种无与伦比的激励力量，也是吸引最优秀人才的巨大诱惑。20世纪80年代和90年代，当著名学府的MBA毕业生们将高盛的合伙人和其他著名投资银行的总经理和常务董事进行声誉和财富等方面的比较时，他们发现，高盛更胜一筹。

4. 顺利转轨——合伙制转为上市公司

高盛在合伙制下成功地运转了很多年。但是，1998年，当金融市场的合并使高盛处于不利的竞争地位，而高盛业务的发展需要更多的资金，需要更好的融资渠道，高盛适时地放弃了合伙制而转变成为上市公司。

合伙制有很多优点。合伙制具有很强的保密性，因此高盛不需要向社会公布其盈利状况，这很符合一般人的愿望，因为很少有人真的愿意向外人公布自己每年赚了多少钱；商业决策不会在媒体上被公开分析，发展战略不会被竞争对手模仿；合伙制让公司员工——特别是合伙人之间——产生一种相互依赖的家族式感情；合伙制下成为合伙人是员工奋斗的动力，有幸成为合伙人不仅能够获得财富上的巨大回报，更意味着公司的信任；合伙制下，一方面在回报、地位方面存在巨大的等级差异，另一方面又为员工提供了晋升的阶梯——优秀的员工可以通过自己的努力成为合伙人，合伙制因此能够吸引最优秀的人才进入高盛；公司内部的冲突不会被媒体炒作，从而避免更大的内部矛盾；合伙制让高盛不受股市短期行为的影响，公司决策可以不考虑股票价格波动的影响，从而可以专心于长远发展目标。

合伙制虽然有其独特的优点，但是随着经济发展、时间推移，合伙制的不足也表露出来——它不能给经济带来持续不断的动力。而就合伙制投行本身来说，突出的问题则是资金短缺。即使在公司拥有盈余资本的情况下，他们的未来仍然是不稳定的，因为当他们的合伙人退休时，会抽走自己的资本，从而缩小公司的财务基础。事实也证明，很少有合伙人在离开之后还把资金留在公司内部。

其实，观察这两年合伙制公司在市场上的表现，也可以发现，这种治理结构已经越来越暴露了它的缺陷，比如在财务领域，在安然事件后，不少经济学家指出，如果追究根源，安达信的合伙人制度也有不可推卸的责任。

1999年，在种种因素的推动下，高盛终于决定上市，结束其长达130年的私人合伙人制度，高盛也是华尔街上最后一家放弃合伙制的投资银行。

 拓展阅读

高盛公司为什么能够获得巨大的成功,通过几个小故事,读者或许会对此有所感悟。

高盛的首席合伙人怀特海德曾经说:"我们能做的最重要的一件事就是招聘。"另外一个合伙人康威对此深有体会。有一次他本来定好要去斯坦福大学进行校园招聘,结果就在临行前忽然福特公司要求他前往公司洽谈一个潜在的项目。分身无术的康威找到怀特海德问他怎么办。怀特海德态度鲜明:"当然是去斯坦福了。福特那边我帮你顶一下。"康威事后颇有感慨地说:"就是这样的选择告诉你一家公司的领军人物相信的是什么。"

1968年的一天,高盛的一位交易员接到了一个机构客户的一笔交易委托:买入50 000股某家公司的股票。这个单子在当时是少有的大单,因此很自然地在高盛的交易大厅引起了一阵兴奋。交易员执行完指令就出去吃午饭了,回来的时候发现桌子上有一大摞秘书留下的粉红便条,都是让他尽快给那个刚刚下单的客户回电。他急忙打回去,那边声音都变了:"我……我犯了一个大错,这次我肯定得被炒鱿鱼了!"原来,那位客户把卖出指令错误地下达成了买入,更可怕的是他本来应该是卖出5 000股而不是买入50 000股!

简直是晴天霹雳!高盛的交易员马上找到当时高盛的首席合伙人李维并向他汇报了情况。李维问他:"是我们的错还是客户的错?"他如实回答:"是对方的错。"李维又问他:"他们是不是一个好客户?"他同样如实回答:"是好客户。"李维很快作了个决定:"既然他们是我们的好客户,那么让我们把他们变成我们更好的客户。这次交易错误算我们的,我们来买单。"

敌意收购在美国刚刚开始出现的时候,有一天高盛的合伙人弗里德曼在一家律师行和律师讨论一个案子。这个时候那家律师行的一个工作人员拿着第二天《纽约时报》的小样走了进来请自己的老板过目,那上面印着某个敌意收购方第二天准备用来启动针对盖洛克纸业公司的要约收购的广告。弗里德曼得知后,匆忙走出会议室,打电话告诉自己的同事:"给盖洛克打电话,告诉他们2件事:第一,他们明天将被敌意攻击;第二,我们准备好了帮助他们。"从那以后,高盛负责并购业务的团队每天晚上10点都会有人专门打出租车到离《纽约时报》印刷点最近的地方,等待新鲜出炉的第二天的报纸。在他们看

来，一个交易是交给自己还是让给自己的竞争对手，可能差的就是这先人一步的几十分钟。

20世纪70年代，一家著名薯片公司的老板把公司卖掉，套了大额的现金。很多家投行的私人客户服务代表蜂拥而至。高盛出手稍微晚了一点，等他们和这位老板约好见面的时候，另外一家投行已经基本锁定了这位大客户。但高盛的合伙人费佛还是去了，双方在海边烧烤，聊了一晚上哲学和家庭。1个月后，这位老板打电话给费佛，告诉她："我已经决定把这笔理财业务给你们了。"费佛当然惊喜，赶紧说："谢谢，谢谢。"老板又问："你难道不想知道为什么吗？"费佛说："当然想。"老板接着说："你也知道，在你们之前已经有很多家投行访问过我。你们这些人长得差不多，穿得差不多，谈得也差不多，但只有你在晚饭后站起来帮助我们洗盘子洗碗。所以我觉得，你和他们不一样。"

49 《在不确定的世界》

罗伯特·鲁宾

 经典速读

罗伯特·鲁宾是美国银行家,在克林顿时期担任第70任美国财政部部长。从他早期在著名的高盛公司负责"套汇交易"的工作到他最近担任花旗集团执行董事会主席,罗伯特·鲁宾一直是美国金融系统的主要人物。他也是美国历史上最长的经济繁荣时期的一个关键政策主导者。

在《在不确定的世界》一书里,罗伯特·鲁宾对美国近年发生的重大历史事件作出了精辟锋锐的分析,同时引导你对市场导向和全球经济风险作出全面连贯的思考。鲁宾以他一贯的引人注目和开诚布公的声音,以及锐利的目光,来详尽地描述、演绎白宫的日常生活和政治风云。他既有对处理重大事件的决策,又有对普通事务的感怀。这种描述风格与他处理国家挑战的手法并无异处。部分是政治回忆录,部分是说明性的经济分析,部分是个人对商业问题的看法。

事实上,鲁宾的人生哲学就是"一切都是不确定的"。"概率思考"一直贯穿他的整个金融生涯和政治生涯。在处理亚洲、俄罗斯、巴西金融危机,联邦政府信誉危机、股票市场的升降、后"9·11"世界的挑战和正在进行的财政政策的争辩和其他重大经济政治事件中,我们都可以看到,罗伯特·鲁宾对这个人生哲学反反复复而又恰到好处的应用。

罗伯特·鲁宾是我们这一时代最光彩夺目和可亲可敬的智者。而一本特别的书已经从他手中诞生，它既引人入胜又有着很强的可读性。通过精彩坦率的描述和大量的人生教训，它给我们展现了他在华尔街和作为总统顾问、财政部长期间的精彩人生。它又是一本非常个性化的书，全书有大量关于他和一些著名人物交往的故事和见识，例如艾伦·格林斯潘、桑莫斯和克林顿总统等。此书注定将成为最重要的经典书籍之一，也将是我们这一时代出版的最具欣赏性和启发性的读物。

——沃尔特·伊萨克森

罗伯特·鲁宾带我们走到一扇能够窥探全球经济特殊历史性时期的华尔街、白宫和财政部门等动脉中心秘密的最近的大门的背后。这是一段最吸引人的、最具建设性的故事，特别是当它由一位带领我们战胜这些政治和经济挑战的、独特而又优秀的领导者口中讲出时，其权威性更是无可置疑。

——汤姆·波克瓦

罗伯特·鲁宾在国际金融市场动荡不安的时期赢得了崇高的威望。现在他已经写了一本关于他这段经历的极富趣味性和思想性的书籍。即使是那些不同意他的某些结论的人，也能从中发现很多重要的可读点。

——亨利·基辛格

内容解读

1. 墨西哥债务风云——执行鲍威尔的军事干预理论

鲁宾一上任即接下这个烫手山芋。鲁宾在书中指出，作为美国的邻国，墨西哥与美国的政治、经济息息相关，如果墨西哥稍有闪失，美国就有可能遭受池鱼之殃。而且，当时美国刚与加拿大、墨西哥签订《北美自由贸易协定》不久，若墨西哥经济土崩瓦解，可能牵一发动全身，冲击北美经济体系，影响既深且远。

然而，当时美国民众并未对墨西哥危机有唇亡齿寒之感，大都不认同联邦政府动用数以百亿美元去拯救事不关己的墨西哥金融危机。部分人士更认为，美国如果出手相救，只是项庄舞剑，意在挽救涉足当地的华尔街投资银行。而鲁宾凭借着在华尔街摸爬30年的直觉判断，事情绝非如此。在刚刚签订《北美自由贸易协定》的大背景下，如果墨西哥经济崩溃，唇亡齿寒的道理不容置疑。于是，他利用各种公开场合向民众提醒事态的严重性，并预言墨西哥经济危机导致的严重后果之一就是巨大的移民潮冲击美国。

鲁宾为了说服克林顿总统、国会施以援手，只得痛陈利害，指出倘若墨西哥经济分崩离析，美国不仅要付出沉重的经济代价，殃及美国金融体系，拖累在墨西哥投资的美国公司，动摇北美经济体系，甚至会影响政治稳定。鲁宾预期，倘若墨西哥陷入政治动荡，势必迫使大量墨西哥非法移民北上，美国社会将难以承受。

最后，鲁宾使用了柯林·鲍威尔军事干预理论中的一个推论——在海湾战争时有名的"鲍威尔理论"提出，只有当美国的利益面临危险时美国才应当进行干预，而且必须以压倒性的军事力量进行干预。

就墨西哥的局势而言，市场参与者们所关心的是短期债券，因此鲁宾决定拿出比华尔街认为墨西哥所实际需要的更多的资金。就像一座庞大的军火库一样，一笔巨额的资金也会给市场造成相当大的心理影响。如果投资者相信有足够的资源恢复经济，而且政府已着手处理潜在的问题，资金的外流就会停止。墨西哥债务危机就这样解除了。

2. 风险套利——决策需要判断和权衡

在套利业，就像在哲学中一样，你进行分析，在分析中寻找漏洞，寻找能够站得住脚的结论。然而，尽管严密的分析对哲学来说是充分的，但对套利业则是不够的。在套利业，就像制定决策一样，尽管你掌握的情况还不充分，你的疑问还没有被回答，但你也不得不"扣动扳机"，作出决定。我该不该进行这项投资？你开始时是探索问题，但最后你不得不接受这种现实，即有些问题不会得到圆满的回答——或者根本得不到回答。

鲁宾在高盛工作的那些年，大部分时间都是在做风险套利业务，在企业发生并购、资产剥离或破产之类的重大事件之际购入相关证券。这是一项相当复杂，但同时也获利丰厚的工作。风险套利并不适合用精密的公式计算，但是总会涉及对不确定性的判断和权衡。

鲁宾把做风险套利决策的过程视为一种心智上的训练，或者"在一个没有绝对或确定可言的世界中衡量机会的过程"。他的方法是考虑各种选择，尽量理解各种可能性，然后作出最佳判断。他从未把成功想象为确定的，而是尽量去增加成功的机会。

高盛经常无往而不利，但是有时也有失利之举——但是这并不意味着他们的决策是错误的。在一个不确定的世界里，真正有益的思路是考察决策过程本身，而不是仅仅考察决策的结果。我们收集的信息是正确的吗，还是遗漏了一些重要的数据？我们作的假设合理吗，还是说其中有缺陷存在？我们作的计算准确吗，还是存在错误？所有可能发生的事情以及它们的影响都已经考虑进来了吗？有无考虑高盛的整体风险组合？

这种把结果和投入分开来看的严谨分析方法，需要额外的思考步骤和独立地评判行动。对于鲁宾来说，这种思考方法是自然而然的。他的世界观建立在或然率或不确定性的基础上。他在书中写道："我遇到的一些人似乎在任何事情上都比我确定。那种确定的态度并不仅仅是一种个性特征。对我来说，那是错误地理解了现实的本质，对其复杂性和模糊性欠缺正确的态度。这对他们做决策是相当不利的，虽然方法可能正确。"

在商业世界中，追求确定性容易让人误入歧途，因为它使得我们忽视了商业无法预测的本性。它也压抑了我们本应具备的勇敢精神和冒险行动，而正是这样的举措能够使得我们在竞争中胜出。

3. 不确定性决策——任何事情都存在不确定性

"我不相信事情的确定性"，这是本书的第一句话，也是罗伯特·鲁宾的人生、商业和政治哲学。这种观点的核心是认为没有任何事能够被证明是确定的。

鲁宾认为，一旦你进入不确定性王国，任何事情都不再是简单的了。几乎所有重要问题都是极其复杂的，要求人们探讨这些复杂性，认识各种相关因素，并不可避免要进行衡量。鲁宾认为所谓的确定性其实正是对现实本质的错误认识，因为现实本身是复杂的、模糊的，依据这种确定性的态度作决策，看起来是为了追求最好的结果，但其基础是相当脆弱的。

遵循不确定性原则就意味着当市场变糟时，你需要忘掉你到那时所遭受的损失，而根据变化了的情况作一个新的期望值分析。即使这个期望值一直有吸引力，你的各种投资也必须维持在如果局势继续困难，你也能够忍受很长时间的程度。面对你的各种头寸进行祷告——在困难时期交易厅中常常会出现的情况——不是应对逆境的明智之举。

还有一点鲁宾认为很重要，那就是"尽管我们无法克服经济和其他公共政策选择方面所存在的不确定性，我确实认为加强我们对可能性的认识，从而改善我们的决策是可能的。"

鲁宾曾经给出在不确定的世界中作决策的 4 项基本原则，而这些决策原则对于金融投资创业尤为重要。

（1）唯一可以确定的事情就是根本不存在所谓的确定性。这个原则对投资业来说绝对是再现实不过的真理了。投资本身就是应对无穷无尽的不确定性。在过去的 75 年里，美国经历了一场经济大萧条、多次战争、一次能源危机和一次重大恐怖袭击。但人们事前却根本没有预料到这些灾难。投资者必须不断地去磨炼自己，让自己在更广阔的视野中充分考虑结果的分布规律。而最有效的办法之一，就是关注那些能反映"不可避免的意外事件"的主要指针。认识不确定性对于资金管理同样是至关重要的。不计其数的对冲基金最终血本无归，无非是因为他们把大量资金投入到一项过分自信的投资之中。因此，在进行资金配置的时候，投资组合的管理者必须考虑预料外事件带来的后果。

（2）决策就是一个权衡概率的过程。假如说，目前约 90% 的期权都是亏损的，那么，这是否就意味着你不应该持有期权呢？事实上，真正的问题在于：你投入到 10% 盈利期权上的资金能赚多少钱。如果按 1 美元的价格购买 10 份期权，假如其中的 9 份期权在到期后分文不值，而第 10 份期权却会上涨到 25 美元，在这种情况下你大赚一笔的可能性自然也就大大增加了。因此，从期望值角度看，有些大概率事件未必有什么吸引力，相反，有些小概率事件反而很有吸引力。比如说，股票价格实现预期收益上涨 1% 目标的概率为 75%，但公司未能实现业绩预测而下跌 10% 的可能性却是 25%，因此，我们就可以认为，尽管该股票盈利的可能性很大，但期望值却是负的。

（3）尽管存在不确定性，但我们还是要迎难而上。鲁宾认为，绝大多数决策所依赖的信息是不完整、不完善的。但是，我们还是要在对现有信息进行理性评估的基础上进行决策。杰伊·拉索和保罗·舒梅克尔指出，人们总是习惯于认为自己掌握的信息越多，就越有可能认识未来，把握未来，也就越有可能完善自己的决策。但是在现实生活中，过多的信息量往往会让我们的决策过程变得更加混乱不清。研究人员对赌马进行的研究，就可以生动地说明这一点。他们首先让参加赌马的人根据 5 条信息对比赛结果进行预测。之后，研究人员又让他们根据 10 条、20 条和 40 条信息，分别对参加比赛的每一匹马进行同样的预测。预测的结果是，尽管随着信息量的增加，预测人的预测准确性并没有得到什么改进，但他们对预测能力的自信心却出现了明显上升。

（4）判断决策的质量不能只依赖于结果，还要考虑决策的过程。合理的决策过程首先要求我们根据市场价格和期望值的比较进行决策。投资者可以通过有效的反馈和持之以恒的学习不断完善这个过程。

4. 鲁宾经济学——赤字与利率的相互关系

鲁宾认为结构型的赤字有害，而认同景气循环型的预算赤字，在衰退时以预算赤字增加投资。但是如果在经济快速增长的时候还有赤字，就很不理想。《华尔街日报》把鲁宾的说法称为鲁宾经济学。

事实上，鲁宾的说法是赤字会影响利率，而利率会影响经济，鲁宾认为这是经济上再清楚也不过的道理，长期公债如果是由市场决定利率，政府的财政纪律攸关能否还款的能力，当然应该影响市场利率，这不是经济学的基础吗？怎么会有人认为赤字不会影响利率？不健全的财政，利率会高，但是当经济前景很差的时候，资金需求低迷，市场可能会忽略财政赤字的信息，而维持低利率，但是当经济开始恢复时，资金需求增加，市场就会注意到财政赤字而让利率快速升高，因为政府借贷越多，可供民间借贷的储蓄就会变少，而让利率上升。

鲁宾估计每增加赤字占 GDP 比率 1%，会让长期利率上升 0.4%—0.7%。赤字除了会影响利率，还会影响企业与消费者的信心，以及世界各国对美元的信心。鲁宾认为，税率对民间储蓄与工作意愿的影响极小，在正常状况下，降低资本利得税率，不会增加美国经济的福祉，储蓄率和储蓄报酬的税率没有关系，降低资本利得税率并不会增加储蓄率或是投资率。降低资本利得税率不但会造成财政负担，也会在资本配置上产生赋税造成的扭曲。想借个人税降低或公司税降低来刺激短期景气，成本太高，效果太低。

此外，鲁宾对多数人发表一个数字的预估，而不是一个范围的预估感到很惊奇，他认为这表示出人们不切实际的看法，未来展望总是一系列范围广泛的概率排列，这些人经常没有考虑到特殊的不确定因素，也没有考虑到不确定原本就是人生中最常见的指导方针，人生本来就不确定。

5. 市场心理——永远牢记风险的存在

1999 年，鲁宾回到华尔街，6 年的时间，发觉自己已经和市场脱节，市场的交易量是他所熟知的数倍。

鲁宾后来说当时市场上的评论让人想到 1929 年在崩盘前，耶鲁大学学者费雪宣称股票已经来到一种"永远的高原期"，鲁宾说市场有点疯狂，鲁宾的判断方式是，上市总市值超过 GDP（国内生产总值），2000 年 3 月该比率为 181%，以及过高的市场本益比，2000 年 3 月 NASDAQ 本益比为 82 倍。鲁宾认为，市场历史中，每隔一段时间都会有投机过度的状况。有些人以为这次会不同，有些人也认同高估但是却继续投资，认为自己可以不算太晚地卖出，如史坦哈特，只有少数人，如巴菲特同意这种看法。鲁宾认为，太多人不懂风险，特别是年轻人，宣称新的时代不再受景气循环与传统估价方式的影响，甚至以为像鲁宾及巴菲特这样的人是过时的、无可救药的。事实是任何股票投资都应务实地注意持股风险，采用严格的评估方式。

考虑风险有关的问题，第一步就是估算好处与坏处的概率，然后估算承担风险所能得报酬和可能的亏损相当的地方，这就是期望值表的方式，也是风险决定的基础。最大的麻烦是，鲁宾认为多数金融从业人员都是极端低估"罕见风险"，因为如果仔细考虑这些，你几乎就不会从事投资或交易这行工作。你需要仔细思考要承担什么风险，以及减少或避免什么风险。鲁宾建议的投资是，根据公司的长期展望买股票，准备持有很长的时间，除非展望改变或是涨到不合理的价位。

鲁宾怀疑任何系统，1995—1999年由于是大多头，几乎所有系统都管用，2000年后很多这些操盘系统都失去可信度。鲁宾回忆自己的投资经验，1973年他看到很多他熟悉基本面的公司股价下跌，他于是开始买进，一直到1974年股市触底，他买进的部位下跌了50%，这告诉我们即使是谨慎如他的投资人，都难以预测底部，预测谷底和预测头部是一样地困难，因为一切都不确定，只有事后回想时，你才知道最坏的情形已经过去了。投资人应该依据自己对风险的忍受程度，决定在股债间的资产配置比例。鲁宾建议，依据投资大幅下跌时，你最大可忍受的亏损金额，作为你投资股市的最大限度。

6. 世界经济危机——危机治理心得

1997年从泰国开始蔓延的亚洲金融危机爆发，鲁宾身为美国财政部长，在处理危机方面获得的心得，第一是资本市场整合，造成各国互相依赖；第二是国内与跨国治理的重要；第三是信心危机发生时，光是调整货币政策不够，更重要的是政府推动强力改革；第四是处理危机的工具没有像金融市场这么现代化，国际货币基金组织与世界银行都需要更多改革。

泰国的问题来自美元的固定汇率，固定汇率导致泰国银行过度依赖短期的海外美元融资，而泰国国内的储蓄率又不够高，泰国银行长期的以短支长，当美元相对其他货币升值时，泰国经济无法承受，因为泰国长期贸易属于入超的状况，出口又受到升值影响衰退，之前流入投资的热钱，于是急着要外逃，造成投资泰国的信心危机。鲁宾认为，泰国危机是先进国家投资没纪律所造成。美国给泰国的药方是整顿金融体系，建立可靠的货币政策体系，稳定汇率，基本财务数据公开披露，可惜泰国政府没有强力执行。

在亚洲金融危机期间，鲁宾认为经济疲软的日本让危机更难解决，但是中国坚定地没有让人民币贬值，则是在亚洲金融危机中扮演了积极建设性的角色。韩国的危机则是出乎意料，危机的原因和东南亚国家很类似，固定汇率，银行借短支长,当危机四伏的时候,外国银行拒绝展延贷款,就造成危机。美国给韩国的药方是提高利率、废除指导性贷款、整并破产银行、让外资银行进入市场。金大中胜选后,这位前劳工领袖对美国说,韩国企业要复苏,公会必须接受减薪裁员。金大中的强力改革显然重振了投资人信心,韩国迅速恢复了投资人信心,没有用到太多外国的援助金额。

 拓展阅读

1999年,《时代》周刊封面上出现了3个人的并肩合影:时任财政部长的罗伯特·鲁宾、副手劳伦斯·萨默斯以及时任美联储主席格林斯潘,他们被誉为"拯救世界的三剑客"。

在1995—1999年鲁宾在美国财政部长任期上得到的好评如潮。上任不久就碰到墨西哥金融危机那个烫手山芋,鲁宾说服克林顿总统,动用财政部的汇率稳定基金,向墨西哥政府安排了巨额贷款,帮助其稳定了因比索快速贬值而引发的金融动荡。

另一个让鲁宾名声大振的,是与财政赤字斗争打了个漂亮仗。20世纪90年代初,美国的财政赤字有如天文数字一般庞大。早在1993年鲁宾入主国家经济委员会的时候,他就建议年轻的克林顿总统推行大规模的赤字削减措施;出任财政部长之后,更是大刀阔斧地改革。克林顿执政期间美国的财政由赤字走向了盈余,鲁宾功不可没。当时克林顿的顾问大卫·格根也因此称鲁宾为政府内阁中"最有价值的球员"。

叱咤商政两界的人,似乎天生就长袖善舞。鲁宾的夫人朱迪曾经担任纽约市市长的礼宾专员,一度活跃在纽约市的演出界。但实际上,他们夫妇宁愿待在家里也不愿卷入没完没了的社交活动。即使鲁宾在华盛顿工作期间,朱迪也以"讨厌华盛顿的政治气氛"为由,始终不愿离开曼哈顿。所以,在鲁宾的财长生涯中,大部分周末都要打"飞的"回纽约看望妻子,平时则住在华盛顿的杰斐逊饭店里。

这段"候鸟"生活在1999年结束,因为他又回到了纽约。那年春天,克林顿总统在白宫玫瑰园宣布接受鲁宾的辞职,华尔街一片哗然,道·琼斯指数竟一度重挫200点之多。

那么离开白宫的鲁宾到底值多少钱呢？

克林顿曾经戏谑道：在华盛顿期间，鲁宾为美国中产阶级做了很多事情，但是白宫给的报酬可比不了华尔街；去了白宫的鲁宾，自己也成了中产阶级。

鲁宾从白宫回到华尔街之后，身价却实实在在地大涨了。

花旗集团开出了诱人的条件：每年的工资和奖金收入不少于1 500万美元，此外还提供股票期权以及可供使用的私人飞机。在花旗高层看来，"鲁宾的专业素养、处事技巧和职业判断力与我们的全球战略完全匹配"。而另一方面，鲁宾在华盛顿期间所掌握的人脉资源，更为花旗所看好。在任执行委员会主席期间，鲁宾在花旗的工作主要包括帮助协调收购，利用自己的关系为花旗争取业务。鲁宾与世界各地的领导和企业高层时常有联络，一位花旗高管曾经说过："如果你需要打电话联络某人，鲁宾可以帮你做到。"

2007年的11月，随着普林斯的辞职，鲁宾又被推向了风口浪尖。尽管这是位年薪达到1 700万美元，却20年不戴手表的前任财政部长，尽管他总喜欢脱了鞋在办公室工作，尽管他对流行文化一窍不通，但整个华尔街都期待着这位69岁的老人能带领花旗走出困境。

这就是鲁宾的价值所在——一个与华尔街和华盛顿都有着极深渊源的人，对花旗的意义不言自明。

50 《黑天鹅：如何应对不可预知的未来》

纳西姆·尼古拉斯·塔勒布

 经典速读

纳西姆·尼古拉斯·塔勒布是著名的风险管理理论学者，沃顿商学院企管硕士，巴黎大学博士，目前任职于纽约大学理工学院。塔勒布曾在纽约和伦敦交易多种衍生性金融商品，也曾在芝加哥当过营业厅的独立交易员。2001年2月正式成为衍生性金融商品交易战略名人堂的一员。他在"9·11"之前大量买入行权价格很低，看似毫无价值的认沽权证，用一种独特的方式做空美国股市，直到恐怖分子劫持飞机撞向纽约世贸大楼，由此获利丰厚，一举成名。美国次贷危机爆发之前，他又先知先觉重仓做空，从中获利几百万美元。

塔勒布在《黑天鹅：如何应对不可预知的未来》一书中写道，在发现澳大利亚的黑天鹅之前，欧洲人认为天鹅都是白色的。"黑天鹅"曾经是他们言谈与写作中的惯用语，用来指不可能存在的事物。但欧洲人这个不可动摇的信念随着第一只黑天鹅的出现而崩溃。

黑天鹅的存在预示着不可预测的重大稀有事件，它在意料之外，却又改变一切，但人们总是对它视而不见，并习惯于以自己有限的生活经验和不堪一击的信念来解释这些意料之外的重大冲击，最终被现实击溃。

从东南亚海啸到次贷危机，从"泰坦尼克号"的沉没到"9.11"事件，黑天鹅存在于各个领域，无论金融市场、商业、经济还是个人生活，都逃不过它的控制。因此，怎样认识这个社会的运行方式，怎样避免小概率事件带来的重大损失，怎样在不确定的世界中占得先机，是作者想要教给读者的智慧。作者深入分析不确定性带给我们的影响,教我们以全新的视角理解现实世界,采取有效的策略防范未知风险,并把握黑天鹅带来的机会,从中受益。黑天鹅将颠覆我们惯常的思维,让我们重新掌握自己的命运。

 **内容解读**

《黑天鹅:如何应对不可预知的未来》讲述的,基本是三个字:"不确定"。

1. 本书说的就是"不确定"

对我们来说,稀有事件就等于不确定性。我们有两种认识现象的方式:第一种排除不正常的现象,只关注正常现象,不理会意外事件,只研究正常案例;第二种方法则认为,为了理解一种现象,人们需要首先考虑极端现象,尤其是当它们有非同寻常的效应积累的时候,比如黑天鹅现象。黑天鹅的存在意味着不可预测的重大稀有事件,它在意料之外,却又改变一切。人类总是过度相信经验,而不知道一只黑天鹅的出现就足以颠覆一切。然而,无论是在对股市的预期、还是政府的决策、或是普通人日常简单的抉择中,黑天鹅都是无法预测的。

2. 我们生活在极端斯坦

塔勒布发现,在我们所处的世界上,有些事物表现出相当的平均性,大部分个体都靠近均值,离均值越远则个体数量越稀少,与均值的偏离达到一定程度的个体数量几乎为零。但现实很冷酷,有些事物表现出相当的极端性,均值这个概念在这个领域没有太多的意义,剧烈偏离均值的个体大量存在,而且偏离程度大得惊人。他把前者称为平均斯坦,把后者称为极端斯坦。在极端斯坦,不平均即是指个体能够对整体产生不成比例的影响。

如果我们处理的是极端斯坦的数据,从任何样本求得平均值都是令人困扰的,因为它受某个单个观察值的影响非常大。在极端斯坦,个体能够轻易地以不成比例的方式影响整体。

极端斯坦并不全是黑天鹅现象。有些事件很少发生,很有影响,但某种程度上是可预测的,尤其是对那些有准备并且有办法去理解它们的人(而不是听从统计学家、经济学家和各种钟形曲线理论鼓吹者的人)。它们是黑天鹅的近亲,在某种程度上是可以用科学方法理解的,了解它们的发生频率会降低你的惊奇感；这些事件很稀少，却在预测范围内。我把它们称为"灰"天鹅曼德尔布罗特随机现象。

我们不是生活在平均斯坦，所以黑天鹅现象要求我们换一种思考方式。我们不能把问题藏起来，就只能更深入地挖掘它。这并不是终极困难，相反，我们能从中受益。

3. 证实谬误和叙述谬误

乔治·索罗斯在进行金融操作时，会不断寻找证明他最初看法错误的事例。这大概才是真正的自信：冷观世界而不需要找理由满足自我膨胀的欲望。

现代世界是极端斯坦，被不经常发生的事件左右着。它会在无数白天鹅之后抛出一只黑天鹅。因此，我们才会不断根据事件发生之后我们觉得有道理的逻辑重新叙述过去的事件。

我们从重复中学习，但容易忽略从未发生过的事件。未发生的事在发生之后则被过度估计。某个黑天鹅事件之后，我们预期它会再发生，而实际上再发生的概率已经降低了。我们喜欢考虑具体和已知的黑天鹅事件，而随机性的本质在于抽象性。

在平均斯坦，叙述是有用的，对过去的调查是有意义的。但在极端斯坦，事情是不会重复发生的，你必须对不易捉摸的过去保持怀疑，避免进行简单和直白的叙述。避免叙述谬误的办法就是强调实验而非讲故事，强调体验而非历史，强调客观知识而非理论。

4. 沉默的证据

我们理解事件的方式中还存在另一个缺陷——沉默的证据。在我们进行天分比较时，经常忽略沉默的证据，尤其是在那些受赢家通吃效应影响的行业。我们也许很喜欢那些成功故事，但太把它们当回事是不应该的，因为我们并没有看到全部事实。一旦我们逐渐接受沉默的证据，许多曾经隐藏在我们周围的东西开始显露出来。

我们能看到明显而可见的结果，而看不到不可见的和不那么明显的结果。但那些没有看到的结果对我们来说更有意义。

5. "不确定"善于伪装

科学已经证实，我们是寻找原因的动物，习惯于认为一切事情都有确定的原因，并且把最明显的那一个当作最终解释。但实际上可能并没有可见的原因，相反，很多情况下什么也没有，甚至没有任何可供挑选的原因。

沉默的证据掩盖了这一事实。每当涉及我们的幸存时，原因就被严重削弱了。幸存的条件消灭了所有可能的解释。只是因果关系没那么简单。请对"所以"保持怀疑态度,并小心对待它,尤其在我们怀疑存在沉默的证据时。

6. 未知

我们看不见黑天鹅现象的原因是什么?是我们为已经发生的事担忧,而不是那些可能发生却实际上没有发生的事。事实是,现存的人类天性不愿理解抽象事物,我们需要具体背景。随机性和不确定性是抽象事物。

我们天生肤浅,却浑然不知。我们往往尊重发生的事,却忽视本来可能发生的事。这不是心理学问题,它来自信息的主要特性。我们很难看到月亮的阴面,照亮它是花费能量的。同样,照亮没有被看到的事物既费力又劳神。

如果我们想一步跨入更高级的生命形态,与动物的距离越远越好,那么最好远离叙述谬误的来源,关掉电视机,尽可能少读报纸,不看博客,训练推理能力以控制决策,对重要决策注意避免使用系统(即启发性或实验性系统),训练自己辨别情感与经验事实之间的区别。同样,请记住在概率这一切抽象概念之母,要学会避免"过滤性错误"。

7. 不可预测和无赖预测

我们生活在极端斯坦,而非平静斯坦,因此容易遭遇预测的问题。我们通常更善于预测常规事物,而不是非常规事物,而这也正是预测失败的原因。

有人不能理解什么是具体错误、叙述谬误和预测问题。我们不希望所有人都成为保守的刺猬,而是希望人们成为思想开放的狐狸。历史往往是被低概率事件主宰的。

人们常说智者能够预测未来,或者真正的智者是那些知道自己不能预测未来的人。我们也应该做智者,不对未来做展望,也不做专业预测。因为我们无法预测这个世界。

8. 开放思维,非柏拉图化

柏拉图化就是不确定,它是自上而下的、程式化的、封闭思维的、自我服务的、商品化的;非柏拉图化是自下而上的、开放思维的、怀疑的、经验的。有些事物太复杂,超过了我们的理解能力,所以让我们暂时接受它们,同时保持思维的开放。

如果我们用线性方式解释过去,只能朝一个趋势前进,因为未来对过去的偏离有无数种可能。但我们不可能通过承认自己会犯错来显示权威。很简单,我们需要被知识蒙蔽。

我们天生就要追随那些有能力把人聚在一起的领导者,因为身处集体当中的优势能够战胜孤军奋战的劣势。绑在一起走向错误的方向比独自走向正确的方向更有利。追随武断的白痴而不是内省的智者的人把这一基因传给了我们。这在一种社会病态中表现明显：精神变态者能够吸引追随者。

9. 不对称性，应对不可预测

抛弃完全准确地预测未来的想法，我们会有很多事情可以做，只要记住预测的局限性。虽然我们不可能完全预测，但并不意味着不能从未来的不可预测性中获益。

（1）学会区分做哪些事在不具可预测性时会对我们有利，做哪些事在我们无法预测未来时有害。因为世界上既有正面黑天鹅现象，又有负面黑天鹅现象，我们要学会趋利避害。

我们尽量将正面黑天鹅事件的影响最大化，同时也要保持对负面黑天鹅事件的警惕。要从正面黑天鹅事件中获益，不需要对不确定性有任何精确的理解。可以这样说，在我们只有非常有限的损失的时候，必须尽可能主动出击，大胆投机，甚至"失去理智"。

（2）提出"机会青睐有准备的人"的伟大微生物学家巴斯德懂得，不要在每天早上寻找某种特定的东西，而要努力工作，并让意外进入你的生活。所以，我们不要寻找精确和局部的东西，即不要狭隘，要把精力放在做准备而不是预测上。

（3）学会抓住一切机会。机会往往稍纵即逝，极难遇到。要牢记这一点，正面黑天鹅现象有一个前提：我们必须把自己置于它的影响之下。许多人在好运降临时并没有意识到它的降临。

（4）对政府的计划和言论保持警惕。政府会经常预测，但不要把他们的话太当回事。请记住，这些人员的利益在于生存和自保，而不是接近真理。这并不意味着政府是无用的，只是我们需要对它的副作用保持警惕。

（5）哲学家优吉·贝拉曾说："有些人，假如他们本来不知道某件事，你是不可能告诉他们的。"所以，不要浪费时间与预测者、证券分析师、经济学家和社会学家争论。

10. 本书核心

实际上，不对称结果是本书的核心思想：我们永远不可能知道未知。但是，我们要学会猜测它会怎样影响我们，并且应该基于这一点作出自己的决策。

50 《黑天鹅：如何应对不可预知的未来》

拓展阅读

塔勒布总结出"黑天鹅"事件具有三个特点：稀有性，即它在通常的预期之外，也就是在过去没有任何能够确定它发生的可能性的证据；冲击性，即它会产生极端影响；事后（而不是事前）可预测性，即人的本性促使我们在事后为它的发生编制理由，并且或多或少地认为它是可解释的和可预测的。

现实生活中，经常发生非常典型的黑天鹅现象。

（1）泰坦尼克号沉没。泰坦尼克号是一艘奥林匹克级邮轮，是当时世界上最大的豪华客轮，被称为是"永不沉没的客轮""梦幻客轮"。泰坦尼克号共耗资 7500 万英镑，吨位 46328 吨，长 882.9 英尺，宽 92.5 英尺，从龙骨到四个大烟囱的顶端有 175 英尺，高度相当于 11 层楼。是当时一流的超级豪华巨轮。

在泰坦尼克号的处女航中，从英国南安普敦出发，途经法国瑟堡－奥克特维尔以及爱尔兰昆士敦，计划中的目的地为美国纽约。因为人为错误，于 1912 年 4 月 14 日船上时间夜里 11 点 40 分，泰坦尼克号撞上冰山；2 小时 40 分钟后，即 4 月 15 日凌晨 2 点 20 分，船裂成两半后沉入大西洋。

泰坦尼克号上 2208 名船员和旅客中，只有 705 人生还。其为和平时期死伤人数最惨重的海难之一，同时也是最广为人知的海上事故之一。

事后，人们罗列了很多导致事件发生的原因，如被功率强大的激光束击穿、船员发现大海有"鬼火"、发现不明发光体，甚至有"船只保险诈骗阴谋"论。

（2）美国次贷危机。全称应该是美国房地产市场上的次级按揭贷款的危机。顾名思义，次级按揭贷款，是相对于给资信条件较好的按揭贷款而言的。因为相对来说，按揭贷款人没有（或缺乏足够的）收入、还款能力证明，或者其他负债较重，所以他们的资信条件较"次"，这类房地产的按揭贷款，就被称为次级按揭贷款。

相对于给资信条件较好的按揭贷款人所能获得的比较优惠的利率和还款方式，次级按揭贷款人在利率和还款方式，通常要被迫支付更高的利率、并遵守更严格的还款方式。这个本来很自然的问题，却由于美国过去的六七年以来信贷宽松、金融创新活跃、房地产和证券市场价格上涨的影响，没有得到真正的实施。这样一来，次级按揭贷款的还款风险就有潜在变成现实。在这个过程中，美国有的金融机构为一己之利，纵容次贷的过度扩张及其关联的贷款打包和债券化规模，使得在一定条件下发生的次级按揭贷款违约事件规模的扩大，到了引发危机的程度。

这场发生在美国的风暴，致使全球主要金融市场隐约出现流动性不足危机。它是从2006年春季开始逐步显现的，2007年8月席卷美国、欧盟和日本等世界主要金融市场。

（3）"9·11"恐怖事件。美国东部时间2001年9月11日早晨8:40，四架美国国内民航航班几乎被同时劫持，其中两架撞击位于纽约曼哈顿的世界贸易中心，一架飞机袭击了首都华盛顿美国国防部所在地五角大楼。而第四架被劫持飞机在宾西法尼亚州坠毁。

此次事件造成重大损失，纽约世界贸易中心的两幢110层摩天大楼（双子塔）在遭到攻击后相继倒塌，除此之外，世贸中心附近5幢建筑物也因地震而坍塌损毁、五角大楼遭到局部破坏、部分结构坍塌，袭击事件令曼哈顿岛上空布满尘烟。事件中共有2998人遇难，其中2974人被官方证实死亡，另外还有24人下落不明。遇难人员名单中包括：四架飞机上的全部乘客共246人，世贸中心2603人，五角大楼125人。此外，共有411名救援人员在此事件中殉职。